Schermer / Weber / Drinkmann / Jungnitsch

Methoden der Verhaltensorientierten Sozialen Arbeit

Franz J. Schermer
Angelika Weber
Arno Drinkmann
Georg Jungnitsch

Methoden der Verhaltensorientierten Sozialen Arbeit

Basisstrategien

Alibri Verlag
Aschaffenburg

2016

Prof. em. Dr. Franz J. Schermer

Prof. Dr. Angelika Weber
Hochschule für angewandte Wissenschaften Würzburg-Schweinfurt
Fakultät Angewandte Sozialwissenschaften

Prof. Dr. Arno Drinkmann
Katholische Universität Eichstätt
Fakultät Soziale Arbeit

Prof. Dr. Georg Jungnitsch
Ostbayrische Technische Hochschule
Fakultät Angewandte Sozial- und Gesundheitswissenschaften

Alibri Verlag
www.alibri.de
Aschaffenburg
Mitglied in der Assoziation Linker Verlage (*aLiVe*)

Überarbeitet Neuauflage 2016

Umschlaggestaltung: Claus Sterneck
unter Verwendung einer Abbildung von Photographee.eu – fotolia.com
Druck und Verarbeitung: Dardedze Holografija, Riga

ISBN 978-3-86569-248-1

Inhaltsverzeichnis

Vorwort

Als im Jahr 2005 der erste Band zu „Methoden der Verhaltensänderung" (Basisstrategien) erschienen ist, war die verhaltensorientierte Ausrichtung in der Sozialen Arbeit in Deutschland noch wenig bekannt und deren Umsetzung wurde eher mit Skepsis betrachtet. Mittlerweile gehört eine evidenzbasierte Vorgehensweise auch in der Sozialen Arbeit zu einer guten und wissenschaftlich fundierten Praxis und deren Notwendigkeit wird kaum mehr in Frage gestellt. Nachdem eine ausführliche Darstellung des verhaltensorientierten Konzeptes im Rahmen der Sozialen Arbeit vorliegt (Blanz, Como-Zipfel & Schermer, 2013), versteht sich der vorliegende Band als sinnvolle Ergänzung bezüglich der wichtigsten Methoden und Verfahren einer verhaltensorientierten Vorgehensweise. Diese Ergänzungsfunktion hat uns vorrangig bewogen, eine aktualisierte Version der ersten Publikation der Methoden der Verhaltensänderung nun im Alibri Verlag zu veröffentlichen.

Bei vielen Problemlagen und Aufgabenstellungen in der Praxis der Sozialen Arbeit ist die zentrale Zielsetzung die Veränderung von Verhalten. Alle Formen des Adressatenbezuges, sei es die Arbeit mit Einzelnen, mit Gruppen oder im Gemeinwesen, verlangen dabei von Sozialpädagoginnen und -pädagogen, dass sie in der Lage sind, einen Veränderungsprozess zu planen, zu initiieren, zu begleiten und zu evaluieren. Dabei sollte – aus Verantwortung gegenüber den Klienten – eine evidenzbasierte Arbeitsweise Standard sein.

Modellvorstellungen und Befunde aus der empirischen Psychologie – insbesondere die klassischen Theorien des Lernens – bieten eine gute wissenschaftliche Grundlage für einen verhaltensorientierten Zugang in der Sozialen Arbeit. Die in diesem Band vorgestellten Basisstrategien zeigen auf, wie dies konkret für die praktische Arbeit fruchtbar umgesetzt werden kann. Es werden empirisch bewährte und evidenzbasierte Vorgehensweisen dargestellt, die im Rahmen einer Verhaltensorientierten Sozialen Arbeit (siehe z. B. Bartmann, 2005; Blanz, Como & Schermer, 2013) Anwendung finden.

Die Grundlage für ihren Einsatz bildet die im ersten Kapitel behandelte, ganzheitliche Diagnostik, in welcher soziale, psychologische und physikalische Aspekte bei der Ursachenfindung von Problemlagen berücksichtigt werden und in die Veränderungsplanung eingehen. Die gelegentlich in der Literatur zur Sozialen Arbeit anzutreffende Praxis, verhaltensorientierte Strategien ohne eine eingehende Verhaltensdiagnostik einzusetzen, halten wir für problematisch, da dann nur noch der technische Aspekt im Mittelpunkt steht und der den Strategien zugrundeliegende theoretisch-analytische Aspekt aus dem Auge gerät. Da die Praxis der Sozialen Arbeit immer mit Unvorhergesehenem konfrontiert wird, halten wir die theoretisch-konzeptionelle Darlegung und Ableitung sowie prozessorientierte Kontrolle der Strategien für unverzichtbar, um angemessen – d. h. methodisch kontrolliert – den auftretenden Imponderabilien begegnen zu können. Zudem erlaubt es dieses Vorgehen, den zunehmenden und berechtigten Forderungen nach einer Darlegung der Wirksamkeit einer Intervention im Sinne der Qualitätskontrolle nachzukommen.

Die Kapitel zwei bis fünf stellen jeweils die theoretischen und praktischen Grundlagen von zentralen Methoden der Verhaltensorientierten Sozialen Arbeit vor, welche (mit Ausnahme von Kapitel drei) auf unterschiedliche Lerntheorien Bezug nehmen.

Kapitel zwei behandelt die aus der *operanten Lerntheorie* abgeleiteten Verfahren, welche die auf ein Verhalten folgenden Konsequenzbedingungen als wichtige Komponente betonen und weisen damit dem in der Sozialen Arbeit thematisierten Sozialbezug eine besondere Rolle zu.

Kapitel drei thematisiert Vorgehensweisen der Kognitiven Verhaltensmodifikation die zwar nicht aus einer Lerntheorie systematisch abgeleitet sondern *aus der klinischen Praxis* erwachsen sind. Sie haben sich in unzähligen Studien als wirkungsvoll erwiesen. Mit Hilfe der Verfahren der Kognitiven Verhaltensmodifikation besteht die Möglichkeit, auf Gedanken und Gefühle systematisch Einfluss zu nehmen und auf diese Weise eine Verhaltensänderung herbeizuführen.

Kapitel vier bezieht sich auf die *sozial-kognitive Lerntheorie* und stellt ausführlich die Methode des Rollenspiels vor. Mit Hilfe dieses Vorgehens können insbesondere im Bereich der Sozialen Kompetenz als relevant erachtete Verhaltensweisen entwickelt und aufgebaut werden.

Kapitel fünf nimmt schließlich Bezug auf die *Theorie des respondenten Lernens*. Die in diesem Kapitel vorgestellten Entspannungsverfahren zählen mittlerweile auch in der Sozialen Arbeit zu geschätzten Methoden und werden in unterschiedlichen Kontexten in sozialarbeiterische Interventionen integriert.

Dass mit dem vorliegenden Band eine gute Verknüpfung von Theorie und Praxis gelingen konnte, verdanken wir nicht zuletzt dem ständigen Austausch mit Studierenden der Sozialen Arbeit, die in vielen Diskussionen den Praxisbezug immer wieder eingefordert haben. Für die Vorarbeiten zur Erstellung der Druckversion gilt ein besonderer Dank Frau Susanne Schäflein.

Würzburg, Eichstätt und Regensburg, im August 2016 Das Autorenteam

1 Verhaltensdiagnostik

Franz J. Schermer

Ein wesentliches Bestimmungsstück der Sozialen Arbeit besteht in ihrem Bezug zu den Problemlagen und den Anliegen ihrer Klientel (vgl. z. B. Bieker & Floerecke, 2011). Deshalb sehen sich Sozialpädagogen in allen Praxisbereichen mit den verschiedensten Aufgabenstellungen konfrontiert (z. B. Chasse & Wensierski, 2008): So kann es sein, dass sie in der Schuldnerberatung Fertigkeiten des angemessenen Umgangs mit den finanziellen Mitteln anstreben, in der Erziehungshilfe günstige erzieherische Verhaltensweisen trainieren, in der Schulsozialarbeit ein Programm zur Abnahme aggressiven Verhaltens installieren oder in der Arbeit mit substanzmittelabhängigen Personen in der Nachbetreuung mithelfen sollen, die Wahrscheinlichkeit eines Rückfalls zu reduzieren. Soweit in derartigen Fällen auch psychologische Faktoren eine Rolle spielen, ist der Sozialpädagoge auf diagnostische Methoden angewiesen, die es ihm erlauben, die Bedeutung dieser Faktoren abzuschätzen und bei einer Intervention zu berücksichtigen.

1.1 Theoretische Grundlagen

1.1.1 Unterschiedliche Zielperspektiven der Diagnostik: Verhalten, Persönlichkeit und Klassifikation

Grundsätzlich kann der Sozialpädagoge auf unterschiedliche Strategien der Diagnostik zurückgreifen, die sich in ihrer Zielsetzung und Logik aber wesentlich voneinander unterscheiden und somit auch eine unterschiedliche Bedeutung für die Praxis der Sozialen Arbeit besitzen.

Für die Analyse eines Einzelfalls müssen dabei solche Strategien als besonders geeignet eingeschätzt werden, die im Rahmen der Verhaltensmodifikation und Verhaltenstherapie entwickelt wurden. Diese werden unter verschiedenen, aber weitgehend inhaltsidentischen Bezeichnungen wie „verhaltenstheoretische Diagnostik", „verhaltenstherapeutische Diagnostik" oder" *Verhaltensdiagnostik"* in der Literatur des deutschen bzw. „behavioral assessment", „behavioral analysis", „behavioral diagnosis" oder „functional analysis" in der Literatur des angloamerikanischen Sprachraums (vgl. Cone, 1997) behandelt. In ihrer Zielsetzung geht es diesen Strategien um die Erfassung von individuellen Problemen (Verhaltensweisen) und deren Verursachung. Gemeinsam ist ihnen nach Schaller und Schmidtke (1983) „die Zurückführung diagnostischen Vorgehens auf experimentell methodische Prinzipien und die Konzeption der Untersuchungsobjekte als beobachtbare und operational zu definierende Verhaltenseinheiten" (S. 489). Mit der methodischen Orientierung am experimentellen Vorgehen und der inhaltlichen Ausrichtung am Beobacht- und Operationalisierbaren nimmt die Verhaltensdiagnostik in der Analyse von Schwierigkeiten und Problemen expliziten Bezug auf die empirisch ausgerichtete (klinische) Psychologie (vgl. Jungnitsch, 2009; Schermer, 2011). Von anderen diagnostischen Strategien unterscheidet sie sich vor allem darin, dass sie sich unmittelbar auf die Anliegen der Klienten bezieht, d. h. idiographisch ausgerichtet ist und dabei nicht bei der Beschreibung endet, sondern über den deskriptiven Aspekt hinausgehend Informationen liefert, die für eine Beeinflussung der in Frage stehenden Problemlage unmittelbare Handlungsrelevanz besitzen. Wie in diesem Kapitel zu zeigen sein wird, ist es im Rahmen der Verhaltensdiagnostik für den Sozialpädagogen möglich, den gesamten Beratungs- und Interventionsprozess zu strukturieren und inhaltlich zu gestalten. Die Logik der Verhaltensdiagnostik eignet sich damit besonders für die theoretische Fundierung einer sozialpädagogischen Methodologie der Einzelfallhilfe und der Arbeit mit Gruppen.

Der Verhaltensdiagnostik stehen die traditionelle Persönlichkeitsdiagnostik und die klassifikatorische Diagnostik gegenüber. Diese beiden Strategien unterscheiden sich in wesentlichen Punkten von der Verhaltensdiagnostik. Die *Persönlichkeitsdiagnostik* (sog. „klassische Diagnostik") ist nicht an der Diagnose von Problemlagen im Sinne von Verhaltenseinheiten interessiert, sondern bemüht sich um die Erfassung des individuellen Ausprägungsgrades von Eigenschaften (vgl. Fisseni, 1997). Eigenschaften werden dabei als über die Zeit relativ stabil bleibende Dispositionen (wie Extraversion, Leistungsmotivation oder Intelligenz) verstanden, anhand derer Personen sich unterscheiden lassen. Sie haben den Status von „hypothetischen Konstrukten", d. h. sie sind aus dem Verhalten erschlossene und nicht direkt beobachtbare Größen. Die Persönlichkeitsdiagnostik leitet ihre Prinzipien aus der Testtheorie ab und bedient sich deshalb des Tests als primärem Erhebungsverfahren. Sie erlaubt eine Aussage darüber, wie stark ein bestimmtes

Merkmal – z. B. eine Eigenschaft – bei einer Person ausgeprägt ist, z. B. dass Peter über eine überdurchschnittliche allgemeine Intelligenz verfügt. Im Mittelpunkt des diagnostischen Interesses steht hier der Vergleich des Ergebnisses der getesteten Person mit einer bestimmten Bezugsgruppe, weshalb man hier von einem nomothetischen Ansatz spricht. Über die Verursachung und die Modifikation des gemessenen Merkmals werden dabei keine Aussagen gemacht. Auf obiges Beispiel übertragen bedeutet das, dass wir aus dem Testergebnis von Peter keine Aussage darüber erhalten, warum er überdurchschnittlich intelligent ist und wie bzw. ob seine allgemeine intellektuelle Leistungsfähigkeit noch gesteigert werden kann. Während anfangs die Diskussion zwischen Verhaltens- und Persönlichkeitsdiagnostik vor allem die inhaltlichen und methodischen Unterschiede beider Ansätze betonte (vgl. z. B. Pawlik, 1976), mehren sich zwischenzeitlich die Versuche, die Vorteile beider Vorgehensweisen miteinander zu verbinden (vgl. z. B. Haynes & O'Brien, 2000; Rost & Schermer, 2007).

Im Bereich der Klinischen Psychologie, Psychotherapie und Psychiatrie hat sich wiederum ein eigener diagnostischer Zugang, die sog. *klassifikatorische Diagnostik,* etabliert (vgl. z. B. Baumann & Stieglitz, 2011). Ausgangspunkt für die Entwicklung dieser Strategie bildete die Beobachtung, dass klinische Diagnosen in der Alltagspraxis erhebliche Mängel hinsichtlich ihrer Reliabilität und ihrer Validität aufwiesen. So stellten nicht selten verschiedene Kliniker bei den gleichen problematischen Verhaltensweisen unterschiedliche Diagnosen. Der klassifikatorischen Diagnostik geht es nun darum, klinische Diagnosen wie z. B. Schizophrenie, Depression, Zwangsstörung etc. durch den Einsatz einheitlicher, standardisierter und verbindlich einzuhaltender Kriterienkataloge vorzunehmen. Auf diese Weise soll Einheitlichkeit und Vergleichbarkeit von klinischen Diagnosen erreicht werden, welche auch für epidemiologische Fragestellungen eine notwendige Voraussetzung bilden. Besondere Bedeutung für die psychosoziale Versorgung erhielten die von der Weltgesundheitsorganisation (WHO) und von der American Psychiatric Association entwickelten Klassifikationssysteme ICD-10 (International classification of diseases) bzw. DSM-V (Diagnostic and statistical manual of mental disorders). Mit der Verhaltensdiagnostik verbindet sie die Ausrichtung auf beobachtbare Verhaltensaspekte, weshalb man auch von operationaler Diagnostik spricht (vgl. Jungnitsch, 2009, Kapitel 1.7). Wie die Persönlichkeitsdiagnostik enthält sich aber auch die klassifikatorische Diagnostik jeglicher Aussagen bezüglich der Verursachung und der Veränderung der diagnostizierten Kategorie. Warum bei einem als depressiv klassifizierten Patienten diese Störung entstand und wie man sie ändern kann, bleibt somit unberücksichtigt.

1.1.2 Verhaltensdiagnostische Basis: Experiment und Operationalisierung

Wie das einleitende Zitat von Schaller und Schmidtke zeigt, verbindet die verschiedenen Formen der Verhaltensdiagnostik ein Vorgehen, das sich an der *Methode des Experimentes* orientiert. Unter einem Experiment wird in Erfahrungswissenschaften eine Forschungsmethode verstanden, die es erlaubt, ursächliche Zusammenhänge zwischen Variablen zu erfassen. Fröhlich (1997) definiert das Experiment als ein „Verfahren zur empirischen Überprüfung von Beziehungen zwischen *unabhängigen* und *abhängigen Variablen* unter *kontrollierten, objektiven* und *wiederholbaren* Bedingungen“ (S. 163). Es geht also in einem Experiment darum, spezifische Beziehungen und Zusammenhänge zwischen Variablen zu erkennen und zu klären. Am Anfang eines jeden Experimentes steht eine Hypothese, die es zu prüfen gilt. So könnte z. B. die Frage interessieren, ob das Anhören von klassischer Musik während des Einprägens eines Lernstoffs auf das Lernergebnis einen Einfluss ausübt. Die als mögliche Ursache angesehene Variable, also das Anhören von klassischer Musik, stellt dabei die unabhängige Variable (UV) und das Lernergebnis die abhängige Variable (AV) dar. Die mögliche Beeinflussung des Lernergebnisses durch das Anhören der Musik wird im einfachsten Fall dadurch geprüft, dass der Experimentator seinen Versuch mit zwei Gruppen durchführt: Eine Gruppe – die sog. Experimentalgruppe – prägt sich den Lernstoff ein, während klassische Musik läuft, und eine andere Gruppe – die sog. Kontrollgruppe – lernt den gleichen Stoff jedoch ohne Anhören dieser Musik. Der Experimentator kontrolliert (variiert, beeinflusst) also die unabhängige Variable. Unter der Annahme, dass sich Experimental- und Kontrollgruppe darüber hinaus in nichts unterscheiden, können Differenzen in den Lernergebnissen der Experimental- und Kontrollgruppe nur auf den Einfluss der unabhängigen Variable zurückgehen, da nur in dieser Hinsicht zwischen den Gruppen ein Unterschied bestand und alle anderen Bedingungen gleich, d. h. konstant gehalten wurden. Die Güte eines jeden Experimentes wird also dadurch bestimmt, wieweit es gelungen ist, alle Bedingungen für die beiden Gruppen konstant zu halten und nur in der Variation der unabhängigen Variablen einen Unterschied herzustellen. Nicht zuletzt weil diesem Ideal in der Praxis immer nur annäherungsweise entsprochen werden kann, verlangt die experimentelle Methodologie eine Wiederholbarkeit des Vorgehens.

Auf den ersten Blick dürfte die Bedeutung dieses Vorgehens für den Umgang mit Problemen eines Klienten nicht sonderlich geeignet erscheinen, denn der Berater kann im Regelfall auf die bereits zurückliegenden ursächlichen Faktoren der Problementstehung und -aufrechterhaltung häufig keinerlei Einfluss mehr nehmen, geschweige denn die Rahmenbedingungen „konstant" halten oder gar Kontrollgruppen einsetzen. Die unmittelbare Umsetzung eines experimentellen Vorgehens ist aus inhaltlichen und praktischen Gründen also oft nicht möglich.

Auf den zweiten Blick eröffnet diese Perspektive jedoch einen Zugang zu einer Grundhaltung, die sehr wohl für die Praxis der Fallformulierung Vorteile aufweist (vgl. Bruch, 2000).

In Analogie zum Experiment betrachtet die Verhaltensdiagnostik in der Analyse der Schwierigkeiten die zu bearbeitenden Probleme als abhängige Variablen, die es zu erklären gilt. Letzteres wird über die durch den Berater aufzufindenden Ursachen – also die unabhängigen Variablen – zu erreichen versucht. Während im Experiment die unabhängige Variable unmittelbar beeinflusst wird (z. B. durch Variation in der Experimental- und Kontrollgruppe), beginnt die verhaltensdiagnostische Datenerhebung im Regelfall mit einer „virtuellen" Bedingungsvariation: Der Berater entwickelt im Verlauf des Gesprächs mit dem Klienten kontinuierlich Hypothesen über potentielle Verursachungsmomente und prüft die Wahrscheinlichkeit von deren Zutreffen durch gezielte weitere Fragen. Die Generierung und Überprüfung von Hypothesen wird dabei solange fortgesetzt, bis sich für den individuellen Fall eine schlüssige, d. h. im Rahmen psychologischer Theorien ableitbare Erklärung ergibt. Neben der logisch-theoretischen Schlüssigkeit wird von einer verhaltensdiagnostischen Erklärung noch eine empirische Bestätigung verlangt. Dabei muss sich der Sozialpädagoge auf nachweisliche, d. h. empirisch belegbare und somit in der aktuellen Lebenssituation des Klienten aufzeigbare Auswirkungen auf das problematische Verhalten (abhängige Variable) beziehen. Die im Experiment geforderte Objektivität zwingt ihn dabei zu einer intersubjektiv nachvollziehbaren Vorgehensweise. Grundsätzlich ist eine Realüberprüfung der aufgestellten Hypothesen in einem klinischen Experiment möglich. In diesem Fall werden die als verursachend betrachteten Bedingungen in der Realsituation hergestellt und in ihrer Auswirkung auf das Problemverhalten beobachtet. Ein solches Vorgehen muss aber – nicht zuletzt wegen seines hohen Zeitaufwandes – keine Routinemaßnahme der verhaltensdiagnostischen Praxis darstellen, sondern ist häufig nur bei komplexen, die Alltagsroutine überschreitenden Problemlagen indiziert.

Den zweiten gemeinsamen Nenner aller Formen der Verhaltensdiagnostik bildet die Ausrichtung auf *beobachtbare Verhaltens- bzw. operationalisierbare Problemaspekte.* Das Prinzip der Operationalisierung verlangt vom Berater, individuelle Problemlagen so zu definieren und zu konkretisieren, „daß sie beobachtet, erfaßt und gemessen werden können" (Reinecker,

1986a, S. 60). Eine wesentliche Aufgabe der Verhaltensdiagnostik besteht deshalb in der spezifischen, verhaltensmäßigen und damit intersubjektiv überprüfbaren Kennzeichnung eines Problems und seiner verursachenden Bedingungen (vgl. Haynes & O'Brien, 2000, Kapitel 7). Wie zu zeigen sein wird, geht man heute von einem liberalisierten Verhaltensbegriff aus, der neben dem offen beobachtbaren motorischen Verhalten auch „verdecktes" Verhalten wie Gedanken und Gefühle einschließt.

In diesem Sinn umfasst der Verhaltensbegriff drei Ebenen, nämlich das offen beobachtbare (motorische Verhalten), die durch kognitive und emotionale Aspekte repräsentierte subjektive Manifestationsebene sowie den auf körperliche Reaktionen bezogenen physiologischen Manifestationsbereich (vgl. Schermer, 2011). Bei der Analyse der individuellen Problemlagen und Anliegen – dem eigentlichen Gegenstand der Verhaltensdiagnostik – gilt es jeweils, diese drei Erscheinungsweisen oder Manifestationen zu berücksichtigen. Entsprechend der zugrunde liegenden biopsychosozialen Perspektive (vgl. Jungnitsch, 2009, Kapitel 1.4.3) werden die interessierenden Verhaltens- und Problemaspekte nicht als Ausdruck hinter ihnen liegender Mechanismen angesehen, d. h. dem Verhalten kommt keine Indikator- oder Zeichenfunktion zu. Eine Angst vor Prüfungen wird als solche betrachtet und nicht als Ausdruck einer tiefer liegenden erst noch aufzudeckenden Störung.

Von besonderer Bedeutung ist in unserem Zusammenhang der Sachverhalt, dass der verhaltensdiagnostische Ansatz grundsätzlich auf jedwede Verhaltenseinheit angewandt werden kann, also inhaltlich keinen Beschränkungen unterliegt. Mit der Zentrierung auf den individuellen Fall und der Übertragbarkeit auf unterschiedlichste (beliebige) Problemlagen und Anliegen kommt die verhaltensdiagnostische Strategie der durch inhaltliche Vielfalt gekennzeichneten Theorie und Praxis der Sozialen Arbeit besonders entgegen.

1.1.3 Aufgaben und Struktur des verhaltensdiagnostischen Prozesses

Die Aufgaben der Verhaltensdiagnostik wurden vor mehr als fünfzig Jahren von Kanfer und Saslow (1965) in einer inhaltlich auch heute noch gültigen Form (siehe z. B. Kanfer, Reinecker & Schmelzer, 2012; Reinecker, 2015) als Antwort auf folgende Fragen beschrieben:

(a) „Welche spezifischen Verhaltensmuster bedürfen einer Veränderung hinsichtlich ihrer Auftretenshäufigkeit, ihrer Intensität, ihrer Dauer oder hinsichtlich der Bedingungen unter denen sie auftreten,

(b) was sind die besten praktischen Vorgehensweisen, welche bei diesem Individuum die erwünschten Veränderungen erzielen können (Veränderung der Umweltbedingungen, des Verhaltens oder der Selbsteinstellungen des Patienten), und

(c) welche Faktoren halten dieses Verhalten momentan aufrecht und unter welchen Bedingungen wurde es erworben“ (S. 529-530).

Wie aus dieser Aufgabenbestimmung hervorgeht, lassen sich unter prozessualer Sicht an der Verhaltensdiagnostik folgende fünf voneinander unterscheidbare, aber aufeinander bezogene Aspekte differenzieren:

- Die *Beschreibung des Problems oder Anliegens* (deskriptiver Aspekt; Leitfrage: Was ist Sache, worum geht es?) setzt sich zum Ziel, die Anliegen des Klienten in eine intersubjektiv überprüfbare Sprache zu übersetzen und damit einer Analyse und Messung zugänglich zu machen.
- Die *Suche nach den aktuellen als auch ätiologischen (entwicklungsbezogenen) Ursachen* des Problems (explikativer Aspekt; Leitfrage: Warum ist das so?) bemüht sich darum, im Lichte ausgewählter psychologischer Theorien die Problemlage zu interpretieren und so zu einem Verständnis ihrer Verursachung zu gelangen.
- Die *Überprüfung der Angemessenheit der Erklärung* (evaluativer Aspekt; Leitfrage: Welche Fakten sprechen für diese Deutung?) sucht nach empirischen Belegen für die unter explikativer Sicht entwickelte Probleminterpretation. Für individuelle Problemlagen abgeleitete Erklärungen müssen demnach in der verhaltensdiagnostischen Strategie einer empirischen Überprüfung standhalten, d. h. die Verhaltensdiagnostik verlangt explizit einen Nachweis der Gültigkeit (Validität) von Interpretationen (Erklärungen).
- Die *Bestimmung des anzustrebenden Zielzustandes* (normativer Aspekt; Leitfrage: Wohin soll sich eine Änderung bewegen?) muss explizit angeben, welche Verhaltensweisen in Zukunft statt der bisherigen problematischen Reaktionen gezeigt werden sollen. Seit der grundlegenden Veröffentlichung „Ein Schema für Diagnose und Therapieplanung in der Verhaltenstherapie“ von Schulte (1974b) nennt man diesen Teil der Verhaltensdiagnostik „Zielanalyse“.
- Die *Ableitung von Interventionsmethoden* mithilfe derer der angestrebte Zielzustand erreicht werden kann (modifikatorischer Aspekt; Leitfrage: Wie soll das erreicht werden?) ergibt sich idealerweise aus den Ergebnissen zur Ursachenbestimmung und der angestrebten Zielperspektive. Vergleichsweise übereinstimmend verwendet die Literatur zur Verhaltensdi-

agnostik hierfür den Begriff „Therapie- bzw. Interventionsplanung" (vgl. Reinecker, 2005, 2015; Schulte, 1974a, 1996).

Große terminologische Unklarheiten und Widersprüche bestehen zwischenzeitlich in der Bezeichnung der durch die ersten drei Aspekte (deskriptiv, explikativ und evaluativ) angesprochenen Sachverhalte. Zu Beginn der Verhaltensdiagnostik fasste man den deskriptiven, explikativen und evaluativen Bezug vor allem in Anlehnung an den von Skinner (1953) entwickelten Forschungsansatz unter den Begriff „Verhaltensanalyse". Relativ lange verstand man darunter die Beschreibung, den Erklärungsversuch und die Bestätigung der Erklärung eines problematischen Verhaltens, Ebenfalls auf Skinner zurückgehend wurde dabei der explikative und evaluative Aspekt als „Funktionale Analyse" bezeichnet, da es hier vor allem um den Nachweis von problemstabilisierenden „Wenn-Dann-Beziehungen" geht (sog. „Erklärungen erster Ordnung"; vgl. Schermer, 2011). Der Verhaltensbegriff wurde aber bereits in diesem Zusammenhang in einem liberalisierten Sinn verstanden (sog. „weiter Verhaltensbegriff") und nicht nur auf das offen beobachtbare Verhalten begrenzt (sog. „enger Verhaltensbegriff").

Zwei Entwicklungen sind meiner Meinung nach dafür verantwortlich, dass in der Folgezeit die Termini Verhaltensanalyse und funktionale Analyse sehr inkonsistent benutzt werden und z.T. durch andere Begriffe wie Problemanalyse (z. B. Bartling, Echelmeyer, Engberding & Krause, 2007), Bedingungsanalyse (z. B. Schulte, 1996; 1999), Plananalyse (Caspar, 1989, 2009), Schema-Analyse (Caspar, 2009; Grawe, Grawe-Gerber, Heininger, Ambühl & Caspar, 1996) oder teleologisch-funktionale Analyse (Lieb, 2009) ersetzt oder vermeintlich ergänzt bzw. erweitert worden sind:

Zum einen kam es im Zuge der sog. kognitiven Wende in der Psychologie zu einer kritischen Betrachtung der für Verhaltensmodifikation und Verhaltenstherapie grundlegenden behavioristischen Perspektive, so dass der deskriptiv ausgerichtete Verhaltensbegriff teilweise nicht mehr der „scientific correctness" zu entsprechen schien und häufig durch den behavioristisch nicht vorbelasteten, aber wertenden Begriff „Problem" ersetzt wurde. Die ursprünglich auf beliebige Verhaltensbereiche anwendbare Verhaltensanalyse entwickelte sich zur Problemanalyse (vgl. z. B. Bartling et a1., 2007).

Zum anderen erfuhr die klassische Verhaltenstherapie als Psychotherapieform innerdisziplinär Erweiterungen (z. B. durch kognitive Modelle) und zwischendisziplinär Ergänzungen (z. B. durch allgemeine Psychotherapiemodelle), die eine neue Terminologie forderten bzw. bestehende Begrifflichkeiten mit neuem Bedeutungsinhalt versahen. Ein von Caspar bereits1996 verfasster Aufsatz mit dem Titel: „Was ist aus der guten alten Verhaltensanalyse geworden?" versuchte, aus der subjektiven Sicht des Autors, den Beginn dieser Entwicklung nachzuzeichnen. Eine Lektüre dieses Artikels macht aber schnell deutlich, dass die eingangs erwähnten und in unserem Zusammenhang als verbindlich angesehenen Merkmale der Verhaltensdiagnostik, nämlich experimentelle Fundierung und Operationalisierung der interessierenden Problembereiche, nicht mehr uneingeschränkt eingehalten werden. Ein Zurechtfinden in der inkonsistenten Verwendung der erwähnten Begriffe ist zurzeit nur autorenspezifisch möglich, d. h. der Leser muss immer auf die im jeweiligen Kontext gültige Begriffsbestimmung achten.

In dieser Arbeit legen wir uns – dem ursprünglichen Begriffsgebrauch folgend – auf die Termini „Verhaltensanalyse" und „Funktionale Analyse" fest. Unter den Begriff „Verhaltensanalyse" werden im Folgenden die Beschreibung (deskriptiver Aspekt), Erklärung (explikativer Aspekt) und Erklärungsprüfung (evaluativer Aspekt) des interessierenden (problematischen) Verhaltens oder Anliegens gefasst. Der Terminus technicus „Funktionale Analyse" bezieht sich auf den Teilaspekt der Verhaltensanalyse, der sich mit der Erstellung und Prüfung einer Erklärung des Anliegens beschäftigt. Die Begriffe „Zielanalyse" und „Interventions- bzw. Therapieplanung" werden in ihrer üblichen Verwendung angewandt. Der alle drei Bereiche zusammenfassende Oberbegriff lautet „Verhaltensdiagnostik". Diese für uns verbindliche Begriffsbestimmung ist in Tabelle 1.1 schematisch zusammengefasst.

Nach Willutzki (2000) kann die nach diesem Modell vorgehende Diagnostik durch die Prinzipien der Ökonomie, des prozessuellen Charakters und der Transparenz charakterisiert werden. Mit *Ökonomie* ist gemeint, dass das diagnostische Vorgehen keinen Selbstzweck darstellt, sondern immer im Hinblick auf seine Relevanz für die Beratung und die Intervention bewertet werden muss. Eine Intensivierung und Verfeinerung von Diagnostik, die keine zusätzliche Bedeutung für die Problemlösung erbringt, ist aus dieser Sicht unnötig. Das Prinzip des *prozessuellen Charakters* leitet sich aus der experimentellen Grundhaltung ab. Es betont die Vorläufigkeit und den hypothetischen Charakter der Erklärungen" d. h. der Berater befindet „sich immer wieder in einer Suchbewegung zwischen Hypothesengenerierung und Hypothesenprüfung" (S. 110) und nimmt bei der Intervention den aktuellen Problemverlauf als wichtiges Entscheidungskriterium für die Beibehaltung bzw. die Änderung seiner Annahmen.

Tab. 1.1: Grundlegende Begriffe in der Verhaltensdiagnostik

Bezeichnung	Inhalt	Aspekt
Verhaltensdiagnostik	Beschreibung, Erstellung und Überprüfung der Erklärung eines Anliegens, Zielanalyse, Interventionsplanung	deskriptiv, explikativ, evaluativ, normativ und modifikatorisch
Verhaltensanalyse	Beschreibung, Erstellung und Prüfung der Erklärung eines Anliegens	deskriptiv explikativ, evaluativ
Funktionale Analyse	Erstellung und Überprüfung der Erklärung eines Anliegens (Teil der Verhaltensanalyse)	explikativ, evaluativ
Zielanalyse	Operationale Beschreibung und Legitimation der anzustrebenden Ziele	normativ
Interventionsplanung	allgemeine und spezifische Gestaltung der Intervention	modifikatorisch

Das Prinzip der *Transparenz* verlangt schließlich Mitteilung und Darlegung des erarbeiteten Modells der Problemverursachung und der daraus abgeleiteten Interventionsschritte sowie Beratungsmaßnahmen. Mithilfe dieser Transparenz soll einerseits eine günstige Kooperationsbasis geschaffen und andererseits die Bewältigungskompetenz des Klienten gestärkt werden. Darüber hinaus stellt das Prinzip der Transparenz einen wichtigen Aspekt für die Qualitätssicherung dar.

1.2 Praktische Vorgehensweise

1.2.1 Beschreibung des Anliegens oder Problems als Ausgangspunkt: Präzisierung der abhängigen Variable

Der verhaltensdiagnostische Prozess beginnt mit der Problembeschreibung, die eine Übertragung der alltagssprachlich vorgebrachten Anliegen und Beschwerden in eine überprüfbare Fachsprache zum Ziel hat. Wenn Klienten ihre Schwierigkeiten benennen, verbleiben sie anfangs zumeist bei deren Darstellung in der ihnen gewohnten Alltagssprache. Sie sprechen z. B. davon, nicht mehr zurechtzukommen, sich unwohl zu fühlen, bedrückt und belastet zu sein, etc. Mit derartigen Formulierungen kommen die mit dem Anliegen verbundenen Formen der Einschränkung, Belastung oder Überforderung gut zum Ausdruck, sie geben aber noch keine konkrete Auskunft über die Spezifität der eigentlichen Schwierigkeiten. Letztere werden am Anfang des Beratungsprozesses im Allgemeinen noch sehr abstrakt, unspezifisch und allgemein, oft in Form von Eigenschaftsbegriffen, gekennzeichnet. So bezeichnen sich Klienten als depressiv, aggressiv, unbeherrscht, ängstlich oder unsicher. Für die Kommunikation im Alltag genügt eine derartige Skizzierung, um dem Gesprächspartner eine ungefähre Vorstellung von den Schwierigkeiten zu geben. Für eine Veränderung der Probleme sind derartig allgemeine und unspezifische Formulierungen jedoch nicht ausreichend. Die Eigenschaften depressiv, aggressiv, unbeherrscht, ängstlich oder unsicher können durch viele unterschiedliche Verhaltensweisen verwirklicht werden. So verschiedenartige Verhaltensweisen wie Beißen, An-den-Haaren-Ziehen, Treten, Boxen, Spucken etc. können unter bestimmten Umständen als aggressives Verhalten bezeichnet werden.

Im Einzelfall ist es deshalb wichtig, in einem ersten Schritt die spezifische Äußerungs- und Erscheinungsform eines problematischen Verhaltens zu bestimmen, d. h. die unspezifischen Beschwerden des Klienten in die spezifische und damit überprüfbare Sprache von Verhaltensproblemen zu transformieren. Im Unterschied zu Beschwerden sind (Verhaltens-)Probleme Sachverhalte, „für die *festgestellt* wird, daß zwischen ihrem gegebenen Ist-Zustand und einem angezielten Soll-Zustand Abweichungen bestehen, ohne daß unmittelbar Möglichkeiten zur Überführung des Ist-Zustandes in den Soll-Zustand zur Verfügung stehen" (Schulte 1986, S. 21). Wichtigstes Bestimmungsstück für die Problemdefinition ist also das Vorliegen einer Barriere, die eine Zielerreichung verhindert. Da sich Probleme in diesem Sinn erst ergeben, wenn Klienten eine Diskrepanz zu den von ihnen angestrebten Zielen wahrnehmen, impliziert die Beschreibung eines Problems immer auch die Berücksichtigung der in der Beratung zu verfolgenden Ziele bzw. Zielverhaltensweisen. Letzteres ist vor allem dann offensichtlich, wenn Probleme dadurch gekennzeichnet sind, dass erwünschte Verhaltensweisen gar nicht oder zu selten auftreten.

Bestehen Probleme darin, dass erwünschtes Verhalten nicht geäußert wird, spricht man in der Verhaltensdiagnostik von *Verhaltensdefiziten*. Eine Beschreibung des Anliegens muss sich in diesem Fall um die Operationalisierung des angestrebten Zielverhaltens bemühen. So weisen Klienten, deren Schwierigkeiten im Bereich der sozialen Kompetenz und sozialen Ängstlichkeit liegen, häufig solche Verhaltensdefizite auf. Bei ihnen ist es sehr wichtig, explizit aufzuzeigen, welche Verhaltensweisen in den verschiedenen sozialen Situationen zielführend sein können. Die Problembeschreibung besteht in derartigen Fällen demnach in der Zielbeschreibung. Soweit die das Ziel bestimmenden Verhaltensweisen vom Klienten noch nicht beherrscht werden, sich also noch nicht in seinem Verhaltensrepertoire befinden, müssen sie durch gezielte Interventionstechniken wie zum Beispiel das Rollenspiel (siehe Kapitel 4) systematisch gelernt werden. Während es bei Verhaltensdefiziten um die Ausführung oder den Aufbau von Verhaltensweisen geht, ist die zweite große Gruppe von Problemen dadurch gekennzeichnet, dass unerwünschte Verhaltensweisen zu häufig auftreten und deshalb in Zukunft seltener werden bzw. ganz unterlassen werden sollen. Diese Gruppe von Problemen bezeichnet man als *Verhaltensexzesse*. Im Unterschied zu den Verhaltensdefiziten ist nun eine genaue Beschreibung des ausgeführten Verhaltens möglich. Die spezifische verhaltensdiagnostische Beschreibung (Operationalisierung) von problematischen Verhaltensweisen zentriert sich um einen qualitativen und um einen quantitativen Aspekt, welche in den nächsten zwei Abschnitten genauer dargestellt werden.

1.2.1.1 Qualitative Beschreibung: Kennzeichnung der Manifestationsebenen

Unter qualitativer Sicht geht es in der Verhaltensanalyse bei der Beschreibung darum, die Topographie, d. h. die unterschiedlichen *Manifestationsebenen* bzw. Modalitäten des Problems, präzise zu erfassen. Die zur Kennzeichnung eines Anliegens relevanten Manifestationsebenen entsprechen dabei dem erweiterten Verhaltensbegriff. Sie wurden von verschiedenen Autoren unter zum Teil abweichenden Bezeichnungen eingeführt (z. B. Kanfer et al., 2012: „alpha-, beta-, gamma Variablen"; Lang, 1985: „triple response system"; Nelson & Hayes, 1986; Staats, 1995: „basic behavioral repertoire"). In einer Verhaltensanalyse müssen immer folgende drei Aspekte des problematischen Verhaltens bzw. des Zielverhaltens (engl. target behavior) beschrieben werden:

- *Motorische Manifestationsebene* (offenes, unmittelbar beobachtbares Verhalten): Was tut der Klient?
- *Physiologische Manifestationsebene* (körperliche Vorgänge, operationalisierbar z. B. über medizintechnische Messverfahren wie EMG, EEG, EKG): Die das problematische Verhalten kennzeichnenden oder begleitenden Körperreaktionen wie muskuläre Anspannung, erhöhte Herzschlagfrequenz, motorische Verkrampfung etc.
- *Kognitiv-emotionale Manifestationsebene* (verdecktes, über sprachliche Mitteilung zugängliches Verhalten): Die das problematische Verhalten bestimmenden oder begleitenden Gedanken und Gefühle. Beispielsweise gehen mit depressivem Verhalten gehäuft Kognitionen einher wie: „Das schaffe ich nicht", „Ich bin ein Versager", „Mich kann keiner leiden", etc. Neben den auftretenden Gedanken sind auch die spezifischen emo-

tionalen Aspekte des problematischen Verhaltens zu eruieren. Empfindet der Klient z. B. Angst, Trauer oder Wut?

Mögliche Frageformulierungen für die Erfassung der Manifestationsebenen von problematischen Verhaltensweisen im Interview sind in Tabelle 1.2 exemplarisch wiedergegeben. Die Kovariation der drei Manifestationsebenen unterliegt leider keinen festen, im Vorhinein klaren Regeln und muss deshalb bei jedem Einzelfall neu ermittelt werden. So können die aufgeführten Erscheinungsweisen bei einem bestimmten Klienten gleichgerichtet verlaufen und das Problem (z. B. depressives Verhalten) auf den verschiedenen Ebenen widerspiegeln (z. B. motorisch: im Bett liegen bleiben, klagen; kognitiv-emotional: Gedanken bezüglich der eigenen Minderwertigkeit und Gefühle der Trauer; physiologisch: niedriger Blutdruck).

Tab. 1.2: Verhaltensdiagnostisches Interview: Mögliche Fragen zur qualitativen Beschreibung (Topographie) eines problematischen Verhaltens (nach Lutz, 1978)

Allgemeine Kennzeichnung Wie war es das letzte Mal, geben Sie bitte eine genaue Beschreibung!
Motorische Manifestation Was machen/tun Sie? Wie verhalten Sie sich? Wenn jemand zuschaut, wie würde er Sie (die Situation) beschreiben? Was könnte man mit einer Kamera festhalten?
Kognitive Manifestation Was geht Ihnen dabei durch den Kopf? Was denken Sie in dieser Situation? Welche Gedanken kommen Ihnen da? Was geht in Ihnen vor?
Emotionale Manifestation Was erleben Sie dabei? Was fühlen Sie? Wie fühlen Sie sich? Was empfinden Sie?
Physiologische Manifestation Stellen Sie körperliche Veränderungen fest? Wie reagiert Ihr Körper? Was spüren Sie körperlich?

Sie können bei einem anderen Klienten aber diskordant oder asynchron auftreten. Letzteres ist z. B. dann der Fall, wenn sich eine Problemlage nur auf einer Manifestationsebene äußert (z. B. depressives Verhalten primär auf der kognitiven Ebene, ohne deutliche motorische und physiologische Manifestation). Darüber hinaus können zwischen verschiedenen Klienten große Unterschiede in der Bedeutung, die bei einem Problem den einzelnen Manifestationsebenen zukommt, bestehen. Für die Praxis ergibt sich aus diesem Sachverhalt, dass der Sozialpädagoge in jedem Fall die drei Manifestationsformen des problematischen Verhaltens individuell und getrennt erfassen muss und nicht von einer Ebene und/oder einer Person ungeprüft auf eine andere schließen darf.

Die Erfassung der drei Manifestationsaspekte erfolgt aus sachlogischen Gründen über unterschiedliche und sich gegenseitig ergänzende Messmethoden. Während die motorische Manifestation durch den Einsatz der verschiedenen Formen der *Fremdbeobachtung* (vgl. Schermer, 2011) zugänglich wird, verlangt die Diagnose der kognitiv-emotionalen Aspekte des problematischen Verhaltens den Weg über den *Selbstbericht* z. B. in Form der Selbstbeobachtung (siehe Kapitel 3). Physiologische Problemaspekte werden schließlich durch den Einsatz *apparativer Methoden* aus dem Bereich der Medizintechnologie konkretisierbar. Die Multimodalität des problematischen Verhaltens verlangt somit eine Methodenvielfalt bei der Diagnose.

In der Praxis der Sozialen Arbeit suchen die meisten Klienten nicht nur wegen eines Anliegens oder Problems eine Beratung auf, sondern sind meist durch mehrere Probleme eingeschränkt oder belastet. In der Klinischen Psychologie und Psychotherapie kennzeichnet man diesen Sachverhalt bei psychischen Störungen mit dem Begriff der „Komorbidität“. Bevor in der funktionalen Analyse der Zusammenhang zwischen den verschiedenen Anliegen geklärt werden kann, müssen die in diesem Abschnitt aufgeführten Daten jeweils für jedes Anliegen getrennt erhoben werden.

1.2.1.2 Quantitative Beschreibung: Messung durch spezifische Parameter

Unter quantitativer Sicht geht es in einem nächsten Schritt darum, die präzisierten Manifestationen der problematischen Verhaltensweisen anhand *spezifischer Parameter* einer Messung zuzuführen, d. h. der genauen Beschreibung der verschiedenen Manifestationsebenen folgt eine Kennzeichnung derselben durch spezifizierende Parameter. Mit dieser Kennzeichnung soll eine Messung des problematischen Verhaltens ermöglicht werden.

Unter einer Messung versteht man in den Sozialwissenschaften die Zuordnung von Zahlen zu bestimmten Merkmalen anhand von Regeln. Die

Merkmalsebene der Messung ist in der Verhaltensdiagnostik durch die Manifestationsebenen des Problems definiert. Anhand ausgewählter und für die Intervention relevanter Parameter wird eine Quantifizierung der problematischen Verhaltensweisen angestrebt. Diese Quantifizierung ist wenigstens aus zweierlei Gründen notwendig. Zum einen dient sie der Präzisierung des Ist-Zustandes, indem sie z. B. eine Einschätzung des Schweregrades der Problemlage gestattet. Zum anderen bildet sie die Grundlage für die Beurteilung einer im Verlaufe der Beratung eintretenden Veränderung. Da diese Veränderung den empirischen Beleg für die aufgestellten Hypothesen erbringt bzw. im Falle ihres Ausbleibens diese widerlegt, ist eine Quantifizierung der verschiedenen Aspekte des Problems in der Verhaltensdiagnostik unerlässlich. Anhand welcher Parameter die Manifestationen des problematischen Verhaltens einer Messung zugeführt werden, ist jeweils im Einzelfall zu klären.

In Theorie und Praxis der Verhaltensdiagnostik haben sich dabei besonders folgende Parameter als nützlich erwiesen:

- *Häufigkeit* (Frequenz): Durch einfaches Zählen lässt sich bestimmen, wie oft bestimmte problematische oder zielführende Verhaltensweisen auftreten.
- *Rate:* Werden die durch Zählung ermittelten Häufigkeiten auf eine bestimmte Zeiteinheit (z. B. Stunde, Tag, Woche, Monat etc.) bezogen, ergibt sich ein Wert für die Rate des Verhaltens.
- *Stärke* (Intensität, Amplitude): Die – zumeist subjektiv beurteilte – Stärke eines Verhaltens ist vor allem bedeutsam im Hinblick auf das erlebte Ausmaß an Belastung.
- *Dauer* und *Latenzzeit:* Die Angabe der Zeitspanne, während der das problematische Verhalten anhält, kann einen wichtigen Messparameter von Störungen darstellen. Gleiches gilt für die Latenzzeit, d. h. die Zeit die verstreicht, bis ein Verhalten ausgeführt wird.

Tabelle 1.3 enthält wiederum Beispielfragen zur Bestimmung der quantitativen Aspekte des problematischen Verhaltens im verhaltensdiagnostischen Interview.

Messtechnisch betrachtet, erfolgt die Quantifizierung der problematischen Verhaltensweisen auf unterschiedlichen Messebenen (Skalenniveaus) (vgl. Blanz, 2015). Bei der Zählung der Häufigkeit eines problematischen Verhaltens bzw. Verhaltensaspekts (Manifestationsebene) liegt Nominalskalenniveau vor, d. h. es wird nur eine Berücksichtigung der Kategorien „Problem tritt auf“ und „Problem tritt nicht auf“ verlangt. Ist das problematische Verhalten ausreichend operationalisiert, birgt die Zählung keine besonderen Schwierigkeiten, wie das Beispiel von Peter zeigt.

Tab. 1.3: Mögliche Fragen zur quantitativen Beschreibung der problematischen Verhaltensweisen (nach Lutz, 1978)

Häufigkeit (Frequenz) Wie häufig/oft passiert (Ihnen) das?
Rate Wie oft tritt das Problem am Tag, in der Woche, im Monat etc. auf?
Stärke (Intensität) Wie stark ist z. B. die Angst? Wie sehr beeinträchtigt Sie das? Wie intensiv wirkt das auf Sie?
Dauer/Latenzzeit Wie lange hält das an? Wie lange dauert das?

Peter wird dem Schulsozialarbeiter vorgestellt, weil er den Unterricht angeblich massiv stört. Die Operationalisierung führt zu drei motorischen Manifestationen (Verhalten 1, 2 und 3 in Tabelle 1.4). Die Häufigkeit der drei problematischen Verhaltensweisen (ohne Aufforderung vom Platz aufstehen, dem Nachbarn das Mäppchen wegnehmen, einen Papierflieger in die Klasse werfen) könnte z. B. für die ersten vier Unterrichtsstunden vom Schulsozialarbeiter über den in Tabelle 1.4 wiedergegebenen Beobachtungsbogen bestimmt werden. Die Ergebnisse derartiger Häufigkeitszählungen können auf unterschiedliche Zeiträume bezogen werden und so z. B. die stündliche, tägliche oder wöchentliche Rate der unterschiedenen Verhaltensweisen kennzeichnen.

Tab. 1.4: Beobachtungsbogen der Häufigkeit problematischer Verhaltensweisen

	Unterrichtsstunde			
	1	2	3	4
Verhalten 1: *Ohne Aufforderung vom Platz aufstehen*				
Verhalten 2: *Dem Nachbarn das Mäppchen wegnehmen*				
Verhalten 3: *Mit Papierflieger werfen*				
Gesamtsumme:				

Anweisung: Notieren Sie jedes Mal, wenn Peter vom Platz aufsteht, dem Nachbarn das Mäppchen wegnimmt oder einen Papierflieger wirft, einen Strich in der jeweiligen Spalte.

Für die Bestimmung der Stärke (Intensität, Amplitude) eines Verhaltens reicht die nominale Häufigkeitsauszählung nicht mehr aus, da nun eine quantitative Bewertung im Sinne von „mehr vs. weniger stark“ verlangt wird. Das relevante Mess bzw. Skalenniveau stellt deshalb die *Ordinalskala* dar.

Üblicherweise kommen in der verhaltensdiagnostischen Praxis mehrstufige numerische Ratingskalen zum Einsatz. Der Verhaltenstherapeut Joseph Wolpe (1973) hat z. B. eine solche Skala zur Erfassung der emotionalen Manifestationsintensität entwickelt. Die Skala wird als Angstthermometer und ihre Einheiten als „subjective units of discomfort“ (sud) bezeichnet. Der Klient muss dabei die für ihn relevanten Angstsituationen hinsichtlich ihres Beunruhigungsgrades mit einem numerischen Wert einschätzen. Die Verankerung der Skala orientiert sich am bisherigen individuellen Angsterleben des Klienten: Der niedrigste Skalenwert (0) ist dann zu vergeben, wenn der Klient keinerlei Anzeichen von Angst verspürt. Der Maximalwert (100) steht für die bisher maximal erlebte Angstintensität. Das in Tabelle 1.5 wiedergegebene Beispiel einer derartigen Messung wurde mit einem an Prüfungsangst leidenden Studenten entwickelt.

Tab. 1.5: Intensitäts-Messung (Rating) der emotionalen Manifestationsebene: Angstthermometer eines Studenten mit Prüfungsangst

Zeit bis zur Prüfung	Situation	Sud
12 Wochen	Anmeldung für die Prüfung	10
10 Wochen	Mitteilung des Prüfungsstoffs in der Vorlesung	20
6 Wochen	Ein Kommilitone berichtet über die Schwere der Prüfung	30
4 Wochen	Am Schreibtisch, bei der Erarbeitung eines nicht ganz verstandenen Prüfungstextes	40
3 Wochen	Ein Kommilitone berichtet, er sei bei dieser Prüfung durchgefallen	50
2 Wochen	Im Schwimmbad kommt der Gedanke an die Prüfung	60
10 Tage	In der Vorbereitungsgruppe wird ein allen anderen verständlicher Sachverhalt nicht erfasst	70
5 Tage	Beim Einkaufen kommt der Gedanke, wichtige Prüfungsbereiche noch nicht gelernt zu haben	80
1 Tag	Aufwachen in der Nacht und nach einem nicht verstandenen Stoff in den Skripten nachsehen	90
Prüfungstag:	In der Prüfung wird die erste Frage nicht verstanden	100

Bei bestimmten problematischen oder Ziel-Verhaltensweisen wie z. B. Schmerzzuständen, Lernverhalten oder Trödelverhalten stellen Dauer und/

oder Latenzzeit relevante Parameter dar, die bei einer Veränderung berücksichtigt werden müssen. So kann es im Rahmen eines Trainings zur Verbesserung erzieherischen Verhaltens sinnvoll sein, die Zeit zu messen, die verstreicht, bis eine Anweisung vom Kind befolgt wird. Bei dieser Messung handelt es sich um eine physikalische Größe (Zeitmessung), so dass hier das ansonsten im sozialwissenschaftlichen Bereich nicht anzutreffende *Verhältnisskalenniveau* vorliegt.

Die mithilfe der skizzierten Möglichkeiten der Quantifizierung des problematischen Verhaltens bzw. der Zielverhaltensweisen erhaltenen Werte präzisieren und objektivieren den Ausgangs- oder Ist-Zustand. Im Rahmen der Falldarstellung werden sie oft in grafischer Form in der sog. *Grundkurve* (Baseline) zusammengefasst. Hierbei sind die für das zu bearbeitende Anliegen als relevant betrachteten Parameter (z. B. Häufigkeit, Intensität, Dauer) über einen: bestimmten Zeitraum (z. B. zwei Wochen) diagrammartig festgehalten (siehe Kapitel 2). Diese Baseline gibt noch keinerlei Auskunft über die Problemverursachung. Sie bildet aber die entscheidende Grundlage für eine Bewertung der später eintretenden Änderungen.

1.2.2 Funktionale Analyse als Ursachenbestimmung und Ursachenprüfung: Suche nach den unabhängigen Variablen

Das Kernstück verhaltensdiagnostischen Vorgehens stellt die *funktionale Analyse* dar, bei der es darum geht, die Ursachen der operationalisierten (problematischen) Verhaltensweisen aufzudecken, d. h. eine Erklärung für das Anliegen zu finden.

1.2.2.1 Begriffsbestimmung: Funktionale Beziehungen und funktionale Analyse

Entsprechend der im experimentellen Vorgehen üblichen Terminologie beschäftigt sich die funktionale Analyse mit den für die Erklärung des Problems relevanten unabhängigen Variablen, d. h. den möglichen Ursachen. Der dem Begriff „funktionale Analyse" zugrunde liegende Terminus technicus „Funktion" stammt aus der Mathematik und meint dort die Bezeichnung für eine Größe, die mit Veränderungen einer anderen ebenfalls Veränderungen erfährt" (Fröhlich, 1997, S. 178). Das wesentliche Bestimmungsmoment ist also die *Kovariation* zweier Variablen. Auf unsere Thematik übertragen, fragt die funktionale Analyse also nach den mit den problematischen Verhaltensweisen systematisch variierenden Bedingungen im Sinne einer „Wenn-Dann-Relation" (sog. Erklärung erster Ordnung). Unter einer allgemeinen noch nicht explizit auf die Belange der Verhaltensdiagnostik ausgerichteten

Betrachtung kann man mit Haynes und O'Brien (1990) unter anderem folgende allgemeine Charakteristika funktionaler Beziehungen feststellen:

Funktionale Beziehungen beruhen, wie die Definition aus Fröhlich bereits deutlich macht, nur auf der gemeinsamen Variabilität von zwei oder mehr Variablen und können deshalb sowohl kausal (ursächlich) als auch nur korrelational, d. h. assoziativ, begründet sein. Bei kausal verbundenen funktionalen Beziehungen kann die unabhängige Variable notwendig (die abhängige Variable verändert sich niemals, ohne dass sich vorher die unabhängige verändert), hinreichend (die abhängige Variable ändert sich immer, wenn sich die unabhängige ändert) oder notwendig und hinreichend sein. Funktionale Beziehungen lassen sich auf unterschiedlichen Analyseebenen (Spezifizierungs- bzw. Abstraktionsniveaus: allgemein versus spezifisch) formulieren.

Betrachtet man Essstörungen wie Anorexie und Bulimie auf einem sehr hohen Abstraktionsniveau, kann man z. B. einen funktionalen Zusammenhang zwischen diesen Störungsbildern und dem Geschlecht feststellen, insofern hauptsächlich Frauen davon betroffen sind. Auf einem spezifischeren Betrachtungsniveau könnte sich bei einer Essstörung ein funktionaler Zusammenhang zwischen der Angst, dick zu werden, und der verminderten Kalorieneinnahme ergeben.

Wie dieses Beispiel zeigt, unterscheiden sich funktionale Beziehungen demnach auch hinsichtlich des Ausmaßes ihrer Beeinflussbarkeit: Während es sich bei dem Geschlecht um eine (normalerweise) nicht beeinflussbare Variable handelt, kann man die Angst vor dem Dickwerden durchaus modifizieren. Schließlich differieren funktionale Beziehungen in ihrer Bedeutsamkeit: Sie können für eine anstehende Frage, z. B. für das Verständnis oder die Erklärung einer Problemlage, unwichtig oder auch wichtig sein. Wie aus dieser Aufzählung hervorgeht, können in eine allgemeine funktionale Betrachtung auch Aspekte eingehen, die im Rahmen einer verhaltensdiagnostischen funktionalen Strategie nicht aufgegriffen werden. Die für eine verhaltensanalytische Sichtweise relevanten funktionalen Zusammenhänge müssen deshalb genauer eingegrenzt werden. In folgender Definition des Begriffs „funktionale Analyse" nehmen Haynes und O'Brien (1990) genau diese Spezifizierung vor, sie verstehen darunter: „The identification of important, controllable, causal functional relationships applicable to a specified set of target behaviors for an individual client" (S. 654).

Aus dieser Begriffsbestimmung lassen sich unter anderem folgende konstituierende Merkmale der funktionalen Analyse ableiten: Die verhaltensdiagnostische funktionale Analyse berücksichtigt aus der Vielzahl bestehender funktionaler Beziehungen nur solche, die mit dem zu ändernden Verhalten

(„target behavior") gleichzeitig in einer kausalen, kontrollierbaren und bedeutungsvollen Beziehung stehen. Dem kausalen Aspekt kommt dabei eine besondere Bedeutung zu.

– Eine funktionale Beziehung gilt dann als *kausal,* wenn gleichzeitig folgende Bedingungen vorliegen: (a) *Kovariation,* d. h. gemeinsames Auftreten von unabhängiger und abhängiger Variable; (b) die unabhängige Variable muss der abhängigen *zeitlich vorausgehen,* d. h. die angenommene Ursache muss vor dem problematischen Verhalten liegen; (c) das Auftreten der unabhängigen und abhängigen Variable muss in einem empirisch gültigen Gesetz abbildbar sein, d. h. es muss eine *logisch-empirische Verknüpfung* zwischen ihnen bestehen; (d) schließlich sollten für den Zusammenhang *keine alternativen Erklärungsmöglichkeiten* bestehen (vgl. Haynes, 1992).

Bei der Angabe von Gründen (Ursachen), die für das Eintreten eines Ereignisses verantwortlich sind, beziehen sich Erfahrungswissenschaften häufig auf das von Hempel und Oppenheim (1948) ausgearbeitete Idealmodell der deduktiv-nomologischen Erklärung (sog. H-O-Schema). Die Bezeichnung „deduktiv" verweist dabei auf die vom Allgemeinen zum Besonderen gehende eingesetzte Form der Schlussfolgerung, die Bezeichnung „nomologisch" verpflichtet die Erklärung auf den Bezug zu gültigen Gesetzesaussagen. Demzufolge sind bei einer derartigen Erklärung immer zwei Aspekte miteinander zu verbinden, nämlich allgemeine Gesetzesaussagen und am individuellen Fall beobachtbare Sachverhalte (singuläre Sätze). Letztere werden Antezedens- oder Randbedingungen genannt. Gesetze (G) und Antezedensbedingungen (A) bilden das sog. „Explanans" (das Erklärende), aus dem logisch ein bestimmtes beobachtbares und zu erklärendes Ereignis (Verhalten), das sog. „Explanandum" (E), abgeleitet wird (vgl. auch Westmeyer, 2011). In unserem Zusammenhang wird das Explanandum natürlich durch die abhängige Variable „problematisches Verhalten" gebildet. Die formale Struktur dieser Erklärungsform zeigt Tabelle 1.6, an die sich ein praktisches Anwendungsbeispiel anschließt.

Die Güte einer solchen Erklärung hängt nach Stegmüller (1983) unter anderem von folgenden Bedingungen (sog. Adäquatheitsbedingungen) ab: Zum einen muss das vom Explanans zum Explanandum führende Argument logisch korrekt (widerspruchsfrei) sein, zum zweiten muss das Explanans mindestens ein empirisches Gesetz enthalten, und zum dritten muss dieses schließlich einen empirischen Gehalt besitzen bzw. wenigstens ausreichend gut bewährt sein (siehe hierzu auch Westmeyer, 2011). Während gegen die Widerspruchsfreiheit bei Erklärungsversuchen im Allgemeinen kaum verstoßen wird, stellt der Bezug zu einem Gesetz mit empirischem Gehalt das Kriterium dar, mithilfe dessen sich tatsächliche und vermeintliche Erklärungen unterscheiden lassen.

Tab. 1.6: Formale Struktur der deduktiv-nomologischen Erklärung (H-O-Schema)

Explanans	(G1, G2, G3 …	allgemeine Gesetze, Hypothesen
	(A1, A2, A3 …	spezifische, auf den Einzelfall bezogene Sätze (sog. Antezedens- oder Randbedingungen)
		Argumentationsschritt: E folgt aus G und A
Explanandum E		Beschreibung des zu erklärenden Ereignisses

Eine Konkretisierung dieses Erklärungsmusters an einem praktischen Beispiel aus dem Bereich der operanten Lernpsychologie könnte folgendermaßen aussehen:

G: Folgt unmittelbar auf die Ausführung eines Verhaltens ein positiver Verstärker, erhöht sich die Auftretenswahrscheinlichkeit dieses Verhaltens in der Zukunft (allgemeines operantes Lerngesetz)

A: Auf das Verhalten X von Person Y folgt ein positiver Verstärker (Aussage zu einem individuellen Fall unter Einbezug von Gesetzesannahmen: singulärer Satz)

E: Die Auftretenswahrscheinlichkeit des Verhaltens X bei Person Y erhöht sich in Zukunft (Erklärung des individuellen Falls).

Kausale funktionale Beziehungen können bidirektional oder reziprok wirksam sein. So ist es einerseits möglich, dass Schwierigkeiten in der Partnerschaft zu nachfolgendem depressivem Verhalten führen und dass depressives Verhalten andererseits auch Probleme in der Partnerschaft nach sich zieht. Darüber hinaus lassen sich im Rahmen der funktionalen Analyse auch die Beziehungen zwischen mehreren kausalen Variablen berücksichtigen. Haynes und O'Brien (1990) führen als Beispiel hierzu das depressive Verhalten eines Klienten an, welches sich als Funktion der aversiven ehelichen Interaktionen und der niedrigen Selbstwirksamkeits-Erwartungen darstellt. Bei Vorliegen derartiger multipler oder reziproker Zusammenhänge ergeben sich aus der funktionalen Analyse wichtige Implikationen für die Auswahl der Interventionsziele (vgl. Haynes, 1986).

– Eine funktionale Beziehung gilt dann als *kontrollierbar,* wenn der Berater unmittelbar einen Einfluss auf sie nehmen kann. Variablen, auf die man keinen Einfluss hat, sog. unkontrollierbare Variablen, bleiben – auch wenn sie für die Entwicklung der Problematik kausal wirksam waren

– weitgehend außer Acht. So könnte im Einzelfall ein in der Kindheit erfahrener sexueller Missbrauch durchaus mit gravierenden Schwierigkeiten im Bereich der sozialen Kompetenz im Erwachsenenalter kausal und bedeutsam verbunden gewesen sein. Da dieser Zusammenhang aber nicht mehr beeinflusst werden kann, steht er in der funktionalen Analyse zugunsten beeinflussbarer Aspekte (z. B. Verhalten der sozialen Kontaktaufnahme, innere Dialoge sog. Selbstinstruktionen oder Regulation des aktuellen Erregungsniveaus) nicht im Mittelpunkt der Betrachtung. Weitere in der Praxis der Sozialen Arbeit oft anzutreffende Beispiele für nicht oder schwer beeinflussbare Variablen stellen vergangene (kritische) Lebensereignisse wie Traumatisierungen und Verlusterfahrungen, körperliche oder biologische Merkmale und Besonderheiten, soziodemographische Daten wie Alter, soziale Schicht und Bildungsstand dar. Statt alle kausalen Aspekte eines Problems zu berücksichtigen, beschränkt sich die verhaltensdiagnostische funktionale Analyse auf diejenigen Aspekte, welche durch den Berater oder Klienten beeinflusst werden können.

- Eine funktionale Beziehung gilt dann als *bedeutungsvoll,* wenn sie in quantitativer oder in qualitativer Hinsicht für einen großen Anteil des problematischen Verhaltens verantwortlich ist. Es geht in der funktionalen Analyse demnach nicht darum, alle kausalen und beeinflussbaren funktionalen Beziehungen zu berücksichtigen, sondern nur diejenigen einzubeziehen, welche für eine erfolgreiche Änderung wichtig sind. Die damit verbundene Beschränkung auf das Wesentliche stellt für den Klienten gleichzeitig einen Schutz vor dem in der Sozialen Praxis nicht selten anzutreffenden missionarischen Analyse- und Beratungseifer dar.

Da die funktionale Analyse auch im Hinblick auf das Zielverhalten (target behavior) vorgenommen wird, kann sie sich auch auf die als Folge der Beratung eintretenden Veränderungen beziehen. In diesem Sinne mag sich eine positive Intervention bei der abhängigen Variable „Schwierigkeiten im Sozialverhalten“ funktional günstig auf andere Lebens- bzw. Verhaltensbereiche (z. B. berufliche Zufriedenheit; Alkoholkonsum) auswirken. Selbstverständlich können funktionale Analysen sowohl für Verhaltensexzesse als auch für Verhaltensdefizite vorgenommen werden. So ist es beispielsweise möglich, für einen Klienten mit depressivem Verhalten sowohl eine funktionale Analyse bezüglich der Erklärung seiner Facetten depressiven Verhaltens als auch für den Aufbau für ihn relevanter Facetten nichtdepressiven Verhaltens zu entwickeln.

1.2.2.2 Bestimmung der relevanten Inhalte

Da – wie im vorausgehenden Abschnitt aufgezeigt – die funktionale Analyse eine Erklärung der problematischen Verhaltensweisen unter Bezug auf empirisch bewährte Gesetzmäßigkeiten liefern soll, muss geklärt werden, welche Gesetzmäßigkeiten aus dem empirischen Fundus der Human- und Sozialwissenschaften sich für diese Aufgabe besonders eignen. Grundsätzlich betrachtet, lassen sich für eine funktionale Analyse alle Befunde und Ergebnisse der empirischen Psychologie heranziehen, unter deren Anwendungsbereich operationalisierte Verhaltensweisen fallen (vgl. z. B. Braun & Schermer, 1985; Plaud & Eifert, 1998). Allerdings stehen der Übertragung dieser Forderung auf die funktionale Analyse der problematischen oder zielführenden Verhaltensweisen im Einzelfall praktisch unlösbare Schwierigkeiten entgegen. Diese ergeben sich zum einen aus der (theoretisch) unbegrenzten Anzahl möglicher Erklärungsmodelle. So führt beispielsweise Schulte (1999) eine sehr umfangreiche Liste von Variablen bzw. Variablengruppen an, die im Rahmen einer Verhaltensanalyse bislang zur theoretischen Erklärung (Erklärung zweiter Ordnung; vgl. Schermer, 2011) Verwendung fanden. Selbst wenn man aus dieser Liste diejenigen unbeachtet lässt, die (noch) nicht als hinreichend empirisch gesichert gelten können bzw. für die Analyse spezifischer Verhaltensweisen zu allgemein gehalten sind, verbleiben immer noch zu viele, als dass man sie in der Alltagspraxis alle berücksichtigen könnte.

Die häufig anzutreffende Empfehlung, bei einer funktionalen Analyse gleichzeitig Aspekte aus unterschiedlichen (Gesetzes-)Bereichen zu berücksichtigen (z. B. Bartling et al., 2016), ist deshalb bereits aus ökonomischen Gründen problematisch. Eine gleichzeitige Betrachtung verschiedener Aspekte lässt darüber hinaus auch außer Acht, dass die unterschiedlichen Gesetzmäßigkeiten nicht nur mit dem problematischen Verhalten, sondern auch untereinander in (funktionaler) Beziehung stehen können. Um ihren Beitrag zum problematischen Verhalten des Einzelfalls zu klären, müssten auch diese Interdependenzen analysiert werden. Ein weiteres Problem stellt in diesem Zusammenhang die Tatsache dar, dass unterschiedliche Gesetze den gleichen Sachverhalt erklären können, d. h. „daß sich … die unabhängigen Variablen aus unterschiedlichen Theorien teilweise überlappen; sie bezeichnen gleiche Sachverhalte, nur von unterschiedlicher theoretischer Warte betrachtet" (Schulte, 1996, S. 128). Schulte empfiehlt in seinem Modell der Therapieplanung aus diesem Grund eine sukzessive und getrennte Durchführung multipler Bedingungsanalysen. Das Problem der Auswahl (welche Modelle sollen herangezogen werden?) bleibt jedoch auch hier ungelöst. Das Problem der Zusammenführung und Integration der unterschiedlichen

Aspekte löst Schulte (1996, 1999) folgerichtig auch nicht mehr theoretisch im Rahmen der von ihm als Teil der Bedingungsanalyse angesehenen funktionalen Analyse, sondern pragmatisch unter modifikatorischem Aspekt und schlägt die praktische Durchführbarkeit in der Interventionsphase als Bewertungskriterium vor. Ein derartiger Integrationsversuch ist selbstverständlich nicht unproblematisch und wird auch nicht durch den Hinweis entschärft, dass es bei der Intervention nicht primär um die Erklärung gehe, sondern darum, Veränderungen in Gang zu setzen (siehe Schulte, 1986).

Da also offensichtlich weder Vollständigkeit noch Eindeutigkeit erreicht werden können, scheint eine Begrenzung der für die funktionale Analyse herangezogenen Modelle und Gesetzmäßigkeiten unumgänglich.

Einer Empfehlung von O'Donohue (1998b) folgend, sind aus der (Grundlagen-) Forschung primär solche Erklärungsmodelle und Theorien von Bedeutung, die drei konstituierende Merkmale aufweisen: „(1) a shared search to understand how experience changes behavior; (2) a shared use of single-subject methodologies; and (3) a mutual reliance on large, ‚clinically significant' change" (S. 12). O'Donohue (1998a, b) sieht diese drei Aspekte in den Befunden der *Lernpsychologie* als am besten verwirklicht an. Er spricht sich dafür aus, dass sich die derzeitige Generation der Verhaltenstherapie wieder auf diese Wurzeln besinnt, natürlich unter Berücksichtigung des aktuellen Forschungsstandes. Ganz in diesem Sinn äußern sich Cahill, Carrigan und Evans (1998), wenn sie meinen, dass „the traditional foundation of the behavior therapist's knowledge in modem learning theory needs to be sustained" (S. 313). Dieser Position schließen sich auch Haynes und O'Brien (2000) mit folgender Äußerung an: „Learning principies provide the guiding framework for the focus of behavioral assessment and for the operation of many behavioral interventions" (S. 180). Die Bedeutung der Lernpsychologie wird nicht nur von Autoren in den Vereinigten Staaten, sondern auch von englischen Verhaltenstherapeuten neuerdings wieder stärker betont (z. B. Bruch, 2000). Leider finden sich in Deutschland – der Bereich der Kinder- und Jugendlichentherapie ausgenommen (siehe z. B. im Überblick: Petermann, 2003; Steinhausen & von Aster, 1999) – nur wenige Autoren, die sich dieser Position anschließen. Viele der hierzulande favorisierten und bereits erwähnten Modelle wie die Problemanalyse sensu Bartling et a1. (2007), die Plananalyse von Caspar (1989, 2009) oder die aus der sog. vertikalen Verhaltensanalyse entstandene Schema-Analyse von Grawe et a1. (1996) genügen den von O'Donohue geforderten Kriterien nicht. Statt einer klaren theoretisch-empirischen Orientierung dominieren in diesen Ansätzen der klinische Eindruck, die Intuition und die mehr oder weniger geschickte Therapeutenpersönlichkeit.

Wie wir gesehen haben, basiert die Erklärung im funktionalen Modell der Verhaltensdiagnostik auf zwei Prämissen: zum einen auf der Kovariation, d. h. dem gleichzeitigen Auftreten und der gleichzeitigen Veränderung von abhängiger und unabhängiger Variable und zum anderen auf dem zeitlichen Vorausgehen der kausalen unabhängigen Variable. Die Ursachensuche hat deshalb zuallererst die *aktuelle Zeitachse,* auf der das problematische Verhalten in Erscheinung tritt, ins Auge zu fassen. Anstatt der bei Erklärungen häufig herangezogenen zeitlich zurückliegenden (distalen) Bedingungen wie beispielsweise Kindheitserfahrungen oder kritische Lebensereignisse, interessieren in der funktionalen Analyse hauptsächlich die zeitlich unmittelbaren (proximalen) Bedingungen, d. h. die funktionale Analyse betrachtet die unmittelbare problembezogene Gegenwart. Von Kanfer und Phillips (1970) stammt ein sehr einflussreicher Vorschlag zur inhaltlichen Gestaltung der Analyse des problematischen Verhaltens auf der unmittelbaren Zeitachse. Das von ihnen empfohlene Vorgehen orientiert sich an der traditionellen Lernpsychologie und analysiert das problematische Verhalten (R) in Abhängigkeit seiner vorausgehenden (S) und nachfolgenden (C) Bedingungen (Kontingenzen) sowie dem Kontingenzverhältnis (KV), worunter man das zeitliche oder reaktionsbezogene Muster versteht, mit dem die Konsequenzen auftreten. Als moderierende Variable interpretieren Kanfer und Phillips (1970) die organismische und biologische Ausstattung des Individuums, die sog. Organismus Variable (0). Ordnet man diese Komponenten auf der Zeitachse an, ergibt sich die sog. „Verhaltensgleichung“ bzw. „Verhaltensformel“:

Tab. 1.7: „Verhaltensformel“ (SORCKV-Schema) nach Kanfer & Phillips (1970)

Vorausgehend								Nachfolgend
S	—	O		R	—	C	—	KV
Stimulus		Organismus		problematisches Verhalten		Konsequenz		Kontingenzverhältnis

Waren die in dem Ansatz unterschiedenen Komponenten anfangs als einseitig linear miteinander verbunden gedacht, geht man heute in den als „horizontale“ bzw. „kontextuelle Verhaltensanalyse“ bezeichneten Erweiterungen des Modells von reziproken, d. h. sowohl vor- als auch rückwärts gerichteten Beziehungen aus (vgl. Kanfer et al., 2012).

Ist das problematische Verhalten (R) entsprechend den in Abschnitt 1.2.1 dargestellten Aspekten beschrieben, präzisiert die funktionale Analyse die unmittelbar vorausgehenden und nachfolgenden steuernden Bedingungen. Entsprechend einer interaktionistischen Perspektive, die das Verhalten der

Person in Abhängigkeit eigener und umweltbezogener Einflüsse sieht (vgl. das Konzept des „reziproken Determinismus“ von Bandura 1986 oder dasjenige der „Transaktion“ von Lazarus, 1991), sind dabei Aspekte des Klienten (Selbstbezug), der sozialen und der physikalischen (räumlich-dinglichen) Umwelt zu berücksichtigen. Diese Bedingungen müssen ebenfalls nach den für sie relevanten Manifestationen differenziert werden (vgl. Nezu & Nezu, 1989; Nezu, Nezu, Friedman & Haynes, 1997; Turkat, 1979, „behavior analysis matrix“).

Tab. 1.8: Suchbereich für unabhängige Variablen in der funktionalen Analyse

Ort	Manifestation	Zeitbezug	
		vorausgehend (S)	nachfolgend (C)
umweltbezogen			
	physikalisch/räumlich		
	Sozial		
selbstbezogen			
	motorisch		
	kognitiv-emotional		
	physiologisch		

Die einer Präzisierung der ursächlichen Bedingungen (unabhängigen Variablen) zugrunde liegende Suchmatrix zeigt Tabelle 1.8. Während die selbstbezogenen stabilisierenden Momente den bei der Problembeschreibung differenzierten Manifestationen entsprechen, wird unter umweltbezogener Sicht zwischen physikalischen, d. h. die räumlich-dingliche Umgebung betreffenden und sozialen, d. h. die Anwesenheit und das Verhalten von Interaktionspartnern betreffenden Aspekten unterschieden.

Bei der Bestimmung der *antezedenten Bedingungen (S),* geht es zunächst darum, festzustellen, unter welchen spezifischen Situationsbedingungen die problematischen Verhaltensweisen auftreten. Dabei sind Informationen zu verschiedenen Bereichen einzuholen (vgl. z. B. O'Neill, Horner, Albin, Sprague, Storey & Newton, 1997):

- *Zeitpunkt des Auftretens:* Gibt es spezifische Tageszeiten oder Fixpunkte, zu denen das Problem auftritt? Frage: Wann treten die problematischen Verhaltensweisen auf?
- *Räumliche Gegebenheiten:* Lassen sich für die problematischen Verhaltensweisen spezifische räumliche Umstände erkennen, treten sie z. B. nur daheim, an bestimmten Plätzen, im Auto, Klassenzimmer, am Arbeitsplatz etc. auf? Frage: Wo tritt das problematische Verhalten auf?

- *Spezifische Anforderungen und sachstrukturelle Gegebenheiten:* Stehen bestimmte Anforderungen (z. B. leistungs- oder sozialbezogener Art) und die damit verbundenen sachstrukturellen Gegebenheiten (Stoffumfang, Schwierigkeitsgrad) in einem regelhaften Zusammenhang mit den problematischen Verhaltensweisen? Frage: Was tun Sie, bevor die Schwierigkeiten auftreten bzw. was wird von Ihnen verlangt?
- *Anwesenheit und Verhaltensweisen von anderen Personen:* Ist das Auftreten des problematischen Verhaltens an die Anwesenheit bestimmter Personen (Partner, Familienangehörige, Vorgesetzte etc.) und deren Verhalten (z. B. spezifische Kommunikationsmuster in der Partnerschaft; spezifisches Erziehungsverhalten von Eltern, Führungsstrategien von Vorgesetzten etc.) gebunden? Frage: Wer ist anwesend? Wie verhalten sich die anwesenden Personen?
- *Selbstbezogene Auslösemomente:* Gehen den problematischen Verhaltensweisen bestimmte Handlungen, Kognitionen, Emotionen oder körperliche Zustände voraus, die selbst nicht das Problem ausmachen? Die selbstbezogenen Auslöser für problematisches Verhalten kovariieren immer mit den umweltbezogenen Situationsaspekten (s.o.) und stellen – soweit Kognitionen und Emotionen betroffen sind – die subjektive Interpretation der objektiven situativen Gegebenheiten dar. Erfolgt die Datenerhebung über das verhaltensdiagnostische Interview, so wird automatisch diese subjektive Sicht erfragt. Es ist deshalb im Regelfall hier nicht notwendig, den Wahrnehmungs- und Interpretationsprozess des Klienten (vgl. Bartling et al., 2007) explizit zu thematisieren.

Die Notwendigkeit, die auslösenden Aspekte der externalen und internalen Umwelt aus der subjektiven Sicht des Klienten zu erfassen, wurde bereits lange vor der Erhebung des Kognitivismus zum psychologischen main-stream von Kanfer und Phillips (1970) mit folgender Formulierung hervorgehoben: „Care must be taken to define the stimulus components from the viewpoint of the behaving organism rather than from the observer's position" (S. 61). Während gegen diese Empfehlung bei Verwendung des verhaltensdiagnostischen Interviews (s.o.) und der Selbstbeobachtung (self-monitoring) normalerweise aus methodenimmanenten Gründen nicht verstoßen wird, ist sie vor allem beim Einsatz der Fremdbeobachtung zu beherzigen.

In ihrer ursprünglichen Bedeutung beinhaltet bei Kanfer und Phillips (1970) die *Organismusvariable (O)* die biologischen Charakteristika der Person. Bei einer funktionalen Analyse ist deshalb zu prüfen, inwieweit biologische und medizinische Faktoren für die Problemaufrechterhaltung eine Rolle spielen. Ein einfaches Beispiel hierfür ist ein „unaufmerksamer"

Schüler, der infolge seiner Kurzsichtigkeit die Tafelanschrift während des Unterrichts nicht lesen kann und aus diesem Grund am Unterrichtsgeschehen nicht teilnimmt. In einer erweiterten Begriffsbedeutung werden unter die O-Variable auch Persönlichkeitsmerkmale (z. B. Extraversion, Intelligenz, Neurotizismus, Temperament) und die individuellen überdauernden Verhaltenstendenzen des Individuums subsumiert. Staats (1996) hat letzteren im Rahmen seines Modells des paradigmatischen Behaviorismus‘ besondere Aufmerksamkeit geschenkt. Seiner Meinung nach üben die im Laufe der Sozialisation in den Bereichen des sprachlich-kognitiven, des emotional-motivationalen und des motorisch-sensorischen Verhaltens erworbenen Gewohnheiten (sog. basic behavioral repertoires, BBRs) einen moderierenden Einfluss auf die situativen Bedingungen aus.

Die Erhebung der *Konsequenzbedingungen* (C) des problematischen Verhaltens erfolgt – wie aus Tabelle 1.8 hervorgeht – inhaltlich analog zu derjenigen der vorausgehenden Bedingungen, d. h. es interessieren wieder die bereits dargestellten umwelt- und verhaltensbezogenen sowie intrapsychischen Aspekte. Allerdings kommt ihnen nun eine andere Rolle zu. Sie werden auf der Ebene einer Erklärung erster Ordnung (Feststellung einer „Wenn-Dann-Beziehung“) als Verstärkungs- bzw. Bestrafungsbedingungen interpretiert und verweisen auf der Ebene einer Erklärung zweiter Ordnung (Beantwortung der Frage: Warum ist das so?) auf die für die Problemaufrechterhaltung relevanten Motivbedingungen. Unter verstärkungstheoretischer Sicht können die Konsequenzbedingungen entweder darin bestehen, dass mit den problematischen Verhaltensweisen angenehme Ereignisse erreicht (positive Verstärkung) oder unangenehme Ereignisse vermieden werden (negative Verstärkung). Legt man die im Bereich der angewandten Verhaltensanalyse übliche Taxonomie zugrunde, ist das Vorliegen folgender Bedingungen zu klären:

- *Materielle Konsequenzen:* Folgt auf das problematische Verhalten die Vergabe oder die Nutzung von angenehmen, gewünschten oder begehrten Objekten?
- *Soziale Konsequenzen:* Wie reagieren die anwesenden Personen auf die problematischen Verhaltensweisen?
- *Handlungs- und aktivitätsbezogene Konsequenzen:* Treten nach Ausführung des problematischen Verhaltens regelhaft bestimmte Aktivitäten oder Handlungen auf?
- *Internale Konsequenzen:* Hierzu muss geprüft werden, welche Folgen das problematische Verhalten im gedanklichen, emotionalen und physiologischen Bereich nach sich zieht. Dabei ist besonders darauf zu achten, dass diese Manifestationen jetzt als Konsequenzbedingungen (C) und nicht als Problemaspekte (R) von Interesse sind. Leitfragen: Wie bewerten Sie

das? Wie sprechen Sie dann mit sich? Was empfinden Sie dann? Welche Gefühle erleben Sie dann? Wie reagiert dann Ihr Körper?

Mit dem Kontingenzverhältnis (KV) wird in der „Verhaltensformel" eine ebenfalls aus dem operanten Lernmodell abgeleitete Variable thematisiert. Hier interessiert nicht die Frage, welche Konsequenzen auf das problematische Verhalten folgen, sondern die Frage, wie diese Konsequenzen auftreten. In der funktionalen Analyse sind nach Kanfer und Grimm (1977) vor allem folgende drei, zu inadäquatem (problematischem) Verhalten führende Möglichkeiten zu überprüfen:

- Das Kontingenzverhältnis ist quantitativ inadäquat, wenn die Konsequenzen *zu oft oder zu selten* auftreten. Leitfrage: Mit welcher Häufigkeit folgen die Bedingungen?
- Das Kontingenzverhältnis ist qualitativ inadäquat, wenn *auf falsche, d. h. nicht zielbezogene Verhaltensweisen* stabilisierende Konsequenzen erfolgen. Leitfrage: Wer oder was reagiert auf problematisches Verhalten mit Verstärkung?
- Das Kontingenzverhältnis ist schließlich temporal inadäquat, wenn die Konsequenzen *zeitlich zu spät* erfolgen. Leitfrage: Wann treten die Konsequenzbedingungen ein?

In der Grundlagenforschung zum operanten Konditionieren wurden die Auswirkungen verschiedener zeitlicher und reaktionsbezogener Verhältnisse zwischen einem Verhalten und den folgenden Konsequenzen systematisch untersucht (vgl. Schermer, 2011, 2014). Die dabei differenzierten Verstärkungspläne (schedules of reinforcement) sind insbesondere für die Planung und Durchführung einer Intervention bedeutend, da sie (a) die Schnelligkeit, mit der ein neues Verhalten erworben, (b) die Frequenz (Häufigkeit), mit der ein Verhalten gezeigt und (c) den Widerstand, der einer Löschung, d. h. dem Ausbleiben von Verstärkung, entgegengebracht wird, bestimmen (siehe ausführlich hierzu Kapitel 2).

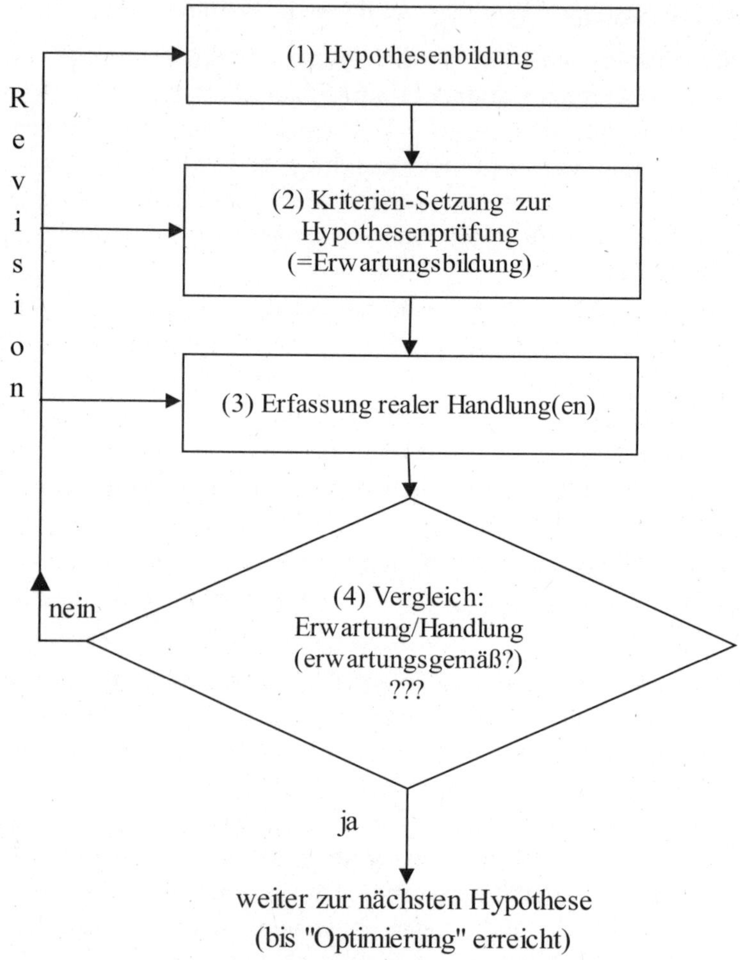

Abb. 1.1: Hypothesengeleitetes und -prüfendes Vorgehen der funktionalen Analyse (nach Schermer & Schmelzer, 1982, S. ö13).

1.2.2.3 Hypothesengeleitetes und -prüfendes Vorgehen

Das wesentliche und sich von allen anderen Formen der interventionsbezogenen Diagnostik unterscheidende Charakteristikum der Verhaltensdiagnostik besteht darin, dass die für den individuellen Fall aufgestellten Erklärungen (Interpretationen) über die Problemverursachung (explikativer Aspekt) an diesem Fall einer empirischen Prüfung unterzogen werden müssen. In diesem evaluativen Moment als Bestandteil der funktionalen Analyse sehe ich den einzigen, aber wesentlichen formalen Unterschied zu anderen Formen der interventionsbezogenen Diagnostik (z. B. psychoanalytische, gesprächstherapeutische, familientherapeutische). Die Struktur des hypothesengeleiteten und -prüfenden Vorgehens veranschaulicht Abbildung 1.1.

Wie aus ihr hervorgeht, beginnt das hypothesengeleitete Vorgehen damit, dass der Sozialpädagoge auf der Basis der momentan vorliegenden Information eine Verursachungshypothese (Interpretation) entwickelt. Die über das SORCKV-Schema eingeholten Daten werden also kausal interpretiert (1). Für die vorgenommene (vorläufige) Interpretation sind in einem nächsten Schritt Erwartungen zu entwickeln, die das Zutreffen der Interpretation belegen könnten. Der Berater fragt sich in diesem Stadium, was passieren müsste, wenn seine Annahme (Erklärung) zutrifft bzw. was zu erwarten wäre, wenn die Annahme falsch ist. Aufgrund der Erklärung wird also eine Prognose vorgenommen (2). Im dritten Schritt versucht der Sozialpädagoge diejenigen realen Handlungen, die er bei Zutreffen seiner Annahmen erwartet, zu erfassen (3). Der evaluative Aspekt der funktionalen Analyse erfolgt im abschließenden Schritt und besteht im Vergleich der vermuteten Annahmen (Prognose) mit den tatsächlichen Handlungen (4). Sind die bei diesem Vorgehen erhaltenen Informationen erwartungskonform, wird die Interpretation beibehalten. Bestätigen sich dagegen die Voraussagen nicht, ist eine Revision nötig. Die Interpretation oder die Prognose wird verworfen, ein neuer Erklärungs- (Hypothese) bzw. Bestätigungsversuch (Prognose) aufgestellt, d. h. das Prozedere wird teilweise oder vollständig neu durchlaufen.

Ein stark vereinfachtes Alltagsbeispiel zu den Komponenten der SORCKV-Formel soll dieses Vorgehen verdeutlichen (vgl. Schermer, 2011, S. 125f):

Wenn Katrin abends zu Bett gebracht wird (S), fängt sie zu jammern und zu weinen an (R). Die Mutter kommt dann immer (KV) zu ihr ins Kinderzimmer, setzt sich neben sie ans Bett, streichelt sie und erzählt eine Geschichte (C), woraufhin Katrin ruhig einschläft.

Aufgrund der vorliegenden Daten lässt sich deskriptiv feststellen, dass das Verhalten Katrins von der Mutter verstärkt wird (Erklärung erster Ordnung). Im hypothesengeleiteten Vorgehen ist nun zu klären, welches Motivsystem bei dieser Verstärkung befriedigt wird (Erklärung zweiter Ordnung: Warum wirkt die Reaktion der Mutter als Verstärkung?). Erst eine „Weil-Antwort" auf diese Frage erlaubt eine verantwortbare Ableitung einer gezielten Interventionsmaßnahme. Bereits ein so einfaches Beispiel verweist auf mehrere Möglichkeiten, für die in Abbildung 1.1 dargestellten vier Schritte. Für drei unterschiedliche „Hypothesen" seien diese Schritte skizziert. Die „möglichen

Interviewfragen“ (3) sind an die Mutter gerichtet formuliert und müssen durch eine Befragung des Kindes ergänzt werden.

Möglichkeit A

ad 1 Hypothese: Katrin jammert und weint, weil sie Angst vor der Dunkelheit hat.

ad 2 Prognose: Wenn das der Fall ist, dürfte sie das problematische Verhalten nicht zeigen, wenn das Zimmer hell bleibt oder sie müsste Anzeichen von Angst in Situationen zeigen, in denen sie mit Dunkelheit konfrontiert ist.

ad 3 Mögliche Interviewfragen: (a) Zeigt Katrin dieses Verhalten auch, wenn das Licht an bleibt? (b) Zeigt Katrin Anzeichen von Besorgnis, wenn sie in einen dunklen Raum (z. B. Keller) gehen muss?

ad 4 Vergleich: Wenn die Frage a verneint und die Frage b bejaht wird, kann dies als Bestätigung der Hypothese angesehen werden. Es handelt sich in diesem Fall um eine negative Verstärkung, d. h. das Verhalten der Mutter bewirkt eine Beendigung des Angstzustandes.

Möglichkeit B

ad 1 Hypothese: Katrin jammert und weint nur, damit sie von der Mutter eine tolle Geschichte erzählt bekommt.

ad 2 Prognose: Wenn das der Fall ist, sollte das problematische Verhalten nicht auftreten, wenn sie von anderen Personen zu Bett gebracht wird.

ad 3 Mögliche Interviewfragen: (a) Wie verhält sich Katrin, wenn sie vom Vater zu Bett gebracht wird oder (b) wenn die Mutter einmal nicht zu Hause ist?

ad 4 Vergleich: Wenn die Antworten auf die Fragen a und b ergeben, dass in diesen Fällen das Einschlafen ohne die problematischen Verhaltensweisen erfolgt, dürfte eine positive Verstärkung vorliegen. Das Verhalten der Mutter wird als angenehm erlebt und stabilisiert die „Marotte“ des Jammerns und Weinens.

Möglichkeit C

ad 1 Hypothese: Katrin jammert und weint, weil sie mehr Zuwendung von der Mutter möchte, d. h. sie „benützt“ das problematische Verhalten, um sich die Zuwendung der Mutter zu sichern.

ad 2 Prognose: Wenn das der Fall ist, dürfte sich das problematische Verhalten nicht zeigen, wenn sich die Mutter generell mehr mit Katrin beschäftigt.

ad 3 Mögliche Interviewfragen: Schildern Sie einen typischen Tagesablauf. Wann sind sie tagsüber mit Katrin zusammen? Was unternehmen Sie gemeinsam?

ad 4 Vergleich: Da es keine objektiven Kriterien für das optimale oder auch nur notwendige Ausmaß an Zuwendung gibt, ist die Feststellung einer ausreichenden Versorgung mit Zuwendung bzw. des Vorliegens einer Deprivation an Zuwendung nur aus subjektiver Sicht möglich. Der Sozialpädagoge muss dabei auch die objektiven Verhältnisse und Notwendigkeiten (z. B. eingeschränkte Möglichkeiten infolge von Berufstätigkeit) berücksichtigen. Wenn die Daten diese Hypothese erhärten, liegt eine negative Verstärkung vor, denn die Zuwendung der Mutter beendet den unangenehm erlebten Zustand der Deprivation.

Auch wenn sich – wie in den vorangehenden Beispielen – für die aufgestellten Hypothesen empirische Bestätigungen finden, muss immer die Möglichkeit offen gelassen werden, dass andere Erklärungsmuster den „wahren Ursachen" des zu erklärenden Falles näher kommen. Das Ergebnis der verhaltensdiagnostischen Hypothesenprüfung *bleibt deshalb immer hypothetisch* und in diesem Sinne vorläufig. Es stellt aber die beste Ursachenschätzung auf der Grundlage der derzeitig verfügbaren Datenbasis dar.

Für die Überprüfung der Hypothesen können verschiedene Techniken bzw. Methoden herangezogen werden. Normalerweise erfolgt sie in der dargestellten Art über das *verhaltensdiagnostische Interview* (vgl. Hersen & Turner, 1993; Lutz, 1978; O'Neill et al., 1999; Sarwer & Sayers, 1998). Die drei Möglichkeiten unserer Beispielepisode sollen auch deutlich machen, dass die verhaltensdiagnostische Zielsetzung nicht mit einer standardisierten Form der Gesprächsführung erreicht werden kann. Statt allgemein von Gesprächsführung zu sprechen, erscheint es mir angemessener, das hier vorgestellte Vorgehen als „hypothesengeleitetes Gespräch" zu bezeichnen, da seine professionelle Qualität primär von der Generierung und der Prüfung der Hypothesen bestimmt wird. Das Interview ist dem Operationalisierungs- und Spezifizierungsprinzip verpflichtet und verlangt in diesem diagnostischen Stadium die konkrete Ermittlung der problemrelevanten Inhalte. Während dies zu Beginn der Auseinandersetzung mit diesem Vorgehen vornehmlich durch gezielte W-Fragen erfolgt, nehmen offene und indirekte Fragen in der Regel zu, sobald das hypothesengeleitete Denken zu einer Gewohnheit geworden ist (über Funktionen und Strategien der Gesprächsführung im Rahmen des verhaltensdiagnostischen Ansatzes aus der Sicht des Selbstmanagement-Modells informieren praxisbezogen Kanfer et al., 2012, S. 334-343; siehe auch Lutz, 1978).

Neben dem Interview kann eine Hypothesenprüfung auch durch das schon erwähnte *klinische Experiment* erfolgen. Bruch (2000) definiert dieses Vorgehen folgendermaßen: „Klinische Experimente sollen realitätsnahe Szenarien typischer Problemsituationen sein, die möglichst im natürlichen Umfeld durchgeführt werden“ (S. 89). Vom verhaltensanalytischen Interview unterscheidet sich dieser Prüfmodus in zweierlei Hinsicht. Zum einen basiert das Experiment auf Beobachtungs- und nicht auf Interviewdaten, zum anderen werden die unabhängigen Variablen – dem Rationale des Experiments entsprechend – einer direkten Beeinflussung (sog. „systematische Bedingungsvariation“) unterzogen. Anstatt über die Befragung der Mutter würde die Möglichkeit A unserer Beispiele (Hypothese „Angst vor Dunkelheit“) dadurch geprüft, dass der Berater das Verhalten des Kindes direkt unter den Bedingungen „Licht bleibt eingeschaltet“ und „Licht ist/wird abgeschaltet“ daheim beobachtet.

Sonderformen des klinischen Experiments stellen in der Einzelfallarbeit eingesetzte *experimentelle Versuchspläne* dar, die im Rahmen des operanten Lernmodells entwickelt wurden (vgl. Kapitel 2). Im einfachsten Fall, dem sog. AB Design, stehen sich die jeweils über einen längeren Zeitraum erfassten Daten (meist Häufigkeitsangaben des problematischen Verhaltens) aus der Grundratenerhebung (keine Beeinflussung der unabhängigen Variable, z. B. noch keine Behandlung; Phase A) und der Interventionsphase (B) gegenüber. Verändert sich das problematische Verhalten zeitgleich mit der Beeinflussung der unabhängigen Variablen (Intervention) in die erwartete Richtung, wird dies als weitere Bestätigung der hypothetisch angenommenen Ursachen angesehen. Um alternative Erklärungen für das Zustandekommen des Effekts auszuschließen (vgl. Kriterium d zur Bestimmung der Kausalität in Abschnitt 1.2.2.1), kehrt man in einer erweiterten Form des AB-Designs – dem Umkehrplan (ABAB-Design) – nach Eintreten der Veränderung in der B-Phase wieder zur A-Phase zurück. Nun muss das Verhalten wieder auf die Ausgangslage (Grundrate) zurückfallen, um sich bei der zweiten Einflussnahme auf die unabhängigen Variablen erneut auf das Veränderungsniveau zu begeben. Der Einsatz dieses im klinischen Laborexperiment entwickelten Vorgehens unterliegt allerdings in der sozialpädagogischen Alltagsarbeit aus ethischen Gründen starken Einschränkungen. Die Ergebnisse derartiger Mehrfachmessungen lassen sich graphisch darstellen und geben so einen schnellen und anschaulichen Ein- und Überblick zum interessierenden Verhalten und dessen Veränderung (vgl. z. B. Petermann, 1996, Kapitel 6).

Exkurs: Analyse der Entwicklung

Obwohl in der Verhaltensdiagnostik das problematische Verhalten und seine aufrechterhaltenden Bedingungen, wie in diesem Kapitel dargestellt, primär unter der gegenwartsbezogenen Perspektive analysiert werden, ist auch im Rahmen dieses Modells der bisherige Verlauf des Problems, d. h. sein *Beginn und seine weitere Entwicklung,* wenigstens in zweierlei Hinsicht von Bedeutung. Zum einen können aus der „Entwicklungsgeschichte" des problematischen Verhaltens wichtige Hinweise über die ursprünglichen Bedingungen und deren Veränderung abgeleitet werden. So ist es nur auf diesem Wege möglich zu klären, ob Erscheinungsweisen und Verursachung der problematischen Verhaltensweisen seit deren Bestehen konstant blieben, sich ausweiteten, einschränkten oder veränderten. Bei komplexeren Problemlagen kann diese genetische bzw. ätiologische Betrachtung wichtige Hinweise über den Zusammenhang der verschiedenen Problembereiche erbringen und damit wichtige Informationen für die Planung und Durchführung der Intervention liefern. Die Entwicklungsanalyse beginnt dabei mit dem *ersten Auftreten* der problematischen Verhaltensweisen und greift nicht auf die gesamte Biographie des Klienten zurück.

Kanfer et al. (2012) empfehlen in diesem Zusammenhang unter anderem die Klärung folgender Fragen:

- „Unter welchen Umständen hat sich das problematische Verhalten ursprünglich entwickelt?
- Lassen sich die zum Zeitpunkt der Problementstehung relevanten Bedingungen noch eruieren? …
- Welche damaligen Umstände sind heute noch vorhanden und funktional relevant/welche nicht?
- Gibt es im Verlauf über die Zeit deutlich kovariierende Bedingungen?
- Gibt es Hinweise für ein „Lernen am Modell'?" (S. 208).

Zum anderen kann über die Analyse der Entwicklung ein gefühlsbezogenes Verständnis der bisherigen Problematik nachweislich gefördert werden, welches sich positiv auf die Mitarbeits- und Änderungsmotivation des Klienten auswirkt, worauf Tunner, Büttermann, Münzel und Wildgruber bereits 1978 in empirischen Studien aufmerksam machten: Psychotherapiepatienten, denen ein Verständnis der Störungsentwicklung auf lerntheoretischer Basis in Verbindung mit der Möglichkeit zum emotionalen Nacherleben genetisch und aktuell relevanter Störungsaspekte nahe gebracht wurde, zeigten sich im experimentellen Vergleich, d. h. unter ansonsten konstanten Bedingungen, in der therapeutischen Wirkung der Kontrollgruppe deutlich überlegen (siehe hierzu auch Tunner, 1980; 1994). Heute zählt die Vermittlung eines plausiblen Ätiologie- als auch Therapiemodells zum verhaltenstherapeutischen Standardvorgehen (vgl. z. B. Reinecker, 1999, 2015).

Da die Erfassung des Problemverlaufs retrospektiv erfolgen muss, ist bei den hierzu erhobenen Daten zwangsläufig mit dem Wirksamwerden einer Vielzahl von Fehlerquellen (z. B. auf der Ebene der Wahrnehmung, der Deutung, des Behaltens etc. vgl. Schermer, 2011) zu rechnen. Deshalb kann hier nicht mit der für den aktuellen Problemstand notwendigen explorativen Genauigkeit vorgegangen werden. In der Alltagspraxis muss sich der Sozialpädagoge deshalb mit einer sehr groben Schilderung zufrieden geben.

Alle bislang zur Präzisierung der abhängigen und unabhängigen Variablen erhaltenen Befunde der Verhaltensanalyse werden mit der Erstellung des *hypothetischen Bedingungsmodells* der problematischen Verhaltensweisen zusammengefasst. Damit liegt eine spezifisch für diesen Einzelfall abgeleitete Erklärung vor. Elaborierte Vorschläge zur graphisch-anschaulichen Darstellung eines derartigen Modells haben Nezu und Nezu (1993; „Clinical Pathogenesis Map“, CPM) sowie Haynes und O’Brien (2000; „Functional Analytic Causal Model“, FACM) vorgelegt. Die im hypothetischen Bedingungsmodell enthaltene und empirisch überprüfte Erklärung des Problemverhaltens bildet die entscheidende Grundlage für die Planung einer Intervention. Die dabei einzusetzenden Interventionstechniken werden nämlich aus diesem Modell abgeleitet. Mit der Erstellung des hypothetischen Bedingungsmodells ist die Verhaltensanalyse abgeschlossen.

1.2.3 Zielanalyse

In der Zielanalyse geht es darum, die mit der Intervention anzustrebenden Ziele festzulegen. Diese sind nicht ausschließlich durch die analysierte Problemlage festgelegt, sondern auch durch normative Überlegungen bestimmt. Somit wird der bislang geltende deskriptiv-explikative empirische Bezugsrahmen zugunsten normativer Entscheidungen teilweise verlassen bzw. erweitert. Nach Reinecker (2005) müssen bei der Erstellung von Interventionszielen fünf voneinander unterscheidbare Determinanten berücksichtigt werden (siehe Abbildung 1.2).

- Ausgangspunkt für die Zielbestimmung sind natürlich die *problematischen Verhaltensweisen* selbst. Allerdings ist mit ihrer Analyse noch keineswegs eindeutig festgelegt, welche Ziele im Einzelnen verfolgt werden sollen. Die von Klienten zu Beginn einer Beratung/Intervention genannte Beschwerdefreiheit ist als Zielperspektive noch zu unspezifisch. So können depressive Verhaltensweisen durch eine Vielzahl unterschiedlicher

Zielzustände ersetzt werden, d. h. es werden normative Entscheidungen und Festlegungen notwendig.

- Zielvorstellungen sind auch durch die *beherrschten, einsetzbaren bzw. zur Verfügung stehenden Interventionsmethoden* determiniert. Der Sozialpädagoge muss deshalb in der Lage sein, seine professionelle Kompetenz angemessen und kritisch einzuschätzen, d. h. gegebenenfalls – z. B. bei Störungen mit Krankheitswert – an eine andere Einrichtung verweisen.
- Unter *wert- und normorientierter Perspektive* müssen die zu verfolgenden Zielsetzungen sowohl vom Klienten als auch vom Berater geteilt werden können. Es geht hier also um die Frage der Verantwortbarkeit. So werden sich heute nach den gesellschaftlichen Erfahrungen und Auseinandersetzungen mit der Gewaltproblematik wohl kaum Berater der in den 60er Jahren im Bereich der Selbstbehauptung (Soziale Kompetenz) gelegentlich vertretenen Zielperspektive eines „aggressiven Durchsetzungsverhaltens" anschließen können. In die Zielbestimmung gehen demnach auch individuelle und sozialgesellschaftliche Wertvorstellungen und Standards ein.
- Besondere Bedeutung kommt in diesem Zusammenhang den *motivationalen Aspekten und Erwartungen* des Klienten zu. Ohne seine Motivation zu Mitarbeit und zu Veränderung können Ziele nicht erreicht werden. Es ist deshalb wichtig, über individuelle Zielvorstellungen positive Anreize zu entwickeln, die es dem Klienten erleichtern, die Schwierigkeiten eines Änderungsprozesses zu meistern.

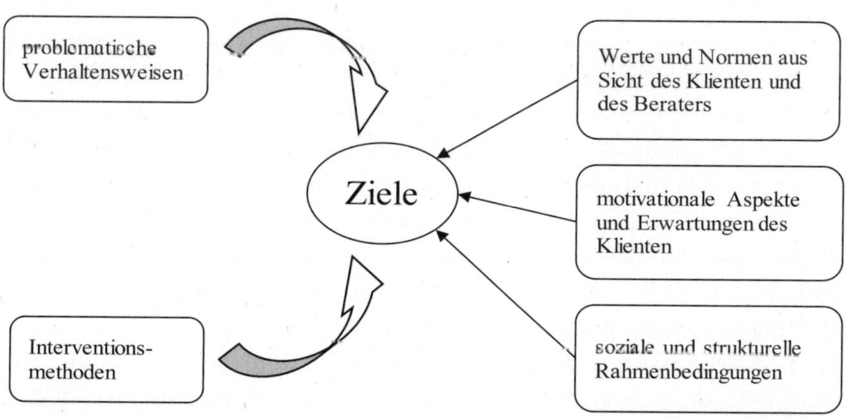

Abb. 1.2: An der Zielentwicklung beteiligte Aspekte (modifiziert nach Reinecker, 2005, S. 47)

- Schließlich gehen die den Alltag des Klienten kennzeichnenden *sozialen und strukturellen Rahmenbedingungen* in die Zielfestlegung und Interventionsplanung ein. So soll der Sozialpädagoge darauf bedacht sein, dass die im Einzelfall entwickelten Zielperspektiven vom sozialen Umfeld mitgetragen werden. Die für den Einzelfall geltenden sozialen und strukturellen Gegebenheiten sind auch bei der Interventionsdurchführung zu beachten. So macht es wenig Sinn, eine anstrengende Intervention wie die Konditionierungsbehandlung des Einnässens mit dem „Klingelapparat" dann durchzuführen, wenn die Familie durch weiteren Stress belastet ist.

Unter einer inhaltlichen Sichtweise gelten für die Zielbestimmung grundsätzlich auch die für die Problembeschreibung ausgeführten Differenzierungen in qualitativer und quantitativer Hinsicht (siehe Abschnitt 1.2.1), d. h. auch die Zielvorstellungen müssen *operationalisert, d. h. verhaltensnah formuliert* werden. Ähnlich wie bei der anfänglichen Problembeschreibung ist – wie bereits angemerkt – auch die anfängliche Zielvorstellung oft noch vage und undeutlich und lediglich vom Wunsch nach einer Beendigung des derzeitigen Belastungszustandes bestimmt. Die Forderung nach einer verhaltensnahen, überprüfbaren Zielformulierung zieht die Möglichkeit nach sich, die Zielerreichung feststellbar zu machen. Hierfür wurden verschiedene Formen der Ziel-Erreichungs-Skalierung entwickelt (vgl. Kiresuk, Smith & Cardillo, 1994), denen gemeinsam ist, dass der Klient beurteilen muss, inwieweit er das durch Verhaltensindikatoren präzisierte Ziel erreicht hat. Ein Beispiel für eine solche Ziel-Erreichungs-Skalierung bei einem sozial-ängstlichen Klienten findet sich in Tabelle 1.9.

Neben der Operationalisierung gilt als weiterer Grundsatz, nur solche Zielperspektiven zu entwickeln, die der Klient *durch eigenes Verhalten und durch eigene Anstrengung erreichen* kann. Ziele, die außerhalb der eigenen Macht stehen, wie zum Beispiel die Vorstellung „Alle meine Bekannten müssen mich mögen", können nicht verfolgt werden. Entweder sind sie bei Aufgabe des ursprünglichen Zieles auf solche Verhaltensaspekte zu reduzieren, die vom Klienten selbst geäußert werden können (z. B. anderen gegenüber freundlich zu sein) oder ganz aufzugeben.

Schon sehr früh wurde erkannt, dass es in der Praxis nicht immer ausreicht, bei der Zielanalyse lediglich die Reduktion der problematischen Verhaltensweisen ins Auge zu fassen, sondern dass es ebenso wichtig ist, sich darüber Gedanken zu machen, welche *positiven Verhaltensweisen* anstatt der problematischen in Zukunft bestimmend sein sollen.

Tab. 1.9: Ziel-Erreichungs-Skalierung am Beispiel eines sozial-ängstlichen Klienten

Numerische Skala

-2	–	-1	–	0	–	1	–	2
weit weniger als erwartet		weniger als erwartet		wie erwartet		mehr als erwartet		viel mehr als erwartet

Operationalisierung der Skalen-Stufen

2: pro Woche 6 selbstinitiierte Sozialkontakte mit Freunden (3), Berufskollegen (2) und Fremden (1)
1: pro Woche 4 selbstinitiierte Kontakte mit Freunden (2) und Berufskollegen (2)
0: pro Woche 2 selbstinitiierte Kontakte
-1: pro Woche 1 selbstinitiierter Sozialkontakt
-2: pro Woche kein selbstinitiierter Sozialkontakt

Goldiamond (1974) hat hierfür den Begriff des „constructional approach" geprägt. Mit diesem Terminus technicus soll deutlich werden, dass die „solution to problems is the construction of repertoires (or their reinstatement or transfer to new situations) rather than the elimination of repertoires" (Goldiamond, 1974, S. 14). In der Sozialen Arbeit werden derartige Perspektiven unter den Begriffen „Empowerment", „Ressourcen- und Netzwerkarbeit" diskutiert (siehe z. B. Stimmer, 2000).

Nach Haynes und O'Brien (2000, S. 74) kennzeichnen folgende diagnostische Aspekte den „constructional approach":

– Berücksichtigung der Verhaltensfertigkeiten und -stärken des Klienten (z. B. soziale Kompetenz, Techniken der Selbstkontrolle und Belastungsbewältigung);
– Identifikation der Ressourcen im sozialen Umfeld des Klienten (Personen, die im Interventionsprozess den Klienten unterstützen können wie Eltern, Partner, Freunde, Lehrer);
– Entwicklung positiver Alternativen zu den problematischen Verhaltensweisen (z. B. sozialkompetentes Verhalten anstatt aggressiver Verhaltensweisen);
– Erarbeitung weiterer positiver Interventionsziele (z. B. allgemeine Erhöhung der Bewältigungskompetenz);
– Einsatz der Ziel-Erreichungs-Skalierung (goal-attainment-scaling);
– Diagnose verstärkender Ereignisse und Situationen (z. B. durch den Einsatz von Verstärker-Fragebögen, siehe Kapitel 2).

Die positive Ausrichtung dieser Sichtweise bewirkt, dass die mit einer Reduktion normalerweise verbundene Vermeidungstendenz durch eine Annäherungstendenz ergänzt wird.

1.2.4 Planung und Kontrolle der Intervention

Die in der Verhaltensanalyse und Zielanalyse gewonnenen Befunde bilden die Basis des modifikatorischen Aspekts der Verhaltensdiagnostik: Mit welchen Interventionstechniken lassen sich die problematischen Verhaltensweisen reduzieren und die positiven Ziele erreichen? Auf der Grundlage der eruierten Ursachen der problematischen Verhaltensweisen und der entwickelten Zielperspektiven werden nun für den spezifischen Einzelfall maßgeschneiderte Interventionsmethoden abgeleitet. Die Auswahl der Methoden muss sich dabei am hypothetischen Bedingungsmodell orientieren. Die darin ausgewiesenen Verursachungsmomente der Probleme dienen als Indikationskriterien für den Einsatz spezifischer Interventionsmethoden.

So folgt aus den drei Ursachenvermutungen zum vorgestellten Alltagsbeispiel in Abschnitt 1.2.2.3 jeweils ein unterschiedliches Vorgehen: Während bei Bestätigung der ersten Hypothese (Dunkelangst) der Einsatz einer angstreduzierenden Interventionstechnik wie der sukzessiven Approximation angemessen ist, kann bei Bestätigung der zweiten Hypothese ein operantes Löschungsverfahren legitimiert werden. Finden sich für die dritte Hypothese (Zuwendungsdefizit) klare Hinweise, muss nach unbelasteten Möglichkeiten der Ausweitung von Interaktionen zwischen Mutter und Kind (z. B. über ein Verstärkungsprogramm) gesucht werden. Im verhaltensdiagnostischen Ansatz werden Techniken also nicht vom Störungsbild, sondern von der *im Einzelfall belegten Störungsursache* abgeleitet (vgl. Bruch, 2000; Kanfer et al., 2012; Reinecker, 1986b, 2015).

Während Wolpe (1986) diese Individualisierung zum kategorischen Imperativ der verhaltenstherapeutischen Praxis erklärt, hat sich in Deutschland im Bereich der klinischen Psychologie und Psychotherapie um diesen Aspekt eine Diskussion entzündet. Einige Fachvertreter (z. B. Fiedler, 1997; Schulte, 1993) halten bei bestimmten klinischen Störungsbildern eine individuelle Analyse für nicht mehr notwendig und empfehlen hier für die Intervention ein standardisiertes problemorientiertes Vorgehen. Das bedeutet zum Beispiel den Verzicht auf eine Verhaltensanalyse und stattdessen den Einsatz der ursachenunspezifischen klassifikatorischen Diagnostik. Aufgrund der ICD- oder DSM-Diagnose erfolgt dann quasi eine „Standardtherapie“. Da die Diskussion um ein standardisiertes bzw. individuelles Vorgehen bei der Intervention primär bezüglich einiger ausgewählter klinischer Störungsbilder mit Krankheitswert geführt wird, ist sie für die primär nicht-klinisch ausgerichtete Soziale Arbeit nicht von zentraler Bedeutung und muss hier nicht weiterverfolgt werden.

Interventionsmethoden können entsprechend der von ihnen beeinflussten Manifestationsebene in kognitive, emotional-physiologische und behaviorale Verfahren eingeteilt werden. In diesem Band favorisieren wir eine Ordnung entsprechend der lerntheoretischen Fundierung der Vorgehensweisen (vgl. Blanz & Schermer, 2013; Jungnitsch, 2009) und unterscheiden deshalb:

- operante Methoden (siehe Kapitel 2)
- Methoden der kognitiven Verhaltensmodifikation (siehe Kapitel 3)
- aus der sozial-kognitiven Lerntheorie – insbesondere dem Modelllernen – abgeleitete Methoden (siehe Kapitel 4) und
- respondente Methoden (siehe Kapitel 5)

In den nachfolgenden Kapiteln dieses Bandes werden Theorie und Praxis dieser Methoden ausführlich behandelt.

Mit dem Aspekt der Kontrolle der Interventionsmaßnahmen wird ein letztes Mal auf die experimentelle Grundlage der verhaltensdiagnostischen Vorgehensweise im Verlauf einer Intervention verwiesen. Wie wir gesehen haben, ist das für die Auswahl der Interventionsmethoden grundlegende und für den spezifischen Einzelfall entwickelte Bedingungsmodell hypothetisch. Das heißt, es muss sich auch im Interventionsverlauf bewähren. Der Überprüfung dieser Bewährung dient die *interventionsbegleitende Diagnostik.* Hierunter versteht man die während des gesamten Beratungs- bzw. Interventionsverlaufs erfolgende Messung von Veränderungen in den problematischen oder zielführenden Verhaltensweisen. Da das problematische oder zielführende Verhalten operationalisiert wurde, ist eine solche Messung zum Beispiel über Häufigkeits- oder Intensitätsangaben möglich (siehe Abschnitt 1.2.1.2). Auch hier empfehlen sich wieder grafische Darstellungsformen des Interventionsverlaufs. Verändert sich das problematische oder zielführende Verhalten während des Interventionsverlaufs, d. h. in Abhängigkeit von den eingesetzten Interventionstechniken in die erwünschte Richtung, kann man das als weiteren Beleg für die Angemessenheit des hypothetischen Bedingungsmodells ansehen. Die interventionsbegleitende Diagnostik wird über den eigentlichen Beratungszeitraum hinaus punktuell noch fortgeführt (z. B. je nach institutionellen Gegebenheiten 3, 6, 12 oder 24 Monate nach Beratungsende), um die Stabilität und Übertragung der Beratungs- und Interventionseffekte auf den beratungsfreien Alltag zu prüfen bzw. zu belegen. Derartige Nacherhebungen – sog. „follow-ups“ – sind wichtige Instrumente im Rahmen der Qualitätssicherung der Praxis der Sozialen Arbeit.

2 Operante Methoden

Franz J. Schermer

Die in diesem Kapitel dargestellten Interventionsformen stellen eine Anwendung der von Burrhus F. Skinner (1904–1990) entwickelten Lerntheorie – der operanten Konditionierung – dar und verlangen deshalb die genaue Kenntnis der in diesem Ansatz entwickelten Konzepte (vgl. Schermer, 2001, 2011, 2014). Die zentrale Aussage dieser Lernpsychologie besagt, dass die auf ein Verhalten folgenden Konsequenzen weitgehend darüber bestimmen, ob dieses Verhalten in Zukunft beibehalten, intensiviert oder aber seltener geäußert werden wird. Der Begriff „operant" stellt eine Wortschöpfung Skinners (1953) dar, mit der er darauf hinweisen will, dass bei dieser Lernart der Lernende mit seinem Verhalten aktiv auf die Umwelt einwirkt und nicht – wie im Falle der klassischen Konditionierung – auf einer lediglich reaktiven Ebene verbleibt. Deshalb bezeichnet er das im Rahmen seines Modells untersuchte Verhalten als „Wirkreaktion" (Operant).

Wesentlich für die Praxis der Sozialen Arbeit ist der Tatbestand, dass die von Skinner abgeleiteten Interventionsformen auf experimentelle Weise im Zuge der sog. „Experimentellen Analyse des Verhaltens" grundlagenbezogen untersucht und entwickelt wurden. Es handelt sich bei ihnen um empirische Sachverhalte, die den Status von allgemeinen Gesetz- und Regelmäßigkeiten des menschlichen Verhaltens besitzen und damit sowohl für angemessenes als auch problematisches Verhalten gültig sind. Die häufig anzutreffende Unterscheidung von „gestörtem" und „normalem" Verhalten hat für die Indikation operanter Verfahren deshalb keinerlei Bedeutung. So sind die im klinischen Kontext der Verhaltenstherapie eingesetzten operanten Methoden mit den im pädagogischen Kontext der Verhaltensmodifikation eingesetzten identisch. Die grundlagenorientierte Forschung ergänzten Vertreter des operanten Lernens sehr früh um die anwendungsorientierte „Angewandte Analyse des Verhaltens" (Baer, Wolf & Risley, 1968, 1987; siehe hierzu im Überblick: Bördlein, 2015), die sich um die in unserem Zusammenhang relevanten Fragen der Intervention bemüht. Cooper, Heron und Heward (2014) charakterisieren diesen Bereich folgendermaßen: „**Applied behavior analysis** is the science in which tactics derived from the principles of behavior are applied systematically to improve socially significant behavior and experimentation is used to identify the variables responsible for behavior change“ (S. 40).

In dieser Definition werden sechs Schlüsselmerkmale angesprochen, nämlich:

- *Verankerung* in *einer wissenschaftlichen Grundhaltung.* d. h. operante Methoden verpflichten die Praxis auf die Einhaltung bestimmter methodischer Regeln;
- *Intersubjektiv nachvollziehbare Beschreibung und Anwendung* der verschiedenen Techniken; operante Interventionstechniken sind so formuliert, dass sie systematisch gelehrt und erlernt werden können;
- *Ableitung* der Interventionstechniken *aus den grundlegenden allgemeingültigen Lern- und Verhaltenstheorien;*
- Fokussierung auf *sozial relevantes Verhalten,* also auf den die Theorie und die Praxis der Sozialen Arbeit konstituierenden Inhaltsaspekt;
- Bedeutungsvolle, d. h. substantielle *Verbesserungen in relevanten Verhaltensbereichen* als allgemeine Zielperspektive;
- *Verständnis der für Aufrechterhaltung und für Veränderung des Problem- bzw. Zielverhaltens verantwortlichen Faktoren,* d. h. es geht darum, für vermutete Ursachen der Problemlage und ihre Veränderungsmöglichkeiten empirische Belege zu suchen (siehe hierzu Kapitel 1).

Als Folge der Vernetzung von grundlagen- und anwendungsorientiertem Vorgehen stellen die operanten Methoden evidenzbasierte Interventionstechniken dar (vgl. Chambless & Hollon, 1998), die zu prognostizierbaren Interventionseffekten führen (vgl. Scheithauer & Petermann, 2003).

Unbestritten zählen die in diesem Kapitel behandelten Interventionsformen zu den zur Zeit potentesten Möglichkeiten der Verhaltensänderung, was in der klinischen und pädagogischen Praxis leider immer noch nicht hinreichend zur Kenntnis genommen wird: Gemessen an ihrer Wirkung werden operante Methoden viel zu selten eingesetzt.

2.1 Theoretische Grundlagen: Analyseeinheiten, Lernprinzipien und Dokumentation

2.1.1 Individuum: Verhalten (R)

Wichtigste Voraussetzung für eine erfolgreiche Intervention ist bei den in diesem Kapitel behandelten Techniken der klare Verhaltensbezug. Die zu ändernden Problemlagen oder aufzubauenden Zielbereiche müssen so definiert werden, dass eine verhaltensmäßige Überprüfung möglich wird. In diesem Punkt unterscheidet sich das hier verlangte Vorgehen sehr grundlegend von dem Vorgehen im Alltag. Dort sind wir nämlich gewohnt, Schwierigkeiten noch recht allgemein zu benennen. Wenn wir beispielsweise sagen, Peter sei „verhaltensgestört“ oder mit Sabine „stimme etwas nicht“, bewegen wir uns auf einer sehr abstrakten Ebene, die eine Vielzahl von Äußerungsformen (Störungsmöglichkeiten) offen lässt. Etwas deutlicher werden wir, wenn wir Klaus als „aggressiv“, Sabine als „hyperaktiv“ oder Annette als „sozial-ängstlich“ bezeichnen. Im Alltag reichen diese Kategorisierungen normalerweise aus, um eine ungefähre Vorstellung und einen ersten Eindruck über die Probleme zu erhalten. Man erfährt quasi die grobe „Richtung“ in die wir schauen müssen. Für eine auf operanten Strategien basierende Intervention sind diese allgemeinen Benennungen aber noch viel zu unspezifisch. Hier müssen wir genau in Erfahrung bringen, in welchen spezifischen Verhaltensweisen sich die zuvor genannten Probleme und Schwierigkeiten äußern. Wie aus Tabelle 2.1 hervorgeht, kann das bei den aufgeführten Problembereichen auf ganz unterschiedliche Weise erfolgen.

Tab.2.1: Mögliche Operationalisierung unterschiedlicher Problemformen

Kategorie	Mögliche Äußerungsformen und Verhaltensweisen
Aggressivität	Schlagen; Beißen; Spucken; Bein-Stellen; am Ohr ziehen; Boxen; Schreien; Treten;
Hyperaktivität	steht unaufgefordert im Unterricht auf; packt während der Stunde die Schultasche aus; kann im Lokal nicht 5 Minuten sitzen bleiben; ruft in die Klasse;
Sozial-ängstlich	lädt keine Freundinnen ein; geht nicht auf Geburtstagsfeier; meldet sich im Unterricht nicht; weint, wenn sie von Fremden angesprochen wird; geht nicht einkaufen; spricht nicht mit anderen; fragt nicht nach dem Weg.

Die im Alltag vorherrschende zusammenfassende oder allgemeine Störungsbeschreibung (summary labels; summary terms) ist gegenüber einer konkreten, präzisen Verhaltensbeschreibung nach Grant und Evans (1994) mit folgenden Nachteilen verbunden:

- Wegen ihrer vielschichtigen Bedeutung können allgemeine Beschreibungen *irreführend* sein: So bleibt unklar, ob die sozial-ängstliche Annette keine Freundinnen einlädt, sich nicht traut einkaufen zu gehen oder weint, wenn sie angesprochen wird.
- Allgemeine Beschreibungen erlauben *keine Quantifizierung* der Problemlage. Von der Aussage „Klaus ist aggressiv“ kann nicht abgeleitet werden, wie oft und wie intensiv dieses Problem auftritt. Angaben zu Häufigkeit, Dauer, Intensität etc. eines Problems sind aber – wie in Kapitel I bereits dargestellt – im Rahmen einer Intervention unerlässlich.
- Da es in unserem Zusammenhang vor allem um die Beschreibung problematischen Verhaltens (Aggressivität, Hyperaktivität, Ängstlichkeit etc.) geht, können hier allgemeine Beschreibungen unser *Verhalten und unsere Einstellungen und Erwartungen der beschriebenen Person gegenüber negativ beeinflussen*. Aus der Beschreibung von Sabine als hyperaktiv könnten Konsequenzen erwachsen, die aus dem Problemverhalten nicht ableitbar sind: So ist es denkbar, dass sie aufgrund der Einschätzung als „hyperaktiv“ eine Sommerferienfreizeit nicht besuchen darf, obwohl das als hyperaktiv bezeichnete Verhalten damit in keinerlei Zusammenhang steht.
- Schließlich können uns allgemeine Beschreibungen dazu verleiten, die Schwierigkeiten als eine *in der Person liegende Eigenschaft* zu betrachten, welche sie dazu veranlasst, sich in der problematischen Weise zu verhalten. In diesem Fall gilt die allgemeine Beschreibung gleichzeitig als Erklärung des problematischen Verhaltens. Als Beispiel hierfür kann ein Schüler, der Schwierigkeiten im Umgang mit Klassenarbeiten hat, dienen. Auf einer abstrakten und beschreibenden Ebene können wir ihn als leistungs- oder prüfungsängstlich bezeichnen. Wenn wir uns fragen, warum er Schwierigkeiten hat, könnte die Antwort lauten: Weil er prüfungsängstlich ist! Nun dient das gleiche Etikett (prüfungsängstlich) als Erklärung des Problems. Wie unmittelbar ersichtlich, handelt es sich hier aber um einen Zirkelschluss, da Explanans und Explanandum, d. h. das, was erklärt werden soll und das, womit erklärt wird, identisch sind.

Um diese Nachteile auszuschließen, verlangt Kazdin (2001) von einer verhaltensbezogenen Definition von Schwierigkeiten oder Problemen die Einhaltung von Objektivität, Eindeutigkeit und Vollständigkeit. Mit *Objektivität* ist dabei gemeint, dass sich die Problemkennzeichnung auf beobachtbare Verhaltens- oder Umweltaspekte beziehen soll. *Eindeutigkeit* liegt dann vor, wenn die Beobachtung des Problems auch einem mit den Umständen dieses Falles nicht vertrauten Sozialpädagogen mühelos gelingt. *Vollständigkeit* verlangt schließlich die Berücksichtigung aller zum Problem gehörender bzw. nicht gehörender Aspekte.

2.1.2 Externale und internale Wirklichkeit: diskriminative (S^D) und verstärkende (S^R) Stimuli

Verhalten vollzieht sich nicht in einem leeren Raum, sondern ist in die zum Zeitpunkt der Verhaltensausführung vorhandene und hinsichtlich Zeit und Raum fixierte Wirklichkeit eingebunden, d. h. Personen verhalten sich zu einem bestimmten Zeitpunkt und an einem bestimmten Ort der Wirklichkeit. Hierbei trifft das interessierende Verhalten auf die gerade wirksame *Umwelt* oder *Umgebung (environment)*. Johnston und Pennypacker (1980) definieren environment als "the conglomerate of real circumstances in which the organism or referenced part of the organism exists. The term may meaningfully include other parts or aspects of the organism distinct from that which is the object of specific inquiry" (S. 52-53). Nach dieser Begriffsbestimmung können also intrapersonale Sachverhalte (z. B. Gedanken oder Gefühle des Individuums), soweit sie selbst nicht mit dem zu analysierenden Verhalten identisch sind, Umweltvariablen darstellen.

Wenn Sabine unaufgefordert aufsteht und herumläuft oder Klaus seinen Banknachbarn boxt, dann tritt dieses Verhalten zu einem bestimmten Zeitpunkt (z. B. um 9.50 in der dritten Schulstunde) und in einem bestimmten räumlichen Kontext (z. B. im Zimmer der Klasse 8e) der Wirklichkeit auf. Aus diesem Wirklichkeitsbereich sind aber nur jene Ausschnitte relevant, die mit dem in Frage stehenden Verhalten in einem funktionalen Zusammenhang stehen (vgl. Kapitel 1). Für diese spezifischen funktional bedeutsamen Wirklichkeitsausschnitte steht im operanten Lernmodell der Terminus technicus *„Stimulus"*. Dabei wird hinsichtlich der Zeitachse differenziert, ob der dem Problem- bzw. Zielverhalten vorausgehende oder der dem Problem- bzw. Zielverhalten nachfolgende Wirklichkeitsausschnitt betrachtet wird. Dementsprechend unterscheidet man im operanten Modell zwischen vorausgehenden(sog. diskriminativen) und nachfolgenden (sog. verstärkenden) Stimulusbedingungen.

Nehmen wir an, Sabine steht im Unterricht immer dann unaufgefordert auf und läuft herum, wenn sie die gerade behandelte Aufgabe nicht versteht, dann wird dieser Situationsaspekt (external: schwere Aufgabe; internal: Gedanke, „Das kann ich nicht") als ein dem Problemverhalten vorausgehender Stimulus bezeichnet. Wenn Klaus seinen Nachbarn immer dann boxt, wenn er von diesem etwas will (z. B. das Mäppchen), wird dieser Wirklichkeitsausschnitt (Wunsch, das Mäppchen zu besitzen) ebenfalls als vorausgehender Stimulus betrachtet. Diesen vorausgehenden Stimuli kommt im operanten Modell aber lediglich eine Hinweisfunktion bezüglich der auf das Verhalten folgenden Konsequenzen (nachfolgende Stimuli) zu, weshalb sie als *diskriminative Stimuli* (Abkürzung: S^D) bezeichnet werden. Das Individuum ermittelt quasi über die diskriminativen Stimuli die Wahrscheinlichkeit, mit der es bestimmte Folgen seines Verhaltens erwarten kann.

Den auf das analysierte Verhalten unmittelbar oder langfristig folgenden Umweltbedingungen (nachfolgende Stimuli oder Verhaltenskonsequenzen) kommt im operanten Lernmodell die größte Bedeutung zu, da sie darüber bestimmen, ob das Verhalten in Zukunft beibehalten bzw. häufiger oder aber seltener werden wird. Die nachfolgenden Stimulusbedingungen werden also als Ursachen für die zukünftige Aufrechterhaltung bzw. den zukünftigen Rückgang des analysierten Verhaltens interpretiert. Die Konsequenzbedingungen bestehen dabei zunächst entweder darin, dass neue – vor Äußerung des in Frage stehenden Verhaltens nicht realisierte – Bedingungen eintreten bzw. wiederhergestellt werden, oder dass bestehende Stimulusbedingungen beendet werden. Wenn Klaus unmittelbar nachdem er den Nachbarn geboxt hat, dessen Mäppchen bekommt, treten für ihn neue, vor Ausführung des Verhaltens nicht bestehende Stimulusbedingungen ein, während Sabine mit dem Aufstehen und Herumlaufen die gerade bestehenden Stimulusbedingungen (überfordernde Aufgabe) beendet.

Verhaltenskonsequenzen (Abkürzung: S^R) werden aber nicht nur danach unterschieden, ob neue Stimulusbedingungen eintreten oder bestehende beendet werden, sondern auch danach, ob durch sie das in Frage stehende Verhalten gefestigt bzw. intensiviert oder geschwächt wird. Der durch die Konsequenzbedingung bewirkte Effekt auf die zukünftige Auftretenswahrscheinlichkeit des Verhaltens (funktionaler Aspekt) steht im operanten Lernmodell im Zentrum der Betrachtung.

Üben Verhaltenskonsequenzen einen Einfluss auf die Auftretenswahrscheinlichkeit des ihnen vorausgehenden Verhaltens aus, spricht Skinner (1953) von *verstärkenden Stimuli* oder *Verstärkern* und differenziert diese folgendermaßen in positive und negative: „We first define a positive reinforcer as any stimulus the *presentation* of which strengthens the behavior upon which it is made contingent. We define a negative reinforcer (an aversive stimulus) as any stimulus the *withdrawal* of which strengthens behavior“ (S. 185). Demnach ist für Klaus die Tatsache, dass er das Mäppchen erhält, ein positiver Verstärker und für Sabine die Beendigung der Auseinandersetzung mit der schwierigen Aufgabe dementsprechend ein negativer Verstärker.

2.1.3 Dreifachkontingenz und Lernprinzipien

Fasst man das bisher Gesagte zusammen, so muss eine operante Analyse und Modifikation immer drei Elemente berücksichtigen, die in der sog. Dreifachkontingenz zusammengefasst werden. Unter einer Kontingenz versteht man in diesem Zusammenhang eine „Wenn-Dann-Relation“, wobei die Wenn-Komponente jene Bedingungen angibt, unter denen das Verhalten (R) gezeigt werden muss (Hinweisreiz, diskriminativer Stimulus; S^D), damit daraufhin bestimmte Konsequenzen (Verstärker; S^R)eintreten. Auf die Beispiele von Sabine und Klaus angewandt, ergibt sich also folgende Dreifachkontingenz:

Tab. 2.2: Beispiel zur Dreifachkontingenz

S^D	R	S^R
Wenn Sabine mit einer Aufgabe nicht zurecht kommt,	steht sie auf und läuft herum und dann	hört die Auseinandersetzung mit der Aufgabe auf.
Wenn Klaus das Mäppchen will,	boxt er den Nachbarn und dann	erhält er das Mäppchen

Berücksichtigt man bei der Kontingenz sowohl die Qualität der auf das Verhalten folgenden Stimuli im Sinne von positiv (positiver Verstärker) und negativ (negativer Verstärker), als auch das Eintreten bzw. Nichteintreten oder die Beendigung dieser Konsequenzbedingung, so gelangt man zu folgenden vier allgemeingültigen operanten Lerngesetzmäßigkeiten (C):

- *Positive Verstärkung (C+)*: kontingente, d. h. unmittelbar auf die Äußerung des Verhaltens erfolgende Darbietung eines positiven Verstärkers (S^{+R});
- *Negative Verstärkung ($\not{C}$-):* kontingente, d. h. unmittelbar auf die Äußerung des Verhaltens folgende Beendigung eines negativen Verstärkers ($\not{S}^{-R}$);
- *Bestrafung durch aversiven Reiz (C-):* kontingente, d. h. unmittelbar auf die Äußerung des Verhaltens erfolgende Darbietung eines negativen Verstärkers (S^{-R});
- *Bestrafung durch Verstärkerentzug* ($\not{C}$+): kontingente, d. h. unmittelbar auf die Äußerung des Verhaltens erfolgende Beendigung oder erfolgender Entzug eines positiven Verstärkers ($\not{S}^{+R}$).

Tab. 2.3: Lerngesetze des operanten Lernmodells sowie Beispiele aus dem Alltag

	Darbietung	Beendigung oder Entzug
positiver Stimulus (positiver Verstärker) Wirkungsrichtung	positive Verstärkung (C+) $p>R$	Bestrafung durch Verstärkerentzug (¢+) $p<R$
negativer Stimulus (negativer Verstärker) Wirkungsrichtung	Bestrafung durch aversiven Reiz (C-) $p<R$	negative Verstärkung (¢-) $p>R$

Beispiele: positive Verstärkung (C+)

S^D ———	R ———	S^{+R}
Läuten des Telefons	Abnehmen des Hörers	Gespräch mit Anrufer
im Auto	Drehen des Zündschlüssels	Wagen springt an
Anstehen an der Kasse	Quengeln	Kind erhält Schokolade

Beispiele: negative Verstärkung (¢ -)

S^D ———	R ———	$\not{S}^{-R}$
Zu heißes Duschwasser	Zurückdrehen des Hahnes	Brennen hört auf
Zahnschmerzen	Arztbesuch	Schmerzen hören auf
Zähnefletschender Hund	Davonlaufen	keine Angst mehr

Beispiele: Bestrafung durch aversiven Reiz (C-)

S^D ———	R ———	S^{-R}
wechselhaftes Wetter	Spaziergang ohne Regenschirm	nasse Kleidung, Kälte
Glatteis	Beschleunigen des Wagens	Unfall
Unterricht	keine Übungen durchgeführt	eine Stunde Nachsitzen

Beispiele: Bestrafung durch Verstärkerentzug (¢ +)

S^D ———	R ———	$\not{S}^{+R}$
Fernsehen	Kinder streiten sich	Fernseher wird abgeschaltet
Spielen	Kind schlägt ein anderes	muss für 4 Minuten aus dem Zimmer
Gespräch mit Vorgesetztem	Gehaltsforderung	Vorgesetzter schaut gelangweilt aus dem Fenster

Von diesen vier Lernprinzipien führen Skinners Definition entsprechend positive Verstärkung (C+) und negative Verstärkung (Ȼ-)zu einer *Erhöhung der Auftrittswahrscheinlichkeit* (p>R; p steht für Wahrscheinlichkeit; engl. probability) des ihnen vorausgehenden Verhaltens, während Bestrafung durch einen aversiven Reiz (C-) und Bestrafung durch Verstärkerentzug (Ȼ+) eine *Verminderung der Auftretenswahrscheinlichkeit* (p<R) zur Folge haben. Tabelle 2.3 fasst diese Prinzipien formal zusammen und konkretisiert sie an Beispielen.

Mittels der operanten Lerngesetze kann auch die Interaktion zweier (oder mehrerer) Personen betrachtet werden, wie folgendes in der Straßenbahn beobachtete Beispiel zeigt, bei dem das Verhalten des Kindes durch das Prinzip der Bestrafung durch einen aversiven Reiz und das Verhalten der Mutter durch das Prinzip der negativen Verstärkung gesteuert wird.

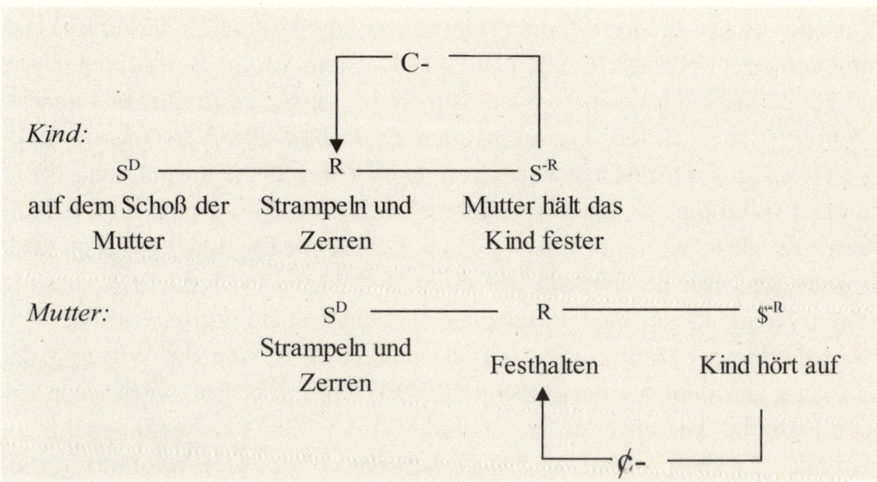

Abb. 2.1: Lerntheoretische Interaktionsanalyse

Eine für die Praxis zentrale Frage betrifft diejenige nach der Vorhersagbarkeit der Verstärkungswirkung eines Stimulus. Wie kann man im Vorhinein in Erfahrung bringen, ob die in obigen Beispielen als Verstärker aufgeführten Stimuli im Interventionsverlauf auch tatsächlich zu einer Erhöhung bzw. Verminderung der Verhaltensrate führen werden? Skinner ist aus methodologischen Gründen dieser Frage aus dem Weg gegangen. Seine Analyse begnügt sich mit dem empirischen Nachweis einer „Wenn-Dann-Beziehung“ (sog. Erklärung erster Ordnung, vgl. Schermer, 2011), ohne diese theoretisch zu begründen (sog. Erklärung zweiter Ordnung). Wenn also die verhaltenskontingente Präsentation oder der verhaltenskontingente Entzug eines Stimulus in Zukunft zu einer Veränderung in der Auftretenswahrscheinlichkeit dieses Verhaltens führt, muss es sich nach Skinner um einen Verstärker handeln.

Diese *verhaltensabhängige Definition* ist mit dem Problem des Zirkelschlusses behaftet, den Mazur (2004) mit folgenden Worten beschreibt: „Ein Stimulus wird Verstärker genannt, weil er ein Verhalten verstärkt, und es wird angenommen, dass er das Verhalten verstärkt, weil er ein Verstärker ist" (S. 310). Während ein solches Vorgehen im Bereich der (tier-)experimentellen Grundlagenforschung als ausreichend angesehen werden kann, muss es für den Bereich der Analyse und Intervention im Alltag der Sozialen Arbeit aber als ungenügend und ergänzungsbedürftig eingeschätzt werden. Hier muss der Sozialpädagoge auch inhaltlich auf die Frage eine Antwort suchen, warum ein bestimmter Stimulus als Verstärker wirksam ist bzw. sein könnte, d. h. er muss sich auch um eine Erklärung zweiter Ordnung bemühen (vgl. Kapitel 1).

Eine der ersten theoretischen Erklärungsversuche der Verstärkerwirkung stammt von dem Lernpsychologen Hull (1943), demzufolge Stimuli dann eine verstärkende Wirkung besitzen, wenn sie ein biologisches Bedürfnis reduzieren. Somit ist nach dieser *physiologischen Definition* eine Verstärkung wirksam, weil sie zu einer raschen Verringerung einer Bedürfnisanspannung führt. Da diese Erklärung nur für körperliche Primärbedürfnisse gilt, nimmt Hull weiterhin an, dass neutrale Stimuli dann verstärkende Qualität erwerben können, wenn sie öfter gemeinsam mit einer Reduktion an Bedürfnisspannung auftreten. Neben dieser physiologischen Verstärkungsdefinition wurden auch *erlebnisabhängige* Definitionen vorgeschlagen, bei denen die Wirkung der Verstärkung mit dem bei der Präsentation bzw. bei dem Entzug des verstärkenden Stimulus bestehenden angenehmen, lustvollen bzw. unangenehmen, unlustvollen Erleben erklärt wird (vgl. Blöschl, 1970). Der Verstärkungsbegriff ist hier mit dem im Alltag verwendeten Begriff der „Belohnung" identisch. Allerdings weiß jeder aus eigener Erfahrung, dass eine Belohnung trotz des mit ihr verbundenen angenehmen Erlebens nicht unbedingt zu einem Anstieg des belohnten Verhaltens führen muss. Wir können uns auch auf unseren Lorbeeren ausruhen. In diesem Fall liegt demnach keine Verstärkung vor, obwohl eine Belohnung erfolgte. Daraus folgt, dass Verstärkung angenehm und Bestrafung unangenehm erlebt werden, dass aber nicht alle angenehm bzw. unangenehm erlebten Konsequenzen auch tatsächlich Verstärker darstellen. Trotz der Notwendigkeit einer Erklärung zweiter Ordnung kann auf die verhaltensabhängige Verstärkungsdefinition somit nicht verzichtet werden. Der Sozialpädagoge muss bei der Anwendung operanter Interventionstechniken also in jedem Fall die Auftretenshäufigkeit des auf- oder abzubauenden Verhaltens genau beobachten.

2.1.4 Dokumentation und Evaluation des Interventionsverlaufs

Alle operanten Verfahren verlangen vom Sozialpädagogen eine über den gesamten Beratungsverlauf erfolgende kontinuierliche Erfassung der zu ändernden Verhaltensweisen. Wir haben bereits auf die Unerlässlichkeit der quantifizierbaren Operationalisierung der Zielverhaltensweisen hingewiesen (siehe hierzu auch Kapitel 1). Sie dient unter anderem dazu, den Verlauf der Intervention zu dokumentieren und zu kontrollieren und stellt somit einen wichtigen Aspekt der Qualitätssicherung dar.

Die Dokumentation des Interventionsverlaufs erfolgt auf graphische Art über ein (Häufigkeits-) Polygon und berücksichtigt die in der folgenden Abbildung aufgezeigten Aspekte (siehe hierzu ausführlich z. B. Cooper et al., 2014, Kapitel 6). Die Buchstaben in der Abbildung kennzeichnen folgende Sachverhalte:

a) Auf der linken Vertikalen (Y-Achse) sind die *quantifizierbaren* (zählbaren) *Einheiten* des zu ändernden oder aufzubauenden Verhaltens (abhängige Variable, vgl. Kapitel 1) eingetragen. In unserem Beispiel handelt es sich um die Häufigkeiten des unaufgeforderten Aufstehens und Herumlaufens von Sabine während des Unterrichts. Grundsätzlich können auch andere Aspekte wie Intensität, Dauer oder Latenzzeit des problematischen oder erwünschten Verhaltens als Einheiten der Y-Achse herangezogen werden.

b) Die Horizontale (X-Achse) bildet den *Zeitverlauf* ab und ist in Abhängigkeit von der Problemlage in Minuten, Stunden, Tage, Wochen etc. untergliedert. In der Abbildung ist der Zeitverlauf bezogen auf die ersten vier Stunden des Schultages von Sabine berücksichtigt,

c) Die Vertikallinie innerhalb des Polygons zeigt *Veränderungen bezüglich der Modifikationsbedingungen* (unabhängige Variablen) an. In diesem Beispiel also das Ende der Ausgangslagenbestimmung (Grundrate) und den Beginn der eigentlichen Intervention.

d) Im oberen Abbildungsbereich wird parallel zur X-Achse angegeben, *auf welche Phase der Beratung* sich die darunter befindlichen Angaben beziehen. In unserer Abbildung wird nur zwischen Ausgangslage (synonym: Grundrate oder Baseline) und Intervention unterschieden. Dabei ist es empfehlenswert, die Interventionsart inhaltlich zu benennen. Da die Intervention bei Sabine darin bestand, dass sie für erwünschtes Verhalten (Auf-dem-Stuhl-sitzen-bleiben) verstärkt wurde, steht in der Abbildung in Klammer „DRI“ für „Differentielle Verstärkung von inkompatiblem Verhalten“ (siehe Abschnitt 2.2.3).

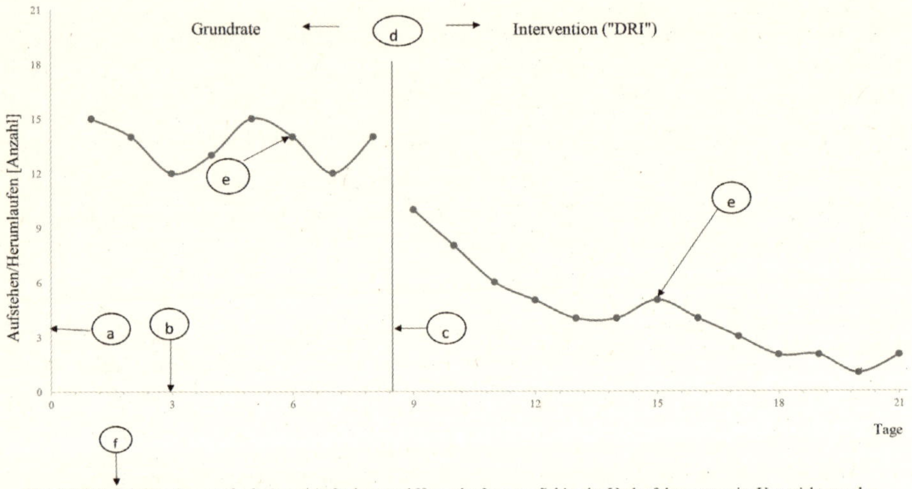

Absolute Häufigkeiten des unaufgeforderten Aufstehens und Herumlaufens von Sabine im Verlauf der ersten vier Unterrichtsstunden während der Ausgangslagenerhebung und Intervention durch differentielle Verstärkung von inkompatiblemVerhalten („DRI").

Abb. 2.2: Dokumentation des Interventionsverlaufs durch ein Polygon

e) Die mit einer Linie verbundenen Punkte der jeweiligen Phase stellen die Messergebnisse dar und zeigen an, in welchem Ausmaß die interessierenden Verhaltensaspekte an den unterschiedenen Zeitpunkten beobachtet wurden. So ersehen wir aus der Abbildung unter anderem, dass Sabine bei der Ausgangslagenbestimmung am dritten Schultag zwölfmal und am sechsten Schultag vierzehnmal während der ersten vier Unterrichtstunden von ihrem Platz aufgestanden ist. Kontingent mit dem Einsatz der Methode der differentiellen Verstärkung von inkompatiblem Verhalten sank die Häufigkeit des Problemverhaltens deutlich: am 16. Beobachtungstag trat das Problemverhalten nur noch viermal, am 21. nur noch zweimal auf.

f) In einer Legende werden die gewählten Messeinheiten und Messzeitpunkte sowie Beobachtungsbedingungen genannt.

Nach der Operationalisierung des interessierenden Verhaltens wird bei allen operanten Methoden dessen *Ausgangslage oder Grundrate* (Baseline) ermittelt, indem über einen längeren Zeitraum (z. B. zwei Wochen lang) seine vor dem eigentlichen Beginn der Intervention bestehende Ausprägung festgehalten wird. Bevor eine Veränderungsstrategie zum Einsatz kommt, stellt der Sozialpädagoge also fest, wie oft (intensiv, lange etc.) das Problemverhalten auftritt. Auf die Beispiele von Sabine und Klaus übertragen heißt das, über

Beobachtung zu ermitteln, wie häufig an einem Schultag Sabine vom Platz aufsteht (siehe Abbildung) oder Klaus den Nachbarn boxt. Diese Bestimmung der Ausgangsausprägung der Problemlage dient als Bezugspunkt für die Feststellung von Veränderungen während des weiteren Beratungsverlaufs. Die Dauer der Ausgangslagenbestimmung ist weitgehend von der Auftretenshäufigkeit des zu ändernden Verhaltens abhängig. Zur Einschätzung der Grundrate von eher selten auftretenden Problemen bedarf es natürlich eines längeren Zeitraumes als zur Einschätzung von vergleichsweise häufig auftretenden Schwierigkeiten. Als grobe Faustregel kann für die Alltagspraxis eine Grundratenerhebung während eines Zeitraumes von zwei Wochen empfohlen werden. In den meisten Fällen dürfte dieser Zeitrahmen ausreichend sein. Aus inhaltlicher Sicht soll die Ausgangslagenbestimmung so lange durchgeführt werden, bis sich eine stabile Verhaltensrate einstellt oder im Linienzug der Grundrate Regelhaftigkeiten erkennbar werden.

Petermann (1996) differenziert bei Baselinedaten unter anderem die nachfolgend skizzierten fünf Verlaufstypen. Den optimalen Fall (Typ 1) stellt die erwähnte stabile Ausgangsrate dar, bei der nur eine geringe Variabilität beobachtet wird und die Kurve deshalb relativ parallel zur X-Achse verläuft. Gelegentlich tritt während der Baselineerhebung eine Intensivierung des problematischen Verhaltens ein, was sich in einem Kurvenanstieg äußert (Typ 2). Bei dem entgegengesetzten und bei Einsatz der Selbstbeobachtung vergleichsweise häufigen Fall führt die Erhebung der Ausgangslage zu einer Reduktion der problematischen Verhaltensweisen (Typ 3). Hier ist es für den Sozialpädagogen wichtig, in Erfahrung zu bringen, warum diese Verbesserung eintritt. Treten bei der Ausgangslagenbestimmung große und regelmäßige Schwankungen auf, ähnelt die Kurve also einer stabilen Schlangenlinie (Typ 4), sollte die Datenerhebung solange fortgesetzt werden, bis sich das Muster (mehrmals) wiederholt. Die hierzu notwendige Beobachtung über einen längeren Zeitraum kann aber zu ethischen Problemen führen, wenn das damit einhergehende Vorenthalten der Intervention nicht zu verantworten ist. Den ungünstigsten Fall für die Abschätzung der Stabilität eines Problemverhaltens stellen Schwankungen dar, die kein festes Muster erkennen lassen (Typ 5). Eine ausreichende Stabilität der Grundrate ist vonnöten, weil ihr Niveau als Bezugspunkt für die Beurteilung der Intervention herangezogen wird. Entsprechend der Grundratenlogik erwartet man ohne eine Intervention ein Verbleiben auf dem Ausgangsniveau. Treten aber mit Interventionsbeginn Änderungen in den gemessenen Problemparametern auf, kann man diese auf den Einsatz der Interventionstechniken zurückführen.

Soll ein Problemverhalten durch eine Intervention abgebaut, d. h. in seiner Auftretenswahrscheinlichkeit reduziert werden, muss also die während der Baselinephase ermittelte Problemausprägung zurückgehen. Sabine sollte also zeitgleich mit dem Einsatz der Technik der differentiellen Verstärkung seltener oder gar nicht mehr unaufgefordert aufstehen und Klaus sollte seltener oder gar nicht mehr den Nachbarn boxen. Zählt der Sozialpädagoge während des Interventionsverlaufs weiterhin die interessierenden Problemaspekte, kann er die dabei ermittelten Daten mit denjenigen aus der Grundratenerhebung vergleichen und so überprüfen, ob er sich seinem Ziel angenähert hat. Verbleibt die Problemausprägung trotz begonnener Maßnahme auf dem Niveau der Grundrate, führt der eingeschlagene Weg also nicht zu dem erwarteten Erfolg, sind entweder durchführungsbezogene (technische) oder erklärungsbezogene Ursachen in Erwägung zu ziehen. Zuerst sollte sich der Sozialpädagoge versichern, dass die eingesetzte Strategie auch korrekt zur Anwendung kam. So ist zu klären, ob die in diesem Kapitel dargestellten Durchführungsbedingungen der verschiedenen Strategien auch genau eingehalten wurden. Hierbei ist es wichtig zu wissen, dass operante Verfahren bereits auf kleine Anwendungsfehler sehr sensibel reagieren. Können Anwendungs- oder Umsetzungsfehler ausgeschlossen werden, sind die in der diagnostischen Phase (vgl. Kapitel 1) entwickelten Hypothesen zur Problemaufrechterhaltung zu revidieren.

Die Unterscheidung von Grundraten- und Interventionsphase stellt die einfachste und in der Praxis zumeist ausreichende Form der Falldokumentation und Evaluation dar. In der Terminologie der klinischen Einzelfalldiagnostik spricht man hier von einem *A-B-Plan*. Der Buchstabe A kennzeichnet dabei die Phase der Ausgangslagenbestimmung, der Buchstabe B steht für die Beratungs- oder Behandlungsphase. Unterschiedliche Kombinationen dieser beiden Phasen ergeben verschiedene Interventions- oder Behandlungspläne.

Beim sog. *Umkehrplan (A-B-A-B-Plan)* verfährt man wie in der dargestellten Weise, kehrt nach der ersten Interventionsphase aber wieder in die Baselinephase zurück, d. h. die Intervention wird wieder zurückgenommen. Steigt das Problemverhalten in dieser zweiten A-Phase wieder an, nimmt man das als Beleg dafür, dass die in der ersten B-Phase durchgeführte Intervention tatsächlich für die beobachteten Veränderungen verantwortlich war. Der Umkehrplan endet mit der erneuten Einführung der Beratungsphase. Die Interpretation der Daten eines Umkehrplanes ist allerdings keineswegs so einfach, wie das auf den ersten Blick er scheinen mag. So bleibt die für die zweite A-Phase erwartete Rückkehr zur Ausgangslage dann aus, wenn das modifizierte Verhalten – wie eigentlich bei einer Intervention erwünscht – bereits durch „natürliche Verstärker“ aufrechterhalten wird. Darüber hinaus stehen der Anwendung des Umkehrplanes in der Praxis auch ethische Bedenken entgegen.

Für die Belange der Praxis besser geeignet sind hingegen die verschiedenen Varianten des *multiplen Baseline-Planes*. Bei ihnen werden gleichzeitig mehrere zusammengehörige Verhaltensweisen oder Personen berücksichtigt. „Im einzelnen lassen sich verschiedene Verhaltensweisen einer Person, ein einzelnes Kennzeichen bei mehreren Personen und das Verhalten einer Person in verschiedenen Situationen untersuchen" (Petermann, 1996, S. 92). Ein Beispiel für die zuerst genannte Variante dieses Vorgehens, das Pinkston, Levitt, Green, Linsk und Rzepnicki (1982, S. 79) vorstellen, zeigt Tabelle 2.4. Dieser multiple Baseline-Plan wurde von McCabe, Mallon-Wenzel, Reid und Pinkston (1982) in einem Training zur sozialen Kompetenz bei einer depressiven Klientin eingesetzt. Als relevante Facetten (Operationalisierungen) sozial kompetenten Verhaltens dienten bei dieser Fallarbeit die Dauer des Blickkontaktes, die Lautstärke, mit der gesprochen wurde, und das Ausmaß an Entspannung im Bereich des Oberkörpers.

Tab. 2.4: Phasenverlauf beim multiplen Baseline-Plan (A: Baseline; B: Intervention)

Verhaltensaspekt	Phase			
Dauer des Blickkontakts	A	B	B	B
Sprechlautstärke	A	A	B	B
Entspannung des Oberkörpers	A	A	A	B

Wie aus der Tabelle ersichtlich ist, werden bei einem multiplen Baseline-Plan alle Verhaltensweisen von Anfang an in die Grundraten-Erhebung einbezogen. Die Intervention erfolgt „Zug um Zug" und beginnt hier mit der Modifikation der Dauer des Blickkontaktes, berücksichtigt dann zusätzlich die Lautstärke des Sprechens und danach noch den Aufbau einer entspannten Körperhaltung. Bis ein Verhalten in die Intervention einbezogen wird, erfolgt die Erfassung seiner Ausgangsrate. Die mit diesem Vorgehen verbundene gleichzeitige Berücksichtigung mehrerer Verhaltensweisen kommt sicherlich der Komplexität des Alltags entgegen, sie verlangt aber vom Sozialpädagogen einen nicht unbeträchtlichen Beobachtungsaufwand, dem in der Routinepraxis nur in Ausnahmefällen Rechnung getragen werden kann.

2.2 Praktische Vorgehensweise

2.2.1 Positive Verstärkung als Strategie der Festigung eines Verhaltens

Wie wir gesehen haben, führt das Lerngesetz der positiven Verstärkung zu einer Erhöhung der Auftretenswahrscheinlichkeit des Verhaltens. Konstituierende und definierende Merkmale der positiven Verstärkung sind (a) die auf ein Verhalten erfolgende Präsentation einer Konsequenzbedingung, (b) die Erhöhung der Auftretenswahrscheinlichkeit des dieser Konsequenzbedingung vorausgehenden Verhaltens und (c) die alleinige und ausschließliche Verursachung der erhöhten Auftretenswahrscheinlichkeit durch die Konsequenzbedingung (vgl. Grant & Evans, 1994). Dieses Prinzip kommt als Interventionsmethode mit drei unterscheidbaren Zielsetzungen zur Anwendung. Zum einen kann über positive Verstärkung ein zu selten auftretendes Verhalten gestärkt und intensiviert werden. Das interessierende Verhalten muss bei diesem Anwendungsfall nicht gelernt werden, sondern steht dem Klienten schon zur Verfügung, allerdings tritt es bislang zu selten auf. Anhand dieser Zielsetzung werden nachfolgend die bei allen Techniken der positiven Verstärkung geltenden Regeln der Verstärkerdefinition und des Verstärkungsplanes vorgestellt. Zum anderen ist es über zwei besondere Methoden der positiven Verstärkung, die Verhaltensformung (shaping) und die Reaktionsverkettung (chaining), möglich, ein neues, dem Individuum bislang noch nicht oder nicht mehr verfügbares Verhalten aufzubauen (siehe Abschnitt 2.2.2). Schließlich wird das Lernprinzip der positiven Verstärkung in der Praxis auch genutzt, um ein bestehendes, häufig auftretendes Problemverhalten dadurch abzubauen, dass man seine Unterlassung verstärkt oder mit ihm konkurrierende, aber angemessene Verhaltensweisen fördert. Dieser Zielsetzung dienen die verschiedenen Techniken der differentiellen Verstärkung (differential reinforcement, DR; siehe Abschnitt 2.2.3).

Geht es bei einer Beratung darum, dass ein Verhalten, das vom Klienten bereits gezeigt wird, in Zukunft häufiger auftritt, besteht die Standardstrategie darin, kontingent auf das interessierende Verhalten mit der Präsentation eines positiven Verstärkers zu reagieren. Dem Sozialpädagogen stellt sich nach der Bestimmung (Operationalisierung) des Zielverhaltens demnach zunächst die Aufgabe, geeignete Verstärker ausfindig zu machen.

2.2.1.1 Einteilung und Diagnose von positiven Verstärkern

Skinner (1953) teilt die potentiell verstärkenden Stimuli in primäre und sekundäre Verstärker ein, je nachdem, ob ihre Verstärkungswirkung aufgrund von ungelernten (unkonditionalen) biologischen Aspekten für jedes Individuum in der gleichen Art erfolgt (primäre) oder aber erst durch Lernprozesse während des Verlaufs der individuellen Lebensgeschichte erworben wurde (sekundäre).

Wegen ihrer biologischen Verankerung sind *primäre Verstärker* zahlenmäßig und inhaltlich begrenzt. Typische primäre Verstärker in unserem Alltag sind Nahrungsmittel, Wasser, Wärme, Schlaf, sensorische Stimulation, etc. Derartige Stimuli besitzen dann die höchste Verstärkungswirkung, wenn sich der Organismus in einem Zustand der Deprivation befindet. Ist der Organismus hingegen gesättigt, sind diese Reize nicht oder nur gering wirksam.

Im Interventionsbereich kommen primäre Verstärker in Form des gezielten Einsatzes von Nahrungs- und Naschmitteln (z. B. Eiscreme, Obst, Schokolade, Kekse, bevorzugtes Getränk etc.) vor allem in der Arbeit mit Kindern und geistig behinderten Personen zur Anwendung. Obwohl es sich um sehr wirkungsvolle Verstärker handeln kann, sind mit ihrem Einsatz aber auch einige Nachteile verbunden (vgl. hierzu z. B. Kazdin, 2001). Da ihre Wirkung vom gerade bestehenden Deprivationszustand abhängt, kann der Sozialpädagoge auf ethische Probleme stoßen, wenn die der Intervention vorausgehende Vorenthaltung nicht verantwortet werden kann. Ein weiterer Nachteil ist darin zu sehen, dass der Verstärkungswert von primären Verstärkern häufig rasch nach ihrer Vergabe absinkt. Schließlich kann die Vergabe von Nahrungsmitteln mit dem gerade geäußerten Zielverhalten interferieren. Aus diesen Gründen ist der systematische Einsatz primärer Verstärker in der Praxis meist auf die genannten Anwendungsfelder beschränkt.

Sekundäre Verstärker (synonym: konditionierte oder gelernte Verstärker) haben über das Lernprinzip der klassischen Konditionierung (vgl. Schermer, 2011), d. h. durch räumlich-zeitliche Koppelung mit primären Verstärkern, ihre Verstärkungswirkung erworben. Sie treten somit in interindividuell unterschiedlicher Form auf. Die Praxis der Angewandten Analyse des Verhaltens teilt sie in folgende vier Bereiche ein: materielle, soziale, aktivitätsbezogene und generalisierte Verstärker.

Materielle Verstärker (tangible reinforcers) bestehen in der Vergabe eines erwünschten Gegenstandes oder einer Sache. Da ihr Wert funktional durch die Fähigkeit, eine Veränderung der Auftretenswahrscheinlichkeit des Verhaltes zu erwirken, bestimmt wird, muss es sich bei ihnen keineswegs um materiell wertvolle Dinge handeln. In der Regel kommen materiell vergleichsweise wertlose Gegenstände zum Einsatz. So waren die zu früheren Schulzeiten häufig eingesetzten Fleißbildchen sehr wirksame sekundäre Verstärker. In der

Arbeit mit Kindern häufig eingesetzte materielle Verstärker sind kleine Spielsachen, Stifte, Kreiden, Malhefte, Bücher, CDs etc. Bei Erwachsenen können Eintrittskarten für ein Konzert oder eine sportliche Veranstaltung einen hohen Anreiz als materielle Verstärker ausüben. Bei Verwendung eines materiellen Verstärkers sieht sich der Sozialpädagoge häufig einer Kritik ausgesetzt, die verlangt, das erwünschte Verhalten müsse um seiner selbst willen, also ohne Vergabe eines materiellen Verstärkers, gezeigt werden. Diese Kritik lässt unberücksichtigt, dass das in Frage stehende Verhalten bislang überhaupt nicht oder zu selten auftrat – weswegen ja eine Intervention erfolgen soll – und seine Ausführung den Betroffenen somit Anstrengung kostet. Der materielle Verstärker kann in diesem Sinn als Anerkennung für die aufgebrachte Anstrengung interpretiert werden. Da diese im Verlauf der Intervention immer geringer wird, können die „unnatürlichen" materiellen Verstärker gegen Ende der Intervention zugunsten von „natürlichen", wie zum Beispiel sozialen Verstärkern, wieder zurückgenommen werden.

Soziale Verstärker können in dreierlei Gestalt genutzt werden. In Form von verbalen und ausdruckbezogenen Äußerungen bringen sie Anerkennung, Unterstützung, Wertschätzung und Zustimmung zum Ausdruck. In Form von physischem Kontakt bestehen sie in verschiedenen Arten der Berührung (Handhalten, Umarmen, Streicheln etc.). Soziale Verstärker können schließlich auch in der besonderen räumlichen Nähe (z. B. Danebensitzen) bestehen. Den materiellen und primären Verstärkern gegenüber sind mit dem Einsatz sozialer Verstärker etliche Vorteile verbunden. Sie sind im Alltag sowohl in der Arbeit mit Einzelnen als auch mit Gruppen leicht einsetzbar, ohne den Verhaltensfluss zu stören. Sie unterliegen nur in geringem Ausmaß der Sättigung und stellen „natürliche" Verstärkungsbedingungen dar, sodass ein fließender Übergang von der Interventions- zur Ausblendungsphase einer Intervention erfolgen kann. Schließlich erhöhen soziale Verstärker nicht nur die Wahrscheinlichkeit des ihnen vorausgehenden Verhaltens, sondern wirken sich auch positiv auf das Selbstwertgefühl aus. Besonders bei dieser Verstärkungsart muss der Sozialpädagoge auf den Unterschied von intendierter (beabsichtigter) und funktionaler (eingetretener) Wirkung achten. Ob ein ausgesprochenes Lob tatsächlich ein sozialer Verstärker war, weiß der Sozialpädagoge erst nach erfolgtem Verhaltensanstieg!

Aktivitätsverstärker bestehen in der Ausführung einer angestrebten oder als angenehm erlebten Tätigkeit und haben deshalb eine hohe Affinität zu den Interessen und Vorlieben des Individuums. Selbst gewählte Aktivitäten, insbesondere während der Freizeit, und Hobbys stellen wichtige Aktivitätsverstärker dar.

Generalisierte Verstärker bilden eine Sondergruppe der sekundären Verstärker. Es handelt sich bei ihnen um Chips, Münzen, Punkte oder andere symbolische Objekte, die ihren Wert dadurch erhalten, dass sie zu einem späteren Zeitpunkt in primäre oder sekundäre Verstärker (sog. Endverstärker; engl. back-up-reinforcer) umgetauscht werden können. Aus diesem Grund sind sie sehr potent und sättigungsresistent. Weitere Vorteile der Verwendung von generalisierten Verstärkern ergeben sich aus ihrer leichten Einsetzbarkeit und der Möglichkeit, mit unterschiedlichen Endverstärkern assoziierbar zu sein, sodass sie auch bei Klienten mit verschiedenen Verstärkerpräferenzen – zum Beispiel im Einsatz bei der Arbeit mit Gruppen – valide bleiben.

Im Rahmen einer sozialpädagogischen Intervention eingesetzte Verstärker sollten bzw. müssen (siehe hierzu z. B. Gelfand & Hartmann, 1975; Grant & Evans, 1994; Hall & Hall, 1998a; Kazdin, 2001; Martin & Pear, 2003):

– dem Alter und den Interessen des Klienten entsprechen,
– sättigungsresistent sein,
– häufig und in kleinen Einheiten vergeben werden können,
– unmittelbar nach der Äußerung des Verhaltens präsentiert werden können,
– nur vom Sozialpädagogen verabreicht werden können,
– mit dem angestrebten Zielverhalten vereinbar sein,
– wenig kosten,
– in großen Mengen verfügbar sein,
– keine Nebenwirkungen nach sich ziehen,
– mannigfaltig und abwechslungsreich sein,
– funktional wirksam sein, d. h. tatsächlich zu der gewünschten Auftretenswahrscheinlichkeit des Verhaltens führen.

Für die Diagnose von Verstärkungsmöglichkeiten stehen dem Sozialpädagogen drei Möglichkeiten zur Verfügung, nämlich die Exploration (das Gespräch), die schriftliche Befragung und die Beobachtung.

In der *Exploration* geht es darum, für die aufgeführten Verstärkerformen (primär, materiell, sozial, aktivitätsbezogen) Beispiele aus dem Alltag des Klienten schildern zu lassen. Leitfragen der Exploration betreffen also Wünsche nach Speisen- und Getränkevorlieben (vornehmlich bei Kindern), begehrten Gegenständen, Formen der sozialen Wertschätzung und angenehmen Aktivitäten (z. B. im Rahmen von Hobbys). Wichtig ist hierbei, darauf zu achten, dass wirksame Verstärker – wie aus den oben aufgeführten Merkmalen deutlich werden dürfte – keine herausragenden Besonderheiten darstellen, sondern eher in den Selbstverständlichkeiten des Alltäglichen verwurzelt sind.

Eine *Liste zur Erfassung von Verstärkern* für Kinder wurde von Petermann und Petermann (2001) vorgelegt, in der 87 potentielle Verstärker auf einer fünfstufigen Ratingskala einzuschätzen sind. Berücksichtigung finden dabei primäre Verstärker (Fragebogenbereich: Essen und Trinken), Aktivitätsverstärker, (Fragebogenbereiche: Freizeitbeschäftigungen, zu Hause) sowie soziale Verstärker (Fragebogenbereiche: Zeit verbringen/Unternehmungen machen/spielen/unterhalten mit, gelobt werden wegen). Für die Diagnose ideosynkratischer Verstärker sind acht offen zu beantwortende Möglichkeiten vorgesehen. Einen weiteren Fragebogen für Kinder haben Blöschl, Ederer und Linhart (1979, 1981) entwickelt. Dieses Verfahren (Grazer Verstärkerfragebogen) erfasst Aktivitätsverstärker aus den Bereichen „soziale Aktivitäten", „Freizeitaktivitäten" und „personenzentrierte Aktivitäten". Für Erwachsene liegt das „Reinforcement Survey Schedule" (RSS) von Cautela und Kastenbaum (1967) vor. Wichtige Hinweise für Aktivitätsverstärker können dem 320 Items umfassenden „Pleasant Events Schedule" (PES) (MacPhillamy & Lewinsohn, 1973; deutsche Übersetzung in Lewinsohn, Muiioz, Youngren & Zeiss, 1982) entnommen werden. Von Bartmann (2013) wurde ebenfalls ein zwölf verschiedene Themenbereiche umfassender Verstärkerfragebogen vorgelegt. Da Verstärkungsmöglichkeiten in nicht unerheblichem Ausmaß von aktuellen Zeitströmungen bestimmt werden, ist beim Einsatz von Fragebogen darauf zu achten, dass diese die aktuellen Lebensbedingungen hinreichend berücksichtigen. Die meisten Verfahren bedürfen deshalb dringend einer Aktualisierung.

Eine dritte Möglichkeit zur Auswahl potentieller Verstärker liegt in der *Beobachtung des Verhaltens*. David Premack (1959) hat hierzu vorgeschlagen, über einen längeren Zeitraum zu beobachten, welche Verhaltensweisen in Situationen mit freier Wahl der Verhaltensäußerung häufig gezeigt werden und diese Verhaltensweisen mit hoher Auftrittswahrscheinlichkeit als Verstärker für Verhaltensweisen mit niedriger Auftretenswahrscheinlichkeit einzusetzen (sog. Premack-Prinzip). Je nach situativen Gegebenheiten des Einzelfalles kann diese Beobachtung dabei in Form der Fremdbeobachtung durch den Sozialpädagogen bzw. die Mediatoren (in der Arbeit mit Kindern z. B. Eltern, Kindergärtnerinnen und Lehrkräfte) oder aber in Form der Selbstbeobachtung durch den Klienten erfolgen. Um aussagekräftig zu sein, müssen sich die Beobachtungen auf den Bereich der Freizeit – in Schule und Beruf auch die Pausenzeit – beziehen und über einen längeren Zeitraum (eine Woche lang) durchgeführt werden. Für die Selbstbeobachtung empfiehlt sich dabei eine stundenplanartige Notierung der jeweiligen Aktivitäten vornehmlich außerhalb der Arbeitszeiten.

2.2.1.2 Verstärkungspläne

Ein Verstärker kann auf das von ihm verstärkte Verhalten mit unterschiedlicher Häufigkeit folgen. Unter dem Terminus technicus „Verstärkungsplan" hat die angewandte Analyse des Verhaltens verschiedene Formen dieses Zusammenhanges untersucht und dabei systematische Effekte festgestellt. Beim Einsatz operanter Verfahren hat der Sozialpädagoge mit der Entscheidung für einen bestimmten Verstärkungsplan Einfluss auf drei für die praktische Arbeit sehr wichtige Aspekte, nämlich

- die *Schnelligkeit,* mit der eine Verhaltensausführung erfolgt, d. h. die zur Ausführung bzw. Aneignung notwendige Zeitspanne,
- die *Häufigkeit* (Verhaltensrate) und die *Beibehaltung* (Stabilität) dieses Verhaltens in der Folgezeit,
- den *Widerstand gegenüber einer Rückbildung* nach dem vollständigen Ausbleibens des Verstärkers (Löschungsresistenz).

Kontinuierliche Verstärkung

Der einfachste Verstärkungsplan besteht darin, dem Verhalten jedes Mal, wenn es gezeigt wird, einen Verstärker folgen zu lassen. Dieser Verstärkungsplan mit einem Verhältnis von 1:1 wird *kontinuierliche Verstärkung* (synonym: *Immerverstärkung;* engl. continuous reinforcement) genannt. Im Alltag wird unser Umgang mit funktionierenden elektrischen oder technischen Geräten (Telefon, Auto, Waschmaschine, Rasierer etc.) durch kontinuierliche Verstärkung aufrechterhalten. Der Hauptvorteil des kontinuierlichen Verstärkungsplanes bezieht sich auf den zuerst genannten Aspekt: mit Hilfe dieses Vorgehens wird eine rasche Verhaltensausführung erreicht. Kontinuierliche Verstärkung hat in der Praxis deshalb zu Beginn einer Beratung oder Intervention, also in der Akquisitionsphase des Zielverhaltens ihren Platz. Für den Sozialpädagogen bedeutet der Einsatz eines kontinuierlichen Verstärkungsplanes einen großen Beobachtungsaufwand, da er alle (Ziel-)Verhaltensweisen berücksichtigen muss. Auf die eingangs genannten Beispiele von Sabine und Klaus bezogen, bedeutet das eine Beobachtung während der gesamten Unterrichtszeit.

Dem Vorteil der Schnelligkeit der Verhaltensausführung steht aber ein gravierender Nachteil dieses Planes gegenüber. Bleibt nämlich die bislang gewohnte Verstärkung in der Folgezeit vollständig aus, kommt es sehr rasch zu einer Reduktion der Auftretenswahrscheinlichkeit des Verhaltens. Kontinuierliche Verstärkung ist nur mit sehr geringer Löschungsresistenz verbunden. Wenn also Ihr bislang funktionierendes Telefon morgen nach Abheben des Hörers nicht mit dem Freizeichen reagiert, ist es sehr unwahrscheinlich, dass Sie noch viele Wählversuche unternehmen. Wahrscheinlich ziehen Sie sehr schnell den Schluss, das Gerät sei defekt und stellen Ihr Wählverhalten ein. Bei Wegfall der kontinuierlichen Verstärkung erhöht sich demnach die Wahrscheinlichkeit, dass Sabine und Klaus wieder ihre problematischen Verhaltensweisen zeigen.

Diesem Problem der schnellen Löschung von positivem Verhalten kann man mit dem Einsatz eines intermittierenden Verstärkungsplanes (intermittend reinforcement schedule) begegnen.

Intermittierende Verstärkung: Intervall-, Quoten- und Fortdauerpläne

Im Unterschied zum kontinuierlichen Verstärkungsplan folgt hier der Verstärker nicht mehr nach jeder Reaktion, sondern nur noch nach gewissen Reaktionen. Intermittierende Verstärkung hat insbesondere Einfluss auf die Stabilität und Häufigkeit, mit der ein Verhalten gezeigt wird, und ist im Rahmen der Intervention deshalb in der Phase der Aufrechterhaltung (maintenance phase) des Zielverhaltens wichtig. Martin und Pear (2003) verstehen unter einem intermittierenden Verstärkungsplan: „Any rule specifying a procedure for occasionally reinforcing a behavior" (S. 74). Dementsprechend vielfältig sind die unterscheidbaren Möglichkeiten.

In der Praxis reduziert sich diese Vielfalt allerdings auf einige wenige Grundtypen. Dabei wird entweder die verstrichene Zeit oder die bislang gezeigte Verhaltensrate (Anzahl der geäußerten Reaktionen) als Kriterium für die Verstärkervergabe herangezogen. Entsprechend unterscheidet die angewandte Analyse des Verhaltens als Hauptformen intermittierender Verstärkung die zeitorientierten Intervallpläne und die reaktionsorientierten Quotenpläne. Die sog. Fortdauerpläne (duration schedules) berücksichtigen sowohl die Zeit als auch die Rate und müssen deshalb als Mischformen angesehen werden.

Der *einfache fixierte Intervallplan (FI)* vergibt den Verstärker auf die erste Reaktion nach Verstreichen eines jeweils konstant bleibenden Zeitintervalls (z. B. 5 Minuten; abgekürzt: FI 5 Minuten). Nach dieser Verhaltensäußerung beginnt das nächste Intervall mit gleicher Dauer (im Beispiel 5 Minuten). Auf die während des Intervalls gezeigten Verhaltensweisen folgt dagegen kein Verstärker. Ein solcher Verstärkungsplan führt in der Praxis zu zwei Regelhaftigkeiten. Zum einen steigt die Häufigkeit des Zielverhaltens gegen Ende des Zeitintervalls signifikant an und zum anderen fällt sie nach Verstärkervergabe wieder signifikant ab. Letzteres nennt man „post-reinforcement-pause". Die

Dauer dieser Pause nimmt mit einer Verlängerung des fixierten Zeitintervalls zu.

Zur Vermeidung von post-reinforcement-pauses kann ein *variabler Intervallplan (VI)* eingesetzt werden. Bei ihm ist die Dauer des Zeitintervalls nicht mehr vorhersehbar, da sie um einen Mittelwert streut und somit von Intervall zu Intervall unterschiedlich ausfällt. In einem über 30 Minuten gehenden variablen 5-Minuten Intervallplan (abgekürzt: VI 5 Minuten) könnte z. B. die Verstärkervergabe nach 2, 8, 6, 4, 1, und 9 Minuten erfolgen. Der variable Intervallplan führt zu einer kontinuierlich erfolgenden Verhaltensäußerung auf mittlerem Niveau und vermeidet damit das Phänomen der post-reinforcement-pause. Er ist darüber hinaus mit dem Vorteil einer ausreichenden Löschungsresistenz verbunden. Allerdings verlangt er genauso wie der fixierte Intervallplan vom Sozialpädagogen die kontinuierliche Verhaltensbeobachtung von Beginn des Intervallendes bis zur erfolgenden Verhaltensäußerung.

Letzteres ist bei Intervallplänen mit *limited hold (LH)* nicht der Fall. Unter einem „limited hold"versteht man „a finite time, after a reinforcer becomes available, that a response will produce the reinforcer. A limited hold is essentially a deadline for meeting the response requirement of a schedule of reinforcement" (Martin & Pear, 2003, S. 79). Bei diesem Vorgehen wird also nur dann ein Verstärker gegeben, wenn die Reaktion innerhalb eines bestimmten Zeitrahmens erfolgt. So kann der Sozialpädagoge festlegen, dass ein Verstärker nur dann vergeben wird, wenn nach Ablauf des variablen 10-Minuten-Intervalls die Reaktion binnen 20 Sekunden erfolgt. Einen solchen Plan kürzt man folgendermaßen ab: VI 10 Minuten/LH 20 Sekunden. Für die Praxis folgt daraus eine deutliche Erleichterung, da derartige Pläne mit einer erheblichen Verkürzung des notwendigen Beobachtungszeitraums verbunden sind. Im gegebenen Beispiel muss pro Intervall nur noch während maximal 20 Sekunden beobachtet werden, ob das erwünschte Verhalten gezeigt wird. Limited hold kann sowohl mit fixierten als auch variablen Intervallplänen gekoppelt werden und entspricht in der Wirkung den nachfolgend aufgeführten vergleichbaren Quotenplänen.

Der *fixierte Quotenplan (FQ)* sieht die Vergabe des Verstärkers nach Ausführung einer festgelegten Anzahl von Reaktionen vor. So könnte ein Schulsozialarbeiter bei einem Schulschwänzer einen Verstärker vergeben, nachdem dieser dreimal den Unterricht besucht hat. Einen solchen Plan kürzt man wie folgt ab: FQ 3. Ist dieses Teilziel erreicht, könnte für die Verstärkervergabe der Besuch an 5 Tagen verlangt werden. Geht man allerdings zu rasch vor und verlangt verfrüht eine zu hohe Rate, kann es dazu kommen, dass ein Rückfall hinter die bereits bestehende Verhaltenshäufigkeit erfolgt. Das wäre z. B. dann zu erwarten, wenn der Schulsozialarbeiter die Verstärkervergabe plötzlich von 3 auf 15 Tage erhöhte. Werden fixierte Quotenpläne sukzessiv und in kleinen Schritten erhöht, führen sie zu einer hohen und stabilen Verhaltensäußerung, allerdings treten – wie bei den fixierten Intervallplänen – auch hier post-reinforcement-pauses auf.

Letztere können mit dem *variablen Quotenplan (VQ)* vermieden werden, bei dem – analog zum Vorgehen beim variablen Intervallplan – die Verstärkervergabe nur noch durchschnittlich für die n-te Reaktionsäußerung erfolgt und damit nicht mehr vorhersehbar wird. Der variable Quotenplan geht im Allgemeinen mit der höchsten und stabilsten Verhaltensrate einher.

Für die Praxis sind schließlich noch die *Fortdauerpläne* (duration schedules) von Bedeutung. Bei ihnen wird der Verstärker nur vergeben, wenn das Verhalten über eine fixiert *(fixierter Fortdauerplan FF,* z. B. 10 Minuten lang,) oder variabel (z. B. *variabler Fortdauerplan VF* mit durchschnittlicher Dauer von 7 Minuten) definierte Zeitspanne mit konstanter Rate, d. h. ohne Unterbrechung, gezeigt wurde. Den Vorteilen der kontinuierlichen Verhaltensäußerung und moderaten (fixierte Fortdauer) bzw. hohen (variable Fortdauer) Löschungsresistenz steht als Nachteil der über das ganze Intervall notwendige Beobachtungsaufwand gegenüber. Eine Einschränkung der Anwendbarkeit dieses Planes kann sich auch aus den Besonderheiten des Zielverhaltens ergeben. So können Fortdauerpläne nur bei solchen Verhaltensweisen eingesetzt werden, bei denen die Ausführungsdauer einen relevanten Interventionsaspekt darstellt. Sie finden z. B. beim Aufbau von Blickkontakt in der Arbeit mit autistischen Kindern Verwendung. Die unterschiedliche Wirkungsweise der dargestellten Pläne zeigt Tabelle 2.5.

Tab. 2.5: Wirkungsweise verschiedener intermittierender Verstärkungspläne

Plan	Löschungsresistenz	post-reinforcement-pause	Häufigkeit/Stabilität
FI	moderat	lang	graduell ansteigend
VI	moderat/hoch	keine	moderat konstant
FI/LH	moderat	kurz	hoch und konstant
VI/LH	hoch	keine	hoch und konstant
FQ	hoch	kurz	hoch und konstant
VQ	sehr hoch	keine	sehr hoch und konstant
FF/VF	moderat/hoch	keine	kontinuierlich

2.2.1.3 Allgemeine Anwendungsregeln bzw. -empfehlungen

So einfach auf den ersten Blick die Strategie der positiven Verstärkung erscheinen mag, so anfällig ist sie für Anwendungsfehler. Für den Sozialpädagogen ist es deshalb sehr wichtig, bei der Planung und der Durchführung dieser Strategie sorgfältig vorzugehen. Besondere Beachtung verdienen dabei folgende Aspekte:

Die Strategie der positiven Verstärkung beginnt mit der verhaltensmäßigen Definition und anschließenden Bestimmung der Ausgangslage des Zielverhaltens. Aus den in der Baselinephase ermittelten Daten (z. B. bezüglich der Häufigkeit, der Intensität oder der Dauer des Verhaltens) werden die *Kriterien für die in der Interventionsphase erfolgende Verstärkung abgeleitet.* Bei Verhaltensweisen, die in Zukunft häufiger auftreten sollen, empfiehlt es sich, als Kriterium für die Vergabe des Verstärkers einen Wert festzulegen, der leicht über dem für die Baselinephase ermittelten Durchschnittswert, aber etwas unter dem in der Baselinephase ermittelten höchsten Wert liegt. Ist die Intervention darauf ausgerichtet, das Auftreten eines Verhaltens zu reduzieren, sollte entsprechend das Ausgangskriterium für den Erhalt eines Verstärkers geringer als der BaselineDurchschnitt und etwas größer als der niedrigste Wert sein. Im Beispiel von Sabine (siehe Abschnitt 2.1.4) liegt der Mittelwert für die Häufigkeit des unaufgeforderten Aufstehens und Herumlaufens in der Baselineerhebung bei 13,6, die niedrigste Häufigkeit beträgt 12. Als angemessenes Kriterium für eine Verstärkervergabe zu Beginn der Intervention folgt daraus eine Häufigkeit von nur noch dreizehnmal.

Im nächsten Schritt geht es um *Auswahl und Einsatz geeigneter Verstärker.* Neben den im Abschnitt 2.2.1.1 gegebenen Empfehlungen sind hierbei noch weitere Aspekte zu berücksichtigen.

– Beim Einsatz bestimmter Verstärker – insbesondere primärer – muss durch entsprechende Maßnahmen dafür Sorge getragen werden, dass zum Interventionszeitpunkt hinsichtlich des Verstärkers keine Sättigung besteht. Der Sozialpädagoge beeinflusst also die zur Wirksamkeit des Verstärkers notwendigen *motivationalen Voraussetzungen.* In der Terminologie der angewandten Analyse des Verhaltens spricht man von establishing operations. Diese Beeinflussung wird normalerweise durch die zeitweise Vorenthaltung (Deprivation) des eingesetzten Verstärkers erreicht. Dient in der operanten Sprachanbahnung bei entwicklungsretardierten Kindern z. B. Nahrung als Verstärker, dann ist es nötig, die Intervention kurz vor oder während der Mahlzeiten – jedoch in keinem Fall unmittelbar danach – durchzuführen.

- Eine für den Erfolg wichtige Variable stellt der eingesetzte *Verstärkerbetrag* dar, d. h. die zur Einzelverstärkung benutzte Menge. Grundsätzlich gilt, dass mit zunehmender Menge auch die Auftretenshäufigkeit zunimmt. So erhöht sich die Wahrscheinlichkeit der Ausführung eines Verhaltens, wenn als Verstärker anstatt einem Euro zehn Euro vereinbart sind. Trotz dieses Zusammenhangs empfiehlt es sich in der Praxis nicht, den eingesetzten Verstärkerbetrag zu hoch zu wählen, da bei primären und sekundären Verstärkern dann die Gefahr besteht, dass eine der Intervention entgegenstehende Sättigung eintritt. Die benutzte Verstärkermenge sollte deshalb einerseits gering genug sein, um Sättigung zu vermeiden, und andererseits hoch genug, um eine Verhaltensausführung zu fördern. Darüber hinaus sollte der Verstärkerbetrag proportional zur aufgewendeten Anstrengung festgelegt werden. Das bedeutet im Allgemeinen zu Beginn einer Intervention, wenn es dem Klienten also noch schwer fällt, das erwünschte Verhalten zu zeigen, einen höheren Verstärkerbetrag zu vergeben als im späteren Verlauf, wenn das Zielverhalten schon mit einer gewissen Routine gezeigt wird.
- Gezielte *Koppelung verschiedener Verstärkerformen:* Werden – insbesondere in der Arbeit mit Kindern zu Beginn einer Intervention – primäre oder materielle Verstärker eingesetzt, sollte deren Vergabe von Anfang an mit sozialen Verstärkern gekoppelt werden.

Sind die Kriterien für die Vergabe sowie Art und Umfang der eingesetzten Verstärker festgelegt, müssen *Zeitpunkt der Verstärkervergabe* (timing) und die einzusetzenden *Verstärkungspläne* bestimmt werden.

- Grundsätzlich wirkt ein Verstärker *umso besser, je unmittelbarer* er auf ein Verhalten folgt. Der Sozialpädagoge sollte deshalb im ersten Stadium einer Intervention immer um eine unmittelbar auf das Zielverhalten folgende Verstärkervergabe bemüht sein. Das wirft so lange keine Probleme auf, solange die Intervention z. B. im geschützten Rahmen einer Beratungsstelle stattfindet und unter dem unmittelbaren Einfluss des Sozialpädagogen steht. Hindernisse bei der Umsetzung der unmittelbar auf das Verhalten folgenden Verstärkervergabe stellen sich aber häufig in den Weg, wenn die Intervention im alltäglichen Umfeld des Klienten stattfindet, also daheim, am Arbeitsplatz, in der Schule, etc. Wird die Kontingenz von Verhalten und Konsequenz vom Klienten aber verstanden, so dass er weiß, wann und wofür er mit einem Verstärker rechnen kann, ist eine Vergabe des Verstärkers zu einem späteren Zeitpunkt meist nicht mit Nachteilen verbunden.
- Da der kontinuierliche Verstärkungsplan am schnellsten zur Verhaltensäußerung führt, stellt er für die Akquisitionsphase den Regelfall dar. Sobald

das Zielverhalten aber mit hinreichender Regelmäßigkeit auftritt, ist der kontinuierliche Verstärkungsplan durch einen intermittierenden abzulösen, um die *Löschungsresistenz des Zielverhaltens zu erhöhen.* Der Wechsel im Verstärkungsplan stellt den Übergang von der Akquisitions- zur Stabilisierungsphase (maintenance phase) der Intervention dar. Je nachdem, ob dabei mehr die Häufigkeit oder mehr die Dauer des Zielverhaltens im Mittelpunkt steht, wird man den reaktionsbezogenen (Quotenpläne) oder den zeitbezogenen Plänen (Intervall- bzw. Fortdauerpläne) den Vorzug geben. In jedem Fall sollten ausgeprägte post-reinforcement-pauses unterbunden werden, weshalb sich die variablen Pläne besonders empfehlen.

– Nach erfolgter Stabilisierung der Zielverhaltensweisen geht es schließlich darum, die Intervention auszublenden und die Beibehaltung des Verhaltens durch *natürliche, unsystematische Verstärkung* zu sichern.

2.2.2 Positive Verstärkung als Strategie zum Aufbau von Verhalten

Die in diesem Abschnitt dargestellten Strategien kommen hauptsächlich in Einrichtungen der Sozialen Arbeit zum Einsatz, in denen Kinder mit Entwicklungsverzögerung, Personen mit geistiger Behinderung und Schlaganfall- sowie Unfallpatienten betreut werden. Gemeinsam ist dieser Klientengruppe, dass für die Alltagsbewältigung notwendige Verhaltensweisen entweder noch nicht oder nicht mehr beherrscht werden.

Mit zwei Sonderformen der positiven Verstärkung, der Verhaltensformung (shaping) und der Reaktionsverkettung (chaining), ist es möglich, neue Verhaltensweisen aufzubauen. Während der im vorigen Abschnitt (2.2.1) geschilderte Einsatz der positiven Verstärkung vornehmlich im natürlichen Umfeld des Klienten stattfindet, kommen „shaping" und „chaining" häufig im Rahmen eines kontrollierten Settings (z. B. Beratungsstelle, Einrichtung für Menschen mit Behinderung, Reha-Klinik) zur Anwendung. Gleichwohl können Mediatoren wie z. B. Eltern das dort modellierte Trainingsverhalten zu Hause weiterführen (vgl. z. B. Brack, 2003).

2.2.2.1 Verhaltensformung (shaping)

Wenn ein erwünschtes Zielverhalten bislang noch nicht oder nicht mehr gezeigt wurde, kann es auch nicht von einem Verstärker gefolgt werden. Eine Möglichkeit besteht nun darin, bereits Verhaltensweisen, die mit dem Zielverhalten nur entfernt verwandt sind, zu verstärken und sich schrittweise dem Zielverhalten anzunähern. Genau dieser Weg wird mit der Strategie der *Verhaltensformung* eingeschlagen. Martin und Pear (2003) definieren shaping deshalb „as the development of a new behavior by the successive reinforcement of closer approximations and the extinguishing of preceding approximations of the behavior“ (S. 123). Konstituierende Merkmale der Verhaltensformung sind somit (a) *schrittweise Annäherung* (sukzessive Approximation) an das Zielverhalten und (b) *differentielle Verstärkung.* Der Begriff „differentielle Verstärkung“ bedeutet hier, dass der Verstärker immer nur für die Ausführung der jeweils aktuellsten Approximation an das Zielverhalten vergeben wird und nicht mehr auf die vorausgegangenen Verhaltensweisen folgt. Bei einem 11-jährigen Fahrschüler, der wegen einer Schulphobie in einer Beratungsstelle vorgestellt wurde (siehe ausführlich Schermer, 1982), sah die Verhaltensformung des kontinuierlichen Unterrichtsbesuchs (Zielverhalten) folgende Annäherungsschritte vor:

Aufsuchen der Bushaltestelle
Warten auf den Bus
Einsteigen und Mitfahren
Aussteigen an der Schule
Aufsuchen des Pausenhofs
Fußballspielen auf dem Pausenhof
Betreten des Schulgebäudes
Aufsuchen des Klassenzimmers
Teilnahme am Unterricht für 10 Minuten
Teilnahme am Unterricht für 20 Minuten
Teilnahme am Unterricht für weitere 10 Minuten etc.

Bei Erreichung eines neuen Schrittes wurde der Verstärker nur noch für diesen gegeben und für die vorausgehenden eingestellt (differentielle Verstärkung). Nachdem der Annäherungsschritt „Fußballspielen auf dem Pausenhof“ erreicht war, wurden also Aufsuchen des Pausenhofes/Aussteigen an der Schule/Einsteigen und Mitfahren/Warten auf den Bus/Aufsuchen der Bushaltestelle nicht mehr mit einem Verstärker bedacht.

Ein standardisiertes Shapingprogramm zum Sprachaufbau von retardierten Kindern (Brack, 2003) definiert die Vergabe des Verstärkers durch folgende Approximationsschritte:

Etablierung von Blickkontakt
Grobmotorische Imitation
Feinmotorische Imitation
Lautimitation
Imitation von Wörtern

Benennen von Bildern mit den imitativ gelernten Wörtern
Imitieren von Zweiwortsätzen
Benennen von Bildern mit den gelernten Zweiwortsätzen
Benennen von Bildern mit diesen Zwei- oder beliebigen, sinnvollen Ein- oder Zweiwortsätzen
Imitieren und Bilder benennen mit Dreiwortsätzen
Bilderbeschreibung mit offenen Sätzen von mindestens drei Wörtern

In der praktischen Umsetzung auf der Stufe der Wortimitation, d. h. nachdem das Kind die Schritte der grob-, fein- und lautmotorischen Imitation bereits beherrscht, gibt Brack (2003) der Mutter für die täglichen, 20 Minuten dauernden Übungen folgende Anweisung: „Fangen Sie dann, wie wir geübt haben, mit etwas Nahrung auf dem Löffel den Blick des Kindes und sprechen Sie dann eines der Wörter von der Liste vor. Wenn das Kind in fünf Sekunden Ihre Äußerung verständlich nachspricht, geben Sie ihm unmittelbar die Nahrung und loben es. Tut es das nicht bzw. spricht es etwas anderes, dann ignorieren Sie das bitte, warten etwa zehn Sekunden und fangen erneut den Blick für die nächste Äußerung“ (S. 107).

Die für die Verhaltensformung konstitutive schrittweise Annäherung kann sich, wie aus dem ersten Beispiel hervorgeht, entweder auf *unterschiedliche Verhaltensweisen* beziehen, die mit jedem Schritt dem Zielverhalten näher kommen (z. B. Warten auf den Bus, ... Betreten des Schulgebäudes, etc.), oder auf ein *gleichbleibendes Verhalten,* das aber z. B. hinsichtlich seiner Intensität und Dauer verändert wird (die Ausdehnung der Anwesenheit im Unterricht um jeweils 10 weitere Minuten). Verhaltensformung ist demnach sowohl über unterschiedliche Verhaltenstopographien als auch innerhalb der gleichen Topographie möglich.

In der Praxis muss der Sozialpädagoge beim Einsatz der Verhaltensformung (siehe hierzu ausführlich: Cooper et al., 2014, Kapitel 20; Grant & Evans, 1994, Kapitel 6) folgende Punkte beachten:

– Die *Operationalisierung des Zielverhaltens* und die für seine Erreichung relevanten Kriterien müssen als erstes bestimmt werden.
– Danach sind *alle im Shaping-Prozess als relevant erachteten Schritte (Approximationsstufen) festzulegen.* Hierbei sollte der Sozialpädagoge auf unterschiedliche Informationsquellen zurückgreifen. Die Befragung von im relevanten Verhaltensbereich ausgewiesenen Spezialisten liefert normalerweise wichtige Hinweise. Bei entwicklungsbezogenen Sequenzen – wie im obigen Beispiel der Sprachanbahnung – können normative Daten

aus der Entwicklungspsychologie genutzt werden. Nicht selten ist eine Videoanalyse der vom Sozialpädagogen selbst durchgeführten Schritte sinnvoll.

- Beginn mit der *Verstärkung der ersten Annäherungsstufe* unter kontrollierten Bedingungen. Mit letzterem ist gemeint, dass bei der Anwendung der Verhaltensformung ablenkende Stimuli ausgeschaltet sein sollten. Je klarer das Vorgehen zeitlich und räumlich festgelegt ist, umso leichter stellen sich die Erfolge ein (siehe Beispiel zur Sprachanbahnung).
- Das *graduiert-schrittweise Vorgehen* stellt einen wesentlichen Aspekt der Methode dar. Der Sozialpädagoge darf deshalb erst dann, wenn ein Schritt ausreichend beherrscht wird, zur Verstärkung des nächsten übergehen. Sowohl ein zu rasches als auch ein zu langsames Vorgehen können sich nachteilig auswirken und entweder zu viele Fehler oder die Blockade des weiteren Fortschritts nach sich ziehen. Die theoretisch optimale Strategie orientiert sich am gezeigten Verhalten: Lässt dieses Aspekte der neuen Approximationsstufe erkennen, ist es an der Zeit fortzufahren. Durch den Einsatz gezielter Hilfestellungen (sog. prompts) kann der Sozialpädagoge dem Klienten auf jeder Approximationsstufe erleichtern, die jeweiligen Verhaltensmuster frühzeitig zu äußern. Hilfestellungen können in Form von motorischer Unterstützung, verbaler Anweisung (Instruktion) oder – wie im obigen Beispiel der Sprachanbahnung – in Form von Vormachen gegeben werden (vgl. Van Houten, 1998).
- Nach Erreichen der Kriterien für das Zielverhalten muss die kontinuierliche Verstärkung zur Verhaltensfestigung noch eine Zeit lang beibehalten werden, danach ist über einen *intermittierenden Verstärkungsplan* die Stabilität zu sichern und schließlich die Intervention systematisch auszublenden.

2.2.2.2 Reaktionsverkettung (chaining)

Viele Verhaltensweisen der Alltagsroutine bestehen aus einer Abfolge aufeinander abgestimmter Einzelreaktionen. Anziehen, Schuhbinden, Autofahren, aber auch komplexe Tätigkeiten wie das Schreiben eines Textes, Halten eines Vortrages, etc. folgen einem derartigen Muster. Mit der Strategie der Reaktionsverkettung hat der Sozialpädagoge die Möglichkeit, solche Verhaltensketten systematisch aufzubauen. Im Unterschied zur vorgenannten Shaping-Methode sind die Einzelreaktionen der Verhaltenskette bereits im Verhaltensrepertoire und müssen nicht mehr gelernt, sondern nur noch miteinander verknüpft werden.

Drei konstituierende Merkmale bestimmen eine Reaktions- oder Verhaltenskette, nämlich erstens die Ausführung verschiedener spezifischer Einzelreaktionen, zweitens die korrekte und unmittelbar ausgeführte Aufeinanderfolge der Einzelreaktionen. Das dritte Merkmal ist unter lerntheoretische Sicht das entscheidende: Die „Verkettung" der Einzelreaktionen erfolgt dergestalt, dass die Ausführung jeder Einzelreaktion für die ihr vorausgehende Reaktion einen konditionierten (sekundären) Verstärker (S^{R+k}) darstellt und gleichzeitig für die auf sie folgende Reaktion einen diskriminativen Hinweisreiz (S^D) (siehe hierzu ausführlich z. B. Cooper et al. 2014, Kapitel 19).

In Tabelle 2.6 ist dieser auf den ersten Blick etwas verwirrend anmutende Sachverhalt formal bei einer vier Einzelreaktionen (R_1-R_4) umfassenden Kette und inhaltlich am Beispiel des Zähneputzens in teilweiser Anlehnung an Horner und Keilitz (1975) über zehn Reaktionsstufen dargestellt.

Tab. 2.6: Formale und konkrete Darstellung der Reaktionsverkettung (chaining)

formale Darstellung

S^D —— R_1 —— S^{R+k}

S^D —— R_2 —— S^{R+k}

S^D —— R_3 —— S^{R+k}

S^D —— R_4 —— S^{R+k}

……

S^{R+p}

konkrete Darstellung am Beispiel des Zähneputzens

S^D	R	S^{R+k}
"Putze Deine Zähne"	Ergreifen der Zahnbürste	Bürste in der Hand
Bürste in der Hand	Befeuchten der Bürste	Bürste feucht
Bürste feucht	Öffnen der Pastatube	Tube offen
Tube offen	Pasta auf Bürste geben	Bürste bereit
Bürste bereit	Bürsten der Zahnaußenseiten	Außenseiten geputzt
Außenseiten geputzt	Bürsten der Kauflächen	Kauflächen geputzt
Kauflächen geputzt	Bürsten der Zahninnenseiten	Innenseiten geputzt
Innenseiten geputzt	Zahnbecher mit Wasser füllen	Becher gefüllt
Becher gefüllt	Mund spülen	Mund gespült
Mund gespült	Mund abtrocknen	Mund trocken
		Primärer Endverstärker S^{R+p}

Das Beispiel des Zähneputzens macht die für das chaining grundlegende Verschränkung von sekundärer Verstärkung und Hinweisreiz recht deutlich: Mit der Ausführung jeder Einzelreaktion kommt man einerseits dem Ziel näher (sekundäre Verstärkung) und erhält andererseits auch einen Hinweis (diskriminativer Stimulus) für die nächste Reaktion. Bleibt die sekundäre Verstärkung bei der Ausführung einer Kette aus, führt das zum Abbruch der Verhaltensausführung.

Durchführungsempfehlungen für die Praxis:

- Chaining beginnt in der Praxis mit einer *genauen Analyse der angestrebten Fertigkeit*. Bei dieser Aufgabenanalyse (task analysis) muss der Sozialpädagoge die zu verbindenden Einzelreaktionen hinsichtlich ihrer Äußerungsformen (Was muss getan werden?) und ihrer Aufeinanderfolge (An welcher Stelle in der Kette steht dieses Verhalten?) identifizieren. Hier sind ähnliche, wie beim Shaping-Vorgehen bereits angesprochene Wege einschlagbar, also die Befragung von Experten und der Selbstversuch. Besonders empfiehlt sich die direkte Beobachtung der Kettenausführung bei mehreren Personen der Referenzgruppe. So haben Horner und Keilitz (1975) die (gekürzt) dargestellte Reaktionskette zum Zähneputzen durch Beobachtung dieses Verhaltens bei geistig behinderten und geistig nicht behinderten Personen gewonnen. Insbesondere zum Aufbau von Verhaltensweisen der Alltagsroutine (z. B. Anziehen, Schuhbinden etc.) und der lebenspraktischen Selbstversorgung (z. B. Toilettenverhalten, Benutzen eines Hörgerätes etc.) in der Arbeit mit entwicklungsretardierten Kindern und behinderten Personen bietet die einschlägige Literatur wertvolle Hinweise für die inhaltliche Gestaltung von Reaktionsketten (vgl. z. B. Brack, 1993; Lauth, Brack & Linderkamp, 2001). Trotz derartiger Empfehlungen muss im Einzelfall die Reaktionskette jedoch immer auf die individuelle Situation des Klienten abgestimmt sein.
- Stehen Art und Reihenfolge der notwendigen Reaktionsweisen – also die Glieder der Kette – fest, wird geprüft, *ob die verlangten Einzelreaktionen ausreichend beherrscht werden.* Im Idealfall stehen sie dem Klienten bereits zur Verfügung, nicht selten bedarf es aber weiterer Hilfe und weiteren Trainings zu ihrem Aufbau. Die Überprüfung erfolgt derart, dass der Sozialpädagoge die Einzelreaktionen in der notwendigen Reihenfolge Schritt für Schritt vom Klienten ausführen lässt. Im obigen Beispiel des Zähneputzens muss der Klient also ohne Hilfestellung die Zahnbürste in die Hand nehmen, sie befeuchten, die Tube öffnen etc. Gelingt ihm die Ausführung einer Teilreaktion nicht, wird diese vom Sozialpädagogen ausgeführt und der darauf folgende Schritt vom Klienten verlangt. Vor Beginn der eigentlichen Reaktionsverkettung sind die noch nicht beherrschten Kettenglieder einzeln zu trainieren.
- Die anschließende Durchführung *des Chaining* kann auf drei unterschiedliche Arten erfolgen. Besteht die Reaktionskette nur aus wenigen

Einzelreaktionen, ist es oft möglich, sofort die Ausführung der vollständigen Kette zu verlangen (total task presentation) und danach den (primären) Verstärker zu vergeben. In der Arbeit mit entwicklungsretardierten Kindern hat sich dieses Vorgehen besonders bewährt. Allerdings müssen beim Übergang von einem Kettenglied zum nächsten häufig Hilfestellungen (prompts) eingeblendet werden, z. B. in Form von motorischer Unterstützung oder in Form eines verbalen Hinweises, um eine reibungslose Reaktionsabfolge zu gewährleisten. Die beiden anderen Vorgehensweisen verknüpfen dagegen die Glieder der Reaktionskette schrittweise miteinander. Bei der Vorwärts-Verkettung (forward chaining) beginnt das Training mit dem ersten Kettenglied – im obigen Beispiel also dem Ergreifen der Zahnbürste – daraufhin folgt bereits der (primäre) Verstärker. Danach muss für die Verstärkervergabe zusätzlich die Bürste befeuchtet werden. Im nächsten Schritt kommt das Öffnen der Zahnpastatube hinzu, etc. Ein solches Vorgehen ist natürlich viel aufwendiger als die total task presentation. Das gleiche gilt für die Rückwärts-Verkettung (backward chaining): Der Trainer macht hierbei die vorausgehenden Reaktionen vor und lässt den Klienten nur das letzte Kettenglied (im obigen Beispiel: Abtrocknen des Mundes) ausführen. Im nächsten Durchgang wird die Ausführung der beiden letzten Reaktionen (Abtrocknen des Mundes und Ausspülen), im darauffolgenden der drei letzten (zusätzlich: Becher mit Wasser füllen) verlangt. Auf diese Weise bewegt man sich schrittweise zur ersten Reaktion (Ergreifen der Zahnbürste) zurück.

Welche Durchführungsart am geeignetsten ist, muss jeweils im Einzelfall entschieden werden. In der Evaluationsforschung erzielten alle drei Verfahren positive Effekte. Spezifische Kriterien, um die Bevorzugung einer bestimmten Vorgehensweise zu begründen, stehen aber noch weitgehend aus.

2.2.3 Positive Verstärkung als Strategie des Abbaus von Verhalten: Differentielle Verstärkung

Dieser Anwendungsfall mag auf den ersten Blick befremdlich erscheinen, haben wir doch bislang immer betont, dass durch positive Verstärkung die Auftretenswahrscheinlichkeit eines Verhaltens erhöht wird. Das ist natürlich auch bei den nachfolgend dargestellten Formen der differentiellen Verstärkung der Fall. Hier wird die positive Verstärkung aber eingesetzt, um unerwünschte, problematische Verhaltensweisen zu reduzieren. Grundsätzlich stehen dabei drei Möglichkeiten zur Verfügung:

– *Differentielle Verstärkung niedriger Verhaltensraten* (differential reinforcement of low rates: DRL). Die Verstärkervergabe erfolgt hier auf die

Reduktion der Auftretenshäufigkeit des Verhaltens. Klaus erhält also dann einen Verstärker, wenn er – gemessen an der Ausgangslagenbestimmung – das aggressive Verhalten seltener zeigt.

- *Differentielle Verstärkung für die vollständige Unterlassung des Verhaltens* (differential reinforcement of zero responding: DRO). Um einen Verstärker zu bekommen, darf das Verhalten bei dieser Strategie überhaupt nicht mehr gezeigt werden. Von Klaus wird nun demnach die vollständige Unterlassung des Problemverhaltens verlangt.
- *Differentielle Verstärkung inkompatiblen oder alternativen Verhaltens* (differential reinforcement of incompatible behavior: DRI): Anstatt des Problemverhaltens muss hier ein anderes Verhalten, das entweder mit dem Problemverhalten unvereinbar ist oder eine positive Alternative dazu darstellt, gezeigt werden. Klaus erhält einen Verstärker, wenn er den Nachbarn um das Mäppchen bittet.

Mit den genannten drei Vorgehensweisen stehen dem Sozialpädagogen positive Alternativen zu den ebenfalls eine Verhaltensreduktion bewirkenden Strategien der Bestrafung (siehe Abschnitt 2.2.4) zur Verfügung.

Verglichen mit diesen besitzen die drei Arten der differentiellen Verstärkung aber zwei Vorteile. Zum einen wirft ihr Einsatz keine normativ-ethischen Probleme auf, da es sich um positive Formen der Verhaltenskontrolle handelt, und zum anderen ist ihre Akzeptanz durch die Klienten deutlich höher als diejenige von Bestrafungsverfahren. Grundsätzlich gelten für die Durchführung der differentiellen Verstärkung die in Abschnitt 2.2.1.3 dargelegten Anwendungsregeln. Darüber hinaus sind aber noch einige Aspekte besonders zu beachten.

Bei der *differentiellen Verstärkung niedriger Verhaltensraten (DRL)* muss zuerst die Zeitspanne festgelegt werden, innerhalb derer das problematische Verhalten seltener auftreten soll.

Die angewandte Verhaltensanalyse unterscheidet hier zwischen einer gesamten (full-session DRL) und einer partiellen (intervall DRL) Form, je nachdem, ob die gesamte Beobachtungseinheit (z. B. eine Stunde, der Vormittag, der ganze Tag etc.) oder immer nur eine Teilmenge von dieser (z. B. jeweils 5 Minuten während einer Stunde, stundenweise pro Vormittag oder Tag etc.) als Bezugspunkt für die Verstärkervergabe gelten.

Im ersten Fall kann also nur ein Verstärker vergeben werden, im zweiten dagegen mehrere. Die Auswahl der optimalen Zeitspanne ist natürlich primär durch die Häufigkeit des Problemverhaltens determiniert. Danach muss das für den Verstärkererhalt notwendige Ausmaß des Rückgangs in der Verhaltensrate bestimmt werden, d. h. über den verlangten Umfang der Problemreduktion entschieden werden. Hierbei muss sich der Sozialpädagoge an den Baselinedaten orientieren. Zu Beginn der Interventionsphase soll die maximal geduldete Häufigkeit des Problemverhaltens – entsprechend den in Abschnitt 2.2.1.3 dargelegten Empfehlungen – knapp unter dem Mittelwert der Ausgangsrate liegen. Ergab die Baseline z. B. eine durchschnittliche Problemhäufigkeit von 16 pro Beobachtungseinheit, könnte der Verstärker bei einer full-session-DRL anfangs schon vergeben werden, wenn das problematische Verhalten maximal 14 bis 15-mal auftritt.

Wurde die Häufigkeit von 16 für eine Zeiteinheit von einer Stunde ermittelt, wäre bei einem 15-Minuten dauernden intervall-DRL der Verstärker zu vergeben, wenn das Problem höchstens 3-mal auftritt. Im weiteren Verlauf der Intervention muss das Kriterium für die Verstärkervergabe kontinuierlich angepasst werden, d. h. man verlangt zunehmend die stärkere Einschränkung des Problemverhaltens. Als Anhaltspunkt für die Kriterienänderung empfehlen Deitz und Repp (1983) das dreimalig hintereinander auftretende Einhalten bzw. Unterschreiten der bestehenden Häufigkeitsschranke.

Die *differentielle Verstärkung der vollständigen Unterlassung des Verhaltens (DRO)* ist dann angezeigt, wenn eine schrittweise Reduktion des problematischen Verhaltens nicht geduldet werden kann (z. B. wegen Fremd- oder Selbstgefährdung) oder das problematische Verhalten nur sehr selten auftritt. Auch hier ist es möglich, den Zeitraum für die geforderte Unterlassung schrittweise zu erhöhen und zuerst für kurze und später für längere Zeitspannen zu verstärken. Eine grundsätzliche Schwierigkeit bei DRO und DRL besteht darin, dass keine Vorgaben darüber gemacht werden, welches Verhalten anstatt des problematischen gezeigt werden soll. Im schlimmsten Fall tritt zwar das zu unterlassende Verhalten nicht mehr auf, dafür aber ein anderes Problemverhalten.

Der *differentiellen Verstärkung inkompatiblen oder alternativen Verhaltens (DRI)* stellt sich diese Schwierigkeit nicht, da bei ihr explizit ein ausgeführtes positives Verhalten verstärkt wird. Ist dieses topographisch dem problematischen entgegengesetzt, handelt es sich um ein inkompatibles Verhalten, d. h. seine Ausführung bewirkt automatisch eine Unterbindung des problematischen Verhaltens. So ist z. B. das Sitzen auf einem Stuhl inkompatibel mit dem Herumlaufen, Schweigen ist unvereinbar mit Sprechen, pünktliches Erscheinen schließt Zuspätkommen aus. Der Sozialpädagoge sollte sich immer darum bemühen, eine zielführende inkompatible Verhaltensweise zu suchen und zu verstärken. Findet sich aber keine topographisch inkompatible Reaktion, können auch andere Verhaltensalternativen für die differentielle Verstärkung ausgewählt werden.

2.2.4 Strategien der Bestrafung

Die nachfolgend dargestellten Modifikationsstrategien führen zur Abnahme der Auftretenswahrscheinlichkeit des Verhaltens und können in Form der Bestrafung durch einen aversiven Reiz (negativer Verstärker) und in Form der Bestrafung durch den Entzug eines positiven Verstärkers zur Anwendung kommen.

2.2.4.1 Bestrafung durch einen negativen Reiz (negativer Verstärker)

Folgt auf ein bestimmtes Verhalten kontingent ein aversiver Reiz (negativer Verstärker), wird dieses Verhalten in Zukunft seltener bzw. überhaupt nicht mehr gezeigt. Während man anfangs in der lernpsychologischen Forschung noch davon ausging, Bestrafung führe lediglich zu einer (kurzfristigen) Unterdrückung, haben spätere Arbeiten (siehe im Überblick Reinecker, 1980) nachgewiesen, dass die Effekte von Bestrafungstechniken durchaus dauerhaft sein können und damit der Löschung eines Verhaltens entsprechen. Ganz in diesem Sinne resümiert auch Mazur (2004): „Entgegen den Vorhersagen von Thorndike und Skinner legen die empirischen Ergebnisse nahe, dass die Wirkungen von Bestrafung direkt entgegengesetzt zu denen der Verstärkung sind“ (S. 276). Analog zum Vorgehen bei der positiven Verstärkung beginnt auch das Vorgehen bei der Bestrafung mit der Auswahl eines negativen Verstärkers.

Einteilung, Diagnose und Einsatz von negativen Verstärkern

Die Einteilung von negativen Verstärkern kann analog derjenigen von positiven vorgenommen werden, d. h. wir können auch hier entsprechend ihrer Genese sowohl primäre (z. B. Schmerz), sekundäre (z. B. Strafzettel) und generalisierte (z. B. Kritik, Demütigung) negative Verstärker unterscheiden, als auch inhaltlich materielle (z. B. Wegnahme eines Gegenstandes), soziale (z. B. mit dem Finger drohen) und aktivitätsbezogene (z. B. die Ausführung einer als unangenehm erlebten Tätigkeit) differenzieren (vgl. Baldwin & Baldwin, 2001, Kapitel 7 und 8).

Fürntratt und Möller (1982) teilen aversive Reize nach ihrem Ursprung ein und unterscheiden deshalb negative Verstärker, die aus der nicht-lebendigen Umgebung (z. B. elektrischer Schlag), dem Körperinneren (z. B. Kopfschmerzen), der nicht-menschlichen-lebendigen Umgebung (z. B. Biss durch ein Tier), dem sozialen Umfeld (z. B. Kritik) und von der Person selbst (z. B. selbsttadelnder innerer Dialog) kommen.

Für eine soziale Interaktion, wie sie sich in einem Gespräch darstellt, hat Paul Innerhofer (1977) im Rahmen des von ihm entwickelten „Münchner Trainingsmodells“ die in Abbildung 2.3. zusammengefassten sozialen Bestrafungsmöglichkeiten aufgeführt: Wie diese Zusammenstellung zeigt, handelt es sich bei sozial-adressierten negativen Verstärkern um Stimuli, denen wir im Alltag sehr häufig begegnen.

Wie bestrafen wir andere durch unser Verhalten?
(Vorbedingung: Die Gesprächspartner haben eine positive persönliche Beziehung zueinander.)

Allgemein: Indem wir den anderen ignorieren, nicht beachten, aus dem Weg gehen, das Positive und die Anstrengung, es gut zu machen, nicht anerkennen.
- Indem wir ihm Kooperation und Hilfe verweigern.
- Indem wir seinen Aufforderungen nicht nachkommen, Abmachungen nicht einhalten.
- Indem wir ihn nicht zu Wort kommen lassen, ihn kritisieren, bloßstellen, herabsetzen, verleumden.

Speziell, indem wir
- *(durch unser Sprechverhalten)* dem anderen dazwischenreden, kritische Fragen stellen, Vorwürfe machen, auf Fehlern herumhacken, ungeduldig drängeln, dauernde Einwände, mit andern reden, überlegene Erklärungen abgeben.
- *(durch unseren Ausdruck)* Desinteresse zeigen, gähnen, wegschauen, uns nicht mitfreuen, nicht mitlachen, unmotiviert lachen, mit unserer Stimme einen scharfen Ton anschlagen.
- *(durch körperliche Abwendung)* uns distanzieren, den anderen meiden, Abbruch des Blickkontaktes, uns abwenden, wegdrehen (Innerhofer, 1977, S. 57).

Abb. 2.3: Bestrafungsformen während einer Gesprächssituation

Beim Einsatz eines negativen Verstärkers im Zuge der Bestrafung durch einen aversiven Reiz sind folgende Anwendungsgesichtspunkte zu beachten:
- Bei der *Auswahl des negativen Verstärkers* sind zwei Aspekte gegeneinander abzuwägen. Nachweislich ist eine Bestrafung umso wirkungsvoller, je intensiver der dabei eingesetzte aversive Reiz ist. Andererseits nehmen mit steigender Intensität des aversiven Reizes auch ethische Einwände und

mögliche Nebenwirkungen zu. Folglich kann nicht empfohlen werden, möglichst intensive aversive Reize einzusetzen. Für die Praxis muss deshalb die Regel gelten, dass ein aversiver Reiz nicht so intensiv wie möglich, sondern *nur so intensiv wie nötig* sein darf.

- Für die *Vergabe des negativen Verstärkers* gilt die bei der positiven Verstärkung bereits genannte Unmittelbarkeit auf das Problemverhalten hin, d. h. der aversive Reiz sollte *ohne große zeitliche* Verzögerung verabreicht werden können. Darüber hinaus ist es sinnvoll, den aversiven Stimulus *so früh als möglich,* d. h. vorzugsweise bereits zu Beginn der Ausführung des Problemverhaltens, einzusetzen und auf diese Weise dessen weitere Ausführung zu unterbinden. Schließlich sollte der aversive Reiz bei jedem Auftreten des problematischen Verhaltens vergeben werden (kontinuierliche Bestrafung). Die Vergabe soll in *ruhiger und sachlich-neutraler Art,* d. h. sowohl ohne Äußerung belastender Emotionen (z. B. Enttäuschung, Ärger, Wut etc.) als auch ohne die Möglichkeit zu positiver Verstärkung erfolgen.
- Grundsätzlich soll Bestrafung durch einen aversiven Reiz nicht als einzige Interventionsform eingesetzt werden, sondern immer *in Verbindung mit einer positiven Strategie.* Besonders eignet sich hier der simultane Einsatz der differentiellen Verstärkung von Verhaltensalternativen.
- Wegen der beim Einsatz von Bestrafungsverfahren *notwendigen Legitimationsklärung* kommt der Dokumentation und Evaluation (vgl. Abschnitt 2.1.4) bei diesem Vorgehen die zusätzliche Aufgabe zu, das Vorgehen nach außen transparent zu machen.
- Die einer Bestrafungsstrategie zugrunde liegenden Regeln müssen dem Klienten transparent gemacht und mit ihm abgesprochen werden. Das bedeutet, dass der Sozialpädagoge das zu kontrollierende negative Verhalten, die Art des eingesetzten negativen Verstärkers, dessen Intensität und Vergabezeitpunkt sowie die mit positiver Verstärkung verbundenen erwünschten alternativen Verhaltensweisen vor dem eigentlichen Interventionsbeginn benennen muss. Dabei ist eine *Einbindung in einen Kontingenzvertrag* (siehe Abschnitt 2.2.5) zu empfehlen.

Nebeneffekte und Legitimationskriterien

Anders als bei positiver Verstärkung ist bei der Verwendung der Bestrafung durch einen aversiven Reiz mit dem Auftreten von unerwünschten Effekten zu rechnen. In der Literatur wird dabei insbesondere auf folgende Gefahren hingewiesen (vgl. Cooper et al., 2014; Galbicka, 1994; Grant & Evans, 1994; Martin & Pear, 2003; Schermer, 2014, 2011):

- Intensiv und langanhaltend durchgeführte Strafmaßnahmen *begünstigen Flucht und Vermeidungsverhalten.* Da sie mit dem Erleben von Schmerz bzw. Angst verbunden sind, ist das Individuum verständlicherweise bestrebt, sich dieser aversiven Reizung zu entziehen.
- Bestrafung durch einen aversiven Reiz kann bei dem Bestraften Ärger auslösen, welcher *aggressives Verhalten begünstigt.* Aggressives Verhalten dient hierbei nicht der Strafvermeidung, sondern wird durch die für Ärger typische Erhöhung des Erregungsniveaus ausgelöst.
- Da die Strafanwendung für die bestrafte Person darüber hinaus ein *Modell für aggressives Verhalten* bietet, wird der zuletzt genannte Punkt noch intensiviert, d. h. die Aufnahme aggressiver Verhaltensweisen in das Verhaltensrepertoire wahrscheinlicher (vgl. Bandura, 1986).
- Auf der kognitiven Manifestationsebene können Selbstwahrnehmung und innerer Dialog (Selbstgespräch) negativ beeinflusst werden, woraus langfristig eine *Beeinträchtigung des Selbstkonzepts* resultieren kann.
- Häufige Bestrafung durch einen aversiven Reiz führt selbstverständlich auch zu *Beeinträchtigungen auf der Beziehungsebene.* Der Bestrafende kann nämlich über das Lernprinzip der klassischen Konditionierung zu einem konditionierten Stimulus für negative emotionale Reaktionen werden.
- Ohne zusätzliche Interventionsstrategien wie zum Beispiel der differentiellen Verstärkung von Alternativverhalten besitzt diese Form der Bestrafung den weiteren Nachteil, dem Klienten nicht anzugeben, welches Verhalten von ihm anstelle des bestraften gezeigt werden soll. Daraus kann *erlernte Hilflosigkeit* erwachsen, die in Zusammenhang mit depressivem Verhalten diskutiert wird (vgl. Seligman, 1975).
- Da es sich bei der Bestrafung durch einen aversiven Reiz um eine sehr wirkungsvolle Interventionsstrategie handelt, die angestrebte Verhaltensreduktion also rasch eintritt, besteht schließlich beim Anwender die Gefahr, *vorschnell zu dieser Methode zu greifen.*

Wegen des notwendigen Einsatzes aversiver, d. h. beim Adressaten Schmerz und Unbehagen bewirkender Stimuli, und den aufgeführten möglichen Nebenwirkungen, bedarf die Anwendung der Bestrafung durch einen aversiven Reiz in der Praxis der besonderen Begründung und Legitimation. In keinem Fall handelt es sich – wie bei der Strategie der positiven Verstärkung – um eine Routinestrategie des sozialpädagogischen Alltags. Die einschlägige Fachliteratur nennt folgende Empfehlungen und Kriterien für die Legitimation der Durchführung dieser Strategie (siehe z. B. Cooper et al., 2014; Kazdin, 2001; Miltenberger, 2012; Reinecker, 1999):

Art des problematischen Verhaltens: Viele Autoren halten den Einsatz von Bestrafung durch einen aversiven Reiz nur bei problematischen Verhaltensweisen für vertretbar, die eine Selbst- oder Fremdgefährdung beinhalten.

Keine alternative Methode zur Verfügung: Zuerst ist zu prüfen, ob das Zielverhalten mit einer nicht-aversiven Methode wie der differentiellen Verstärkung erreicht werden kann. Können keine alternativen Methoden eingesetzt werden, ist der Einsatz von Bestrafung durch einen aversiven Reiz denkbar. Hierbei muss grundsätzlich das am wenigsten einschränkende Vorgehen bevorzugt werden (sog. least restrictive alternative).

Aufklärung und Zustimmungspflicht: Alle Betroffenen, d. h. sowohl der Klient oder sein gesetzlicher Vertreter als auch die beteiligten Fachkräfte, müssen über das Vorgehen, die angestrebten Effekte und möglichen Nebenwirkungen aufgeklärt werden und ihre Zustimmung für die Durchführung geben (siehe z. B. Carr & Lovaas, 1983: informed consent).

Schriftliche Fixierung des geplanten Vorgehens sowie kollegiale Überprüfung: Zur Vorbeugung von Missbrauch und Willkür bei der Anwendung muss das Vorgehen vor Beginn der Durchführung detailliert schriftlich festgehalten werden, d. h. Zielverhalten, Qualität und Quantität des verwendeten aversiven Reizes, Kontingenzverhältnis, Ort und Zeitpunkt als auch die durchführenden Personen müssen explizit genannt werden. Diese schriftliche Fixierung soll durch an der Ausführung des Programms nicht beteiligte Kollegen überprüft und gebilligt werden.

Praktische Einweisung des beteiligten Fachpersonals durch ein Verhaltenstraining: Diese Empfehlung ist vor allem dann von Bedeutung, wenn an der Durchführung des Programms mehrere Personen beteiligt sind, also z. B. bei Interventionen im Kontext der Schule oder eines Heimes. Durch eine gezielte konkrete Einführung z. B. über Instruktion, verhaltensorientiertes Rollenspiel, Feedback etc. ist dabei sicher zu stellen, dass das Verfahren von allen an der Durchführung beteiligten Personen fachlich korrekt ausgeführt wird.

Supervision und Dokumentationspflicht während der Maßnahmendurchführung: Hier geht es um die Überprüfung der sachgerechten Durchführung.

2.2.4.2 Bestrafung durch Entzug eines positiven Reizes

Bei den nachfolgend dargestellten Bestrafungsmethoden sind die vorgenannten Nebenwirkungen und Legitimationsprobleme nur in eingeschränkter Form von Bedeutung, da diese Strategien ohne den Einsatz eines aversiven Reizes eine Verhaltensreduktion bewirken. Je nachdem, welche Art von positivem Reiz dabei entzogen oder zurückgenommen wird, unterscheidet man zwischen Löschung (Extinktion), Time-Out und Response Cost.

Löschung (Extinktion)

Bei der Löschung besteht der Entzug des positiven Reizes in dem funktional wirksamen Verstärker, d. h. hier wird die eigentliche Ursache des Zielverhaltens gezielt unterbunden (siehe hierzu im Überblick: Ducharme & Van Houten, 1994). Der Einsatz von Löschung setzt deshalb eine Verhaltensdiagnostik voraus, bei der im Rahmen der funktionalen Analyse die aufrechterhaltenden, d. h. verursachenden Bedingungen des problematischen Verhaltens eruiert werden (vgl. Kapitel 1). Sind die verstärkenden Reize bekannt, werden sie zukünftig nach Äußerung des infrage stehenden Verhaltens zurückgehalten. Als Folge dieser Maßnahme geht die Auftrittswahrscheinlichkeit des Verhaltens zurück.

Nach Miltenberger (2012, S. 268) sind bei einer Löschungsprozedur folgende sechs Schritte zu berücksichtigen:

- Wie alle operanten Strategien beginnt auch dieses Verfahren mit einer genauen *qualitativen Beschreibung und quantitativen Beobachtung des zu ändernden Verhaltens* im Rahmen der Baseline-Erhebung (siehe Abschnitt 2.1.4).
- Im zweiten Schritt geht es um *die Identifikation der aufrechterhaltenden Verstärker* im Rahmen der funktionalen Analyse, wobei vor allem die Möglichkeit multipler Kontingenzen bedacht werden muss, d. h. ein Problemverhalten kann durch mehrere positive Verstärker aufrechterhalten werden.
- Die *kontingente Zurückhaltung des bzw. der funktional wirksamen Verstärker* kennzeichnet das unmittelbare praktische Vorgehen bei dieser Strategie. Von grundsätzlicher Bedeutung ist dabei die Möglichkeit, den positiven Verstärker im Rahmen eines Programms auch tatsächlich kontrollieren zu können. Da die Vorenthaltung des Verstärkers auf jede Verhaltensäußerung erfolgen muss – ansonsten liegt ein entgegengesetzt wirkender intermittierender Verstärkungsplan vor – muss diese Kontrolle vollständig sein. Ferner ist zu gewährleisten, dass die Durchführung der Löschung zu keinem Schaden für den Klienten oder die beteiligten Personen führt. Schließlich ist noch zu klären, ob die mit einer Löschung gehäuft auftretenden Nebenwirkungen (s.u.) kurzfristig geduldet werden können.
- Die Schnelligkeit des Rückgangs eines problematischen Verhaltens unter Löschungsbedingungen ist hochgradig abhängig von dem *bis dahin wirksamen Verstärkungsplan.* Unterlag das Problemverhalten einem kontinuierlichen Verstärkungsplan im Gegensatz zu einem intermittierenden, ist mit einer schnelleren Wirkung des Löschungsvorgehens zu rechnen. Die vereinzelt daraus abgeleitete Empfehlung, zur Erreichung einer schnelle-

ren Löschung das Problemverhalten vor Beginn der Löschungsmaßnahme kurzfristig zu verstärken, erscheint allerdings problematisch.

- Grundsätzlich *sollte eine Löschungsprozedur mit der positiven Verstärkung eines alternativen Verhaltens einhergehen* (differentielle Verstärkung: siehe Abschnitt 2.2.3), um aufzuzeigen, welches Verhalten anstelle des zu reduzierenden gezeigt werden soll.
- Damit die initiierten Effekte generalisieren, d. h. bei allen relevanten Personen und unter allen situativen Umständen eintreten, *muss das Prozedere in allen diesen Situationen implementiert sein und von allen Personen mitgetragen werden.* Dem Problem der Beibehaltung (maintenance) der einmal erreichten Effekte kann man durch den unmittelbaren Neueinsatz des Löschungsverfahrens bei erneutem Auftreten des problematischen Verhaltens begegnen.

Bei der Durchführung eines Löschungsverfahrens können drei Nebenwirkungen auftreten, die vor dem Einsatz dieser Strategie bedacht werden müssen.

Sehr häufig kommt es unmittelbar nach Einsatz der Löschung zu einem *kurzfristigen Anstieg von Intensität oder Häufigkeit* des zu reduzierenden Verhaltens. Nur dort, wo eine kurzfristige Intensivierung des Problems geduldet werden kann, ist das Löschungsverfahren deshalb einsetzbar. In diesem Fall muss der Sozialpädagoge seine Klienten auf eine mögliche Zunahme im Problemverhalten (sog. extinction burst) hinweisen und anhalten, das Vorgehen dennoch konsequent weiterzuführen. Folgt nämlich auf die Intensivierung des Problems keinerlei Verstärkung, tritt ein kontinuierlicher Rückgang im Problemverhalten ein.

Nicht selten äußern unter Löschungsbedingungen stehende Klienten *milde Formen aggressiven Verhaltens* (extinction-induced aggression), die man als Folge des durch das Ausbleiben der gewohnten Verstärker eingetretenen Ärgers interpretieren kann. Ärger führt sehr schnell zu einem Anstieg des Erregungsniveaus, das aufgrund unserer Sozialisationsbedingungen durch aggressives Verhalten besonders leicht gesenkt werden kann. Im Unterschied zu instrumentellem ist löschungsinduziertes aggressives Verhalten in seiner Erscheinungsform milder und nicht primär auf den Schaden anderer ausgerichtet.

Insbesondere unter Laborbedingungen wurde im Zusammenhang mit dem Löschungsverfahren das erneute kurzfristige Wiederauftreten von Problemverhalten beobachtet, nachdem dieses bereits für eine längere Zeitspanne nicht mehr geäußert wurde. Die Stärke dieser sog. *Spontanerholungen* (spontaneous recovery) ist im Allgemeinen deutlich schwächer als die ursprüngliche Intensität des problematischen Verhaltens. Bei einer Beibehaltung des Löschungsvorgehens gehen auch die Spontanerholungen vollständig zurück.

Time-Out

Bei Time-Out (genauer: time out from positive reinforcement) besteht die Bestrafung in einem zeitlich begrenzten Entzug von Verstärkungsmöglichkeiten. So kennzeichnen Cooper et al. (2014) dieses Verfahren als „the withdrawal of the opportunity to earn positive reinforcement or the loss of access to positive reinforcers for a specified period of time, contingent upon the occurance of a behavior“ (S. 375). Time-Out unterscheidet sich damit von der im vorherigen Abschnitt behandelten Löschungsstrategie darin, dass zwischen dem entzogenen Verstärker und dem problematischen Verhalten ein beliebiger (willkürlicher) und kein funktionaler Zusammenhang besteht. In der Praxis werden zwei Formen des Time-Out unterschieden, und zwar ausschließendes und nicht-ausschließendes, je nachdem, ob der Klient während der Time-Out-Phase aus dem situativen Kontext genommen wird oder nicht.

Nicht-ausschließendes Time-Out (nonexclusionary time out) bedeutet für den Betroffenen, dass der Verstärkerentzug im gleichen Setting erfolgt, der Betroffene also nach Ausführung des zu ändernden Verhaltens den Raum nicht verlassen muss. Cooper et al. (2014) unterscheiden u. a. folgende Arten des nicht ausschließenden Time-Out:

- *Systematische Nichtbeachtung* (planned ignoring): in diesem Fall werden soziale Verstärker wie Aufmerksamkeit, Zuwendung, Gespräche etc. während des Time-Out entzogen;
- *Entzug eines spezifischen positiven Verstärkers:* kontingent auf das zu reduzierende Verhalten wird für eine kurze Zeit z. B. der Fernseher oder die Musik ausgeschaltet. Ritschl, Mongrella und Presbie (1972) erreichten mit dieser Art des Time-Out, dass geistig behinderte Schüler im Schulbus häufiger auf ihren Sitzen verblieben: Immer wenn ein Schüler sich von seinem Sitz entfernte, haben die Autoren die Musik im Bus für 5 Sekunden abgeschaltet.
- *Kontingente Beobachtung:* Dieses Vorgehen kommt im Gruppenkontext zur Anwendung. Der Klient verbleibt hierbei nach Äußerung des problematischen Verhaltens im gleichen Raum, muss sich aber etwas abseits von der Gruppe stellen oder setzen und kann deren Aktivitäten nur noch beobachten, aber nicht mehr daran teilnehmen.

Die aufgeführten Formen des nicht-ausschließenden Time-Out sind dann anwendbar, wenn es möglich ist, die Person, deren Verhalten geändert werden soll, im gleichen Raum zu belassen, aber von den Verstärkungsquellen entfernt zu halten. Darüber hinaus darf das Verbleiben des Klienten im Raum für andere anwesende Personen nicht störend sein. Sind diese beiden Bedingungen nicht gegeben, stellt das ausschließende Time-Out eine Alternative dar.

Ausschließendes Time-Out (exclusionary time out) – auch isolierendes Time-Out genannt – besteht darin, dass kontingent auf das problematische Verhalten der Klient den Raum verlassen muss und in den Time-Out Raum gebracht wird. Ausschließendes Time-Out verlangt demnach an Voraussetzungen zum einen die grundsätzliche Möglichkeit, den Klienten aus dem Raum nehmen zu können, ohne z. B. die Aufsichtspflicht zu verletzen, und zum anderen die Verfügbarkeit eines Time-Out Raumes. An letzteren stellen Hall und Hall (1998b) folgende Forderungen:

- Der Raum muss *sicher* sein, d. h. es darf keine Möglichkeit geben sich zu verletzen.
- Der Raum darf per Definition *keine Möglichkeit zur Verstärkung geben,* d. h. er darf keine Unterhaltungsgeräte (TV, Computer, Videoplayer etc.), Lektüre, interessante Gegenstände oder Spielsachen enthalten. Am günstigsten ist ein leerer Raum, in dem sich lediglich ein Stuhl befindet.
- Der Raum darf für den Klienten *nicht angstauslösend* sein, d. h. er muss hell und ausreichend groß sein. Er muss z. B. über eine Einwegscheibe *einsehbar* sein, um etwa der Aufsichtspflicht Genüge leisten zu können.
- Der Raum soll möglichst nah am Time-In-Bereich liegen, damit der Klient *unmittelbar und mit geringem Aufwand* dorthin gebracht werden kann. Je weiter der Time-Out Raum entfernt liegt, umso mehr Möglichkeiten bestehen auf dem Weg dorthin, sich der Time-Out-Maßnahme zu widersetzen.

Time-Out stellt eine vergleichsweise leicht durchzuführende operante Strategie dar, welche bei sachgerechter Durchführung von Klienten, Mediatoren (Eltern, Lehrern etc.) und Institutionen eine hohe Akzeptanz hinsichtlich der Bewertungskriterien Angemessenheit, Fairness, Effektivität und Leichtigkeit der Durchführung erfährt (vgl. Kazdin, 1980). Im Unterschied zum Löschungsverfahren führt Time-Out normalerweise zu einer deutlich rascheren Verhaltensreduktion, so dass häufig nur wenige Anwendungen für die Zielerreichung genügen.

Durchführungsempfehlungen für Time-Out Maßnahmen:

Neben den nun schon mehrmals dargestellten Voraussetzungen der klaren Problemoperationalisierung und Baselineerhebung verlangt die Anwendung von Time-Out natürlich auch die Durchführung *einer Verhaltensanalyse.* Time-Out ist nämlich dann keine geeignete Methode, wenn durch die Maßnahme aversive Bedingungen für den Klienten beendet werden. Das kann beispielsweise bei einem sozial-ängstlichen Klienten der Fall sein, der kontingent auf sein problematisches Verhalten erreicht, aus der Gruppe genommen zu werden. In diesem Fall würde durch Time-Out das Vermeiden von Sozialkontakt stabilisiert.

Die Durchführung von Time-Out verlangt selbstverständlich, dass ein Raum zur *Verfügung steht,* der die aufgeführten Kriterien erfüllt.

Eine wichtige Variable stellt die *Dauer der Time-Out Phase* dar, d. h. der Sozialpädagoge muss entscheiden, für wie lange der Klient unter Time-Out Bedingungen verbleiben soll. Die in klinischen Studien berichtete Verweildauer variiert hauptsächlich im Bereich von zwei bis zehn Minuten. Längere Zeiten werden nur selten berichtet und erzielen im Allgemeinen keine bessere Verhaltensreduktion. Hall und Hall (1998b) empfehlen als optimalen Zeitbereich zwei bis fünf Minuten. Zeigt der Klient am Ende der Time-Out Periode – bei ausschließendem Time-Out im Time-Out-Raum, bei nicht-ausschließendem im Time-In-Bereich – sein problematisches Verhalten, wird die Time-Out Dauer verlängert (zehn Sekunden, maximal eine Minute; sog. contingent delay), bis das problematische Verhalten unterbleibt. Erreicht diese „Verlängerungszeit" 30 Minuten, empfehlen Hall und Hall (1998 b) den Einsatz zusätzlicher, vorher vereinbarter Konsequenzbedingungen, z. B. ein Fernsehverbot für einen Abend (siehe Response Cost im nächsten Abschnitt).

Die *Erläuterung des Vorgehens dem Klienten gegenüber* stellt eine wichtige Anwendungsvoraussetzung dar. In einer nicht problembelasteten Situation soll der Sozialpädagoge die Vorgehensweise dem Klienten in ruhiger und sachlicher Weise darlegen. Er muss dabei das Verhalten genau benennen, dessen Auftretenswahrscheinlichkeit reduziert werden soll, erklären, dass jedes Mal bei Äußerung dieses Verhaltens die Maßnahme durchgeführt wird, die Dauer der Time-Out Periode angeben sowie die Bedingungen für Verlängerungszeiten erläutern.

Für die Umsetzung von Time-Out im konkreten Fall gelten folgende Regeln:

- Die Maßnahme so schnell wie möglich einsetzen, d. h. *unmittelbar bei Beginn des problematischen Verhaltens;*
- Benennung des Problemverhaltens („Du hast deinen Nachbarn geschlagen") sowie Aufforderung, in den Time-Out Bereich zu gehen, in *sachbezogener, emotions-neutraler Art,* d. h. ohne jede Form des Vorwurfes, des Ärgers oder der weiteren Erklärung. Lediglich eine Feststellung wie: „In X Minuten (oder: „Wenn der Wecker läutet") darfst Du wieder kommen (mitmachen)" ist hier noch zulässig. Wird der verbalen Aufforderung nicht

Folge geleistet, muss der Sozialpädagoge den Klienten in den Time-Out Bereich führen;
- Auf Äußerungen des Protestes (z. B. „Das bist gemein“; „Das darfst Du nicht“ etc.) seitens des Klienten darf nicht eingegangen werden, sondern diese müssen vollständig ignoriert werden;
- Festhalten der Zeit oder Einstellen eines Küchenweckers zur Zeitkontrolle;
- Bei auftretendem problematischem Verhalten zum Ende der Time-Out Periode soll dieses ignoriert und lediglich die Time-Out Phase um die vereinbarte Zeitspanne verlängert werden.

Response Cost

Der Bestrafungstechnik „Response Cost“ begegnen wir im Alltag vergleichsweise häufig, z. B. wenn wir wegen Überschreitens der Parkdauer einen Strafzettel bekommen, wegen zu schneller Fahrweise in die Kartei in Flensburg eingetragen werden oder wegen zu später Abgabe der ausgeliehenen Bücher Strafe zahlen müssen. Wie diese Beispiele zeigen, besteht Response Cost in dem auf ein problematisches Verhalten kontingent erfolgenden Entzug eines Verstärkers. Genauso wie bei Time-Out ist bei Response Cost der Zusammenhang zwischen Verhalten und Verstärker willkürlich und beruht nur auf Vereinbarung. Im Unterschied zu Time-Out geht es aber nicht um einen zeitlichen, sondern um einen quantitativen Verstärkerentzug.

Nach Thibadeau (1998) eignen sich für den bei Response Cost eingesetzten Verstärkerentzug vor allem folgende Möglichkeiten:
- Entzug von Privilegien, Aktivitäten oder Gegenständen, d. h. aktivitäts- und materielle Verstärker
- Entzug von Geld
- Entzug von Punkten oder Tokens

Nach Cooper et. al. (2014) kann Response Cost in der Praxis auf vier verschiedene Arten implementiert werden:
- Der Klient *kann für angemessenes Verhalten Verstärker verdienen* und erhält gleichzeitig einen Abzug für problematisches Verhalten. In diesem Fall werden positive Verstärkung und Response Cost miteinander gekoppelt.
- Dem Klienten wird *für jede Äußerung problematischen Verhaltens eine bestimmte Quantität von Verstärkern abgezogen.*
- Der Klient *erhält bei Beginn der Maßnahme nicht-kontingent, d. h. ohne bestimmte Verhaltensweisen äußern zu müssen, eine bestimmte Quantität positiver Verstärker.* Bei Auftreten von problematischem Verhalten wird davon eine festgelegte Menge abgezogen (sog. bonus response cost).

- Im Gruppenkontext kann das Verfahren eingesetzt werden, indem bei Äußerung von problematischem Verhalten eines beliebigen Gruppenmitgliedes der *Gesamtgruppe Verstärker entzogen werden.*

Die Autoren präferieren die Bonus-Variante von Response Cost als die am wenigsten aversive Vorgehensweise. Die Wahrscheinlichkeit des Auftretens emotionaler oder aggressiver Verhaltensweisen als Folge der Maßnahmendurchführung schätzen sie bei diesem Vorgehen deshalb als am geringsten ein.

Bei der praktischen Umsetzung von Response Cost sollte der Sozialpädagoge auf folgende Punkte besonders achten:

- Die *Kontrolle über den entzogenen Verstärkerbetrag muss ausschließlich durch den Sozialpädagogen erfolgen.* Selbstverständlich ist eine Response-Cost-Maßnahme nicht wirksam, wenn der entzogene Verstärker auf anderem Weg zur Verfügung steht.
- Der *Verstärkerentzug muss ethisch vertretbar sein,* d. h. er darf die Würde des Betroffenen und seine Rechte nicht verletzen und darf auch nicht zu seinem Schaden führen. So ist es nicht vertretbar, dem Klienten eine ihm zustehende Mahlzeit zu entziehen. Letzteres muss aber nicht für den von ihm besonders geschätzten Nachtisch gelten.
- Die *Festlegung der Menge des Verstärkerabzugs stellt eine wichtige Bedingung des Gelingens dar.* Dabei soll der Betrag so gewählt werden, dass er eine Verhaltensunterlassung gewährleistet, ohne jedoch Nebenwirkungen nach sich zu ziehen. An letzteren nennt die Literatur die Möglichkeit des Auftretens von aggressivem Verhalten und Tendenzen der Situationsvermeidung (z. B. Sulzer-Azaroff & Mayer, 1977). Diese Nebenwirkungen lassen sich meist mit einem niedrigen Verstärkerentzug vermeiden. Von einer schrittweisen Erhöhung des Verstärkerentzugs wird wegen der damit verbundenen Möglichkeit zur Gewöhnung in der Literatur einheitlich abgeraten (siehe z. B. Thibadeau, 1998).
- Besonders ist darauf zu achten, dass *zu jedem Zeitpunkt der Durchführung von Response Cost ein „Überschuss im Verstärkerguthaben" besteht.* Response Cost sollte deshalb – wann immer möglich – mit einer Form der positiven Verstärkung gekoppelt werden.
- Wie bei den anderen Formen der operanten Verhaltenssteuerung ist es auch hier wichtig, dass der Klient genau weiß, was von ihm verlangt wird und welche Konsequenzen sein problematisches Verhalten in Zukunft nach sich ziehen wird, d. h. Response Cost verlangt *die vorausgehende klare und sachlich neutrale Aufklärung des Klienten.*

- Während der Durchführung sind die vereinbarten Regeln – wie bei Time-Out – ohne Äußerung von Vorhaltung, Enttäuschung, Ärger etc. *sachlich umzusetzen.*

Wie zahlreiche empirische und klinische Studien belegen, führt Response Cost bei Einhaltung dieser Punkte auf ökonomische Weise zu einer vergleichsweise rasch eintretenden sowie anhaltenden Verhaltensreduktion. Die relativ leichte Durchführbarkeit der Maßnahme ohne dass – wie bei Time-Out – der Betroffene den situativen Kontext verlassen muss sowie der Verzicht auf den Einsatz eines aversiven Reizes erleichtern bei Eltern, Erziehern und Lehrern die Akzeptanz dieser Bestrafungsstrategie.

2.2.5 Verhaltensvertrag

In der Praxis ist es sinnvoll, die dargelegten operanten Strategien als ein antizipierbares Regelsystem zu implementieren, d. h. alle geplanten Schritte für den Klienten vorhersehbar zu machen. Im Rahmen der klassischen Lerntheorien hat Bandura (1986) als einer der ersten darauf aufmerksam gemacht, dass durch die menschliche Fähigkeit zu vorausschauendem Denken und die Verdeutlichung von Regeln durch den gezielten Einsatz der Sprache die Effekte des operanten Lernens im Humanbereich optimiert werden können. Diesem Ziel dient die Strategie des Verhaltens- bzw. Kontingenzvertrages (behavioral or contingency contract), welche von Miltenberger (2012) folgendermaßen definiert wird: „A **behavioral contract** (also called a *contingency contract* or a *performance contract*) is a written agreement between two parties in which one or both parties agree to engage in a specified level of a target behavior or behaviors. Furthermore, the contract states the consequence that will be administered contingent on the occurrence (or non occurence) of the behavior" (S. 453).

Ein Verhaltensvertrag spezifiziert – entsprechend der Logik der operanten Lernprinzipien – sowohl das Zielverhalten als auch die darauf folgenden Kontingenzen (Lernprinzipien) bezüglich folgender vier W-Aspekte in schriftlicher Form (vgl. Hall & Hall, 1998c):

- *Wer:* Benennung der Person(en), die das Zielverhalten zeigen soll(en) und der Person(en), welche die Kontingenzen vergibt(vergeben);
- *Was:* Spezifizierung des Verhaltens, das gezeigt werden soll und der Konsequenzen, die in Zukunft daraufhin folgen werden;
- *Wann:* Zeitpunkt der Äußerung von Verhalten und Konsequenzen;
- *Wieviel*: Güte (Niveau) von Verhalten und Konsequenzen.

Darüber hinaus sollte ein Verhaltensvertrag auch die Form der quantitativen Messung des Zielverhaltens festlegen und die Protokollierung in den Vertrag implementieren. Mit ihrer Unterschrift bekunden alle beteiligten Parteien die Akzeptanz der Vereinbarung. Je nachdem, wie viel Parteien in einem Vertrag Verpflichtungen eingehen, unterscheidet man in der operanten Analyse zwischen unilateralen und bilateralen Verträgen.

Verhaltensvertrag

Ich, *(Name)* schreibe ab heute *(Datum)* pro Woche 6 Manuskriptseiten meiner Hausarbeit.

Als Manuskriptseite gelten 40 Zeilen zu 75 Anschlägen.

Nur für den Fall, dass ich dieses Wochenpensum erreiche, darf ich am Wochenende einmal ins Kino gehen.

Schreibe ich in einer Woche weniger als 6 Seiten, muss ich der Bibliothek ein Buch spenden.

In jede Beratungsstunde bringe ich die geschriebenen Seiten mit.

____________________	____________________	____________________
Datum, Ort	(Klient)	(Sozialpädagoge)

Abb. 2.4: Beispiel eines unilateralen Verhaltensvertrages

Bei einem *unilateralen Verhaltensvertrag* (syn. one-party contract; siehe z. B. Miltenberger, 2012) versucht ein Individuum durch eigene Kontingenzkontrolle entweder ein von ihm erwünschtes Verhalten häufiger oder ein von ihm unerwünschtes Verhalten seltener zu zeigen. Die Definition des Zielverhaltens und die Kontingenzfestlegung liegen hier primär in der Hand des Klienten, weshalb man auch von einem Selbst-Vertrag (self-contract) spricht. Dem Sozialpädagogen kommt bei der Vertragserstellung eine beratende und bei der Durchführung eine kontrollierende Funktion zu, insofern er bei der Operationalisierung des Zielverhaltens und der Verstärkerauswahl behilflich ist sowie die Einhaltung der schriftlich festgelegten Kontingenzen zumindest während des Anfangsstadiums überwacht. Für einen Studenten, dessen schriftliche Hausarbeit rechtzeitig fertig sein soll, könnte ein solcher Vertrag z. B. die in Abbildung 2.4 dargestellte Form annehmen.

Bei einem *bilateralen Vertrag* (syn. two-party contract, z. B. Miltenberger, 2012) verpflichten sich in der Regel zwei Parteien zur Einhaltung bestimmter Verhaltensweisen und Kontingenzen. Ein solches Vorgehen ist in der Praxis der Sozialen Arbeit vor allem im Bereich der Erziehungs-, Familien-, Partnerberatung sowie im Anwendungsfeld der Schulsozialarbeit angezeigt. Als Vertragsparteien treten dabei Eltern und Kinder, Partner in einer Beziehung oder Lehrer und Schüler auf. Bilaterale Verhaltensverträge können in Form eines „Quid pro quo Vertrages" oder eines „Parallel- Vertrages" ausgehandelt werden. Beim *quid pro quo Vertrag* dient die Ausführung des Verhaltens einer Partei als Verstärker für die andere Partei (siehe hierzu z. B. Jacobson & Margolin, 1979). Ein Beispiel aus der Partnerberatung bietet Abbildung 2.5.

Verhaltensvertrag

Während der kommenden Woche werde ich *(Name)* folgende Tätigkeiten ausführen:

Montag:	Rasenmähen (2 Stunden)
Mittwoch:	Dachfenster streichen (1,5 Stunden)
Freitag:	Im Einkaufszentrum Wocheneinkauf erledigen (2 Stunden)

Im Gegenzug erledige ich *(Name)* folgende Aufgaben:

Dienstag:	Wäsche bügeln (2 Stunden)
Donnerstag:	Lieblingsgericht kochen (1,5 Stunden)
Samstag:	Gartenarbeit (2 Stunden)

Protokollierung durch Ankreuzen, ob Tätigkeit erledigt wurde!

Partner:	Montag: ja/nein	Mittwoch: ja/nein	Freitag: ja/nein
Partnerin:	Dienstag: ja/nein	Donnerstag: ja/nein	Samstag: ja/nein

Datum, Ort	Unterschrift	Unterschrift

Abb. 2.5: Bilateraler („quid pro quo") Verhaltensvertrag

Zu Problemen kann ein solches Vorgehen dann führen, wenn ein Vertragspartner seine Pflichten nicht erfüllt und der andere deshalb seine Pflichten vorenthält. Wird im Beispiel der Rasen nicht gemäht, könnte es sein, dass die gesamte Vereinbarung ins Wanken gerät. Dieser Schwierigkeit kann man mit einer Änderung der Konsequenzbedingungen im Sinne eines Parallelvertrages begegnen. Dabei werden die verstärkenden Konsequenzen für jeden Beteiligten unabhängig vom Verhalten des anderen Partners definiert. Während die Zielverhaltensweisen (Pflichten) also für beide Parteien unverändert bleiben, erhält jede für die Ausführung ihrer Verpflichtungen eigene Verstärker. In unserem Vertragsbeispiel müssten dann – statt der gegenseitigen Verpflichtung – z. B. individuelle Verstärker eingesetzt werden, welche sich der Mann als auch die Frau bei Einhaltung der von ihnen verlangten Tätigkeiten während einer Woche verdienen können. So wäre es denkbar, dass die Verstärkung des kegelbegeisterten Mannes in einem Kegelabend und die der kinointeressierten Frau in einem Kinobesuch besteht.

Alle von einem Verhaltensvertrag betroffenen Personen müssen an dessen Entwicklung beteiligt werden, d. h. keiner Partei darf etwas gegen ihren Willen aufgedrängt werden. Die Vertragserstellung erfolgt deshalb in einem diskursiven Prozess. Im Fall des unilateralen Vertrages gestaltet sich dieser Prozess im Allgemeinen unproblematisch. Hier hilft der Sozialpädagoge dem Klienten, seine Zielperspektiven über beobachtbare Verhaltensweisen zu definieren, deren Erreichbarkeit wahrscheinlich zu machen und wirksame Verstärker einzusetzen. Demgegenüber stellt das Aushandeln von bilateralen Verträgen größere Anforderungen. Die beteiligten Parteien lassen hier oft das notwendige gegenseitige Vertrauen vermissen und verlangen nicht selten eine „Vorleistung" der Gegenpartei. Dem Sozialpädagogen kommt hierbei die Aufgabe zu, bei der Ausarbeitung eines Verhaltensvertrages so zu vermitteln, dass keine Partei sich übervorteilt fühlt. Darüber hinaus muss er die mit einer Einhaltung der vereinbarten Regeln verbundenen Vorteile für jede Partei deutlich machen.

Beim Aushandeln der Bedingungen eines Verhaltensvertrages soll der Sozialpädagoge die Einhaltung folgender drei allgemeiner Regeln im Auge behalten:

– Der Vertrag muss *fair* sein, d. h. die Relation von erbrachtem Aufwand (Zielverhaltensweisen; „Pflichten") und erhaltener Verstärkung muss für jede der beteiligten Parteien angemessen sein.
– Der Vertrag muss *eindeutig* sein, d. h. die Zielverhaltensweisen und Verstärkungen bzw. Bestrafungen sind klar zu definieren. Auf diese Weise ist die Einhaltung der Vertragsbedingungen zu jedem Zeitpunkt der Intervention prüfbar.
– Der Vertrag muss schließlich *ehrlich* sein, d. h. die vereinbarte Konsequenzbedingung (Verstärkung bzw. Bestrafung) muss immer auf die Einhaltung bzw. die Unterlassung der Zielverhaltensweisen (Pflichten) folgen.

Entsprechend dem über die kontinuierliche Protokollierung festgehaltenen Verlauf erfahren die in einem Verhaltensvertrag vereinbarten Bedingungen im weiteren Beratungsprozess Veränderungen, d. h. ein Verhaltensvertrag gilt im Regelfall von Beratungsstunde zu Beratungsstunde und wird jeweils den aktuellen Gegebenheiten angepasst. Insbesondere das Verhältnis von Verstärkung und dafür aufzubringenden „Pflichten“ ändert sich im Laufe der Zeit. Wegen steigender Gewöhnung an die Zielverhaltensweisen und eintretender natürlicher Verstärker sind im Beratungsverlauf zunehmend mehr „Pflichten“ für die gleiche Quantität an Verstärkern zu erbringen. Durch diese „Streckung“ gelangt das Zielverhalten Schritt für Schritt unter natürliche Verstärkungsbedingungen. Wie bei allen anderen operanten Strategien besteht auch hier das langfristige Ziel darin, die systematische Intervention durch das Wirksamwerden von ungeplanten, alltäglichen Verstärkungsbedingungen überflüssig zu machen.

2.3 Legitimationsprüfung als Voraussetzung für den Einsatz

Die in diesem Kapitel behandelten operanten Methoden der Verhaltensänderung sind – entsprechend der Allgemeingültigkeit der ihnen zugrunde liegenden Lerngesetze – für die Praxis der Verhaltensorientierten Sozialen Arbeit von herausragender Bedeutung. Die Möglichkeit, über diese Strategien angestrebte Verhaltensweisen aufzubauen und zu stabilisieren hat sich mittlerweile in tausenden von empirischen Studien nachweisen lassen (siehe im allgemeinen Überblick z. B. Martin & Pear, 2003; oder im Speziellen die Beiträge des seit 1968 erscheinenden und ausschließlich der Dokumentation operanter Strategien gewidmeten „Journal of Applied Behavior Analysis“).

So wurde die *Wirksamkeit* operanter Interventionsstrategien *in vielfältigen Anwendungsfeldern der Sozialen Arbeit belegt* (siehe z. B. die Übersichtsarbeiten von Mattaini, 1993; Thomlison & Thomlison, 1996; Thyer, 1983). Gelegentlich wurde sogar der Versuch unternommen, das operante Lernmodell von Skinner als eine theoretische Basis für die Soziale Arbeit zu nutzen. So publizierte Thyer (1987) eine Arbeit unter dem Titel: „Contingency Analysis: Toward a Unified Theory for Social Work Practice” und zieht darin den Schluss, dass „the propositions of contingency analysis have received a greater degree of support from the behavioral and social sciences than any other social work practice approach to date, evidence that demonstrates that many of the typical targets of social work intervention are a function of their consequences” (S. 154).

So unbestritten die Effektivität der hier dargestellten Maßnahmen ist, so unbestritten ist auch die grundsätzliche Möglichkeit ihres Missbrauchs, nämlich dann, wenn Zielperspektiven verfolgt werden, die mit den Zielsetzungen von Theorie und Praxis der Sozialen Arbeit unvereinbar sind.

Der Einsatz von operanten Interventionsmethoden verlangt deshalb eine *explizite Begründung und Legitimation.* Wir haben im Zusammenhang mit den Methoden der Bestrafung darauf bereits ausführlicher hingewiesen. Das bedeutet, dass der Sozialpädagoge für die verfolgte Zielsetzung gerade stehen muss und diese in Übereinstimmung mit den berufsethischen Grundlagen der Sozialen Arbeit stehen muss (siehe z. B. Como-Zipfel, 2013). Die Wirksamkeit der Methode enthebt den Sozialpädagogen also nicht der Verantwortlichkeit für ihren Einsatz. Adameit, Heidrich, Möller und Sommer (1983) nennen als Indikationskriterien für operante Maßnahmen die Einschränkung des Wohlbefindens seitens des Klienten sowie die Gefährdung anderer. Es versteht sich von selbst, dass die Entwicklung von Zielverhaltensweisen in Abstimmung mit dem Klienten erfolgen muss.

Einen wichtigen Aspekt beim Einsatz operanter Interventionsstrategien stellt der Übergang *von der Fremdkontrolle zur Selbstkontrolle* dar. Natürlich gilt auch bei operanten Strategien der allgemeine sozialpädagogische Grundsatz, dass Interventionen die Fähigkeit des Klienten zur eigen- und selbständigen Lösung zukünftiger Schwierigkeiten vermitteln sollen. Aufbau und Stärkung dieser Selbstkontrolle stellen aber ein prozessuales Geschehen dar und entwickeln sich nur auf der Grundlage vorausgehender Erfolge. Anfangs ist für letzteres der Sozialpädagoge haupt- bzw. mitverantwortlich: Durch die genaue Darlegung und Einhaltung der in diesem Kapitel behandelten Veränderungsschritte leitet er den Klienten systematisch an.

Im weiteren Beratungsverlauf soll er aber soweit als möglich die anstehenden Aufgaben zunehmend dem Klienten übertragen, welcher auf diese Weise grundlegende Fertigkeiten im Umgang mit Problemlagen entwickeln kann. Im günstigsten Fall kann der Klient auf diese Weise zu seinem eigenen Problemlöser werden und auf die Hilfe des Sozialpädagogen in Zukunft verzichten.

Wie bei allen Strategien der Beratung und Intervention reicht für die erfolgreiche Arbeit mit operanten Veränderungsstrategien das theoretische Wissen alleine nicht aus, sondern der Sozialpädagoge muss sich hier auch eine Handlungskompetenz aneignen. Letzteres ist nur über *Anleitung, Übung und Rückmeldung* möglich.

3 Kognitive Verhaltensmodifikation

Angelika Weber

Nach eingehender Diagnostik und Problemanalyse wird in der Regel als Ziel eine Verhaltensänderung beim Klienten angestrebt. Dieses Ziel kann durch Interventionen, die direkt am beobachtbaren Verhalten ansetzen (siehe Kapitel 2), erreicht werden. Manchmal erweisen sich aber Gedanken oder Einschätzungen und Interpretationen von Ereignissen des Klienten als zentrale Bedingung für die Auslösung oder Aufrechterhaltung problematischen Verhaltens oder stellen selbst das Problemverhalten dar. Wenn dies der Fall ist, muss sich eine Intervention in besonderer Weise auch auf diese kognitiven Faktoren konzentrieren. Kognitive Verfahren zur Verhaltensänderung gründen also auf der Annahme, dass unser Denken Einfluss auf unser Erleben und Verhalten hat und damit auch auf die Entwicklung und den Verlauf von psychischen Problemen. Die kognitive Verhaltensmodifikation ist ein Sammelbegriff für verschiedene psychologische Methoden, die Klienten gezielt unterstützen, ihre (problematischen) Kognitionen zu verändern und auf diese Weise die erwünschte Verhaltensänderung herbeiführen zu können.

Auch Interventionen, die außerhalb des psychotherapeutischen Kontextes stattfinden, haben das Ziel, die Ressourcen von Klienten zu stärken und deren Fähigkeit zu fördern, Probleme in Alltagssituationen zu lösen. So gesehen können bewährte Methoden, die ursprünglich in einem engeren psychotherapeutischen Setting entwickelt wurden, auch als Handlungsformen z. B.im Rahmen der Sozialpädagogik betrachtet und gezielt in die verhaltensorientierte Sozialarbeit integriert und dort zur Veränderung von Verhalten eingesetzt werden (Galuske, 2011; Gambrill, 1995).

Im Folgenden wird zunächst der theoretische Hintergrund der kognitiven Verhaltensmodifikation dargestellt und an einer Auswahl von kognitiven Methoden aufgezeigt, wie der Veränderungsprozess jeweils strukturiert und gefordert werden kann.

3.1 Theoretische Grundlagen

3.1.1 Historische Entwicklung

Der Begriff der kognitiven Verhaltensmodifikation wird in der Literatur nicht einheitlich verwendet. Ursprünglich wurde er von Meichenbaum (1977) für sein Programm zur Förderung der Selbststeuerungs- und Problemlösefähigkeiten mittels unterstützender Kognitionen geprägt *(Cognitive-behavior modification)*. Neben der Veränderung von Verhalten mit Hilfe unterstützender Gedanken, sog. „Bewältigungssätze" (z. B. „Ich bin gut auf die Prüfung vorbereitet, also schaffe ich sie auch"), zielten andere Bemühungen auf die Veränderung von kognitivem Verhalten selbst, also auf die Veränderung von Denkinhalten und -prozessen. Früh verschwimmen jedoch die Unterscheidungen und begrifflichen Verwendungen. Der Begriff der kognitiven Verhaltensmodifikation ist aber dennoch von der Kognitiven Verhaltenstherapie abzugrenzen, denn die kognitiven Methoden der Verhaltensmodifikation sind immer nur ein Teil der Kognitiven Verhaltenstherapie (Dobson, 2010). Die Entwicklung der Kognitiven Verhaltenstherapie geht auf die verstärkte Integration kognitiver Methoden in die Verhaltenstherapie zurück, wenngleich diese Integration anfangs gerade von der klassischen Verhaltenstherapie sehr kritisch gesehen wurde.

Im Rahmen dieses Beitrags wird „Kognitive Verhaltensmodifikation" im weiteren Sinn verwendet. Sie wird nicht als Therapieverfahren verstanden, sondern als ein Prozess, in dessen Verlauf Personen unterstützt werden, ihre problemrelevanten Kognitionen zu erkennen und zu verändern. Dieser Prozess umfasst alle Methoden, die eine Neugestaltung kognitiven Verhaltens (kognitive Umstrukturierung) oder die Änderung von Verhalten mittels kognitiver Methoden (kognitive Bewältigungsstrategien) ermöglichen, ohne dass damit bereits eine Therapie verbunden ist (z. B. zur Ärgerkontrolle oder Prüfungsvorbereitung). Gleichwohl sind solche Methoden oft wichtige Bausteine erfolgreicher Kognitiver Verhaltenstherapie. Die Verwendung des Begriffes „Kognitionen" folgt dem Verständnis von Wessler (1986), der Kognitionen sehr breit als jede mentale (d. h. bewusste oder unbewusste) Aktivität definiert. Kognitionen werden dabei im Sinne kognitiver Produkte (z. B. Selbstgespräche, Erwartungen, Attributionen), kognitiver Prozesse (z. B. Gedächtnisabruf-Prozesse oder Aufmerksamkeitslenkung auf bestimmte Stimuli) und kognitiver Strukturen (Grundannahmen, Wertsysteme, „Glaubenssysteme", subjektive Theorien) verstanden (vgl. Bastine & Tuschen, 1996). Wenn also im Folgenden von Kognitionen gesprochen wird, dann sind damit alle diese Aspekte eingeschlossen. Der Begriff Verhalten schließt sowohl beobachtbares

Verhalten als auch interne Phänomene wie Emotionen oder physiologische Reaktionen ein.

Die Vorstellung, dass Kognitionen Einfluss auf menschliches Verhalten haben, geht zurück bis zu den Spätstoikern und kein Lehrbuch über kognitive Therapiemethoden versäumt es, hierfür Epiktet (50-138 n. Chr.), den bedeutendsten Vertreter der späten Stoa, zu zitieren: „Nicht die Dinge selbst beunruhigen die Menschen, sondern ihre Vorstellungen von den Dingen" (Epiktet, 1984, S. 24).

Ein Neuansatz in der Klinischen Psychologie entstand aus der Unzufriedenheit mit der bis Ende 1970 in der angloamerikanischen Psychologie vorherrschenden behavioristischen Sicht der Funktionsweise menschlichen Verhaltens und den daraus abgeleiteten Methoden zur Veränderung von Verhalten (Verhaltenstherapie). Diese Unzufriedenheit hat auch im Bereich der Verhaltenstherapie eine sog. Kognitive Wende eingeleitet und mentale Prozesse zur Erklärung von Verhalten stärker in den Mittelpunkt gerückt (Goldfried, 1973; Mahoney, 1977). Die Akzeptanz kognitiver Prozesse erfolgte dabei nicht abrupt, sondern lässt sich als graduelle paradigmatische Veränderung beschreiben:

Behaviorismus ist kein eindeutiger, unmissverständlicher Begriff, sondern steht für eine Gruppe unterschiedlicher Philosophien (O'Donohue & Kitchener, 1999). In der Tradition des sog. *metaphysischen Behaviorismus* wird die Existenz kognitiver Prozesse negiert. Es wird angenommen, dass menschliches Verhalten durch innere (physiologische) oder äußere Reize determiniert ist. Das Prinzip der klassischen Konditionierung nach Pawlow (z. B. Schermer, 2014) entspricht dieser Sichtweise. Im Zusammenhang mit psychologischen Interventionen ist aber vor allem der theoretische Zugang von Burrhus Frederic Skinner von Bedeutung, den er selbst als *radikalen Behaviorismus* bezeichnet hat. Er akzeptierte zwar die Existenz von Kognitionen, vertrat aber die Auffassung, dass sie, da nicht direkt beobachtbar und im experimentellen Sinne (als unabhängige Variable) nicht direkt manipulierbar, nichts zur wissenschaftlichen Erklärung menschlichen Verhaltens beitragen. Konsequenterweise konzentrierte sich Skinner deshalb ausschließlich auf die strikte Analyse direkt beobachtbarer Phänomene. Prominentes Beispiel hierfür ist die berühmt gewordene Metapher von der „black box". Mit diesem bildlichen Vergleich sollte deutlich werden, dass es nicht möglich ist, objektiv zu beobachten, was in einem Organismus (in der „black box") vor sich geht. Der von Mahoney (1974) eingeführte *analytische Behaviorismus* ist dagegen bereits Ausdruck eines wachsenden Einbezugs kognitiver Prozesse. Kognitionen gelten dabei als eine Unterkategorie von Verhaltensweisen, die nach denselben Prinzipien und Gesetzen funktioniert wie offen beobachtbares Verhalten. Ein gutes Beispiel für die Anwendung des Lerngesetzes der Konditionierung auf kognitives Verhalten ist die sog. verdeckte Konditionierung (Cautela, 1967), bei der die imaginative Vorstellung des Klienten sowohl als Stimulus als auch als Reaktion oder als belohnendes Ereignis eingesetzt werden kann. Bei der verdeckten Sensibilisierung, der wichtigsten Variante, soll beispielsweise die Vorstellung des problematischen Verhaltens (z. B. Alkoholgenuss) durch eine nachgeschaltete aversive Vorstellung (z. B. Erbrechen) „bestraft“ und damit die Wahrscheinlichkeit des problematischen Verhaltens in der Realität reduziert werden. Bandura (1969) schließlich stellte kognitive Prozesse im Rahmen seiner Theorie des Sozialen Lernens in den Kontext des verdeckten Verhaltens und suchte so ihren wissenschaftlichen Status zu legitimieren: „... social-learning approaches treat internal processes as covert events that are manipulable and measurable“ (S. 10). Ebenso förderlich für die Berücksichtigung kognitiver Variablen waren die empirischen Befunde zu deren Wirkung auf komplexe Lernprozesse. So konnte beispielsweise die Wirkung von Erwartungen (Bandura, 1969; Rotter, 1954) oder der Überzeugung, Kontrolle bzw. keine Kontrolle über eine Situation zu haben (Seligman, 2016), auf unterschiedliche Verhaltensweisen belegt werden.

Die strikte Beschränkung auf direkt beobachtbares Verhalten, auf das S-R Paradigma *(Stimulus-Response-Paradigma)* und auf die damit verbundenen Konditionierungsmodelle wurde von den Begründern kognitiver Therapieformen als einseitige und inakzeptable Vereinfachung komplexer Verhaltensphänomene bewertet (Dobson & Dozois, 2010). Stattdessen stellten sie die nicht direkt beobachtbaren psychischen Abläufe, zusammengefasst unter dem Begriff Kognitionen, in den Mittelpunkt und schrieben ihnen eine zentrale funktionale Bedeutung sowohl für die Auslösung als auch für die Aufrechterhaltung von (problematischem) Verhalten zu. Daraus folgte für sie, dass der Ansatz für eine Verhaltensänderung in der Veränderung kognitiver Prozesse liegen muss und die Kognitionen auch der zentrale Zugang zur Veränderung psychischer Probleme seien. Die kognitiven Verfahren standen zunächst also im Gegensatz zu den klassischen behavioralen Techniken. Die kognitiven Ansätze der Verhaltensmodifikation erlebten aber einen raschen Aufschwung, wobei eher ganz pragmatisch die Entwicklung effektiver Behandlungsmethoden im Vordergrund stand, mit denen (problematische) Kognitionen verändert werden können (Ingram & Siegle, 2001). Dagegen war in diesem psychotherapeutischen Bereich eine konzeptuelle Weiterentwicklung weniger von Interesse.

Kognitive Interventionsmethoden entwickelten sich sowohl aus der Tradition der Verhaltenstherapie (Mahoney, 1974; Meichenbaum, 1977) als auch völlig unabhängig davon (Beck, 1976; Ellis, 1962) und haben den Bezug zu objektiv beobachtbaren Indikatoren und zu den Erkenntnissen der empirischen

Psychologie, insbesondere der Lernpsychologie, nie aufgegeben. Ebenso wird, um Veränderungen von Kognitionen zu erreichen, in ganz pragmatischer Weise durchaus von verhaltenstherapeutischen Techniken Gebrauch gemacht (s.u.). Kognitive Verfahren werden deshalb heute nicht mehr als Gegensatz zu verhaltensorientierten Verfahren gesehen. Die Nutzung kognitiver Methoden in der Verhaltenstherapie ist in der klinischen Arbeit vielmehr Standard geworden (Grawe, Donati & Bernauer, 1994; Reinecker, 2010; Wilken, 2015). Dieser Umstand drückt sich plastisch in der Aussage von Sanavio (1997, zitiert in Scholz, 2001) aus, der meint, dass die Verhaltenstherapie dabei sei, Jahr für Jahr kognitiver zu werden, während die kognitiven Therapien immer verhaltensorientierter würden. Grawe, Donati und Bernauer (1994) bemerken sogar: „Es wäre eigentlich sinnvoller, von „empirisch-psychologischer Therapie“ zu sprechen“ (S. 244). Eine Konsequenz dieser Entwicklung ist auch die Umbenennung der „European Association for Behavioral Therapies“ in „European Association for Behavioral & Cognitive Therapies“ (Scholz, 2001).

3.1.2 Grundannahmen

Allen kognitiven Verfahren ist gemeinsam, dass sie sich aus grundlegenden Annahmen über die Beziehung zwischen kognitiver Aktivität einerseits und Verhalten und emotionalem Erleben andererseits ableiten. Die in diesem Beitrag dargestellten Methoden der kognitiven Verhaltensmodifikation gründen zwar auf unterschiedlichen theoretischen Ansätzen, Dobson und Dozois (2010) nennen aber drei zentrale Annahmen, auf denen alle kognitiven Verfahren basieren:

- Kognitionen beeinflussen Verhalten.
- Kognitive Aktivität kann systematisch beobachtet und verändert werden.
- Erwünschte Verhaltensänderungen lassen sich über die Veränderung von Kognitionen herbeiführen.

Kognitionen beeinflussen Verhalten. Dass unser Denken unser Verhalten entscheidend beeinflusst, steht nach dem heutigen Stand des Wissens außer Frage. Aus der psychologischen Forschung gibt es vielfältige und überzeugende Beweise dafür, dass wir Reize oder Ereignisse (seien es externe oder interne) in der Regel nicht neutral wahrnehmen und darauf reagieren, sondern dass wir sie auch auf der kognitiven Ebene verarbeiten (einschätzen, bewerten, vergleichen etc.) und unsere Reaktionen wesentlich von diesen Verarbeitungsprozessen abhängen. So kann beispielsweise ein unbekanntes Geräusch je nach Interpretation Angst auslösen oder unser Interesse wecken. Zwischen unseren Erwartungen und Einstellungen, unseren Annahmen über Ursachen, unserer Einschätzung der eigenen Handlungsmöglichkeiten (self-efficacy) und unseren Bewertungen eines Ereignisses einerseits und dem, wie wir handeln oder wie wir uns fühlen andererseits, besteht ein Zusammenhang. Selbst für körperliche Vorgänge konnten Zusammenhänge mit gedanklicher Verarbeitung nachgewiesen werden, wie zum Beispiel die Forschung aus der medizinischen Psychologie zum sog. Placebo-Effekt (z. B. Lundh, 1987) oder zum Einfluss von Kognitionen auf Stressreaktionen (Lazarus, 1976) schon früh zeigte.

Kognitive Aktivität kann systematisch beobachtet und verändert werden. Diese zweite Grundannahme ist nicht unumstritten. Menschen sind prinzipiell in der Lage, sich ihre Gedankengänge bewusst zu machen und aus einer Metaebene zu „betrachten". Dass diese Informationen durchaus zuverlässig und valide sein können, zeigen Ergebnisse aus der Forschung zu kognitiven Erfassungsmethoden (z. B. Blankstein & Segal, 2001). Die Aussagen werden dabei üblicherweise hinsichtlich ihrer Übereinstimmung mit dem beobachtbaren Verhalten beurteilt. Jedoch hat die Beobachtung kognitiver Aktivität ihre Grenzen. Zum einen gibt es Gedankengänge, die automatisiert und mit hoher Geschwindigkeit ablaufen, so dass sie dem Bewusstsein und damit der Selbstbeobachtung nicht zugänglich sind. Zum anderen ist nicht davon auszugehen, dass alle Kognitionen auch versprachlicht, d. h. direkt mitgeteilt werden können. Aber auch wenn eine bewusste Erfassung von Gedanken gelingt, heißt das nicht notwendigerweise, dass dann immer auch eine Veränderung dieser Kognitionen möglich ist (Dobson & Dozois, 2010). Dies trifft insbesondere dann zu, wenn es sich um festgefügte Überzeugungen handelt.

Erwünschte Verhaltensänderungen lassen sich über die Veränderung von Kognitionen herbeiführen. Wenn kognitive Aktivitäten unser Verhalten beeinflussen und wenn es möglich ist, Kognitionen zu verändern, dann sollte eine Veränderung der Kognitionen auch eine entsprechende Veränderung im Verhalten nach sich ziehen. Für diese Annahme gibt es vor allem aus dem Bereich der Therapieforschung zahlreiche Belege. Auch die Wirksamkeit kognitiver Entspannungsverfahren, wie z. B. des autogenen Trainings oder von Imaginationsverfahren (siehe Kapitel 5; Petermann & Vaitl, 2014), bestätigen den vermuteten Zusammenhang. Aber: Auch wenn eine Beziehung zwischen veränderter Kognition und verändertem Verhalten im Ergebnis nachgewiesen wurde, so ist noch nichts über die spezifische Rolle der Kognitionen im Verlauf der Handlungssteuerung ausgesagt, d. h. es ist theoretisch nicht erklärt, wie der Veränderungsprozess vorstellbar ist (z. B. Semmer & Frese, 1978; Rothermund, 2011).

Die drei beschriebenen Grundannahmen begründen theoretisch, warum eine kognitive Methode überhaupt wirksam sein kann. Zusammenfassend ist dazu festzuhalten, dass es über den theoretischen Status kognitiver Therapiekonzepte unterschiedliche Ansichten gibt und von einigen Autoren wird er sogar als unbefriedigend bewertet (z. B. Ingram & Siegle, 2001; Scholz, 2001; Semmer & Frese, 1978).

Ein innerhalb der theoretischen Konzepte vernachlässigter, aber dennoch zentraler Aspekt ist zum Beispiel die Frage nach dem Zusammenhang zwischen Kognition und Emotion sowie zwischen Emotion und Verhalten. Emotionen und vor allem die Emotionsregulation spielen bei der Bewertung und Bewältigung von (kritischen) Situationen eine entscheidende Rolle (z. B. Lazarus, 1999; Lazarus & Folkman, 1987). Dennoch weisen die Modelle zur kognitiven Verhaltensmodifikation erstaunlich wenig Bezug zur Emotionspsychologie und speziell zur Emotionsregulation auf, auch wenn es hier in neuerer Zeit vielversprechende Ansätze gibt (Mitmannsgruber, 2003).

Die theoretische Grundlage für den Zusammenhang zwischen Kognition und Emotion liefern kognitiv orientierte Emotionstheorien, insbesondere die sog. Appraisal-Theorien, die in der Bewertung einer Situation (appraisal) den zentralen Aspekt für unser emotionales Erleben sehen. Die anfängliche Debatte darüber, ob Kognitionen Emotionen auslösen oder umgekehrt (Schachter & Singer, 1962; Zajonc, 1980), galt bereits Ende der 1990iger Jahre als unfruchtbar und überholt (Lazarus, 1999; Leventhal & Scherer, 1987). Moderne Emotionstheorien nehmen an, dass zwischen Kognition und Emotion eine ständige, reziproke Wechselwirkung stattfindet (für eine ausführliche Darstellung siehe Dalgleish & Power, 1999; Mitmannsgruber, 2003). Von einer fundierten theoretischen Grundlegung und Auseinandersetzung mit den Prozessen einer erfolgreichen Emotionsregulation könnte die kognitive Verhaltensmodifikation im Hinblick auf ihre Weiterentwicklung und Optimierung profitieren. In diese Richtung weisen neuere Entwicklungen, die den Aufbau alternativer, adaptiver Zustände als wichtigen Faktor zur Problembewältigung betonen (Mitmannsgruber, 2003) oder die kognitive Umbewertung mit gezielten Aktivitäten (i.S. von Ablenkung) kombinieren.

Die drei prominentesten Vertreter kognitiver Therapien, in deren Rahmen die kognitiven Methoden zur Verhaltensmodifikation entwickelt wurden, sind Albert Ellis, Aaron T. Beck und Donald Meichenbaum. Ihre therapeutischen Ansätze werden im Folgenden skizziert.

Albert Ellis. Der historisch älteste Ansatz ist der von Ellis. Von Haus aus als Analytiker ausgebildet, entwickelte er in den 1950er Jahren in Abgrenzung zur Psychoanalyse und auf der Grundlage seiner praktischen therapeutischen Tätigkeit einen eigenen psychotherapeutischen Ansatz, die „Rationale Therapie" (rational psychotherapy, Ellis, 1958). Aufgrund der Kritik, dass sein Ansatz die Emotionen der Klienten vernachlässigen würde, benannte er sie 1961 in „Rational-emotive Therapie" *(rational-emotive therapy,* RET) um. Unter diesem Namen wurde sie dann weltweit bekannt. Seit 1993 – wiederum als Reaktion auf die Kritik, er würde das Verhalten der Klienten außer Acht lassen – heißt sie „Rational-emotive Verhaltenstherapie" *(rational-emotive behavior therapy,* REBT, Ellis, 1993). Für Ellis sind es unangemessene Bewertungen von Ereignissen, die im Kern für die Entwicklung und Aufrechterhaltung von psychischen Störungen verantwortlich sind *(„irrational beliefs",* siehe unten). Das therapeutische Vorgehen zielt auf die Veränderung dieser den emotionalen bzw. Verhaltensproblemen zugrunde liegenden, selbstschädigenden Bewertungen und absoluten Anforderungen des Klienten. Können diese verändert werden, entwickelt sich eine Lebensanschauung, durch die die Person zu einer befriedigenderen Lebensführung gelangt. Charakterisiert ist eine derart „rationalere" Lebensanschauung u. a. dadurch, dass absolutistische Forderungen an sich und andere aufgegeben, die eigenen positiven und auch negativen (!) Seiten akzeptiert werden und Toleranz gegenüber anderen geübt wird. Ebenso zählt hierzu eine realistische Einschätzung der Bedeutung von Ereignissen und die Fähigkeit, Ereignisse, die nicht veränderbar sind, als solche zu akzeptieren und auch kurzfristige Belohnungen zugunsten langfristiger Ziele zurückstellen zu können („delay of gratification"; Wilken, 2015). Die therapeutische Intervention zielt damit in ihrer letzten Konsequenz auf eine Änderung der Lebensphilosophie (weiterführend siehe z. B. Ellis & Dryden, 2007; Ellis, 1997).

Aaron T. Beck. Auch Beck, zunächst ebenfalls als Analytiker ausgebildet, entwickelte seinen Ansatz Anfang der 1960er Jahre aus seiner praktischen klinischen Tätigkeit. Er befasste sich schwerpunktmäßig mit depressiven Patienten. Er zeigte auf, dass für diese Patienten eine gestörte Informationsverarbeitung charakteristisch ist, welche zu einer durchgehend negativen Sicht ihrer Person (z. B. „Ich bin ein Versager"), der Zukunft (z. B. „Aus mir wird nie etwas") und der Umwelt (z. B. „Alle leimen mich ab"), der sog. „Kognitiven Triade der Depression", führt und für die Entstehung und Aufrechterhaltung von Depressionen verantwortlich ist. Diese Menschen haben eine verzerrte Sicht der Realität, die auf einer fehlerhaften Wahrnehmung und Interpretation von Situationen und Ereignissen beruht. Patienten begehen dabei logische „Denkfehler" (siehe unten), die Ausdruck fundamentaler depressogener Grundannahmen (kognitive Schemata, die aufgrund negativer und belastender Erfahrungen in der Lebensgeschichte entwickelt wurden) sind, wie z. B.: „Um glücklich zu sein, muss ich von allen Menschen gemocht werden"; „Jemanden um Hilfe zu bitten, ist ein Zeichen von Schwäche“, Hier zeigt sich die Nähe zur Idee der irrationalen Überzeugungen im Sinne von Ellis. Solche Denkmuster können mit dem „Beck Depressions Inventar“ (BDI; Beck, Steer, & Brown, 2009) erfasst werden, das in der klinischen Praxis weit verbreitet zur Diagnose von Depressionen eingesetzt wird. Ziel der therapeutischen Intervention ist es nach Beck, die verzerrten Kognitionen und automatischen, negativen Gedanken zu identifizieren, zu hinterfragen und zu verändern und eine adäquate Wahrnehmung und Interpretation der Realität bzw. eine differenzierte Sicht der Dinge aufzubauen. Das Konzept von Beck wurde im Laufe der Zeit für viele wichtige klinische Symptome nutzbar gemacht, wenngleich das Hauptanwendungsgebiet immer noch die Behandlung der Depression ist (weiterführend siehe Hautzinger, 2013).

Donald Meichenbaum. Meichenbaum, als Verhaltenstherapeut ausgebildet, stellt die Bedeutung innerer Dialoge in den Mittelpunkt seiner Überlegungen. Er nimmt an, dass ein „Sprechen zu sich selbst“ stattfindet und dass diese Selbstverbalisationen unser Fühlen und Handeln in einzelnen Situationen entscheidend beeinflussen. Meichenbaums Ideen wurden vor allem durch die Arbeiten der sowjetischen Psychologen Alexander Lurija und Lew Vygotsky angeregt, die die These vertreten, dass sich die Entwicklung der willentlichen Kontrolle über das eigene Verhalten (Selbstkontrolle) von einer externalen Steuerung durch die Bezugspersonen hin zu einer zunehmenden internen Steuerung über die Verinnerlichung verbaler Anweisungen vollzieht (z. B. Lurija, 1961; Vygotsky, 1962). Wie kritische Situationen bewältigt werden, hängt von der Art der Selbstgespräche ab. Für Meichenbaum gibt es hilfreiche, so genannte Bewältigungssätze (z. B. „Du kannst das bewältigen“; „Es ist keine Katastrophe, wenn es nicht so gut wird“), die zu angemessenen Emotionen bzw. Handlungen führen, und weniger hilfreiche, unangemessene Selbstverbalisationen (z. B. „Das schaffe ich nie“; „Wenn es nicht klappt, ist alles aus“), die zu negativen Emotionen führen und einer erfolgreichen Bewältigung kritischer Situationen im Weg stehen. Ziel therapeutischer Interventionen ist deshalb die Veränderung unangemessener Selbstverbalisationen. Vor dem Hintergrund seiner Annahmen entwickelte Meichenbaum zunächst ein Selbstinstruktionstraining *(„self-instructional training“*; Meichenbaum, 1977) für impulsive Kinder, in dessen Rahmen systematisch hilfreiche Selbstinstruktionen eingeübt werden und die Kinder so zu einem effektiveren Arbeitsverhalten geführt werden sollen. Schon bald weitete Meichenbaum seinen Ansatz auf psychische Probleme bei Erwachsenen aus und integrierte das Selbstinstruktionstraining in sein so genanntes „Stressimpfungstraining“ *(stress inoculation training;* Meichenbaum, 1991; Meichenbaum & Schattenburg, 2012), das die allgemeine Kompetenz, belastende Situationen möglichst gut zu bewältigen, fordern soll. Hilfreiche Selbstinstruktionen zur Angstreduktion spielen dabei eine zentrale Rolle.

3.1.3 ABC-Modell

Die weiter oben skizzierten Grundannahmen verdichten sich im so genannten ABC-Modell. Damit ist an dieser Stelle nicht die sog. „ABC-Theorie" von Ellis (1977) im engeren Sinne gemeint. Es geht vielmehr um ein – sehr vereinfachtes – Meta-Modell zur Beziehung zwischen auslösendem Ereignis, Kognition und Verhalten. Es wird als zentral für die Arbeit mit Klienten betrachtet und muss als erster Schritt einer kognitiven Verhaltensmodifikation dem Klienten in verständlicher Form vermittelt werden. Das ABC-Modell:

A → B → C

A (activating event) bezeichnet dabei ein auslösendes Ereignis im umfassenden Sinn. Es kann sowohl ein äußeres als auch ein innerpsychisches Ereignis sein, es kann sich um ein sehr komplexes oder aber um ein einfach strukturiertes Ereignis handeln (Tabelle 3.1).

Tab. 3.1: Beispiele für auslösende Ereignisse A (activating event)

	Hohe Komplexität	Geringe Komplexität
Extern	Absage einer Stellenbewerbung	Unbekanntes Geräusch
Innerpsychisch	Vermutung, dass man betrogen wurde	Brustschmerzen

C *(consequence)* bezieht sich in diesem Modell auf die Konsequenzen im Verhalten. Diese können dabei alle Ebenen des Verhaltens betreffen: motorisches Verhalten (z. B. Weglaufen), verbales Verhalten (z. B. Schimpfen, Argumentieren), kognitives Verhalten (z. B. „Immer versage ich"), physiologische Reaktionen (z. B. Schwitzen, Herzklopfen) oder emotionale Reaktionen (z. B. Angst, Wut, Trauer).

Viele Personen haben die Vorstellung, dass allein ein bestimmtes Ereignis in der Umwelt oder in ihrer Person ihr Verhalten, insbesondere ihre Emotionen, „verursacht" (das würde einem A-C Modell entsprechen). Sie sagen z. B.: „Die Absage hat mich völlig deprimiert" oder: „Das Geräusch macht mir Angst". Im ABC Modell dagegen ist es jedoch nicht das auslösende Ereignis, das die Verhaltenskonsequenz direkt beeinflusst (A-C), sondern vielmehr das, was wir über das jeweilige Ereignis denken. B *(belief)* bezeichnet deshalb die Gedanken, Überzeugungen, Einstellungen, Selbstverbalisationen etc., kurz Kognitionen, die zu einer Bewertung oder Einschätzung eines Ereignisses führen und die unsere Reaktion auf das Ereignis entscheidend beeinflussen. Kognitionen wird damit eine kausale Funktion als auslösende oder aufrechterhaltende Bedingungen von Verhalten zugeschrieben (im Unterschied zu Kognitionen als Verhaltenskonsequenz (C), wie oben beschrieben). So kann die Einschätzung eines Ereignisses als „ungünstig“ zu Niedergeschlagenheit führen, die Bewertung als „unwichtig“ keine extreme emotionale Reaktion nach sich ziehen, die Bewertung als „Erfolg“ dagegen das Gefühl der Freude auslösen.

A	→	B	→	C
Oliver betrachtet sich im Spiegel		Er denk, dass er zu dick ist		Er ist deprimiert

Wenngleich das ABC-Modell in dieser einfachen Form Linearität suggeriert, so ist vor dem Hintergrund moderner Emotionstheorien doch davon auszugehen, dass sich die Größen A, B und C wechselseitig stark beeinflussen und ständig eine reziproke Interaktion stattfindet. Nicht nur Gedanken beeinflussen unsere Emotionen und unser Verhalten. Es ist vielmehr auch so, dass die Art und Weise, wie wir uns fühlen oder wie wir handeln, unsere Überzeugungen oder die Wahrnehmung von Ereignissen beeinflusst (wie dies z. B. bei der sog. „Selbsterfüllenden Prophezeiung“ geschieht, Seligman, 1986).

Das ABC-Modell stellt selbstverständlich eine starke Vereinfachung der Zusammenhänge dar. Es hat im Laufe der Zeit deshalb einige Erweiterungen erfahren. In der Arbeit mit Klienten hat sich die Vermittlung dieses einfachen Schemas jedoch als plausibles Modell bewährt, um ihnen das Verständnis der zugrunde liegenden Idee zu erleichtern.

3.1.4 Störungsmodell

Vor dem Hintergrund des ABC-Modells sind es also Kognitionen, die wesentlich bestimmen, wie wir fühlen und handeln. Übertragen auf psychische Störungen bedeutet dies, dass bestimmte „ungünstige“ Überzeugungen bzw. Bewertungsmuster emotionale Probleme und – damit einhergehend – problematische Verhaltensweisen bedingen bzw. aufrechterhalten. In der Literatur finden sich für diese störungsrelevanten Kognitionen unterschiedliche Bezeichnungen. Ellis bezeichnet sie als „irrationale Überzeugungen“ *(irrational beliefs).* Beck spricht von „Gedankenfehlern“ oder „automatischen Gedanken“, welche aus einer fehlerhaften Wahrnehmung und Interpretation der Realität resultieren *(antiempirical cognitions)*. Meichenbaum bezeichnet diese Kognitionen als unangepasste Selbstverbalisationen bzw. ungünstige Bewältigungsaussagen („Das schaffe ich nie“), die aus bestimmten kognitiven Strukturen (Drehbüchern, „skripts“) gespeist werden.

Die Bezeichnung von Gedanken als irrational ist (besonders im deutschen Sprachgebrauch) missverständlich. Sie suggeriert zum einen, dass es im Hinblick auf seelische Gesundheit ausschließlich um den rationalen Aspekt von Verhalten geht, und impliziert zum anderen, dass diese Gedanken unlogisch sind (also nicht den Gesetzen der Rationalität folgen) und dass es eindeutige Kriterien für die Irrationalität bzw. Rationalität von Gedanken gibt. Die Ausführungen von Ellis (z. B. 1977; 1987) zeigen jedoch, dass er unter irrationalen Gedanken ganz allgemein Überzeugungen meint, die zu belastenden Emotionen oder Verhaltensweisen führen und das Individuum an der Verwirklichung persönlicher Lebensziele hindern. Er verwendet also den Begriff synonym zu *inappropriate,* d. h. unangemessen. Für die Bestimmung dessen, was „irrational“ bedeutet ist entscheidend, ob das Individuum sie subjektiv als belastend und hinderlich im Hinblick auf die Erreichung seiner eigenen Lebensziele erlebt und nicht die objektive „Logik“ der Überzeugungen (Wilken, 2015). Dabei ist es nicht so, dass nur Personen mit emotionalen Problemen sog. irrationale Gedanken haben. Ellis ist der Meinung, dass wir alle eine (biologisch begründete) Tendenz zum irrationalen Denken haben. Der Kern psychischer Probleme liegt für Ellis in der Intensität und in der mangelnden Flexibilität und in dogmatischen, absolutistischen, unrealistischen, generalisierten Überzeugungen (sog. *„musturbations“).*

Die von Beck (z. B. 1964; 1999) als „fehlerhaft“ bezeichneten Gedanken resultieren nach seiner Überzeugung aus einer verzerrten Sicht der Realität. Die Wahrnehmung und Interpretation von Ereignissen wird nicht an der Realität überprüft, sondern folgt festgefügten, „fehlerhaften“ Denkmustern. Auch die Bezeichnung als fehlerhaft impliziert, dass es (objektiv) „richtige“ Kognitionen gibt, die sich nach objektiven Kriterien bestimmen lassen. Beck zeigte fehlerhafte Denkmuster beispielhaft am Denken depressiver Patienten auf. Das Denken Depressiver lässt sich nach Beck durch eine verzerrt-negative Sicht der eigenen Person, der Umwelt und der Zukunft (die bereits erwähnte „Kognitive Triade der Depression“) charakterisieren. Vor dem Hintergrund dieser Sichtweise vollziehen depressive Personen typische „Denkfehler“ (wie z. B. „Alles-oder-nichts-Denken“, „Gedankenlesen“ usw.; Hautzinger, Beck, Rush, Shaw, & Emery, 2010), die ihre negative Sicht scheinbar bestätigen und damit die depressive Stimmung aufrechterhalten.

Auch bezüglich der dysfunktionalen Selbstaussagen im Sinne von Meichenbaum gibt es keine Kriterien, aus denen sich „angemessene Selbstverbalisationen“ erschließen ließen, was von einigen Autoren denn auch als Theoriedefizit kritisiert wird (z. B. Fliegel, Groeger, Künzel, Schulte & Sorgatz, 1994). Anders als bei Ellis oder Beck gibt es auch keine Kategorisierung oder Auflistung typischer dysfunktionaler Selbstaussagen. Die im Zusammenhang mit einer bestimmten Problematik relevanten Selbstinstruktionen bzw. die ihr zugrunde liegenden kognitiven Strukturen müssen vielmehr zusammen mit dem Klienten exploriert werden. Betrachtet man aber die Beispiele von Meichenbaum, (z. B. Meichenbaum, 1977; 1988; 1991), dann ähneln dysfunktionale Kognitionen denen, die auch Ellis und Beck als problematisch bezeichnet haben.

Zusammenfassend kann festgestellt werden, dass es für Gedankeninhalte und -prozesse, die unsere Stimmung und Verhalten negativ beeinflussen, keine definitorischen Kriterien im engeren Sinne gibt. Allen Formulierungen gemeinsam ist die Prämisse, dass diese Kognitionen hinderlich sind, individuelle Ziele zu erreichen und problematische Situationen angemessen zu bewältigen. Sie gelten damit als nicht zielführend und nicht funktional. In der folgenden Darstellung wird deshalb die Bezeichnung dysfunktionale Gedanken bzw. Kognitionen verwendet, worunter Kognitionen verstanden werden sollen, die sich für ein Individuum zur Bewältigung einer Situation bzw. zur Erreichung eines Ziels als ungünstig erwiesen haben. Dabei wird angenommen, dass diese dysfunktionalen Kognitionen nicht einfach als solche im Gedächtnis repräsentiert sind, sondern erst durch Aktivierung bestimmter kognitiver Strukturen (Schemata) gleichsam „entstehen“.

Obwohl das einfache ABC-Modell impliziert, dass Kognitionen zwischen dem auslösenden Ereignis (A) und der Reaktion bzw. Konsequenz (C) wirksam werden, können dysfunktionale Gedanken (B) zu unterschiedlichen Zeitpunkten auftreten.

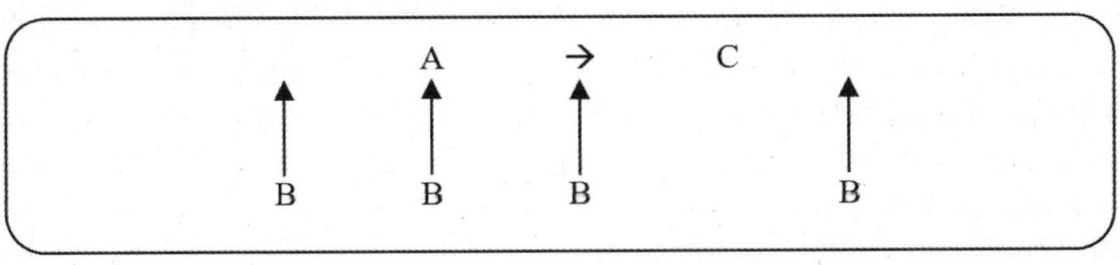

Vor einem Ereignis (A) können Erwartungen (z. B. „Ich muss in der Prüfung eine perfekte Leistung bringen“) oder Überzeugungen hinsichtlich der Selbstwirksamkeit – sowohl negative (z. B. „Ich bin unfähig, diese Leistung zu erbringen“) wie positive (z. B. „Ich kann jederzeit mit dem Trinken aufhören“) – bedeutsam sein. Während eines Ereignisses (A) kann die Konzentration der Aufmerksamkeit auf bestimmte Aspekte des Ereignisses (selektive Aufmerksamkeit) eine Rolle spielen (z. B. die ausschließliche gedankliche Beschäftigung eines Spinnenphobikers mit sich möglicherweise bewegenden schwarzen Punkten in einem Blumenstrauß oder auf der Tapete). Nach dem Auftreten eines Ereignisses (A) sind es vor allem Attributionen hinsichtlich der Ursache (z. B. die eigene Unfähigkeit) sowie Vergleiche mit früheren Situationen, die die emotionale Befindlichkeit oder das Verhalten beeinflussen können. Schließlich können, nachdem eine Reaktion (C) erfolgt ist, Bewertungen der Emotion (z. B. „Meine Angst ist ganz schrecklich“) und Selbstinstruktionen (z. B. „Du hast wieder völlig versagt“) einer angemessenen Situationsbewältigung im Wege stehen.

3.2 Der Prozess der kognitiven Verhaltensmodifikation

In der folgenden Darstellung liegt der Schwerpunkt auf der Veränderung von kognitiven Inhalten (kognitive Umstrukturierung), während die Änderung von Verhalten mittels kognitiver Methoden (kognitive Bewältigungsstrategien) als weitere Möglichkeit der kognitiven Verhaltensmodifikation aus Platzgründen unberücksichtigt bleibt (es gibt hierzu gute Interventionsprogramme; z. B. Hautzinger, 2013; Lakatos & Reinecker, 2016).

Wie für jede verhaltensorientierte Intervention ist auch für die kognitive Verhaltensmodifikation eine funktionale Analyse des Problemverhaltens unverzichtbarer diagnostischer Ausgangspunkt (siehe Kapitel 1; Bördlein, 2015; Bartling, Echelmeyer, & Engbeding, 2016). Grundsätzlich ist davon auszugehen, dass Kognitionen am menschlichen Verhalten und Erleben immer mehr oder weniger beteiligt sind. Entscheidend für eine kognitive Verhaltensmodifikation ist es aber, überzeugend aufzuzeigen, dass Kognitionen in einem ursächlichen Zusammenhang mit einer bestimmten Problematik stehen. Erst wenn sich die Vermutung erhärtet, dass primär kognitive Prozesse für die Entstehung und Aufrechterhaltung von psychischen Problemen verantwortlich sind, kann eine kognitive Verhaltensmodifikation geplant werden. In der Praxis ist eine kognitive Verhaltensmodifikation manchmal aber auch die Methode der Wahl, nämlich dann, wenn das Verhalten oder auch die Situation schwer veränderbar ist.

Vorgehen bei der kognitiven Verhaltensmodifikation:
1) Vermittlung des ABC-Modells
2) Erfassung und Identifikation dysfunktionaler Kognitionen
3) Veränderung dysfunktionaler Kognitionen
4) Einübung situationsadäquater Kognitionen
5) Überprüfung der Wirksamkeit

Im ersten Schritt wird dem Klienten das weiter oben beschriebene ABC-Modell vermittelt. Im zweiten Schritt geht es um eine differenzierte Erfassung und Identifikation dysfunktionaler Kognitionen, die in einem nächsten Schritt verändert werden sollen. Diese Veränderungen werden durch das Infragestellen der dysfunktionalen Gedanken und die Erarbeitung situationsadäquater Gedanken erreicht. Die neuen, situationsadäquaten Gedanken werden anschließend eingeübt, auf Problem- und Alltagssituationen übertragen und schließlich in ihrer Wirksamkeit überprüft.

3.2.1 Erfassung und Identifikation dysfunktionaler Kognitionen

Wenn als Ergebnis eingehender Diagnostik primär gedankliche Abläufe als auslösende oder aufrechterhaltende Bedingungen für problematisches Verhalten identifiziert wurden, und dem Klienten Einsicht in funktionale Zusammenhänge vermittelt wurde (erster Schritt: Vermittlung des ABC-Modells), so ist in einem nächsten Schritt eine detaillierte Erfassung und Identifikation der Inhalte dieser Kognitionen notwendig, um konkrete Ansatzpunkte für Veränderungen festzulegen. Wurden bei der funktionalen Analyse die problemrelevanten Kognitionen allgemein betrachtet, so ist es für eine gezielte Veränderung von Gedankeninhalten notwendig, diese nunmehr so differenziert und konkret wie möglich festzuhalten.

Da es sich bei Gedanken und Emotionen prinzipiell um „private" Ereignisse handelt, die der direkten Beobachtung durch Dritte nicht zugänglich sind, erfolgt die Erfassung primär über Introspektion, also durch Selbstbeobachtung und Selbstberichte. Die Unterscheidung nach bewussten, verbalisierbaren und unbewussten, d. h. nicht verbalisierbaren Kognitionen ist vor allem für die diagnostische Situation von Bedeutung. Die diagnostische Situation sollte also so gestaltet werden, dass die kognitiven Phänomene der Introspektion möglichst gut zugänglich werden (s.u.). Dabei ist zu bedenken, dass diese Phänomene umso eher durch Selbstbeobachtung zu erfassen sind, je lebensnäher die diagnostische Situation ist. Dysfunktionale Gedanken laufen meist sehr schnell ab, sind assoziativ an bestimmte Auslöser gekoppelt und schwer aufbrechbar. Automatisch gesteuerte, unbewusste Kognitionen, z. B. die unterschwellige Wahrnehmung und Bewertung angstauslösender Reize, sind durch Introspektion kaum zu erfassen und erfordern andere Methoden der Erfassung (z. B. Stroop-Test, Methode des dichotischen Hörens etc.; für einen Überblick siehe Bastine & Tuschen, 1996 und Blankstein & Segal, 2001). Im Rahmen der Sozialen Arbeit besitzen sie aufgrund der aufwändigen Durchführung praktisch keine Bedeutung. Auf deren Darstellung kann hier deshalb verzichtet werden.

(1) Erfassung dysfunktionaler Kognitionen

Gegenstand der kognitiven Verhaltensmodifikation im Rahmen sozialpädagogischer Intervention sind verbalisierbare, dem Bewusstsein zugängliche Kognitionen, über die ein Klient im Zusammenhang mit einem Problem berichtet. In der klinischen Einzelfalldiagnostik werden deshalb fast ausschließlich verbale Verfahren wie Befragung, Fragebögen, Tagebücher, Gedankenlisten etc. eingesetzt. Die Erhebungsmethoden lassen sich dabei insofern unterscheiden, als Klienten aktiv ihre Gedanken verbalisieren müssen („produktive Verfahren" wie Interview, Selbstprotokollierung, Rollenspiel oder imaginative Verfahren) oder vorgegebene Aussagen zu Gedanken, Einschätzungen, Bewertungen etc. danach beurteilen sollen, inwieweit sie für sie zutreffen („reaktive Verfahren"; Fragebögen oder Checklisten).

Befragung / Exploration

Das naheliegendste Vorgehen ist die gezielte Befragung des Klienten nach seinen Gedanken im Zusammenhang mit kritischen Situationen, problematischem Verhalten oder belastenden Emotionen. Solche Gedankengänge sind dem Klienten aber häufig nicht klar und detailliert im Bewusstsein verfügbar, und so muss ein gemeinsamer Suchprozess von Klient und Therapeut stattfinden (Wilken, 2015).

Ausgangspunkt dafür ist die detaillierte Beschreibung einer konkreten Problemsituation (A) und die Reaktion darauf (C). Was war Anlass, was ist exakt geschehen, wann hat das Ereignis stattgefunden und mit wem steht es ggf. in Zusammenhang, wie war die Reaktion auf das Ereignis, wie hat sich die Person in dieser Situation gefühlt etc.? Erst wenn die belastenden Gefühle und/oder (problematischen) Verhaltensweisen genau erfasst worden sind, kann versucht werden, die dysfunktionalen Kognitionen, die mit dieser Situation einhergehen, aufzudecken (B). Leitfragen zur Exploration können dabei sein:

- Was ging Ihnen in der betreffenden Situation durch den Kopf?
- Haben Sie in diesem Moment etwas zu sich selbst gesagt?

- Was haben Sie in dem Moment befürchtet?
- Was dachten Sie, was passieren könnte?
- Hat Sie an bzw. in der Situation etwas geärgert?
- Hatten Sie vor dem Ereignis eine Erwartung, was kommen könnte?

Eine hilfreiche Zusammenstellung solcher wichtiger Fragen findet sich z. B. bei Wilken (2015) oder Margraf und Schneider (2013).

Eine typische Schwierigkeit bei der Befragung liegt darin, dass Klienten oft Gedanken und Emotionen nicht unterscheiden. Sie antworten beispielsweise auf die Frage, was sie in der Situation gedacht haben, mit: „Ich dachte, ich habe fürchterliche Angst“ oder „Ich habe nur noch daran gedacht, wie wütend ich bin“. Es ist deshalb wichtig, die Unterscheidung zwischen Gedanken und Emotionen herauszuarbeiten und ggf. durch anschauliche Beispiele zu verdeutlichen. Insbesondere zu Beginn der gemeinsamen Arbeit ist es oft notwendig, dass der Interviewer den Klienten immer wieder zu einer Rekonstruktion seiner Gedanken hinführt.
Ebenso häufig ist die Schwierigkeit, dass Klienten fest davon überzeugt sind, keine Gedanken nennen zu können. Das kann damit zu tun haben, dass die emotionale Reaktion ihre gesamte Aufmerksamkeit in Anspruch nimmt (z. B. Angst, zu sterben) oder dass die Gedanken in hoher Geschwindigkeit ablaufen (z. B. bei Panikattacken) und deshalb dem Bewusstsein nicht so leicht zugänglich sind. Ist dies zu vermuten, dann können zur Unterstützung Beispiele gegeben werden (z. B. „Manche Menschen denken in so einer Situation: ...“) – selbstverständlich immer in Verbindung mit der Überprüfung durch den Klienten (z. B. „Kommt Ihnen das bekannt vor?“, „Klingt das vertraut?“) und keinesfalls in einer suggestiven Form.

Zwei abgewandelte Formen der Befragung sind die Gedankenliste und die Methode des lauten Denkens. Bei der erstgenannten Möglichkeit wird der Klient aufgefordert, eine Liste von Gedanken anzufertigen *(thought listening technique),* die sich auf ein problematisches Ereignis in der Vergangenheit oder Zukunft beziehen oder die als „störend“ empfunden werden. Meist ist damit die Aufforderung verbunden, die einzelnen Gedanken anschließend hinsichtlich Intensität, Bedeutsamkeit, Wahrscheinlichkeit etc. auf einer vorgegebenen Skala einzuschätzen. Diese Einschätzungen sind später auch für die Rückmeldung von Veränderung und die Überprüfung der Wirksamkeit neuer Gedanken (siehe Punkt 3.2.4) hilfreich. Beim lauten Denken wird der Klient, während er sich gedanklich oder in Form eines Rollenspiels (siehe Kapitel 4) in die kritische Situation versetzt, gebeten, die Gedanken laut auszusprechen.

Selbstbeobachtung und Selbstprotokollierung

Sehr wichtig zur Identifikation dysfunktionaler subjektiver Bewertungen von Situationen ist die Selbstbeobachtung bzw. -protokollierung. Der Klient erhält die Aufgabe, sein inneres Selbstgespräch, seine Gedanken in kritischen Situationen wahrzunehmen und zu protokollieren *(thought-sampling).* Dies kann auf unterschiedliche Weise und unter unterschiedlichen Bedingungen geschehen.

Wann soll protokolliert werden?

Der Klient beobachtet und protokolliert immer dann, wenn das auslösende Ereignis mit den begleitenden Gedanken auftritt (ereignisbasierte Erfassung), innerhalb vorher definierter Zeiträume (zeitbasierte Erfassung; z. B. alle zwei Stunden, einmal am Abend etc.) oder aber während extern vorgegebener „Zeitmarken" (z. B. immer dann, wenn ein Signal über einen Zeitgeber ertönt). Die erstgenannte Methode eignet sich besonders dann, wenn Ereignisse eher selten auftreten. Bei Ereignissen, die häufig auftreten oder deren Anfang und Ende nicht eindeutig zu bestimmen sind (z. B. soziale Interaktionen) kann eine zeitbasierte Erfassung sinnvoller sein.

Je nach individueller Problematik und vorgegebenen Kontextbedingungen ist auch zu entscheiden, ob die Aufzeichnung während bzw. unmittelbar nach dem auslösenden Ereignis stattfinden oder ob mit zeitlichem Abstand (z. B. am Abend) aus der Erinnerung rekonstruiert werden soll. Je länger der zeitliche Abstand zum Ereignis ist, desto größer ist aber die Gefahr von Erinnerungsverzerrungen. Von daher ist eine möglichst zeitnahe Protokollierung vorzuziehen. Außerdem gibt es Befunde, wonach die Intensität von Gefühlen abhängig vom Protokollierungszeitpunkt variiert. Hollon und Evans (1978) zeigten beispielsweise, dass depressive Personen, wenn sie stündlich protokollieren, weniger depressiv erscheinen, als solche, die erst am Ende des Tages ihre Aufzeichnungen machen. In jedem Fall ist eine klare Absprache mit dem Klienten wichtig und erforderlich.

Was soll protokolliert werden?

In einem einfachen Protokollschema wird notiert, um welches Ereignis es sich handelte (was, wer, wann, wo) und welche Gedanken, Gefühle und Handlungen damit verbunden waren (siehe Abbildung 3.1). Das Schema folgt dem ABCGrundgerüst. Für die Veränderung dysfunktionaler Kognitionen kann es aber auch wichtig sein, zusätzlich die Intensität von Gefühlen oder den Grad der Überzeugung hinsichtlich der eigenen Gedanken in der jeweiligen Situation einschätzen zu lassen. Hierzu bieten sich Einschätzskalen (z. B. „0=keine

Traurigkeit, 100=überwältigende Traurigkeit“ oder „0=nicht überzeugt davon, 100=völlig überzeugt davon“) an. Auch die Häufigkeit eines negativen Gedankens (z. B. innerhalb einer Stunde, am Tag usw.) kann erfasst werden.

Situation (Was, wer, wann, wo,...)	Gedanken	Gefühle	Reaktion	Überzeugung 0-100%

Abb. 3.1: Beispiel für einen Protokollbogen

Wie soll protokolliert werden?
Das Notieren von Ereignissen mit den sie begleitenden Gedanken und Emotionen muss für den Klienten gut zu bewältigen sein. Am häufigsten kommen deshalb „Papier-und-Bleistift-Techniken“ zum Einsatz. In vorstrukturierte Tagebücher (d. h. die einzelnen Beobachtungskategorien sind vorgegeben) werden die Aufzeichnungen während des Tages oder am Abend eingetragen (z. B. Hautzinger, Beck, Rush, Shaw, & Emery, 2010). Sollen die Gedanken möglichst zeitnah zu einem Ereignis erfasst werden, dann können sog. Beobachtungskarten (kleine Karteikarten mit den entsprechenden Beobachtungskategorien) sehr hilfreich sein. Sie lassen sich gut transportieren und erlauben ein relativ unauffälliges Notieren der zentralen Informationen. Eine weitere Möglichkeit stellen Checklisten dar, wo das jeweils Zutreffende angekreuzt wird. Sie reduzieren zwar den Schreibaufwand, bergen aber die Gefahr in sich, dass Kognitionen nicht differenziert genug erfasst werden. Umfassender und ausgearbeiteter sind dagegen Protokollierungssysteme, die zu bestimmten Störungsformen entwickelt wurden. Die damit einhergehenden Kognitionen sind aber immer nur ein Teil der zu erfassenden Informationen. Ein Beispiel hierfür ist der Marburger-Angst-Fragebogen (Margraf & Schneider, 2013).

Da diese Systeme sehr differenziert sind, können sie in einer kritischen Situation unter Umständen schwer zu handhaben sein. Sie setzen beim Klienten nämlich eine gewisse kognitive Leistungsfähigkeit und hohe Motivation zur Mitarbeit voraus. Protokollierungssysteme können aber, in vereinfachter Form und individuell angepasst, in Zusammenarbeit mit dem Klienten selbst entwickelt werden.

Hilfreich bei der Erfassung dysfunktionaler Kognitionen sind unter Umständen auch elektronische Geräte: Portable Aufzeichnungsgeräte (z. B. über Smartphones) ermöglichen die Aufzeichnung von Gedanken und Gefühlen während der kritischen Situation (z. B. Perrez & Reicherts, 1989). Der Klient wird aufgefordert, seine Gedanken laut auszusprechen und aufzuzeichnen (Think-aloud).

Der Vorteil von produktiven Verfahren liegt in ihrer Vielseitigkeit. Sie können in nahezu jeder Situation und mit jedem Klienten genutzt und individuell auf die Bedürfnisse und Fähigkeiten des Klienten zugeschnitten werden. Nachteilig können diese Methoden dann sein, wenn es Klienten schwer fällt, Gedanken zu verbalisieren. Auch sind diese Verfahren hinsichtlich psychometrischer Aspekte (Objektivität, Reliabilität, Validität) schwer einzuschätzen (Merluzzi & Glass, 2000).

Unterstützende Verfahren, die den Zugang zu Kognitionen erleichtern

Für Klienten, denen es schwer fällt, sich problemrelevante Gedanken bewusst zu machen, ist ein Rollenspiel oft hilfreich (siehe Kapitel 4). Hier soll eine kritische Situation möglichst detailliert und wirklichkeitsnah nachgespielt werden. Dabei erlebt der Klient Gefühle aus der ursprünglich belastenden Situation wieder und findet so meist leichter Zugang zu seinen Gedanken. Als Variante dieser Methode kann eine komplexere Situation auch in einzelne kleine Sequenzen aufgeteilt und nachgespielt werden.

Zu ähnlichen Effekten führt auch eine gelenkte Vorstellung der kritischen Situation (imaginative Verfahren; siehe z. B. Lammers & Eismann, 2015). Sie erleichtert den Zugang zu kognitiven Prozessen in problematischen Situationen. So kann es die Instruktion, das kritische Ereignis oder die kritische Situation in der Vorstellung im Zeitlupentempo nachzuvollziehen, dem Klienten ermöglichen, besser auf die dabei auftretenden Gedanken zu achten.

Neben diesen „Als-ob-Methoden" (Rollenspiel und imaginative Verfahren) können auch sog. In-vivo-Expositionen oder Verhaltensexperimente eingesetzt werden. Der Klient begibt sich – sofern dies möglich ist – in Anwesenheit des Therapeuten in die kritische Situation, die er normalerweise vermeidet. Die Exploration der begleitenden Kognitionen kann somit zeitnah, noch während oder unmittelbar nach Beendigung der Situation, erfolgen.

Fragebogen/Checklisten

Bei standardisierten Fragebögen oder Checklisten werden typische, störungsspezifische Kognitionen vorgegeben, sie zählen zu den reaktiven diagnostischen Verfahren. Vor allem in den USA wurde eine Vielzahl solcher Verfahren entwickelt, einige davon sind inzwischen in deutscher Übersetzung verfügbar. Einige Beispiele seien hier genannt:

– *Störungsunspezifische Verfahren:* Fragebögen zur Erfassung irrationaler Einstellungen bzw. Überzeugungen (Klages, 1989a).

- *Störungsspezifische Verfahren:* Fragebögen zur Erfassung automatischer negativer Gedanken oder von Attributionsstilen bei Depression (z. B. BDI: Beck, Steer, & Brown, 2009; DAS: Hautzinger, Joormann & Keller, 2005). Fragebogenverfahren zur Erhebung angstbezogener Kognitionen: Ängste in sozialen Situationen (z. B. Unsicherheitsfragebogen, Ullrich de Muynck & Ullrich, 1979; Soziale Angst- und Vermeidungs-Skala, Vormbrock & Neuser, 1983), Ängste im Zusammenhang mit einem Paniksyndrom (z. B. AKV, Ehlers, Margraf & Chambless, 2001), Ängste im Leistungsbereich (z. B. DAI, Rost & Schermer, 2007), Angstbewältigung in physisch bedrohlichen Situationen (z. B. Krohne, Rösch & Kürsten, 1989). Schmerzbezogene Kognitionen: Fragebogen zum Schmerzverhalten (FSV, Klages, 1989).

Der Vorteil von Fragebogen oder Checklisten liegt darin, dass Informationen über die Testgütekriterien Reliabilität (Zuverlässigkeit) und Validität (Gültigkeit) vorliegen und dass die Verfahren leicht anzuwenden und auszuwerten sind. Außerdem kann es für Klienten einfacher sein, vorgegebene Aussagen einzuschätzen, als von sich aus entsprechende Kognitionen zu verbalisieren. Ein Nachteil dieser Erhebungsmethode kann sein, dass mit der Vorgabe prototypischer Aussagen unter Umständen individuelle Gedankengänge oder Emotionen nicht hinreichend erfasst werden und der funktionale Zusammenhang damit nicht deutlich genug herausgearbeitet werden kann. Unabhängig von der gewählten Methode ist immer im Auge zu behalten, dass die Erfassung von Kognitionen, auch bei noch so sorgfältiger Vorgehensweise, aus testtheoretischer Sicht methodisch problematisch ist (Blankstein & Segal, 2001; Kendall, 1981). Aufgrund von Urteils- oder Erinnerungsfehlern, Problemen bei der Verbalisation oder bei der Bewusstmachung können die problemrelevanten kognitiven Inhalte ungenau oder nicht valide sein. Es ist deshalb im Rahmen der Diagnose störungsrelevanter Kognitionen zu empfehlen, Fragebogen immer in Kombination mit anderen Methoden (z. B. Selbstprotokollierung) einzusetzen.

(2) Identifikation dysfunktionaler Kognitionen

Nachdem die Kognitionen, die in einem Zusammenhang mit einem problematischen Ereignis stehen, erfasst sind, gilt es, diese hinsichtlich ihrer Dysfunktionalität oder Irrationalität einzuschätzen. Dieser Schritt bedeutet Interpretation und diese sollte Kriterien folgen, die – idealerweise – eine hohe intersubjektive Übereinstimmung bei der Beurteilung eines bestimmten Gedankens als dysfunktional ermöglichen. Das gilt insbesondere für die Identifizierung von meist unbewussten Grundannahmen, Lebensregeln, Schemata etc., die aus konkreten Gedanken erschlossen werden.

Wie bereits erwähnt, gibt es bislang keine eindeutigen Kriterien für die Irrationalität oder Dysfunktionalität von Gedanken (Scholz, 2001). Diese werden vielmehr aus ihrer Abweichung vom rationalen Denken definiert, Dysfunktionale Kognitionen sind nach Dryden (2003) unlogisch, widersprechen der empirischen Realität und führen zu Emotionen oder Verhaltensweisen, die für das Subjekt unangenehm, hinderlich oder selbstschädigend und damit nicht zielführend sind. Die Irrationalität kann über den Inhalt (z. B. Selbstabwertung, falsche Überzeugungen), über qualitative Merkmale einer Überzeugung (absolutistisch, rigide etc.) oder über den Denkprozess (z. B. dichotomes Denken, „Katastrophisieren" etc.) definiert werden (Sutton-Simon, 1981). Ellis und Beck haben auf der Basis ihrer umfangreichen therapeutischen Erfahrungen problemrelevante Kognitionen und ungünstige Denkmuster inhaltlich beschrieben, systematisiert und in Listen zusammengefasst; von anderen Autoren gibt es ähnliche Übersichten.

Für Ellis sind es in erster Linie unangemessene Bewertungen und Fehlinterpretationen von Ereignissen und absolutistische, übersteigerte und dogmatische Forderungen (*„musts" „shoulds", „have to's", „got to's", „toughts")*, die situationsadäquate Emotionen und angemessenes Verhalten blockieren. Listen solcher irrationaler Ideen nach Ellis umfassen in der klassischen Version elf (Ellis, 1962), später zwischen drei und 51 irrationale Ideen. Nach Dryden und Walker (1996) lassen sich zusammenfassend vier Grundkategorien irrationaler Überzeugungen nach Ellis unterscheiden (siehe Tabelle 3.2).

Tab. 3.2: Kategorien irrationaler Überzeugungen nach Ellis (Dryden & Walker, 1996)

Kategorien irrationaler Überzeugungen	Beispiele
Absolute Forderungen („Muss-Gedanken")	Ich muss gute Leistungen erbringen Ich darf absolut keinen Fehler machen Die anderen müssen mich mögen
Katastrophendenken	Es ist absolut schrecklich, wenn ich mich blamiere Es ist fürchterlich, wenn ich nicht eingeladen werde
Niedrige Frustrationstoleranz	Ich kann es nicht aushalten, wenn mein Freund mit mir streitet Es wäre unerträglich, wenn ich durch die Prüfung fallen würde
Negative Selbst- und Fremdbewertung	Ich bin ein Versager Der andere ist ein Dummkopf

Nach Scholz (1991) lassen sich die Formen der Übersteigerung von Ansprüchen oder Forderungen eines Klienten in vier Fragen fassen:

„(a) Verlangt der Klient die Verwirklichung seines Anspruchs unbedingt, d. h. ohne Berücksichtigung von Kontextfaktoren?

(b) Verlangt der Klient die Verwirklichung seines Anspruchs immer, d. h. ohne Duldung von Ausnahmen oder Aufschüben?

(c) Verlangt der Klient die Verwirklichung seines Anspruchs in außerordentlichem Maß, d. h. mit besonderen Ansprüchen an Qualität oder Quantität, die über das umwelt- oder selbstverträgliche Maß hinausreichen?

(d) Verlangt der Klient die Verwirklichung seines Anspruchs in Perfektion, d. h. mit perfektionistischen Anforderungen, die keinerlei Abstriche hinnehmen?" (Scholz, 1991, S. 40).

Tab. 3.3: Typische Denkfehler depressiver Patienten nach Beck (De Rube, Tang & Beck, 2001)

Denkfehler	Beispiele
Alles-oder-Nichts-Denken	Beurteilung eines Ereignisses nur als gut oder schlecht
Übergeneralisieren	Aus einer einzigen Erfahrung wird geschlossen, dass es immer so ist
„Herunterspielen" von positiven Ereignissen	Positive Erfahrungen werden als nicht wichtig erachtet oder dem Zufall zugeschrieben
Unangemessenes Schlussfolgern	Die Bewertung eines Ereignisses erfolgt aufgrund eines einzigen Aspektes einer Situation („Der Chef hat mich nicht begrüßt. Er mag mich nicht")
Gedankenlesen	Überzeugung zu wissen, was andere Personen denken
Zukunftssehen	Überzeugung zu wissen, wie sich die Zukunft entwickelt, ohne dabei andere Möglichkeiten in Betracht zu ziehen
Maximieren/Minimieren	Die Bedeutung negativer Ereignisse wird überschätzt, die positiver Ereignisse unterschätzt
Emotionales Begründen	Überzeugung, dass etwas wahr ist, nur weil es sich so „anfühlt", als wäre es wahr
Etikettieren	Verwendung von globalen „Etiketten", um Verhalten zu beschreiben (z. B. „schlechte Mutter", „guter Sohn")
Unangemessenes Verurteilen	Sich selbst im Nachhinein verurteilen, dass man anders hätte handeln müssen, obwohl das zum Zeitpunkt des Ereignisses nicht möglich gewesen wäre

Beck hat sich schwerpunktmäßig mit affektiven Störungen befasst und vor allem für Depressionen typische Denkmuster identifiziert. Nach De Rube, Tang und Beck (2001) lassen sich die in Tabelle 3.3 zusammengefassten fehlerhaften und damit störungsrelevanten Denkmuster klassifizieren.

Dysfunktionale Kognitionen sind oft mit bestimmten sprachlichen Formulierungen verbunden. So ist beispielsweise besonders auf Sätze zu achten, die Wörter wie „nie", „immer", „alles", „nichts" enthalten (z. B. „Mir gelingt nichts im Leben"). Einer solchen Wortwahl liegen möglicherweise Überzeugungen zugrunde, die nicht mit der Realität übereinstimmen. Äußerungen wie „Ich muss", „Ich sollte", „Ich darf nicht" können auf absolute Forderungen hindeuten. Aus diesem Grund ist sehr sorgfältig auf die sprachlichen Formulierungen des Klienten zu achten. Daraus ergeben sich oftmals Ansatzpunkte für eine Elaboration der Gedanken und damit für eine differenzierte Diagnostik.

Für den Veränderungsprozess ist es darüber hinaus hilfreich, dem Klienten verschiedene Arten von dysfunktionalen Kognitionen zu verdeutlichen und ihn darüber zu informieren. Margraf und Schneider (2013) haben beispielsweise zu diesem Zweck für den Bereich der Panikstörungen für Patienten ein Informationsblatt zu logischen Fehlern entwickelt.

3.2.2 Veränderung dysfunktionaler Kognitionen

Ziel kognitiver Verhaltensmodifikation ist eine „Korrektur kognitiver Verzerrungen", d. h. eine Umstrukturierung in Richtung rationaler, situationsangemessener Kognitionen bzw. in Richtung bewältigungsfördernder Selbstaussagen. Was dabei als rational oder situationsangemessen gilt, muss sich immer auch an der individuellen Sozialisation, an den ethisch-moralischen Normen und an den (Lebens-)Zielen des Patienten orientieren (Stavemann, 2015).

Wie kann nun eine Veränderung dysfunktionaler Gedanken gelingen? Nicht selten berichten Klienten, dass sie schon verzweifelt – und vergeblich – versucht haben, „die Gedanken aus dem Kopf zu bekommen" oder „einfach abzuschalten". Die kognitive Umstrukturierung erfolgt im Wesentlichen durch das Infragestellen (Disputation) der identifizierten, dysfunktionalen Kognitionen und das Erarbeiten neuer, zielführender Denkweisen. Dabei geht es nicht darum, den Klienten mit Argumenten zu überzeugen (das haben meist Angehörige, Freunde oder andere Ratgeber schon versucht!). Ziel sollte vielmehr eine professionell geleitete Anregung zur vertieften Auseinandersetzung, zur Hinterfragung der als dysfunktional identifizierten Gedankengänge und zur Erarbeitung funktionaler Kognitionen sein.

(1) Infragestellen dysfunktionaler Kognitionen

Zentral für die kognitive Umstrukturierung ist der so genannte sokratische Dialog. Er ist nach dem griechischen Philosophen Sokrates benannt und folgt dessen Prinzipien des Diskutierens. Diese philosophische Methode wurde für den Bereich der sozialen und psychologischen Intervention adaptiert, ist also nicht einem bestimmten therapeutischen Konzept verhaftet. Ein Blick in die Literatur zeigt, dass es vielfältige und zum Teil widersprüchliche Auffassungen darüber gibt, was unter dem Sokratischen Dialog genau zu verstehen ist. Es zeigt sich, dass keine einheitliche Definition des sokratischen Dialogs für den psychotherapeutischen Kontext existiert. Stavemann (2015) kritisiert dies zu Recht, und schlägt folgende Definition vor: „Der psychotherapeutische Sokratische Dialog bezeichnet einen philosophisch orientierten, Gesprächsstil, der durch eine nicht-wissende, naiv fragende, um Verständnis bemühte, zugewandte, akzeptierende Therapeutenhaltung geprägt ist und chronologisch verschiedene Phasen durchläuft. Er dient einzig der Zielsetzung, dass der Klient durch die geleiteten Fragen des Therapeuten alte Sichtweisen reflektiert und – falls er darin Widersprüche oder Mängel erkennt – eigenverantwortlich entscheidet, ob er eine neue funktionale Alternative erarbeiten und seine alte, dysfunktionale Ansicht zu Gunsten der neu erarbeiteten aufgeben will. Hierzu bedienen Therapeuten sich verschiedener Frage- und Disputationstechniken und der Methode der regressiven Abstraktion (Stavemann, 2015, S. 19).

Wichtig für die Auseinandersetzung mit dysfunktionalen Kognitionen sind also Fragen und die Fragetechnik. Der erwünschte „Zustand innerer Verwirrung“ soll es dem Klienten ermöglichen, neue situationsadäquate Überzeugungen zu entwickeln. Die Anwendung des sokratischen Dialogs im Rahmen einer Intervention hat sich bei unterschiedlichen, klinisch relevanten Problemen bewährt (z. B. Depressionen, Panikstörungen, Partnerschaftsprobleme, Posttraumatische Störungen; siehe Stavemann, 2015). Mit dem Ziel, die Selbstbestimmung zu fördern, Eigenverantwortung zu übernehmen und eigenständig individuelle Lösungen zu finden, trifft sich diese Methode mit dem genuinen Anliegen der Sozialen Arbeit und kann von daher fruchtbar in unterschiedliche Interventionskonzepte integriert werden.

Die Variationsbreite einzelner, konkreter Disputationstechniken, die im psychotherapeutischen sokratischen Dialog verwendet werden, ist sehr groß und kann im Rahmen dieses Beitrages nicht dargestellt werden. Für eine gezielte Intervention wird auf weiterführende Literatur (z. B. Stavemann, 2015; Wilken, 2015) und Therapiemanuale (z. B. Hautzinger, Beck, Rush, Shaw,& Emery, 2010; Hautzinger, Stark & Treiber, 2003; Margraf & Schneider, 2013) verwiesen. Im Folgenden sind die wichtigsten Disputationstechniken nur beispielhaft aufgeführt (nach Stavemann, 2015).

Logische Disputation

Mit der logischen Disputation werden die Schlussfolgerungen und Ableitungen des Klienten auf ihre Logik hin geprüft und ggf. Widersprüche innerhalb der Denkmuster aufgedeckt (Beispiele in Tabelle 3.4).

Tab. 3.4: Logische Disputation

Beispiel: Prüfung von Schlussfolgerungen	
Wenn meine Hand so zittert, denken die anderen ich bin betrunken.	Sie meinen, dass Alkohol die einzige Ursache für eine zitternde Hand ist? Wenn Sie jemanden mit einer zitternden Hand sehen, denken Sie dann, dass er betrunken ist? Warum denken die anderen so und Sie nicht?
Beispiel: Aufdecken von Widersprüchen	
Es ist mir egal, ob ich sterbe.	Vorhin sagten Sie, Sie hätten Angst vor dem Ergebnis der Untersuchung… Ich verstehe den Zusammenhang noch nicht.

Empirische Disputation

Mithilfe der empirischen Disputation werden die dysfunktionalen Kognitionen des Klienten auf ihren Realitätsbezug und ihren empirischen Wahrheitsgehalt hin untersucht (Beispiele in Tabelle 3.5).

Tab. 3.5: Empirische Disputation

Beispiel: Überprüfung der Realitätsangemessenheit	
Keiner mag mich	Ist das wirklich so, wie Sie sagen? Was spricht für Ihre Annahme? Wie könnten Sie herausbekommen, ob es tatsächlich so ist? Woher wissen Sie, dass keiner Sie mag? Gehen Sie in Gedanken die Menschen durch, den Sie kennen: Ist wirklich keiner dabei, von dem Sie annehmen, dass er Sie mag?
Beispiel: Überprüfung der Auftretenswahrscheinlichkeit	
Wenn ich vor Menschen sprechen muss, werde ich ohnmächtig	Wie oft sind Sie schon ohnmächtig geworden, wenn Sie vor Menschen sprechen mussten? Wie oft haben Sie schon erlebt, dass andere Menschen in einer solchen Situation ohnmächtig wurden?

Beispiel: Überprüfung von Attributionen und Schlussfolgerungen	
Meine Kollegin hat heute schlechte Laune. Die führt bestimmt was im Schilde	Welche Gründe könnte es noch dafür geben, dass Ihre Kollegin schlechte Laune hat?
	Wenn sie schlechte Laune hat, führt sie dann immer etwas im Schilde?
Wenn ich mich mehr um meine Tochter kümmern würde, hätte sie keine Schulprobleme	Gibt es noch eine andere Erklärung für die Schulprobleme Ihrer Tochter?
	Was könnte noch, außerhalb Ihrer Person, zu den schlechten Schulleistungen beitragen?

Hedonistische oder funktionale Disputation

Bei der hedonistischen oder funktionalen Disputation steht im Mittelpunkt, eine Entscheidung oder Handlung des Klienten daraufhin zu überprüfen, ob sie seinen Zielen dient oder nicht und / oder ob auch Widersprüche zwischen seinen kurzfristigen und langfristigen Zielen bestehen (Beispiele in Tabelle 3.6).

Tab. 3.6: Hedonistische oder funktionale Disputation

Beispiel: Überprüfung, ob eine Handlung zielführend ist	
Ich gehe nicht mehr auf Betriebsfeiern	Wenn Sie nicht mehr auf Betriebsfeiern gehen, hilft Ihnen das, neue Kontakte zu knüpfen?
Beispiel: Widerspruch zwischen kurzfristigen und langfristigen Zielen	
Ich fahre nur noch in Begleitung Auto	Was erreichen Sie damit? Hilft Ihnen das, selbständig zu werden?

Neben diesen allgemeinen Strategien im sokratischen Stil haben sich bei häufig anzutreffenden dysfunktionalen Kognitionen folgende spezifische Techniken besonders bewährt:

Entkatastrophisieren

Negative Ereignisse werden in der subjektiven Wahrnehmung und Bewertung als „Katastrophe“, also als das Schlimmste, was passieren kann, eingeschätzt (Beispiele in Tabelle 3.7). Das Entkatastrophisieren kann durch das „Zuende-Denken der Katastrophe“, also durch das gedankliche Durchspielen der Folgen angeregt werden. Oft kommt es auf diese Weise zur Erkenntnis, dass ein befürchtetes Ereignis zwar sehr unangenehm wäre, aber letztendlich nicht lebensbedrohlich. Diese Methode wird auch häufig als Baustein im Rahmen einer Therapie bei Panikstörung eingesetzt, um den Patienten auf der kognitiven Ebene Unterstützung zu geben (siehe z. B. Margraf & Schneider, 2013).

Tab. 3.7: Entkatastrophisieren

Beispiel: Katastrophendenken hinterfragen	
Wenn ich durch die Prüfung falle, ist mein Leben verpfuscht	Was wäre, wenn dieser schlimmste Fall eintreten würde? Und was wäre dann…? Und dann…? Wie würden Sie in 20 Jahren darüber denken?

Zur Entkatastrophisierung gehört auch die sog. „Aufblastechnik", die für bestimmte Gedankeninhalte sehr geeignet sein kann. Dabei wird eine Überzeugung (z. B. „Ich bin ein schlechter Mensch") in der Vorstellung so sehr übertrieben („aufgeblasen"), dass sie schließlich lächerlich wirkt (z. B. die Vorstellung, dass in der Zeitung ein Bild vom Klienten erscheint mit dem Kommentar „Dies ist ein schlechter Mensch"). Die Anwendung dieser Technik setzt jedoch eine gute Beziehung sowie einen Sinn für Humor beim Klienten voraus.

Weitere Fragetechniken

In der gemeinsamen Arbeit mit Klienten wird manchmal deutlich, dass sie meinen, etwas unter keinen Umständen aushalten zu können oder dass sie zwischen Fakten und Meinungen nicht unterscheiden können. Auch hinter konkreten dysfunktionalen Kognitionen stehen oftmals, wie bereits erläutert, absolutistische Sichtweisen und Lebensphilosophien, die gezielt hinterfragt werden sollten. In Tabelle 3.8 sind Beispiele für mögliche Fragen hierfür aufgeführt.

Tab. 3.8: Weitere Fragetechniken

Beispiel: Nach Beweisen für geringe Belastbarkeit fragen	
Das kann kein Mensch aushalten	Gibt es einen Beweis, dass Sie das unter keinen Umständen aushalten könnten? Würden Sie daran sterben? Gibt es einen Menschen, der so etwas schon mal ausgehalten hat?
Beispiel: Hinterfragen von „Fakten"	
Ich bin ein Versager	Versagen Sie in jeder Situation?
Ich bin nicht attraktiv	Wenn X Sie nicht attraktiv findet, sind Sie dann auch nicht attraktiv? Wenn ich Ihnen sage, dass Sie die schönste frau Deutschlands sind, sind Sie es dann?

Beispielfragen bei absoluten Forderungen
Was ist der Beweis dafür, dass Sie X tun müssen?
Wo steht das geschrieben?
Wieso muss das so sein?
Wird sich etwas ändern, nur weil Sie es verlangen?
Haben Sie die absolute Kontrolle über sich?
Wieso sollten die anderen sich so verhalten, wie Sie es wollen?

Auch wenn psychische Probleme als Ausdruck dysfunktionaler kognitiver Inhalte und Prozesse betrachtet werden, vollzieht sich die Veränderung dieser Kognitionen in der Regel nicht allein mittels verbaler Verfahren. Zum Aufbau und zur Stabilisierung neuer Denkweisen sind konkrete Erfahrungen notwendig (Semmer & Frese, 1978; Tuschen & Fiegenbaum, 2000). Die kognitiven Techniken werden deshalb in der Praxis durch verhaltensorientierte „Hausaufgaben“ unterstützt. Dies können sein:

- Verhaltensexperimente, um Befürchtungen zu überprüfen (z. B. bewusst einen „Fehler“ machen oder etwas Verrücktes tun und sich öffentlicher Aufmerksamkeit aussetzen; was passiert, wenn man bewusst körperliche Symptome erzeugt). Allerdings sollte dabei ein gewisser Rahmen gewahrt werden. Beispiele wie „...eine Banane an einer Hundeleine in einer belebten Straße, spazieren führen“ sind überzogen und entbehren therapeutischer Seriosität! Außerdem darf die Verhaltensübung selbstverständlich nicht wirklich gefährlich sein.
- Systematische Beobachtung im Alltag (Selbstprotokollierung) oder Befragung anderer Personen, um den Realitätsgehalt von Überzeugungen zu überprüfen
- Entwicklung eines „Realitätstests“ (Herbeiführen einer Situation, die typisch für das Aufkommen dysfunktionaler Gedanken ist. Im Unterschied zu früher soll aber bedacht werden, was eine alternative Sichtweise stützen könnte)
- Tägliche Auflistung positiver Aktivitäten („positives Tagebuch“)
- Notieren positiver Rückmeldungen anderer Menschen
- Auflistung von Aktivitäten, die einer globalen Selbsteinschätzung (z. B. „Ich bin ein Versager“) widersprechen

Wenn der Klient beginnt, seine bisherigen dysfunktionalen Kognitionen in Frage zu stellen, sich sozusagen im „Zustand innerer Verwirrung“ befindet (also von seinen bisherigen Kognitionen nicht mehr überzeugt ist), dann gilt es, alternative, funktionale, zielführende Kognitionen zu erarbeiten und zu formulieren.

(2) Erarbeiten neuer, zielführender Kognitionen

Auch für funktionale, zielführende Kognitionen gibt es keine eindeutigen, theoretisch abgeleiteten Kriterien. Zwar werden in der Literatur zielführende Kognitionen in ihren Charakteristika beschrieben und dafür reichlich konkrete Beispiele gebracht (siehe auch Maultsby, 1984, der „fünf Regeln für rationales Verhalten" vorgibt; zitiert in Scholz, 2001), jedoch bleibt die Frage, was einen Gedanken zu einer rationalen, funktionalen und damit im Sinne der Veränderung zu einer „wirksamen" Kognition macht, theoretisch weitgehend unbeantwortet und bestimmt sich letztendlich nur empirisch am und aus dem Einzelfall.

Idealerweise wird für jede dysfunktionale Kognition oder Grundüberzeugung eine Alternative formuliert. Entscheidend ist dabei auch hier die aktive Rolle des Klienten, der selbst erarbeiten muss, was für ihn hilfreiche, zielführende Gedanken-Alternativen wären. Als wichtige und unterstützende Fragen zum Auffinden funktionaler Kognitionen könnten eingesetzt werden:

- Was könnten Sie stattdessen sagen?
- Was wäre eine hilfreichere Sicht?
- Was müssten Sie in der Situation zu sich selbst sagen, um sich so zu fühlen/zu verhalten, wie Sie es gerne möchten?
- Welche Annahme ist wahrscheinlicher?
- Was würde sich X in einer solchen Situation denken? etc.

Bei der Erarbeitung funktionaler Kognitionen mit einem Klienten sollten folgende Regeln beachtet werden:

- Es sollte zunächst mit einer konkreten Problemsituation begonnen werden
- Es sollten keine alternativen Gedankeninhalte vorgegeben werden
- Die „Bewältigungssätze" sollten so spezifisch wie möglich und in der Sprache des Klienten formuliert werden
- Funktionale Kognitionen sollten in direkter (Selbst-)Anrede formuliert werden (z. B. „Denke nicht, dass das Schlimmste passiert. Bleib so ruhig wie möglich und überlege!")
- Funktionale Kognitionen sollten realistisch sein. Der Bewältigungssatz „Ich bin ganz ruhig" entspricht z. B. in einer angstbesetzten Situation oft nicht der Realität. Besser wäre: „Obwohl ich aufgeregt bin, lasse ich mich nicht beeinträchtigen"
- Die neu erarbeiteten Kognitionen sollten schriftlich festgehalten werden

In dieser Phase kann es auch sehr hilfreich sein, wenn der Klient einen Selbstprotokollbogen oder ein Arbeitsblatt führt und für kritische Situationen über den bisherigen Gedanken hinaus Alternativen formuliert und notiert (siehe Beispiel Abbildung 3.2).

Situation (Was, wer, wann, wo …)	Bisheriger Gedanke	Alternativer Gedanke	Gefühl bei alternativem Gedanken

Abb. 3.2: Beispiel für die Protokollierungalternativer Gedanken

3.2.3 Einübung situationsadäquater Kognitionen

Das Infragestellen dysfunktionaler Gedanken, die verstandesmäßige Einsicht des Klienten und die Erarbeitung neuer, zielführender Kognitionen bedeuten noch nicht, dass der Klient von nun an auch in der Lage ist, anstelle der (oft seit Jahren oder Jahrzehnten automatisch auftretenden) dysfunktionalen Gedankengänge die neuen Kognitionen im Alltag einzusetzen. In der Regel sind aktives Training und intensives Einüben hilfreicher Gedanken notwendig. Die zielführenden, funktionalen Kognitionen müssen bis zu einem solchen Automatisierungsgrad eingeübt werden, dass sie auch bei Stresseinwirkung noch verlässlich abrufbar sind. Insbesondere innerhalb der Umsetzungsphase werden deshalb in der Praxis die kognitiven Techniken mit verhaltensorientierten Methoden kombiniert. Der Klient erhält sog. „Hausaufgaben". Zur motivationalen Unterstützung sollte dem Klienten außerdem vermittelt werden, dass das Umlernen ein anstrengender und länger währender Prozess ist. Nicht selten sind Klienten enttäuscht, wenn die neu gelernten Einsichten und Gedanken nicht gleich zum gewünschten Erfolg führen.

Beispiele für unterstützende, verhaltensbezogene Methoden zur Einübung neuer, funktionaler Kognitionen:

- Wenn es Klienten schwer fällt, positive Selbstbewertungen laut auszusprechen, sollte dies (z. B. im Rollenspiel) eingeübt werden
- Selbstanweisungen sich immer wieder laut (später leise) vorsagen (wie „Gebetsmühlen") oder funktionale Gedanken auf einen Zettel notieren und an einem gut sichtbaren Ort anbringen (z. B. am Schreibtisch, an der Wohnungstüre) bzw. immer bei sich tragen (z. B. auf Karteikarten)
- Methode des Gedanken-Stopp einsetzen (beim Auftreten dysfunktionaler Gedanken z. B. laut „Stopp" sagen). Das „Stopp-Signal" wird mit einem spezifischen Gedanken-Inhalt gekoppelt und unterbricht den bisherigen,

automatisierten Gedankeninhalt. Der Klient kann so seine bewusste Aufmerksamkeit einer aktiven Gegenstrategie (funktionale Gedanken) zuwenden

- Einübung konkreter Situationen im Rollenspiel durch Rollentausch
- Einübung konkreter Situationen in der Vorstellung
- Verhaltensübungen in der Realität des Alltags (z. B. auch bewusstes Aufsuchen problematischer Situationen)

Erfahrungen im natürlichen Umfeld zu sammeln (z. B. bei sozialer Gehemmtheit eine gekaufte Ware umtauschen, weil sie einem nicht gefällt), ist der effektivste Weg, neue, hilfreiche Kognitionen einzuüben und zu festigen. Dadurch wird die Wahrscheinlichkeit erheblich erhöht, dass neu gelernte Inhalte gestärkt und vom Klienten in kritischen Alltagssituationen tatsächlich angewendet werden können und damit die Verhaltensänderung stabilisiert wird (vgl. De Rubeis, Tang & Beck, 2001; Wells, 1997).

Gelingt schließlich in einem engeren Problembereich die Umsetzung, so ist im Sinne einer Generalisierung des Gelernten und Förderung der allgemeinen Problemlösefähigkeit das nächste Ziel, dass der Klient den gesamten Prozess der kognitiven Umstrukturierung (Identifikation und Infragestellen dysfunktionaler Kognitionen, Formulierung und Einübung zielführender Gedanken) selbständig auf andere Problembereiche übertragen und nachvollziehen kann. Zu diesem Zweck wird anhand von Beispielsituationen aus dem Alltag des Klienten der Prozess der kognitiven Verhaltensmodifikation sowohl in den Sitzungen als auch in Form von schriftlichen Trainingseinheiten mehrmals durchlaufen und eingeübt.

3.2.4 Überprüfung der Wirksamkeit der kognitiven Verhaltensmodifikation

Sowohl während des gesamten Prozesses der Einübung der funktionalen Kognitionen als auch nach Abschluss der Intervention ist es erforderlich, die Wirksamkeit der veränderten Gedanken im Hinblick auf die emotionale Befindlichkeit und/oder das beobachtbare Verhalten zu überprüfen *(Interventionsbegleitende Diagnostik).* Dies kann anhand von Gedankenprotokollen und Einschätzskalen, Berichten von den Verhaltensübungen, in Form von Rollenspielen oder durch direkte, begleitende Beobachtung in konkreten Situationen geschehen. Auch in der diagnostischen Phase ggf. eingesetzte Fragebögen oder Testverfahren (s.o.) können zur Kontrolle wiederholt werden, um evtl. eingetretene Veränderungen sichtbar werden zu lassen. Die Evaluation hat die wichtige Funktion der Rückmeldung. Der Klient erhält Rückmeldung über seine Bemühungen und es sollte ihm verdeutlicht werden, welche Strategie sich auf seine Befindlichkeit günstiger und welche sich ungünstiger auswirkt. Insbesondere für die Aufrechterhaltung der Motivation des Klienten ist es von Bedeutung, auch kleine Fortschritte bewusst zu machen. Die Evaluation liefert auch wichtige Informationen darüber, ob der gewählte Weg, die Hypothesen über die Bedingungszusammenhänge und die erarbeiteten Kognitionen zielführend sind. Nur so sind notwendige Korrekturen im Rahmen der Intervention möglich. Werden die Methoden im Rahmen einer sozialarbeiterischen Intervention angewandt, dient die Gesamtevaluation darüber hinaus auch der Dokumentation und Erfolgskontrolle, was als Teil der Qualitätssicherung in der Sozialen Arbeit zunehmend an Bedeutung gewinnt.

3.2.5 Allgemeine Hinweise zur Durchführung

Das Vorgehen bei der kognitiven Verhaltensmodifikation wurde in seiner Grundstruktur dargestellt. Wie im Einzelfall vorgegangen wird und welche Inhalte jeweils bearbeitet werden, orientiert sich in der Praxis immer an der speziellen Problemlage, am Ergebnis der individuellen Problemanalyse und am Klienten. Für eine erfolgreiche kognitive Verhaltensmodifikation müssen neben einer grundsätzlichen Interventionsfähigkeit (Leidensdruck, Motivation zur Veränderung, Bereitschaft zur Mitarbeit etc.) auch die kognitiven Vorbedingungen (Reflexionsvermögen, Fähigkeit, kausale Zusammenhänge zu erkennen, Toleranz für das Hinterfragen von Überzeugungen etc.) gegeben sein oder entsprechend gefördert werden. Manche Menschen benötigen viel Unterstützung, andere lediglich einen „Anstoß“. In der praktischen Arbeit ist es deshalb manchmal schwierig, das jeweils richtige Maß beim Vorgehen zu finden. Bei Klienten mit eingeschränkten intellektuellen Fähigkeiten oder bei Kindern kann es beispielsweise sinnvoll sein, den Prozess des Infragestellens der dysfunktionalen Kognitionen möglichst vereinfacht durchzuführen oder ganz auf ihn zu verzichten. Die dysfunktionalen Kognitionen werden dann lediglich als hinderlich oder negativ aufgezeigt (Kendall, 2000). Auch die Methoden zur Identifikation dysfunktionaler Kognitionen müssen sich an den Fähigkeiten des jeweiligen Klienten und am Gesamtkontext orientieren.

Die Methode des sokratischen Dialogs stößt in der Praxis an Grenzen, wenn sich Klienten als sehr rigide erweisen und kognitive Veränderungsbemühungen abwehren. Die als veränderungsförderlich gedachten Reflexionen werden dann nicht selten zu einem unfruchtbaren intellektuellen Kräftemessen zwischen Klienten und Therapeuten. Erfahrung und gute Empathiefähigkeit sind hier für die Gestaltung einer konstruktiven Arbeitsbeziehung hilfreich (praktische Tipps siehe Stavemann, 2015; Wilken, 2015).

Eine weitere Gefahr bei der Durchführung der kognitiven Verhaltensmodifikation besteht darin, dass der Fokus zu sehr auf das Individuum und seine

Interpretation der Situation gelegt wird und Kontextaspekte vernachlässigt werden. So kann es beispielsweise sein, dass tatsächlich schädigende Einflüsse von der sozialen Umwelt des Klienten ausgehen und diese von ihm auch adäquat wahrgenommen und interpretiert werden (z. B. bei Mobbing durch Kollegen).

Wird dies nicht angemessen berücksichtigt, kann der Berater/die Beraterin dem Fehlschluss unterliegen, dass eine verzerrte Wahrnehmung der Umwelt vorliegt und die Interpretation des Klienten verändert werden muss. Von daher sind immer auch zusätzliche diagnostische Informationen zu berücksichtigen, eine fundierte Verhaltensanalyse (z. B. Bördlein, 2015) durchzuführen und die entsprechenden Hypothesen zu überprüfen. Es gilt immer abzuklären, inwieweit psychische Probleme auf dysfunktionalen Kognitionen beruhen oder in welchem Maße reine Verhaltensdefizite die Probleme erklären können. Dies erfordert ein fundiertes Training oder eine vertiefende Zusatzausbildung.

4 Sozial-kognitive Methoden: Rollenspiel

Arno Drinkmann

4.1 Einführung

Im *Alltag* begegnet man dem Phänomen *Rollenspiel* vor allem in dreierlei Gestalt: als Form des Kinderspiels, in der Schauspielerei und als „unechtes" Verhalten. Spiele, in denen Kinder in andere Rollen schlüpfen, entwickeln sich nach den Beobachtungen von Jean Piaget (1969) erst relativ spät. Sog. kooperatives Rollenspiel findet sich selten vor dem Alter von drei Jahren, d. h. es handelt sich um eine Spielform, die relativ viele Entwicklungsvoraussetzungen erfordert, z. B. die Fähigkeit zur Rollenübernahme *(role-taking)*. Auch als Unterhaltungsvariante für Erwachsene gibt es das Rollenspiel – sei es in der aktiven Form als Gesellschaftsspiel, oder in der (häufigeren) passiven Form, indem man anderen Personen dabei zuschaut, wie diese auf der Bühne oder im Film Rollen spielen. Schließlich sei noch die Alltagsvariante erwähnt, bei der jemand z. B. in einem Wutausbruch „aus der Rolle fällt", oder sich nicht seinen persönlichen Eigenschaften, Einstellungen etc. gemäß verhält, sondern „eine Rolle spielt" (beliebte Rollen: Unschuldslamm, guter Samariter, verwöhnte Prinzessin, edler Ritter etc.).

Diese alltäglich zu beobachtenden Formen des Rollenspiels sind im Folgenden nicht thematisch. Vielmehr geht es dem Gegenstand dieses Buches gemäß um Rollenspiel als eine *Interventionsmethode,* wie sie im Rahmen professionellen sozialarbeiterischen Handelns zum Einsatz kommt. Kennzeichen einer solchen *professionellen Verwendung* ist, dass sie

- im Dienste der Interessen eines Klienten erfolgt,
- auf ein begründbares Ziel gerichtet ist – in der Regel Problemreduzierung oder Ressourcenaufbau – und dass es sich dabei

- um einen geplanten Methodeneinsatz handelt, der
- auf Seiten des professionellen Anwenders Expertise und spezielle Fertigkeiten erfordert.

Die historischen Wurzeln des Rollenspiels liegen in der Psychodrama-Therapie, d. h. im therapeutischen Kontext. Aufgegriffen und weiterentwickelt wurde es von der lernpsychologisch fundierten Verhaltenstherapie und dort im Laufe der Zeit zu einem generellen Instrument der Verhaltensmodifikation im weitesten Sinne ausgebaut.

Mittlerweile ist es zu einer in der psychosozialen Arbeit mit Klienten ebenso unverzichtbaren Methode geworden wie in der professionellen *Aus-, Fort-, Weiterbildung und Supervision.* In der Qualifizierung von Sozialarbeitern nimmt die Rollenspielmethode beim Erlernen beruflichen Handelns einen prominenten Platz ein. Das gilt in ähnlicher Weise für alle Berufsgruppen, die professionell Umgang mit Menschen haben. Psychotherapeuten, Ärzte und Altenpfleger üben ihr professionelles Handeln ebenso in Rollenspielen wie Manager, Lehrer, Verkäufer oder Restaurantpersonal. Es gibt Wirtschaftssektoren wie das Gesundheitswesen, Bildung, Dienstleistung und Verkauf, aber auch Funktionsbereiche wie Personalführung und Kundenbetreuung, in denen berufliches Handeln ganz überwiegend kommunikatives Handeln bedeutet und in denen die Aneignung, Veränderung und Optimierung von Verhaltensmustern und Handlungssequenzen per Rollenspiel geschieht. Selbst für den privaten Nutzen finden sich entsprechende Angebote an Volkshochschulen und anderen Erwachsenenbildungseinrichtungen.

Sozialarbeiter sollten den Nutzen rollenspiel-basierten Lernens in der eigenen Ausbildung kennen gelernt haben und in ihrer berufsbegleitenden Fort- und Weiterbildung sowie Supervision weiter erfahren (vgl. Abbildung 4.1). Ein inhaltlicher Bereich innerhalb dieses Bildungsprozesses sollte eine Qualifizierung für die *Rollenspielleitung* sein. Denn der Einsatz von Rollenspielen in der *Arbeit mit Klienten,* sowohl in der Einzelfall- wie in der Gruppenarbeit, muss angesichts der berufstypischen Aufgaben in der Sozialen Arbeit zu ihrem professionellen Repertoire gehören.

Über die entsprechenden Kompetenzen und Fertigkeiten zu verfügen, kann in diversen Phasen sozialarbeiterischen Handelns nützlich sein. Das Haupteinsatzfeld von Rollenspieltechniken liegt sicherlich nach wie vor im Interventionsbereich, mit Gewinn einsetzbar sind sie daneben jedoch auch in den Bereichen Diagnostik, Indikation und Evaluation.

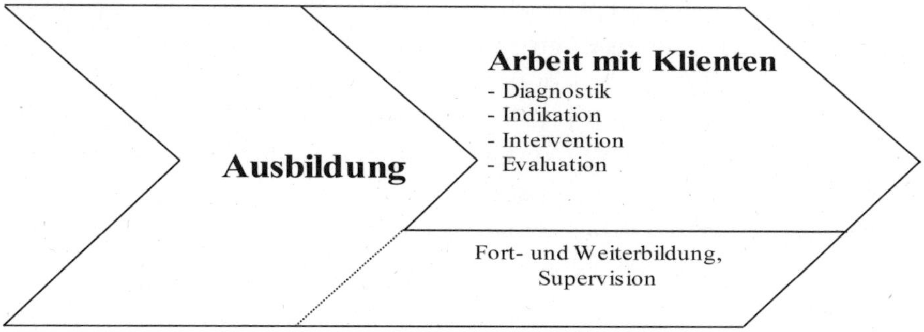

Abb. 4.1: Einsatzfelder für Rollenspieltechniken in der Sozialen Arbeit

In der Phase der *Diagnostik* haben Rollenspiele ihren Platz vor allem im Rahmen der Verhaltens- und Problemanalyse (vgl. Kapitel 1). Die angemessene Beschreibung der problematischen Verhaltensaspekte eines Klienten in ihren motorischen, kognitiven, emotionalen und somatischen Modalitäten kann häufig vom Einsatz eines sog. *diagnostischen Rollenspiels* profitieren, vor allem dann, wenn die selbstreflexiven und verbalen Kompetenzen des Klienten weniger stark ausgeprägt sind. Dann kann ein Sozialarbeiter seine Exploration nach diagnostisch wichtigen Informationen mit Hilfe eines Rollenspiels (im Sinne einer *Verhaltensprobe)* erweitern. Was etwa bewegt einen gewaltbereiten Jugendlichen kurz bevor er zuschlägt? Was ist hinsichtlich Gestik, Mimik, Körperhaltung, verbalem und nicht verbalem Verhalten zu beobachten? Welche Befürchtungen, Unsicherheiten, Machtgefühle erlebt er? Welche Erwartungen, Assoziationen, Erinnerungen sind ihm präsent? Das sind diagnostisch relevante Fragen, die sich evtl. leichter mit Hilfe eines Rollenspiels zu einer entsprechenden kritischen Situation klären lassen als durch reine Befragung. Am Rande werden dabei u.U. auch vorausgehende situative und psychische Bedingungen sowie nachfolgende Konsequenzen des problematischen Klientenverhaltens deutlich, die ohne die erlebensnahe „Anreicherung" der diagnostischen Exploration durch das Rollenspiel nicht zugänglich gewesen wären.

Innerhalb der *Zielplanung und Indikation* kann ein Klient (oder auch der Sozialarbeiter) mittels Rollenspiel verdeutlichen, wie er sich ein erwünschtes Zielverhalten vorstellt. Insbesondere in Behandlungsansätzen, die auf Zieloffenheit als Prinzip bauen und damit den Zielvorstellungen des Klienten einen hohen Stellenwert einräumen, kommt solchen Methoden besondere Bedeutung zu. Mit Bezug auf das oben genannte Beispiel könnte der Sozialarbeiter (oder der Klient) etwa demonstrieren, wie er sich ein Eskalation und Gewaltanwendung vermeidendes Verhalten in Konfliktsituationen vorstellt. Ebenso kann zur Klärung der Indikationsfrage, d. h. bei der Erwägung der angemessenen Interventionsmethoden und -schritte, auf Rollenspieltechniken zurückgegriffen werden. Um etwa dem Klienten einen Eindruck davon zu vermitteln, wie die Vorbereitung einer (z. B. Gewalt provozierenden) Expositionsübung aussieht, könnte der Sozialarbeiter diese in einem Rollenspiel demonstrieren. (Die Expositionsübung selber zu spielen, wäre vermutlich so lange unangebracht, wie dem Klienten die notwendigen Bewältigungsmöglichkeiten noch fehlen.)

Häufigster Anwendungsbereich für Rollenspielmethoden innerhalb der Sozialen Arbeit ist, wie oben bereits erwähnt, die Phase der *Intervention.* Sie wird auch eindeutig im Mittelpunkt des vorliegenden Beitrags stehen. Ab dem nächsten Abschnitt werden der Erwerb neuer sowie die Modifikation und Verbesserung bestehender Handlungsmuster und Kompetenzen durch Rollenspiele thematisiert. Am Beispiel ihres systematischen Einsatzes innerhalb eines Trainingsprogramms zur sozialen Kompetenz soll ein praktischer Leitfaden für die Nutzung von Rollenspiel als sozialarbeiterische Interventionsmethode vorgestellt werden.

Diese Auflistung abschließend sei als letzte Phase professionellen Handelns die *Evaluation* genannt. Auch bei der Bewertung von Interventionsergebnissen und -folgen kann auf Rollenspielmethoden zurückgegriffen werden. Sowohl während eines laufenden Interventionsprozesses wie insbesondere auch an dessen Ende kann anhand von Rollenspielen überprüft werden, ob und in welcher Qualität ein Klient definierte Lernziele erreicht hat (siehe Abschnitt 4.5). Das obige Beispiel fortführend könnte der Jugendliche etwa gebeten werden, seine neu gelernten Bewältigungsmöglichkeiten im Umgang mit Provokationssituationen in einem inhaltlich vorher nicht abgesprochenen Rollenspiel unter Beweis zu stellen (im Sinne eines *Verhaltenstests).* Sein dabei zu beobachtendes Handeln ist mit Sicherheit ein zuverlässigerer und validerer Erfolgsindikator als die in der Praxis so beliebte Selbsteinschätzung per Fragebogen *(„Fühlen Sie sich jetzt sicherer im Umgang mit gewalt-provozierenden Situationen als früher?“).* Selbst erwünschte und unerwünschte Nebenwirkungen, auf die man sonst vielleicht gar nicht gekommen wäre, können in einem solchen Rollenspiel zu Evaluationszwecken zu Tage treten.

Hauptsächliche *Indikation* für die Anwendung von Rollenspieltechniken als Interventionsmethode sind *Defizite im sozialen und kommunikativen Handeln* einer Person, wobei diese sich auf Wahrnehmung, Verarbeitung und Verhalten erstrecken können (vgl. Drinkmann & Schiebel, 2004). Die Defizite können primär die *Kompetenz* betreffen, z. B. wenn jemand wegen ungünstiger Entwicklungen in seiner Biographie nie gelernt hat, effektiv für sich selbst zu werben, wenn es darauf ankommt – etwa in Bewerbungsgesprächen. Sie können aber auch primär die *Performanz* betreffen, wie es bei aktuellen Einschränkungen, etwa durch soziale Ängste, oft der Fall ist. Aus Angst, für unbescheiden oder überheblich gehalten zu werden, wird etwa auf eine positive Selbstdarstellung verzichtet, obwohl die betreffende Person wüsste, wie sie sich in ein günstiges Licht rücken und damit ihre Chancen, gewählt zu werden, erhöhen könnte. Ein Lernprogramm, das zur angemessenen Darstellung von eigenen Stärken befähigt und ermutigt, indem es in Rollenspielen Gelegenheit bietet, das eigene Verhaltensrepertoire diesbezüglich zu erweitern und Handlungsbarrieren zu überwinden, wäre damit der paradigmatische Anwendungsfall für die Interventionsmethode „Rollenspiel". In modernen Trainings zum Aufbau sozial kompetenten Verhaltens wird denn auch der positiven Selbstdarstellung im Sinne eines Werbens für sich selbst als einem Teilaspekt sozialer Kompetenz Aufmerksamkeit geschenkt (vgl. Drinkmann, 2004, 2014; Hinsch & Pfingsten, 2015; Jürgens & Lübben, 2014; Kaiser & Hahlweg, 2009; Kanning, 2009).

Sozialpädagogische und sozialarbeiterische Betreuungsarbeit beginnt in der Regel mit einer verhaltens- und problemanalytischen Bestandsaufnahme (vgl. Kapitel 1), die dann Grundlage für eine anschließende Zielreflexion und -vereinbarung wird. Für viele Klienten der Sozialen Arbeit ergeben sich dabei Hinweise, die das Erlernen sozialer und kommunikativer Kompetenzen als Teil der für sie erarbeiteten Zielhierarchie nahelegen (Drinkmann & Schiebel, 2004). Vielfach ist in den sozialen Defiziten der Klienten sogar eine wesentliche *Ursache* für ihr Auffällig-Werden und ihren Klientenstatus zu finden. Man trifft auf sie in der Kinder- und Jugendarbeit bei zu „Außenseitern" gewordenen sozial ängstlichen Kindern und aggressiven oder gewaltbereiten Jugendlichen, in der Resozialisierung bei delinquenten Erwachsenen oder in der klinischen Sozialarbeit bei sozialphobischen, depressiven und langzeithospitalisierten Patienten. Aber selbst in den Fällen, in denen keine ursächliche Rolle von sozialen Defiziten erkennbar ist, können sie doch ganz erheblich über den weiteren *Verlauf* aktueller Problemlagen entscheiden. Sowohl der Prozess der Chronifizierung wie auch der Bewältigungserfolg hängen oft davon ab. Wie stark jemand z. B. im Zuge einer psychischen Erkrankung, einer Haftstrafe oder einer Drogenkarriere in die soziale Isolation gerät und wie gut es ihm nach einer solchen Phase der Isolation gelingt, wieder Fuß zu fassen und ein „normales" soziales Netz aufzubauen oder zu reaktivieren, das hängt neben der Qualität der professionellen Unterstützung – entscheidend vom Ausmaß seiner sozialen Kompetenzen und Defizite ab.

Bei Drinkmann und Schiebel (2004) wird angesichts dieser hohen Relevanz empfohlen, dass zum Standardrepertoire von Sozialarbeitern (1) die *Feststellung* sozialer Kompetenzdefizite, (2) die *Indikationsstellung* zu gezielten Förderungsmaßnahmen sowie (3) deren *Durchführung* und (4) *Evaluation* gehören sollten. Als Teil einer diesbezüglichen Qualifizierung, die vor allem die Durchführung von Förderungsmaßnahmen und Trainings betrifft, ist die Kenntnis und Beherrschung von Rollenspieltechniken zu sehen.

Für die Berufspraxis ist allerdings nicht nur die Ebene der Vermittlung von sozialen Kompetenzen an Klienten relevant, sondern auch der Ausbau der *Kompetenz auf Seiten der Professionellen.* Ein Mindestmaß sozialer Kompetenz dürfte in Berufsfeldern der Sozialen Arbeit generell unverzichtbar sein, jedoch erfordert gerade die Arbeit mit sozial wenig kompetenten Klienten oft ein erheblich gesteigertes Maß. Zu verschlossenen Klienten Kontakt aufzubauen, Unwillige zu motivieren, unberechtigte Ansprüche von Klienten zurückzuweisen, in teils heftigen Auseinandersetzungen Gelassenheit zu bewahren, auch kleinste Fortschritte zu erkennen und anzuerkennen – das sind alltägliche Beispiele für Anforderungen aus der sozialarbeiterischen Berufspraxis, die ein hohes Maß an sozialer Kompetenz erfordern. Darüber hinaus stellen sich Sozialarbeiter außer in der direkten Arbeit mit ihren Klienten auch in der mit Personen und Institutionen aus dem sozialen Umfeld ihrer Klienten und auf der Ebene kollegialer Beziehungen regelmäßig Herausforderungen, die ein besonderes Maß an berufsbezogenen sozialen Kompetenzen unverzichtbar machen. An dieser Stelle setzen berufsfeldbezogene Fortbildungs- und Trainingsprogramme wie das *Soziale Kompetenztraining für die Soziale Arbeit* (SKSA, Drinkmann, 2014; Drinkmann & Schiebel, 2013) an, die den systematischen Aufbau und die Übung eben solcher Kompetenzen zum Ziel haben (siehe Abschnitt 4.3).

4.2 Theoretische Grundlagen

4.2.1 Elemente und Ebenen im Rollenspiel

Was im Rollenspiel passiert, und mehr noch, was beim Einsatz von Rollenspielen zu bedenken ist, ist ein überaus komplexes soziales Geschehen. Im Dienste konzeptueller Klarheit und kommunikativer Präzision sollten darum strukturell folgende Unterscheidungen vorgenommen werden:

Zunächst sind den beteiligten Personen verschiedene *Rollen* im Sinne von Verhaltenserwartungen zugewiesen, die ihre Aufgaben regeln. Im Mittelpunkt stehende Instanz ist jeweils der *Klient/Spieler* des Rollenspiels. Er ist die Zielperson einer Übungseinheit, es ist *sein* Rollenspiel, bei dem es um seinen persönlichen Lernfortschritt geht. Findet das Rollenspiel in einem Gruppensetting statt, gibt es andere Gruppenmitglieder, aus deren Kreis der Klient sich für die Übungseinheit jeweils *Mitspieler* wählt. Diese Mitspieler bekommen mehr oder weniger präzise formulierte Rollenvorgaben und Verhaltensanweisungen zugewiesen und agieren im Dienste des Lernfortschritts für den Klienten. Ein Erkenntnisgewinn und Lernfortschritt auch für die Mitspieler ist nicht ausgeschlossen, sondern sogar erwünscht, jedoch ist ihre Funktion primär eine zuarbeitende. Die restlichen Gruppenmitglieder, die nicht unmittelbar am Rollenspiel beteiligt sind, bilden die Zuschauer, oder besser *Beobachter.* Sie beobachten die ablaufende Übungssequenz, eventuell unter Verfolgung expliziter Beobachtungsaufgaben, und sollten bereit sein, auf Nachfrage Ideen zu liefern, Beobachtungen mitzuteilen oder Rückmeldung zu geben. Während sich die genannten drei Instanzen aus dem Kreis der Gruppenmitglieder rekrutieren, stammen die bei den anderen Instanzen, nämlich *Trainer* und *Co-Trainer* im Normalfall nicht aus diesem Kreis (Ausnahme: Intervisionsgruppen). Der Trainer leitet die Rollenspielübungen, trägt die Gesamtverantwortung und wird dabei vom Co-Trainer unterstützt.

Räumlich sollten zwei Bereiche unterschieden werden, der *Spielbereich,* in dem die Rollenspielübungen stattfinden und in dem sich nur der Klient, die Mitspieler, Trainer und Co-Trainer aufhalten, und der restliche Raum, in dem sich die Beobachter befinden. In diesem verbleibenden Raum sollte auch ein *Arbeitsbereich,* günstigerweise ein Stuhlkreis, sein, in dem unter anderem nicht unmittelbar zur Rollenspielübung gehörende Besprechungen, Diskussionen, flankierende Lerneinheiten etc. stattfinden.

Drei *Realitätsebenen* sollten differenziert werden: zunächst die *Als-Ob-Realität,* welche sich in der Rollenspielsituation manifestiert, und eine korrespondierende *Real-Situation,* d. h. die „eigentlich gemeinte" Situation aus der Lebenswelt des Klienten, für die er übt. Eine Zwischenstellung nehmen die *Transfer- oder Hausaufgabensituationen* ein, deren Ernstcharakter auf einem Kontinuum von „nahe an der Rollenspielübung gelegen" bis zu „identisch mit der angezielten realen Problemsituation" liegen kann.

4.2.2 Lernprinzipien

Als Vater der Rollenspielmethode gilt gemeinhin J. L. Moreno, der mit seiner Methode des *Psychodrama* die Humanistische Psychologie wesentlich mitgeprägt hat (vgl. Ameln & Kramer, 2014; Moreno, 1959). Mit tiefenpsychologischen Ansätzen teilt das Psychodrama die Annahme, dass im Rollenspiel unbewusste Motive, Haltungen und Konflikte zum Ausdruck kommen. Einerseits muss Psychodrama insofern als projektives Verfahren gesehen werden, andererseits baut es ganz wesentlich auf die Katharsisfunktion. Wenngleich es heute als Psychotherapieverfahren lediglich eine randständige Rolle spielt, sind doch eine Reihe seiner Ideen und Techniken (z. B. der „heiße Stuhl“) in andere therapeutischc Verfahren, vor allem die Gestalttherapie, integriert worden (vgl. Kriz, 2014).

Die mit Abstand weiteste Verbreitung und Weiterentwicklung hat die Rollenspielmethode jedoch innerhalb der lernpsychologisch fundierten *Verhaltenstherapie* gefunden. Dort spielen projektive Mechanismen keine theoretische Rolle. Stattdessen dienen die lernpsychologischen Prinzipien eines systematischen Verhaltensaufbaus im Sinne eines *shaping* und der Verhaltensmodifikation nach Burrhus F. Skinner, des Modelllernens nach Albert Bandura sowie der Selbstregulation nach Frederic Kanfer als theoretische Basis.

Positive Verstärkung aus dem Modell des operanten Lernens, Modelllernen aus der sozial-kognitiven Lerntheorie und Veränderung von Kognitionen im Sinne der kognitiven Umstrukturierung sind die drei *Lernprinzipien,* die primär herangezogen werden, um die Wirksamkeit von Rollenspieltechniken zu erklären.

Aus dem Spektrum der operanten oder instrumentellen Methoden (vgl. Kapitel 2) wird vor allem auf die *positive Verstärkung* zurückgegriffen. Insofern lässt sich von einer Ressourcenorientierung sprechen. Auf Bestrafungsmechanismen, z. B. in Form von negativem Feedback, wird weitgehend verzichtet, und stattdessen auf das Prinzip der *Löschung* vertraut. An dieser Stelle ist historisch eine Wende eingetreten, denn in den frühen Zeiten der Lernpsychologie wurde größeres Gewicht auf differenziertes Feedback, das positive und negative Seiten des Verhaltens gleichermaßen betont, gelegt. Mit fortschreitendem Trainingsverlauf soll Fremdverstärkung zunehmend zu Gunsten von *Selbstverstärkung* durch den Klienten zurückgefahren werden. Das kann zum Beispiel bedeuten, dass der Rollenspielleiter sich an all jenen Stellen mit Lob zurückhält, an denen eine Selbstverstärkung des Klienten realistischer Weise zu erwarten ist – auch wenn diese vielleicht *verdeckt,* d. h. von außen nicht beobachtbar abläuft. Vor allem in der Anfangsphase eines Trainings verstärkt der Trainer zudem explizit die Selbstverstärkung des Klienten.

Neben dem Hinweis, dass weniger erwünschte Verhaltensweisen durch Nichtbeachtung und gleichzeitige Verstärkung damit inkompatibler, erwünschter Verhaltensweisen ersetzt werden können, finden sich bei Wendlandt (1977) einige praktische Regeln für den Einsatz von positiver Verstärkung zur Erhöhung der Auftretenswahrscheinlichkeit von angemessenem Verhalten:

- Die verstärkende Konsequenz sollte möglichst *zeitnah* auf das erwünschte Verhalten folgen.
- Verstärkung sollte *gezielt und kontingent* auf das angestrebte Zielverhalten bezogen sein.
- Auch *erste Ansätze* und Schritte in die richtige Richtung (Annäherungsverhalten) sollten bereits verstärkt werden.
- Der Regel folgend, dass für den Verhaltensaufbau anfangs Immer-Verstärkung und später für die Aufrechterhaltung intermittierende Verstärkung am wirkungsvollsten ist, sollte die *Verstärkungsfrequenz* schrittweise verändert werden.
- Damit Sättigungseffekte vermieden werden, kann die *Art der Verstärker* variiert werden (vgl. Wendlandt, 1977).

Dass die *Theorie des Modelllernens* in besonderer Weise geeignet erscheint, Lernprozesse im Rollenspiel zu erklären, liegt auf der Hand (vgl. Schermer 2011, 2014). Banduras (1991, 1994) Theorie des Beobachtungslernens führt denn auch eine für das Rollenspiel sehr wichtige Unterscheidung zwischen expliziten Modellen – Trainer, Co-Trainer, andere Gruppenmitglieder – und *symbolischen Modellen* ein. Diese können entweder in Form von Figuren aus Filmen, Büchern, Beschreibungen, Computerspielen oder sonstigen virtuellen Welten stammen, letztendlich sind es jedoch alle in der Vorstellung eines Menschen repräsentierten Figuren, seien es imaginierte Bilder von sich selbst oder von anderen Personen. Sich eine Vorstellung davon zu machen, wie man in einer Situation gern handeln würde, schafft ein solches symbolisches Modell, und Arbeit im Rollenspiel besteht zu einem nicht unerheblichen Teil in der Modellierung dieses Vorstellungsbildes. Der Unterscheidung von Bandura und Walters (1963) entsprechend, ist denn auch der modellierende Effekt derjenige, auf den im Rollenspiel stärker zurückgegriffen wird als auf hemmende bzw. enthemmende und auslösende Effekte der Beobachtung eines Modells.

Vielfältige Ansatzpunkte für die Ableitung von Interventionsschritten bietet das *Prozessmodell* des Modelllernens von Bandura (1994). Die dort vorgenommene Unterscheidung einer Aneignungsphase, in der vor allem Aufmerksamkeits- und Gedächtnisprozesse wirksam sind, und einer Ausführungsphase, die neben der motorischen Reproduktion des Modellverhaltens Verstärkungs- und Motivationsprozesse thematisiert, ist ausgesprochen fruchtbar als theoretischer Orientierungsrahmen und zur Ableitung von Strategien. Der Hinweis etwa, dass es zuweilen notwendig sein kann, sich als Gruppenleiter nicht auf die Demonstration von angemessenem Modellverhalten zu beschränken, sondern beim Klienten anschließend explizit zu überprüfen, was davon „bei ihm angekommen ist“ (= Repräsentation im Gedächtnis), wäre ein Beispiel für eine aus dem Prozessmodell ableitbare Verhaltensregel. Hilfreich kann die Theorie auch dann sein, wenn Erklärungen dafür gesucht werden, dass eigentlich angestrebte und erwartete Lerneffekte bei Gruppenteilnehmern ausbleiben. Dann bietet das Prozessmodell Orientierungshilfen für die systematische Suche nach *kritischen Stellen im Lernprozess* – etwa durch folgende Fragen: Hat der Beobachter überhaupt aufgepasst, war er aufmerksam? Hat er das Modell als solches überhaupt akzeptiert, d. h. war es attraktiv für ihn, besaß es z. B. Autorität, bestand eine emotionale Beziehung, hat er es als kompetent wahrgenommen? Hat er seine Beobachtungen in einem angemessenen Gedächtnisbild gespeichert, oder gab es Umdeutungen, Unverständnis, Fehlwahrnehmungen etc., die zu verzerrten Repräsentationen geführt haben? Gab es einen Anreiz für den Beobachter, das Verhalten auch selbst zu zeigen? Welches Bild hat er vom Erfolg oder Misserfolg des Modells (wichtig für stellvertretende Verstärkung)? Hat er das beobachtete Verhalten möglicherweise in einer Form reproduziert, die wir nicht als dem Modellverhalten ähnlich wiedererkannt haben?

Bei Wendlandt (1977) findet sich der Hinweis, dass nicht nur Verhaltensmuster durch Beobachtung im Rollenspiel gelernt werden, sondern auch Situations-Verhaltens-Zugehörigkeiten, d. h. Hinweise darauf, wann, in welchen Situationen welche Verhaltensweisen angemessen sind.

Die Vielfalt der Möglichkeiten, handlungsrelevante Kognitionen im Rollenspiel zu verändern, lässt sich sinnvoll auf dem Hintergrund des Modells der kognitiven Umstrukturierung konzeptualisieren (vgl. Meichenbaum, 1995; Wilken, 2015). So ist etwa die Funktion von sog. *positiven Selbstinstruktionen* (siehe Abschnitt 4.3.3.5) ein gutes Beispiel für die Integration von modernen kognitionspsychologischen Konzepten in die klassischen, eher verhaltensorientierten Rollenspielmethoden. Im Zuge der „Kognitivierung“ der Verhaltenstherapie haben kognitive Konstrukte und Techniken zunehmend Eingang auch in die Rollenspielmethodik gefunden, so dass die Herausarbeitung von positiven Selbstinstruktionen in der Vorbereitungsphase eines Rollenspiels (*„Welche Belege und Hinweise habe ich dafür, dass es mir gleich gelingen wird, meinen Wunsch klar und unmissverständlich zu äußern?“)* inzwischen zum Standardrepertoire des Rollenspielleiters gehört. Ebenso zählt die generelle Beachtung von *Selbstwirksamkeitserwartungen* – sowohl in Richtung „Abbau selbstdestruktiver Erwartungen“ wie auch in Richtung „Förderung positiver Wirksamkeitserwartungen“ – dazu, nachdem man wiederholt hat zeigen können, dass das Ausmaß an positiven Selbstwirksamkeitserwartungen Interventionsergebnisse entscheidend mitbeeinflusst.

4.2.3 Ziele und Funktionen

Die Wirkmechanismen, die das Handeln und Lernen im Rollenspiel vom alltäglichen Handeln unterscheiden, lassen sich unter dem Motto *„geplantes Verhalten unter kontrollierten Bedingungen"* zusammenfassen. Dabei werden Determinanten der *Handlungssteuerung* explizit gemacht, die ansonsten häufig implizit und der bewussten Aufmerksamkeit entzogen bleiben.

- Das beginnt mit der expliziten *Zielreflexion,* zu der ein Rollenspieler mit Unterstützung des Rollenspielleiters angeleitet wird, bevor er ein Rollenspiel beginnt.
- Auch das Nachdenken über wirksame Motive und steuernde Randbedingungen im Rahmen der notwendigen *Verhaltens- und Handlungsanalyse* stellt ein wichtiges Planungselement dar. Beim Herausarbeiten der kritischen Punkte äußert sich ganz wesentlich das Problemverständnis des Rollenspielers.
- Die *Dekomponierung* und *Verlangsamung* sind ebenfalls zwei wichtige Funktionen des Rollenspiels. Kritische Situationen können in ihrer Komplexität aufgebrochen und in Teile zerlegt werden, die dann übersichtlicher und handhabbarer sind. Außerdem bietet das Rollenspiel die Möglichkeit der Zeitlupenfunktion, indem durch Unterbrechungen, Innehalten etc. während des Rollenspiels Tempo und situative Dynamik steuerbar gemacht werden.
- Die Zerlegung bzw. Aufsplittung in Teil- und Zwischenschritte schafft die Möglichkeit des *Fortschritts in kleinen Lernschritten,* die eine effektivere Veränderungsstrategie darstellt als z. B. das Hoffen auf den „großen Befreiungsschlag".
- Während der Phase des Rollenspielhandelns herrschen günstigere Lernbedingungen als sie üblicherweise in Alltagssituationen gegeben sind. Das Handeln bietet für den Rollenspieler *weniger Risiko,* seine Interaktionspartner sind prinzipiell wohlwollende Mitspieler, es gibt einen hilfreichen Rollenspielleiter etc.
- Nur selten bewusst ablaufende *Bewertungsprozesse* werden im Rollenspiel in Form von Feedback expliziert, und dieses ist zudem durch eine Reihe von Feedbackregeln lernpsychologisch optimiert sowie durch die Rückmeldung von Leiter und Mitspielern um externe Bewertungsperspektiven ergänzt.
- Darüber hinaus findet in der Nachbesprechungsphase eines Rollenspiels eine systematische *Auswertung und Evaluation* statt, die z. B. auch explizit fragt, welche Ziele erreicht wurden und welche noch nicht. Diese Überlegungen können dann Ausgangspunkt für eine erneute Handlungsplanung,

sei es für ein erneutes Rollenspiel oder für den Transfer in eine Realsituation, sein. Allein der Aspekt der *Wiederholbarkeit* stellt eine wesentliche Lernerleichterung dar.

– Schließlich sollte die Explizitheit und Systematik des Vorgehens bei Rollenspielübungen auch den unspezifischen Nebeneffekt haben, dass die Teilnehmer im Sinne einer Heuristik eine *Systematik des Problemlösens* kennen und anwenden lernen, die ihnen auch in anderen Situationen hilfreich sein kann. Aus diesem Grund ist eine hohe *Transparenz* des Vorgehens von zentraler Bedeutung.

Ein weiterer Vorteil des Rollenspiels gegenüber einem Ausprobieren in der Realität oder einem Alltagstraining (vgl. Wendlandt, 2003) ist in der Möglichkeit zu sehen, dass auch *extreme Verhaltensvarianten* ausprobiert werden können, wenn das sinnvoll erscheint, ohne dass reale Nachteile befürchtet werden müssen. Außerdem sind im Rollenspiel erlebte Emotionen normalerweise von geringerer Intensität als in der Realität und sie sind einer Emotionsregulation eher zugänglich, weil die oben genannten Möglichkeiten der Situationsregulation bestehen.

Ziele, die sich mit Hilfe von Rollenspieltechniken verfolgen lassen, sind auf einer abstrakten Ebene entweder der Kategorie *„Problemreduzierung"* zuzuordnen, etwa wenn es um den Abbau sozialer Ängste geht und dabei Habituation und Copingprozesse im Vordergrund stehen. Oder sie sind dem Oberziel *„Ressourcenaufbau"* zuzuordnen, z. B. wenn Klienten im Rahmen von sozialen Kompetenztrainings lernen, andere Menschen zu loben, gezielt zu verstärken oder ihnen Komplimente zu machen.

Gemäß dem Selbstregulationsmodell von Kanfer (1979) lassen sich die drei Zielebenen „Selbstbeobachtung", „Selbstbewertung" und „Selbstverstärkung" unterscheiden.

– Häufig steht der Einsatz von Rollenspieltechniken unter dem Ziel der *Verbesserung von Aufmerksamkeits- und Wahrnehmungsprozessen,* und zwar hinsichtlich der Selbst- wie auch der Fremdwahrnehmung. Zuvor automatisch ablaufendes Verhalten und nicht bewusst wahrgenommene Kognitionen (Selbstverbalisationen) sollen der bewussten Wahrnehmung, Reflexion und Kontrolle zugänglich gemacht werden. Nach Wendlandt (1977) lassen sich diese Prozesse im Sinne eines Diskriminationstrainings durch Videoanalysen, verbale Rückmeldung und Aufforderungen zu Verhaltensbeschreibung, -bewertung und -vergleich stimulieren.
– Vor allem wenn Rollenspiele unter einer kognitiv-verhaltenstherapeutischen Orientierung durchgeführt werden, stehen *Erklärungen und Bewer-*

tungen für eigenes und fremdes Verhalten häufig im Mittelpunkt. Hinsch und Pfingsten (2015) haben dazu ein Prozessmodell entworfen, das die breite Palette erforschter, vor allem kognitiver Faktoren expliziert, die an der Steuerung sozial kompetenten Verhaltens beteiligt sind. Auch die Beurteilung der Funktionalität bestimmter Verhaltensweisen für eigene Ziele, bzw. Schlüsse, die aus dem Verhalten anderer auf deren Ziele und Motive gezogen werden, können in Rollenspielen ein Ansatzpunkt für Veränderungen sein.

– Die Übernahme von Selbstverantwortung bei der gezielten Einflussnahme auf eigenes Handeln, Denken und Fühlen, z. B. durch den Einsatz von *Selbstverstärkung,* stellt ebenfalls eine Zielebene dar, wegen derer Rollenspiele eingesetzt werden können.

4.3 Praktische Durchführung

Im Mittelpunkt des folgenden Abschnitts stehen die Darstellung der Rollenspielpraxis und konkrete Hinweise zur Durchführung von Rollenspielen. Wichtig ist dabei der Hinweis, dass die Palette der technischen Varianten beim Rollenspiel ausgesprochen vielfältig ist.

Es gibt *Minimalvarianten,* wie etwa ein ins Gespräch eingestreutes Rollenspiel. Ein Klient weiß zum Beispiel nicht, was er am Telefon sagen soll, wenn er sich nach einem Stellenangebot erkundigen will. Der Berater könnte an dieser Stelle eine kurze Übungssequenz mit Rollenspiel einflechten, in der er Rücken an Rücken mit dem Klienten sitzend den Gesprächspartner am Telefon der Firma, die das Stellenangebot aufgegeben hat, spielt und der Klient seinen Anruf übt. Auch die Demonstration von verschiedenen kompetenten Verhaltensvarianten oder das Durchspielen kritischer, vielleicht vom Klienten gefürchteter Gesprächssituationen hat einige Vorteile gegenüber der reinen Erörterung im Gespräch. Solche Kurzrollenspiele können auch dann nützlich sein, wenn ein Berater seinem Klienten ein bestimmtes Zielverhalten verdeutlichen möchte. Dann würde er kurzfristig in die Rolle des Klienten schlüpfen und zeigen, welches Verhalten er von ihm wünscht. Ein anderes Beispiel für eine Minimalvariante der Verwendung von Rollenspieltechniken ist die Vermittlung einer Wirkungserfahrung für einen Klienten, häufig im Rahmen von metakommunikativen Prozessen. Möchte ein Berater seinem Klienten etwa nicht nur sagen, wie ein bestimmtes Kommunikationsverhalten, das der Klient regelmäßig an den Tag legt, auf sein Gegenüber wirkt, sondern ihm gleichzeitig auch die leibliche Erfahrung dazu vermitteln, kann er das durch einen kurzfristigen Rollentausch bewerkstelligen. Schließlich findet sich bei

Wilken (2015) der Hinweis, dass ein kurzfristiger Rollentausch von Berater und Klient manchmal helfen kann, schwierige Phasen im Beratungsprozess zu meistern, etwa wenn ein Klient in der Phase des kritischen Hinterfragens eigener typisch depressiver Kognitionen alle Änderungsbemühungen des Beraters abblockt *(„Nehmen Sie einmal an, ein guter Freund säße Ihnen gegenüber und hätte Ihnen seine gegenwärtige Lage als genauso aussichtslos geschildert, wie Sie es gerade getan haben. Was würden Sie ihm sagen?“).* In solchen Situationen kann ein Rollenwechsel manchmal erstaunlich konstruktive Ideen beim Klienten zu Tage fördern. Manche Klienten mit entsprechender Verhaltensflexibilität sind auch ohne größere Vorbereitung zu solchen mehr oder weniger spontanen Rollenspieleinlagen fähig.

Solchen Minimalvarianten des Einsatzes von Rollenspieltechniken stehen auf dem anderen Ende des Kontinuums aufwändige, sorgfältig geplante und längerfristig angelegte Therapien und Trainings gegenüber, in denen Rollenspiel die zentrale Methode darstellt. Prominentestes Beispiel hierfür sind *soziale Kompetenztrainings.* Für sie ist die Methode des Rollenspiels zentral, wenngleich in der Regel auch andere Methoden, wie etwa kognitive Umstrukturierung und Entspannungsverfahren zum Einsatz kommen. Von großer Bedeutung für solche Trainingsprogramme ist die Gestaltung des Kontextes für Rollenspielübungen. In den obigen Beispielen von Kurzrollenspielen war lediglich eine Beziehung von Berater und Klient Voraussetzung, die es legitim und sinnvoll erscheinen lässt, aus dem Stegreif ein Rollenspiel vorzuschlagen. Im Rahmen eines auf mehrere Sitzungen angelegten Kompetenztrainings muss der Gestaltung der Randbedingungen erheblich mehr Aufwand gewidmet werden, damit der Rollenspieleinsatz effektiv ist.

Zwischen den genannten Minimal- und Maximalvarianten gibt es diverse Zwischenstufen, auf denen Rollenspieltechniken mehr oder weniger intensiv genutzt werden. Einige Beispiele finden sich im nächsten Kapitel, wo verschiedene, für die sozialpädagogische Praxis typische, rollenspielbasierte Techniken und Programme genannt werden. Die folgende Darstellung der Rollenspielpraxis wird an einem paradigmatischen Beispiel erfolgen, d. h. es wird der Übersichtlichkeit halber nicht immer die gesamte Spannbreite möglicher Varianten mitreflektiert. Die im Weiteren ausgeführte sog. Maximalvariante zeigt, was bedacht und gemacht werden kann. Im konkreten Anwendungsfall (unterhalb dieser Maximalvariante) muss dann entschieden werden, welche der Überlegungen und Handlungsempfehlungen als notwendig, sinnvoll und machbar für die eigene Situation ausgewählt und übernommen werden.

Am exemplarischen Fall eines *sozialen Kompetenztrainings* im Gruppensetting wird die systematische und aufwändige Vorbereitung, Einbettung und Durchführung von Rollenspielen erläutert. Zentraler Teil wird dabei eine detaillierte Darstellung der *Ablaufschritte innerhalb einer Rollenspielübung* sein. Dem vorgeschaltet ist ein Abschnitt, in dem für die *Ebene des Trainingsprogramms* deutlich gemacht wird, wie der Kontext der Rollenspielverwendung im günstigen Fall aussehen kann. In einem zweiten Schritt wird der Auflösungsgrad der Betrachtung noch einmal erhöht, indem die *Gestaltung einer Gruppensitzung,* in der Rollenspielübungen zentraler Teil sind, erörtert wird (vgl. Abbildung 4.2).

Mit diesen drei Betrachtungsebenen sollte sich dem Leser das Gesamtbild einer differenzierten Rollenspielpraxis erschließen. Andere reduzierte Varianten lassen sich, wie gesagt, aus diesem Gesamtbild ableiten, indem jeweils Abstriche vorgenommen werden.

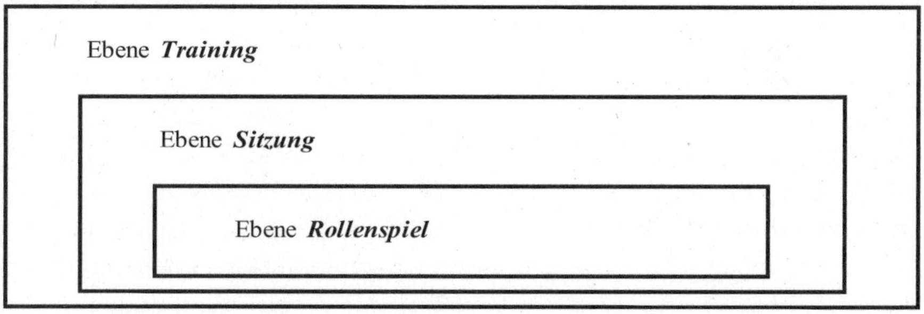

Abb. 4.2: Betrachtungsebenen zur Einbettung von Rollenspielen

4.3.1 Ebene „Training"

Trainings zum systematischen Aufbau von Handlungskompetenz spielen in der Theorie und Praxis der Sozialen Arbeit eine wichtige Rolle (Drinkmann, 2004, 2014; Drinkmann & Schiebel, 2004). Aus dem breiten Spektrum der Anwendungsmöglichkeiten wird im Folgenden ausgegangen von einer Situation, in der ein Sozialarbeiter mit einer Klientengruppe ein Training zum Auf- und Ausbau sozialer Kompetenzen durchführt. Das können z. B. Patienten einer psychosomatischen Rehabilitationsklinik sein, mit denen ein strukturiertes Programm, wie das *Gruppentraining sozialer Kompetenzen* (GSK; Hinsch & Pfingsten, 2015; Hinsch & Wittmann, 2010; Pfingsten, 2009), das *Assertiveness-Trainingsprogramm* (ATP; Ullrich & Ullrich, 1976, 1995) oder das *Verhaltenstrainingsprogramm zum Aufbau sozialer Kompetenz* (Feldhege & Krauthan, 1979) durchgeführt wird.

Erste Weichenstellungen im Hinblick auf den zentralen Methodenbestandteil „Rollenspiel" finden bereits in der *Vorlaufphase,* in der das Trainingsprogramm vorbereitet wird, statt. Die Auswahl eines Raumes, die Wahl der

Ausstattung, z. B. die Frage, ob eine Videoausrüstung benötigt wird, wie auch die Festlegung der Zeiten und der Frequenz der Gruppensitzungen beinhalten erste relevante Setzungen. Auch die notwendigen Absprachen zwischen Trainer und Co-Trainer hinsichtlich Inhalten, Struktur, Verantwortlichkeiten, Kooperationsstil sowie Dokumentations- und Evaluationsabsichten schaffen für das Rollenspiel bedeutsame Randbedingungen. Sich zum Beispiel auf ein standardisiertes Programm zu verständigen, in dem Rollenspielszenarios und Instruktionen vorgegeben werden, und nicht von den Teilnehmern selbst Vorschläge für Rollenspielsituationen eingebracht werden, bedeutet eine umfassend präformierende Entscheidung.

Die nächste Phase ist vor allem durch *Teilnehmergewinnung und -auswahl* geprägt. Nachdem die angestrebte Gruppengröße und prinzipielle Zusammensetzung der Gruppe, unter anderem hinsichtlich Problemhomogenität, festgelegt sind, müssen potentielle Teilnehmer auf ihre Eignung für die Gruppe bzw. muss die *Indikation* des Trainingsprogramms für diese Teilnehmer überprüft werden. Da der Indikationsbereich für Gruppentrainings zum Aufbau sozialer Kompetenzen allgemein als sehr breit angesehen wird und auf der anderen Seite kaum harte Kontraindikationskriterien bestehen, sind hier meistens keine Entweder-oder-Entscheidungen zu fällen. Vielmehr geht es darum, im Rahmen eines *diagnostischen und verhaltensanalytischen Abklärungsprozesses* die Gruppenteilnehmer kennen zu lernen sowie ihre individuellen Ressourcen und Schwierigkeiten, die bedeutend für das Training sein könnten, auszuloten. Persönliche Empfindlichkeiten, „Unverträglichkeiten“ und *„hot spots“*, etwa in Form von noch nicht ausreichend bewältigten traumatischen Erlebnissen, sollten dabei zu Tage treten, damit sie vom Trainergespann im Gruppengeschehen berücksichtigt werden können. In welcher Weise das geschieht, lässt sich nicht pauschal festlegen. Der Trainer muss von Fall zu Fall entscheiden, ob jemand mit einer umschriebenen Empfindlichkeit genügend belastbar und gruppenfähig ist, oder ob damit eventuell ein Nichtaufnahmegrund vorliegt. Nimmt der Trainer den Gruppenteilnehmer in das Trainingsprogramm auf, liegt es in seiner Verantwortung, einerseits dafür Sorge zu tragen, dass es infolge unbedachter Rollenspielbearbeitungen nicht etwa zu einer *Retraumatisierung* kommt. Andererseits kann er natürlich auch steuernd darauf einwirken, dass nicht eine *Tabuisierung* bestimmter Bereiche und damit eine Verhinderung von Fortschrittserfahrungen bei dem Teilnehmer eintritt.

In der *ersten Gruppensitzung* stehen vor allem die gegenseitige Vorstellung von Trainer, Co-Trainer und Teilnehmern sowie ein Ausblick auf das gesamte Programm, inklusive eines Abrisses der einzelnen Programmschritte, im Vordergrund. Außer der zentralen Einführung in die Rollenspielmethodik kann in andere zur Anwendung kommende Methoden, z. B. Entspannungsverfahren, eingeführt werden. Auch regelmäßig wiederkehrende Evaluationsbausteine gehören in diesen einführenden Ausblick. Atmosphärisch sollte eine Einladung zu engagierter Beteiligung, Offenheit und Experimentierfreude übermittelt werden. Oft findet sich an dieser Stelle auch bereits ein Ratschlag zu einem respektvollen und behutsamen Umgang miteinander, der z. B. die Verpflichtung zur Verschwiegenheit beinhalten kann.

Für die Einführung zentral – und für dieses Kapitel vorrangig thematisch – ist die *Einführung der Gruppenteilnehmer* in *die Rollenspielmethodik.* Sowohl für die Sicherstellung der Transparenz wie auch für das Lernen auf der Ebene allgemeiner Problemlösefertigkeiten ist es wichtig, dass die Gruppenteilnehmer wissen, was sie tun werden und aus welchen Gründen sie es in der geplanten Weise tun werden. Sowohl zur Systematik und zu den Regeln der Gruppenarbeit muss es Vorklärungen geben, wie auch zum Rollenspielablauf im engeren Sinne. Dazu zählen grundlegende *Regeln des Umgangs* miteinander, wie etwa, dass man sich gegenseitig ausreden lässt. Solche Regelsammlungen können vorgegeben werden, z. B. auf einem Flipchart an der Wand hängen, sie können in der Gruppe zusammengetragen und vereinbart werden, oder sie werden nach und nach beim Tun immer an der Stelle eingefüllt, an der sie erstmals benötigt werden. Dass etwa verschiedene Regeln gelten, je nachdem, ob man sich gerade im Spielbereich befindet und an einem Rollenspiel teilnimmt, oder ob man im „Zuschauerraum" als Beobachter tätig ist, sollte besser dann vereinbart werden, wenn diese Rollenverteilung erstmals auftritt, als ganz am Anfang, wenn eine solche Aussage noch theoretisch wirken muss. Es erweist sich meist als sehr nützlich, die vereinbarten Regeln im Gruppenraum aufzuhängen und so ständig präsent zu haben.

Wenn der Einsatz von *Videofeedback* geplant ist, sollten alle diesbezüglichen grundsätzlichen Fragen ebenfalls zu einem frühen Zeitpunkt geklärt werden – inklusive der häufig gestellten, was denn später mit den Videobändern passiert. Im Hinblick auf das Rollenspiel als Methode sollte vom Gruppenleiter zunächst dessen *Nutzen und Wirksamkeit* unterstrichen werden. Ob die Teilnahme an solchen „Spielereien echte Probleme im wirklichen Leben" lösen kann, beschäftigt manche Teilnehmer durchaus. An dieser Stelle hilft der Hinweis, dass mit dem Rollenspiel die Möglichkeit zur Reflexion, Erprobung und bewussten Auswahl von Handlungsvarianten ermöglicht wird, deren Transfer in den Alltag der Teilnehmer ebenfalls Gegenstand des Programms ist. Außerdem hat sich an dieser Stelle der Hinweis auf empirische Wirksamkeitsnachweise, Evaluationsergebnisse und Erfahrungen bewährt. Die *Erfolgszuversicht* der Klienten ist eine wichtige Randbedingung für die zu erwartende Wirksamkeit des Trainingsprogramms, wenngleich nicht gesagt ist, dass diese Zuversicht gleich von Beginn an maximal ausgeprägt sein muss. Möglicherweise profitieren sogar die Teilnehmer in besonderer Weise, die am Anfang eine Portion Skepsis mitgebracht haben und dann im Laufe des Programms und eigener Rollenspielerfahrung die Methode schätzen lernen.

Dem Grundprinzip des „learning by doing“ entspricht es, die Rollenspielmethodik nicht nur verbal zu erklären, sondern in Form von *Proberollenspielen,* vielleicht zunächst durch Trainer und Co-Trainer, zu demonstrieren und dann den Teilnehmern unmittelbar erfahrbar zu machen. Dadurch erübrigen sich dann möglicherweise auch einige grundsätzliche Fragen.

Ein unverzichtbarer Themenkomplex ist in diesem Zusammenhang auch die Bedeutung der *Rückmeldung* beim Rollenspiel und die Wichtigkeit der Einhaltung von *Feedback-Regeln.* Hierhin gehört etwa das Credo eines ressourcenorientierten Vorgehens, das besagt, dass es eher darauf ankommt, an den eigenen positiven Erfahrungen zu wachsen, als verdeutlicht zu bekommen, wo persönliche Schwierigkeiten und Unzulänglichkeiten liegen. Die Präferierung positiven Feedbacks und der Verzicht auf erschöpfende Kritik als Grundlinien eines Kompetenztrainings lassen sich damit begründen. Aber auch hier zeigt die Erfahrung, dass es günstig ist, detailliertere Feedback-Regeln dann einzuführen, wenn Rückmeldung nach einem Rollenspiel erstmals gegeben wird. Man sollte bedenken, dass ein Übermaß an vorab eingebrachten Regeln möglicherweise die Skepsis der Teilnehmer gegenüber der Methode vergrößert und nicht wie angestrebt Motivation, Vorfreude und Selbstwirksamkeitserwartungen fördert.

Neben diesen, den Kontext späterer Rollenspiele schaffenden Vorklärungen kann es auf der Ebene des Trainingsprogramms auch im weiteren Verlauf sinnvolle Einheiten geben, etwa indem in Form von *Zwischenbilanzen* das Zurechtkommen der Teilnehmer und ihre Nützlichkeitsbeurteilungen hinsichtlich der Rollenspielmethodik erhoben werden. Das sollte jedoch vom Verlauf des Gruppenprozesses und dem Interesse der Teilnehmer abhängig gemacht werden. Als Standard wird sowieso eine regelmäßige Verlaufsevaluation pro Sitzung angeraten, in der sich mögliche prinzipielle Vorbehalte und Störungen der Teilnehmer abbilden sollten. Ansonsten kann eine Orientierung an der allgemeinen Gruppenregel empfohlen werden, die lautet „Gravierende Störungen haben Vorrang“.

Gegen Ende des Trainings müssen die erzielten Erfolge stabilisiert und gesichert werden, indem zum Beispiel eine Form von *Rückfallprophylaxe* betrieben wird. Dazu sollte im Verlauf des Trainings eine Sensibilisierung für eigenes, sozial inkompetentes Verhalten stattgefunden haben. Eine sinnvolle Strategie kann jedoch auch darin bestehen, enge Vertraute wie den Ehepartner insofern einzubinden, als auch sie sensibilisiert werden für Rückfälle und Ausrutscher. Sie sollten dann am besten auf vorher abgesprochene hilfreiche

Strategien zurückgreifen können. Letzteres wäre ein Beispiel für eine *systemische Einbindung* der neu gelernten Verhaltensmuster. Diese mitzubedenken und innerhalb des Trainings zu fördern, dürfte für eine langfristige Stabilisierung der sozialen Kompetenz sehr sinnvoll sein.

Schließlich ist auf der Ebene des Trainings auch an eine *Abschlussevaluation* zu denken, die nicht nur die Erfahrungen mit der Rollenspielmethodik betrifft, sondern das Gesamtprogramm umfassen wird. Sie ist üblicherweise Ausgangspunkt der *Nachbereitung,* die Trainer und Co-Trainer gemeinsam machen.

4.3.2 Ebene „Sitzung"

Im Folgenden soll ein kurzer Abriss der Struktur einer typischen und sinnvoll strukturierten Sitzung innerhalb eines rollenspiel-basierten Trainings, wie es im vorangegangenen Punkt dargestellt wurde, beschrieben werden.

Außer einer Begrüßung der Gruppenteilnehmer durch Leiter und Co-Leiter ist es der Gruppenatmosphäre und dem sozialen Klima förderlich, wenn es eine „freundliche Geste" am Anfang gibt. Diese kann z. B. darin bestehen, dass die Teilnehmer auf ihren Stühlen ein kleines Geschenk vorfinden, sei es eine Süßigkeit, eine Postkarte, ein Gedicht oder Ähnliches – hier sind der Kreativität der Leiter keine Grenzen gesetzt. Ebenso ist ein ritualisierter Einstieg von Vorteil, sei es in Form eines *Blitzlichts* oder einer einführenden *Entspannungsübung.* Ein solches Ritual kann als Puffer zwischen Alltag und Gruppensitzung dienen. Ziel ist, dass die Teilnehmer Abstand zu dem bekommen, was sie gerade noch beschäftigt hat. Ihre Aufmerksamkeit soll auf das Hier und Jetzt ausgerichtet werden.

Im Sinne einer möglichst großen Transparenz des Geschehens und um deutlich zu machen, dass das Programm strukturiert und zielorientiert ist, sollte der Arbeitsteil mit der Aufstellung einer *Tagesordnung* für die Sitzung beginnen. Insbesondere wenn die Teilnehmer neuen Input erhalten, ist es wichtig, dadurch eine Vorausschau und einen Überblick zu geben. Bei der Auf- bzw. Vorstellung dieser Tagesordnung kann den Teilnehmern Gelegenheit gegeben werden, aktuelle Wünsche, Erwartungen oder eigenen Bedarf an Programmpunkten anzumelden. Wann immer das machbar ist, sollten diese Vorschläge in die Planung integriert werden.

Noch ziemlich am Beginn der Sitzung sollten die *Hausaufgaben aus der letzten Sitzung* angesprochen werden und eine Nachbesprechung derselben erfolgen. Das wird kaum so geschehen können, dass jeder Teilnehmer ausführlich berichtet, was er in der Zeit seit der letzten Sitzung ausprobiert hat. Dringende Berichte – sei es über Erfolge oder Misserfolge, sei es wegen aufgetretener Unklarheiten – sollten auf jeden Fall Berücksichtigung finden. Ansonsten wird der Raum, den die Nachbesprechung der Hausaufgaben einnimmt, die Wichtigkeit widerspiegeln, die dem Transfer des Gelernten in den Alltag der Teilnehmer beigemessen wird. Nebenbei bemerkt kann an der Ernsthaftigkeit und Selbstverantwortung, die die Teilnehmer bei der Erledigung ihrer Hausaufgaben an den Tag legen, abgelesen werden, wie gut sie insgesamt zur Mitarbeit motiviert sind. Für besonders gravierende individuelle Schwierigkeiten und Probleme, die hier zu Tage treten, und die nicht im Rahmen der regulären Hausarbeitsnachbesprechung zu bearbeiten sind, müssen manchmal individuelle Zusatztermine anberaumt werden.

Wenn *Neues* vorgestellt werden soll, ist nach der Besprechung der Hausaufgaben der geeignete Zeitpunkt dafür. Danach folgt in der Regel der *Rollenspielübungsblock* (Näheres dazu siehe im nächsten Abschnitt). Dieser Block nimmt üblicherweise den Großteil der Sitzung ein. Danach folgt nur noch eine *Abschlussrunde* im Stuhlkreis, bei der eventuell noch offen gebliebene Punkte und Fragen geklärt werden. Sollte es im Laufe der Sitzung zwischen Teilnehmern persönliche Reibereien oder Animositäten gegeben haben, bestände hier die Gelegenheit, eine Aussöhnung zu vermitteln. Auch metakommunikative Botschaften zur Arbeitsatmosphäre, zum Umgang miteinander etc. gehören am ehesten an diese Stelle, sofern sie nicht gleich beim ersten Auftauchen behandelt wurden. In dieser Schlussphase sollten auch die *Hausaufgaben vorbesprochen* werden, wozu unter anderem die Erinnerung gehört, dass es wünschenswert ist, zu jeder durchgeführten Hausaufgabe ein Kurzprotokoll zu erstellen.

Vor der abschließenden Verabschiedung der Teilnehmer kann noch ein *Ausblick* auf die nächste Sitzung erfolgen. Auf jeden Fall sollte an die *Sitzungsevaluation* gedacht werden. Dazu wird meist ein kurzer Fragebogen verwendet, der auf einem Blatt positive und negative Kommentare zur abgelaufenen Sitzung (meist in freier Form, d. h. als offene Fragen) erhebt sowie gegebenenfalls Ratings zu jeweils interessierenden Aspekten der Sitzung.

4.3.3 Ebene „Rollenspiel“

In diesem Abschnitt soll ein *Prozessmodell* vorgestellt werden, das in prototypischer Weise aufzeigt, welche Phasen im Laufe eines Rollenspieldurchgangs durchlaufen werden können und worin jeweils die bedenkenswerten Aspekte zu sehen sind. Rollenspieltechniken sind im Allgemeinen nicht derart standardisiert, dass es nur eine „richtige“ Methode der Durchführung gäbe. Vielmehr gibt es eine Vielzahl von Varianten und Variationen, die gerade die Flexibilität dieses Ansatzes ausmachen. Insofern dient das hier vorgeschlagene Modell auch nicht der Normierung, sondern als heuristischer Ordnungsversuch für eine Reihe von praktisch relevanten Überlegungen zur Technik der Rollenspieldurchführung. Vorausgesetzt, die in den vorangegangenen Abschnitten besprochenen Schritte der Indikationsstellung, Motivierung und Informierung der Teilnehmer haben stattgefunden. Dann sind diese durch die Einführung am Beginn der Sitzung darüber orientiert, dass die Durchführung von Rollenspielen aktuell ansteht und von zentraler Bedeutung ist. Außerdem haben sie – in der Regel bei der Durchführung einiger Proberollenspiele – bereits ein Wissen darüber, wie Rollenspiele prinzipiell ablaufen und was dabei von ihnen erwartet wird. Die Ausgangssituation ist also, dass die Gruppenteilnehmer erwartungsvoll im Kreis sitzen und der Rollenspielleiter beginnen muss. Sonstige, aus der Gruppenarbeit bekannte Voraussetzungen, wie etwa dass es keine aktuell gravierenden Störungen im Gruppenprozess gibt, die Vorrang hätten, dass alle Teilnehmer aufnahmebereit und konzentriert sind, etc., gelten auch hier, sollen an dieser Stelle jedoch nicht weiter vertieft werden.

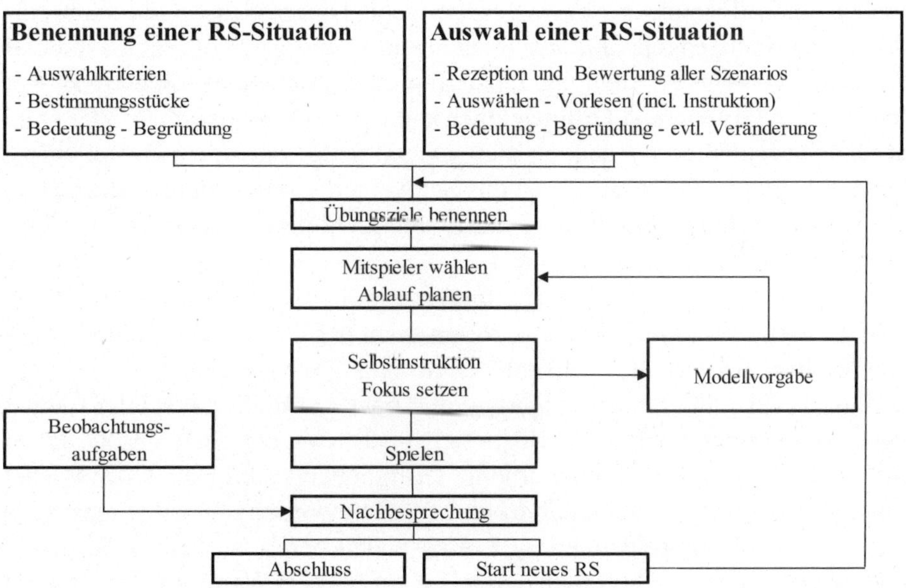

Abb. 4.3: Prozessmodell einer Rollenspielsequenz

Grob umrissen sieht der Ablauf so aus: Nachdem ein Spieler gefunden ist, von diesem eine Rollenspielsituation benannt bzw. ausgewählt wird und für diese Situation Übungsziele festgelegt werden, folgen die Auswahl von Mitspielern, eine Ablaufplanung und die Fokussierung und Selbstinstruktion zu eigenen konkreten Verhaltenszielen. Dann kommt die Rollenspieldurchführung, an die sich eine Reflektions- und Feedbackphase anschließt (vgl. Abbildung 4.3).

4.3.3.1 Wer spielt?

In der Einzelfallarbeit ist die Frage trivial, in der Arbeit mit Gruppen jedoch beginnt die Rollenspielsequenz mit der *Auswahl eines Spielers,* z. B. mittels der schlichten Frage *„Wer möchte ein Rollenspiel machen?“*. Als Reaktion kann es eine Vielzahl von Meldungen geben, aus denen dann eine Auswahl zu treffen ist. Als Auswahlprinzipien kommen dabei erstens besondere Dringlichkeit *(„Bei wem ist es denn wichtig, dass er sofort drankommt?“)* und zweitens eine gerechte und gleichmäßige Verteilung über die Zeit in Betracht *(„Wer hatte denn bisher noch keine Gelegenheit, ein Rollenspiel zu gestalten?“).* Ansonsten können die Bewerbungen in eine Reihenfolge gebracht und nacheinander abgearbeitet werden.

Ein in der Praxis nicht seltener Fall ist der, dass sich zunächst niemand meldet und allgemeines Schweigen herrscht. Dieses Schweigen kann Ausdruck des Nachdenkens und der Suche sein, häufig ist es allerdings auch als Ausdruck von Unsicherheit und einer Hemmung, sich zu exponieren, zu werten. Je nach Gruppe und Gruppenleiter kann das Schweigen mehr oder weniger lang ausgehalten werden, bis sich jemand findet, der zu einem Rollenspiel bereit ist. In den Fällen, in denen das Schweigen so lange dauert, dass es mit großer Wahrscheinlichkeit unproduktiv und nicht mehr zielführend ist, ist es Aufgabe des Leiters, es zu beenden.

Außer der freiwilligen Selbstnominierung gibt es einige technische Hilfsmittel für eine zufällige Auswahl, sofern nicht triftige Gründe für ein anderes Auswahlprinzip vorliegen. Ein solcher Grund könnte etwa sein, dass es Gruppenmitglieder gibt, die seit längerem oder noch gar nicht als Spieler fungiert haben. Ein anderer könnte darin bestehen, dass es bei einzelnen Gruppenmitgliedern Hinweise auf eine erhöhte Dringlichkeit gibt. Da bei der Vorstellung der Rollenspieltechnik darauf hingewiesen worden sein sollte, dass jeder Gruppenteilnehmer prinzipiell zu Rollenspielen bereit ist, kann z. B. vereinbart werden, dass nach Ablauf einer angemessenen Wartezeit das Los entscheidet (Ziehen einer Spielkarte, Flaschendrehen etc.) oder nach einer zuvor festgelegten Reihenfolge vorgegangen wird (z. B. alphabetische Namensliste).

Eine eher personenbezogene Auswahlstrategie besteht in einem *„Blitzlicht“,* wobei der Reihe nach jeder Teilnehmer aufgefordert ist, blitzlichtartig kurz zu schildern, womit er sich gerade gedanklich beschäftigt und was sein aktueller Stand im Entscheidungsprozess ist. Hieraus ergeben sich häufig Anhaltspunkte dafür, welche Teilnehmer kurz vor einer positiven Entscheidung stehen und welche nicht. Sollte das Schweigen auf eine ungeklärte Störung innerhalb der Gruppe zurückgehen – z. B. hat sich der Verdacht ausgebreitet, dass das, was in der Gruppe passiert, nicht von allen Mitgliedern vertraulich behandelt wird –, werden solche Störungen in einer Blitzlichtrunde mit großer Wahrscheinlichkeit zu Tage treten und können dann angegangen werden. „Fremdnominierungen" derart, dass ein Gruppenteilnehmer einen anderen als Spieler vorschlägt, sind in der Regel nicht sinnvoll, allenfalls kann der Gruppenleiter in begründeten Ausnahmefällen Teilnehmer direkt ansprechen und dazu einladen, ein Rollenspiel „zu übernehmen".

Generell ist es günstiger, wenn im Zuge des Auswahlprozesses der Umstand „dran zu sein", nicht als Pech, als lästige Pflicht oder gar als Strafe angesehen, sondern die Atmosphäre so gestaltet wird, dass dieses Ereignis von vornherein als Gewinn erscheint. Es mag Gründe geben, sich diesen Gewinn nicht einfach zu nehmen (z. B. Bescheidenheit), vielleicht schreckt auch die Anstrengung, die mit der Erlangung dieses Gewinnes vermutlich verbunden sein wird, zunächst ab, auf jeden Fall sollte aber unter dem Strich eine positiv bewertete Gewinnerwartung bei den Teilnehmern herrschen.

Üblicherweise geschieht dieser erste Schritt auf der räumlichen Arbeitsebene des Stuhlkreises. Ein sinnvolles technisches Detail im Auswahlprozess besteht darin, dass der Gruppenleiter sich mit dem Moment seiner Frage, wer das nächste Rollenspiel übernehmen möchte, vom Platz erhebt und sich – vielleicht mit einer einladenden Geste – schon mal in Richtung Spielbereich bewegt. Das unterstreicht den Aufforderungscharakter der Frage und schafft modellhaft eine motivierende Dynamik. Wenn sich ein Teilnehmer entschlossen hat, das nächste Rollenspiel zu gestalten, kann dieser Entschluss vom Gruppenleiter positiv verstärkt werden *(„Schön, dass Sie sich entschieden haben!")* während er den Klienten gleichzeitig in den Spielbereich geleitet.

4.3.3.2 Was wird gespielt?

Je nachdem, ob es sich um ein offenes oder strukturiertes Vorgehen handelt, sieht der nächste Schritt der *Auswahl einer zu spielenden Situation* unterschiedlich aus.

Vorgegebene Spielsituationen

Im Falle *vorgegebener Szenarios mit Instruktionen* (wie etwa im GSK von Hinsch & Pfingsten, 2015, oder im SKSA von Drinkmann & Schiebel, 2013) müssen die Gruppenteilnehmer zuvor Gelegenheit gehabt haben, die zur Auswahl stehenden Szenarios kennen zu lernen. Außerdem haben sie diese Szenarios üblicherweise beim Lesen auch bereits bewertet, z. B. nach der erwarteten Schwierigkeit, die das geforderte Verhalten für sie darstellen würde.

Der Klient sagt im Spielbereich also zunächst, welches Szenario er sich ausgewählt hat. Gerade in der Anfangsphase einer Rollenspielgruppe und/oder bei besonders befangenen Teilnehmern ist es hilfreich, wenn von Anfang an in ritualisierter Form alle Spieler erst einmal aufgefordert werden, das Szenario und die zugehörige Instruktion laut vorzulesen. Das schafft nicht nur in der gesamten Gruppe eine gemeinsame Informationsbasis, sondern hilft oft, eine anfängliche Aufgeregtheit und Nervosität zu reduzieren, übt schon einmal das Sprechen auf der Bühne etc. Der Gruppenleiter kann seine solidarische und schutzgebende Unterstützung nonverbal dadurch unterstreichen, dass er sich beim Vorlesen neben den Klienten stellt, und zwar ebenfalls mit Blick zur Gruppe. Der Gruppenleiter kann im Anschluss daran die Schwierigkeitseinschätzung des Klienten und evtl. die Gründe, warum er gerade dieses Szenario gewählt hat, erfragen. Auch eine Kurzexploration der subjektiven Bedeutung kann in manchen Fällen aufschlussreich sein („*Was bedeutet die geschilderte Situation für* Sie?“).

Nachdem der Klient Szenario und Verhaltensinstruktion laut vorgelesen und ggf. kommentiert hat, können evtl. Veränderungen daran vorgenommen werden, indem etwa zusätzliche situative Bedingungen eingeführt werden, die die Situation für den Klienten leichter, schwieriger, interessanter oder realistischer gestalten – je nach Bedarf. Hierbei ist es jedoch Aufgabe des Gruppenleiters, darauf zu achten, dass die Situation zum einen nicht so schwierig wird, dass eine Überforderung dabei herauskäme. Zum anderen sollte die Veränderbarkeit insbesondere des Instruktionsteils restriktiv gehandhabt werden. In ihnen ist definitorisch festgelegt, wie kompetentes Handeln auszusehen hat; und von dem Anspruch sollte nicht abgewichen werden. Der zu kritisierende Chef kann z. B. durch einen zu kritisierenden Kollegen ersetzt werden, die zu übende Kritik jedoch nicht durch ein vorschnelles Kompromissangebot.

Eigene Spielsituationen des Klienten

Gibt es keine vorgegebenen Rollenspielszenarios, muss der Klient eine *eigene Situation* benennen. Es kann sich dabei um eine tatsächlich erlebte oder um eine lediglich vorgestellte handeln, die zukünftig zu erwarten ist oder in der Phantasie eine bedeutende Rolle spielt. Bevorzugte Quelle für die Auswahl dürfte die Verhaltens- und Problemanalyse des Klienten sein. Deren Ergebnis ist ja in der Regel ein Repertoire von persönlich bedeutsamen schwierigen Situationen, seien sie real oder fiktiv.

Zu den *Bestimmungsstücken der Situation,* die genannt bzw. herausgearbeitet werden sollten, gehören die folgenden (vgl. Feldhege & Krauthahn, 1979):

- *Zeit und Ort:* Hierzu gehört die Angabe, ob die Situation bereits stattgefunden hat – wenn ja, wann –, oder ob sie noch bevorsteht. Wenn sie real zu erwarten ist, interessiert, ob bereits feststeht, zu welchem Zeitpunkt sie stattfinden wird (evtl. besteht Erwartungsangst), oder ob der Zeitpunkt der Realisierung noch nicht feststeht (Ungewissheit). Bei fiktiven Situationen ist an dieser Stelle zu klären, für wie wahrscheinlich oder unwahrscheinlich ihre Realisierung eingeschätzt wird. Der Ort, an dem die Situation spielt, sollte kurz benannt und in seinen wichtigen Aspekten skizziert werden. Hier stellt sich z. B. die Frage, ob es einzelne räumliche und gegenständliche Situationsmerkmale gibt, die so bedeutsam sind, dass sie im Rollenspiel auch simuliert werden müssen. Ansonsten gilt der Grundsatz, dass örtliche und räumliche Gegebenheiten vor allem imaginiert werden und die Darstellung des Verhaltens eindeutig im Mittelpunkt steht, d. h. es werden keine aufwändigen „Bühnenbilder“ geschaffen.
- *Interaktionspartner:* Wer ist direkter Interaktionspartner des Klienten und welcher Art ist die Beziehung der beiden zueinander? Gibt es andere anwesende Personen, die von Bedeutung sind? An dieser Stelle sollte auch schon grob das übliche oder erwartete Verhalten der Interaktionspartner umrissen werden.
- *Handlungsverlauf:* Der Klient schildert in knapper Form, was in der Situation geschieht, insbesondere welches Handeln die Interaktionspartner zeigen. Hier ist es Sache des Gruppenleiters, den Umfang der Situation so zu regulieren, dass keine unverständlich kurzen Fragmente, aber auch keine ausufernd langen Handlungsverläufe resultieren. Als Über-den-Daumen-Regel kann dabei gelten, dass die zu spielende Sequenz nicht länger als fünf Minuten dauern sollte.

Bei Wendlandt (1977) finden sich hierzu noch die Hinweise, dass a) der Situation vorausgehende und ihr nachfolgende Handlungsteile häufig vernachlässigt werden können zu Gunsten einer Fokussierung auf die eigentliche problematische soziale Situation, und dass b) das vom Klienten angestrebte Zielverhalten an dieser Stelle noch nicht thematisch sein muss, sondern eher sein tatsächlich gezeigtes, erwartetes oder für ihn typisches Verhalten interessiert.

Außer den drei genannten Bestimmungsstücken werden bei Feldhege und Krauthahn (1979) noch zwei weitere erwähnt, nämlich das eigene und das Verhalten des Interaktionspartners. Diese beiden Aspekte werden in diesem Prozessmodell als eigenständige Stufen thematisiert (siehe unten).

Generell sollten drei *Kriterien bei der Auswahl* von Rollenspielsituationen beachtet werden (vgl. Fliegel et al., 1994):

- Die Situation sollte die zentralen Schwierigkeiten bzw. Interessen des Gruppenteilnehmers berühren.
- Sie sollte innerhalb eines Rollenspiels simuliert werden können.
- Der Klient sollte diese Situation nach Möglichkeit später auch in der Realität aufsuchen können (siehe unter „Transfer/Hausaufgaben", Abschnitt 4.3.2 und 4.3.3.9).

Nicht selten treten Schwierigkeiten auf, eine persönlich bedeutsame und problemrelevante Situation zu finden bzw. die relevanten situativen Komponenten angemessen zu explizieren. In diesen Fällen kann gegebenenfalls auf ein diagnostisches Rollenspiel, Rollentausch oder eine Beobachtungs- und Protokollierungsphase im Alltag als Hilfsmittel zurückgegriffen werden. In einem *diagnostischen Rollenspiel* demonstriert ein Gruppenteilnehmer wie er sich verbal und nonverbal in einer Situation verhalten hat bzw. üblicherweise verhält. Unabhängig von der Erwünschtheit des Verhaltens kommt es hier primär auf die möglichst realistische Abbildung inklusive aller Schwächen und Fehler an.

Dieses diagnostische Potenzial von Rollenspielen wird auch jenseits des engeren Rahmens von rollenspiel-basierten Interventionen genutzt. Innerhalb von Explorationen zur Verhaltens- und Problemanalyse können diagnostische Rollenspiele gut zum Zwecke der Informationsgewinnung eingesetzt werden. Angesiedelt zwischen mündlicher Schilderung während der Beratung und teilnehmender In vivo-Beobachtung im Alltag des Klienten bieten Sie unmittelbarere und vielfältigere Information als erstere, sind aber längst nicht so aufwändig wie letztere. In der kognitiv-verhaltenstherapeutisch orientierten Diagnostik ist z. B. die alleinige Frage nach für den Klienten typischen, eine Problemsituation begleitenden Gedanken, Regeln, Erinnerungen etc. zuweilen recht unergiebig, weil dem Klienten in der Gesprächssituation nichts oder wenig dazu einfällt. Hier hilft es manchmal, die Problemsituation durch ein kurzes diagnostisches Rollenspiel zu aktualisieren und für den Klienten lebendig werden zu lassen, so dass ihm tatsächlich erlebte Kognitionen und Gefühle leichter zugänglich und kommunizierbar werden. Dadurch wird die Problemanalyse reichhaltiger und valider.

Vor allem dann, wenn ein Gruppenteilnehmer Probleme hat, das Handeln seiner Interaktionspartner angemessen zu beschreiben, oder Schwierigkeiten, seine eigene Wirkung auf Interaktionspartner einzuschätzen, kann ein *Rollentausch* sinnvoll sein. Dabei kann der Klient entweder in die Rolle eines Interaktionspartners schlüpfen oder von allen Rollen entbunden werden und als außenstehender Beobachter zusehen. In beiden Fällen wird er eine außenperspektivische Sicht auf sein Verhalten kennen lernen, in ersterem eventuell auch noch zusätzlich eine fremde Innenperspektive. Er spielt dazu in einem Durchgang die Rolle des Interaktionspartners, während ein anderer Gruppenteilnehmer oder der Gruppenleiter die Rolle des Klienten übernimmt. Das bietet diesem die Möglichkeit, zum einen seine Wirkung auf Interaktionspartner zu erfahren – und sich dabei möglicherweise nicht nur als Opfer und Spielball, sondern auch als Akteur und Mitgestalter einer Handlung zu erleben –, zum anderen kann der Klient durch seine szenische Darstellung des Handelns der Interaktionspartner eben dieses verdeutlichen.

Schließlich sei noch auf die Möglichkeit hingewiesen, Klienten zur Durchführung von *Beobachtungs- und Protokollierungsphasen* im Alltag anzuhalten, um ihre reflexive Kompetenz zu fördern und die dafür notwendigen Informationen zu sammeln. Folgende Fragen lassen sich dabei z. B. als Beobachtungsaufgaben benutzen (Fliegel et al., 1994, S. 96):

„– In welchen Situationen treten Schwierigkeiten auf und in welchen nicht?
- Wie unterscheiden sich diese Situationen – etwa hinsichtlich der beteiligten Personen, deren Verhalten, Status, Geschlecht, Anzahl usw.?
- Wie schätzt er die Situationen in dem Moment ein – emotional und in Hinsicht auf seine Verhaltensmöglichkeiten?
- Was glaubt und was befürchtet er, wie die Beteiligten ihn einschätzen?
- Wie hat er sich tatsächlich verhalten und wie hat er sich dabei gefühlt?
- Welche Reaktionen der Beteiligten hat er wahrgenommen und wie bewertet er diese?
- Wie hätte er sich am liebsten verhalten, und wie könnte sozial kompetentes Verhalten in diesen Situationen aussehen?“

Wenn innerhalb der Rollenspielsitzung die Anfangssituation/das Szenario klar benannt ist und gegebenenfalls durch ein diagnostisches Rollenspiel oder andere technische Hilfsmittel verdeutlicht wurde, dann steht im nächsten Schritt die Festlegung von Übungszielen für den Klienten an.

4.3.3.3 Was ist das Ziel?

In standardisierten Trainingsprogrammen werden die *Übungsziele* in Form expliziter Verhaltensinstruktionen zu den einzelnen Szenarios vorgegeben. Veranschaulicht werden soll das anhand eines Beispielszenarios zum Typ „Aushandeln von Regelungen und Vereinbarungen“ und zugehöriger Instruktion aus dem Sozialen Kompetenztraining für die Soziale Arbeit (SKSA; Drinkmann & Schiebel, 2013):

Tab. 4.1: Beispielszenario und Verhaltensinstruktion aus SKSA

„<u>Situationsschilderung:</u> Sie sind LeiterIn einer Beratungsstelle. Die Beratungsstelle muss zwischen den Weihnachtsfeiertagen und Neujahr von einer Fachkraft besetzt sein. Keiner der zwei in Frage kommenden Mitarbeiter ist zunächst bereit, den Dienst zu übernehmen. Die anderen Mitarbeiter haben den Dienst in den Vorjahren übernommen. Die Mitarbeiter können sich untereinander nicht einigen. Sie sprechen mit den Beiden.
<u>Instruktion</u>: Teilen Sie den Mitarbeitern mit, dass Einer auf jeden Fall den Dienst übernehmen muss. Der Andere muss den Dienst im kommenden Jahr übernehmen. Können sich die Beiden immer noch nicht einigen, hören Sie die Argumente der Mitarbeiter an. Treffen Sie eine Entscheidung, aber lassen Sie sich nicht auf ewige Diskussionen ein.“

In Rollenspielen mit vorgegebenen Instruktionen ist vorab natürlich sicher zu stellen, dass der Klient die Instruktion verstanden hat und dazu in der Lage ist, sie in eine angemessene Handlungsplanung zu überführen. Das muss nicht bedeuten, dass er sich dazu in der Lage fühlt, die Instruktion in ihrer Gesamtheit und in allen Details in seinem Verhalten zu realisieren. Hier wird später noch die Möglichkeit der Ausgliederung von Teilzielen thematisiert. Zunächst einmal kommt es auf das vorstellungsmäßige Bild an, das sich der Klient von dem „symbolischen Modell“ (sensu Bandura, 1979) macht, als das die Instruktion gesehen werden kann. Ist er nicht dazu in der Lage, ein solches Vorstellungsbild zu erzeugen, kann auf das Instrument der *Modellvorgabe* zurückgegriffen werden. Dazu demonstriert der Gruppenleiter oder ein anderes Gruppenmitglied, das dazu in der Lage ist, ein der Instruktion gemäßes Verhalten in einem Rollenspieldurchgang (Näheres dazu siehe Abschnitt 4.3.3.6).

In der nicht-standardisierten Variante mit selbstgewählten Situationen gibt es üblicherweise auch keine vorgegebenen Verhaltensinstruktionen, sondern diese müssen in der Vorbereitungsphase erarbeitet werden. Dazu erfragt der Gruppenleiter, wie das Wunschverhalten des Klienten aussähe. Im Idealfall sind diese Wunschvorstellungen klar und angemessen in Inhalt und Form. Oder sie sind im Großen und Ganzen akzeptabel, bedürfen jedoch der Ergänzung oder kleinerer Korrekturen. Im ungünstigen Fall hat der Klient überhaupt keine oder nur diffuse Vorstellungen davon, wie ein angemessenes Zielverhalten aussehen könnte. Klärungsbedarf besteht auch, wenn der Gruppenleiter die vom Klienten geäußerten Ziele für unangemessen hält. Kriterien für die Beurteilung der Angemessenheit können auf verschiedenen Ebenen liegen:

- Ausreichende Konkretheit und Operationalisierbarkeit müssen gegeben sein, damit Realisierungschancen im Rollenspiel bestehen.
- Der Gruppenleiter kann sich inhaltlich an definitorischen Kriterien für sozial kompetentes Verhalten orientieren, was z. B. ängstlich-vermeidende, aggressive oder manipulative Verhaltensstrategien ausschließen würde.
- Der Gruppenleiter wird ethisch bedenkliche Handlungsweisen, d. h. solche, die andere Personen gefährden oder schädigen, nicht unterstützen.
- Das angestrebte Verhalten sollte zur handelnden Person passen, glaubwürdig und ich-synton sein.
- Schließlich sollte das Zielverhalten mit vertretbarem Aufwand realisierbar sein.

Die verbindliche Vereinbarung dieser oder ähnlicher Leitlinien und Bewertungskriterien findet sinnvollerweise früh, am besten schon in der Phase der Erläuterung von Trainingszielen und -methoden statt. Dann hat der Gruppenleiter später in Rollenspielsituationen die Möglichkeit, auf diese Vereinbarung zu verweisen, wenn konkrete Zielvorstellungen der Teilnehmer gegen jene Prinzipien verstoßen.

Bei Zielverhaltensweisen, die als zu komplex oder gegenwärtig für den Klienten zu schwierig eingeschätzt werden, bietet es sich an, sie zu zerlegen. Durch eine Aufteilung in Teilziele oder Zwischenschritte können auch anspruchsvollere Ziele angegangen und Schritt für Schritt erarbeitet werden. Hierin ist ein großer Vorteil des Rollenspiels gegenüber Übungen in der Realität zu sehen, da es mehr Freiheitsgrade bei der Dekomponierung von Zielverhalten gibt.

Grundsätzlich sollte das vom Klienten angestrebte Übungsziel nicht zu schwierig für ihn sein, andererseits jedoch auch noch eine Herausforderung darstellen. Im Zweifelsfall ist es allerdings wichtiger, Überforderungen und Misserfolge zu vermeiden. Hier hat sich das Grundprinzip des Lernens in kleinen Schritten aus der Verhaltenstherapie bewährt (vgl. Zimmer, 1995), das einen Fortschritt durch die Aneinanderreihung von kleinen Erfolgen propagiert und Misserfolgserlebnisse durch zu groß geschnittene Lernziele zu vermeiden trachtet. In der Arbeit mit sozial ängstlichen Klienten kann es z. B. durchaus sinnvoll sein, sich in einem konkreten Rollenspiel einzig darauf zu konzentrieren, einmal das Wort „ich" zu benutzen, oder mindestens einmal Blickkontakt zum Gegenüber aufzunehmen.

Inwieweit die restliche Gruppe bei der Suche nach einem angemessenen Zielverhalten miteinbezogen wird, muss aus der Situation heraus entschieden werden. Gerade wenn der Spieler wenig Ideen hat, kann es nützlich sein, Vorschläge aus der Restgruppe einzuholen. Auch an der Reflexion und Diskussion von konkreten Handlungszielvorstellungen kann die Gruppe beteiligt werden. Der Gruppenleiter muss im Einzelfall entscheiden, ob ein solches Einbeziehen mit größerer Wahrscheinlichkeit hilfreich sein wird, oder ob er im Dienste von Klarheit und Effektivität lieber darauf verzichten möchte. Zumindest sollte jedoch sichergestellt werden, dass am Ende dieser Zielfestlegungsphase auch die anderen Gruppenteilnehmer ein möglichst klares Vorstellungsbild vom angestrebten Zielverhalten besitzen, denn unter Umständen werden sie als Interaktionspartner im Rollenspiel gebraucht. Auf jeden Fall sollten sie jedoch dazu in der Lage sein, später in der Rückmeldungsphase zur Reflexion beizutragen.

4.3.3.4 Mitspieler auswählen und instruieren

Nachdem der Klient die Übungsziele für sich selbst festgelegt hat, geht es im nächsten Schritt darum, aus dem Kreis der Gruppenteilnehmer Mitspieler für das Rollenspiel auszuwählen. Er muss festlegen, welche Interaktionspartner für ihn in der Situation wichtig sind und wer von den Gruppenteilnehmern ihm am besten geeignet erscheint, eine bestimmte Rolle zu spielen.

Bei der Zahl der Mitspieler ist zu bedenken, dass es nicht darauf ankommt, ein aufwändig besetztes Stück zu inszenieren (keine „Heerscharen“), sondern dass bei einer möglichst kleinen Zahl von Interaktionspartnern – oft reicht ein einziger – die Konzentration auf die eigenen Übungsziele sowie auf die Wahrnehmung des Interaktionsverlaufs wesentlich besser gelingt. Manchmal werden in Rollenspielen Personengruppen gebraucht, etwa „Leute in der Warteschlange“, „die Mitschüler“ oder „Beobachter“. Sie sind dann in der Regel als Umgebungsvariable relevant und es ist nicht zu erwarten, dass zu jedem Einzelnen von ihnen eine Interaktionsbeziehung besteht.

Bei der Auswahl von Mitspielern sollte der Klient möglichst freie Hand haben. Dafür ist es günstig, wenn am Anfang des Gruppenprozesses vereinbart worden ist, dass grundsätzlich alle Gruppenteilnehmer für jedes Rollenspiel als Mitspieler zur Verfügung stehen. Das erspart Energieverluste in Diskussionen darüber, wer bereit sein könnte, eine bestimmte Rolle zu übernehmen.

Bei Hinsch und Pfingsten (2015) spielt im Regelfall der Gruppenleiter den Interaktionspartner des Klienten, und die Variante, Gruppenteilnehmer als Mitspieler zu wählen, wird als Ausnahme dargestellt.

Die als Mitspieler benannten Gruppenteilnehmer kommen zum Spieler und Gruppenleiter in den Spielbereich und werden im nächsten Schritt instruiert, wie sie sich im Rollenspiel verhalten sollen. Die Instruierung erfolgt idealerweise durch den Klienten und der Gruppenleiter gibt bei Bedarf Hilfestellungen. Wie detailliert die Regieanweisungen ausfallen, hängt vom Einzelfall ab. Es gibt Rollenspieler, für die es wichtig ist, das Verhalten ihres Gegenübers sehr genau festzulegen, z. B. um vor Überraschungen sicher zu sein. Andere wiederum suchen die Herausforderung, die darin steckt, den Mitspielern größere Freiräume bei der Ausgestaltung ihrer Rolle zu lassen. Die Frage, inwieweit es hilfreich und nötig ist, Rollenspielverlauf und Partnerverhalten vorher detailliert festzulegen, betrifft auch die Entscheidung, wie das Handlungsergebnis aussehen soll, d. h. inwiefern der Ausgang der Situation den Wünschen des Klienten entsprechen soll. Ob in einem Konfliktfall zum Beispiel eine Lösung im Sinne des Klienten erzielt werden kann, ob und wenn ja wann und in welcher Form eine Bitte gewährt wird, das kann der Klient vorher festlegen, oder er kann es offen lassen. Gerade wenn das Handlungsergebnis jedoch kein Erfolg ist, ist wichtig, dass sich alle Gruppenteilnehmer und vor allem der Spieler vergegenwärtigen, dass das Ziel des Rollenspiels, an dem sich der Erfolg messen muss, in der Umsetzung des geplanten eigenen Verhaltens liegt, und dass der Ausgang der Situation letztlich nicht darüber entscheidet, ob das Rollenspiel ein Erfolg war oder nicht. Hier gilt das Motto: Man kann üben, seine Wünsche selbstsicher vorzubringen, damit ist jedoch nicht garantiert, dass sie auch erfüllt werden.

Bei den Mitspielern sollte jeweils nachgefragt werden, ob sie die sie betreffende Instruktion verstanden haben und sich vorstellen können, sich in der geforderten Weise zu verhalten. Wenn hier Schwierigkeiten auftauchen, kann der Klient in Form eines Kurzrollenspiels darstellen, wie das Verhalten der Interaktionspartner aussehen sollte, und die Mitspieler können ebenfalls in einer kurzen Rollenspielsequenz demonstrieren, wie ihre Vorstellung vom geforderten Verhalten aussieht.

Die geschilderten Prozesse der Rollenspielvorbereitung werden von den restlichen, nicht im Spielbereich befindlichen Gruppenteilnehmern aufmerksam beobachtet. Gegebenenfalls können sie an bestimmten Stellen um Vorschläge, Ideen und Bewertungen gebeten werden. Ansonsten ist es im Dienste eines konzentrierten Arbeitens mit dem Klienten günstig, wenn sie sich in dieser Phase eher im Hintergrund halten.

4.3.3.5 Selbstinstruktion und Fokussierung

Die hier anstehende Selbstinstruktion besteht aus drei Teilen: Der zuvor gefasste *Handlungsplan* soll noch einmal vergegenwärtigt werden *(„Im Geschäft gehe ich zu dem Verkäufer, grüße ihn, zeige ihm Quittung und Tischdecke und sage, dass mir die Decke nicht gefällt und ich sie deshalb zurückgeben und mein Geld zurückhaben möchte.“).* Zweiter Bestandteil ist die Schaffung eines *Aufmerksamkeitsfokus* innerhalb der eigenen Handlungsziele.

Nachdem der Klient die von ihm ausgewählte Rollenspielsituation beschrieben, im zweiten Schritt das eigene Übungsziel herausgearbeitet und operationalisiert und zuletzt Mitspieler ausgewählt und instruiert hat, soll im letzten Schritt vor der eigentlichen Durchführung des Rollenspiels noch einmal eine Fokussierung auf die eigene Handlungsplanung stattfinden, Im vorletzten Schritt bei der Zielfestlegung hat der Klient ja bereits benannt, worin sein Übungsziel besteht, hat dieses möglicherweise in Teilziele untergliedert und schließlich bestimmt, wie diese Ziele auf Verhaltensebene operationalisiert werden sollen. Unmittelbar vor der Umsetzung im Rollenspiel soll jetzt noch einmal die Verhaltensabsicht, die in der persönlichen Hierarchie ganz oben steht, fokussiert werden. Damit wird sichergestellt, dass sie auch beim Rollenspiel handlungsleitend sein wird und nicht etwa „im Eifer des Gefechts" aus den Augen gerät. *„Worauf haben Sie sich vorgenommen, bei Ihrem Verhalten besonders zu achten?"* oder *„Welchen Teil der Instruktion wollen Sie im Folgenden an erster Stelle beachten?"* – das könnten Fragen sein, mit denen noch einmal die wichtigsten Handlungsziele des Klienten fokussiert werden. Manchmal ist es gut, wenn der Rollenspielleiter auch auf der Operationalisierungsebene noch einmal einen Gedächtnismarker setzt. *„Wissen Sie schon, mit welchen Worten Sie den kritischen Punkt ansprechen werden?"* oder *„Wie lautet der Satz, mit dem Sie sich vorgenommen haben, Ihren Gesprächspartner anzusprechen?"* wären mögliche Formulierungen, die dem Klienten hilfreich bei der Umsetzung seines Zielverhaltens sein können.

Positive Selbstverbalisationen bilden den dritten Bestandteil der Selbstinstruktion. Sie stellen allgemein eine wichtige Gelingensbedingung für kompetentes Verhalten dar und sind deshalb ein wichtiger Bestandteil innerhalb von Trainingsmodellen z. B. zur sozialen Kompetenz (Hinsch & Pfingsten, 2015; Schwartz, 1986). Solche Zuversicht und Selbstwirksamkeitserwartungen fordernden Selbstverbalisationen können eher allgemein gehalten sein *(„Ich weiß, dass* es *mein gutes Recht ist, diese Tischdecke umzutauschen.")*. Sie sind jedoch umso wirksamer, je mehr sie auf konkrete Erfahrungen rekurrieren, d. h. auch noch Belege dafür enthalten, dass die positiven Erwartungen begründet sind *(„Beim letzten Mal, als ich einen Pullover umgetauscht habe, hat das auch geklappt.")*.

Der Gruppenleiter sollte den Klienten anregen, mindestens eine positive Selbstverbalisation, die er sich zum Einstieg in die Rollenspielsituation gibt, zuvor laut zu nennen (*„Was könnten Sie zu sich selbst sagen, um Ihre Zuversicht zu fördern, dass Sie das, was Sie sich vorgenommen haben, gut hinbekommen werden?"*).

Falls deutlich werden sollte, dass ein Gruppenteilnehmer grundsätzliche Schwierigkeiten hat, positive Selbstverbalisationen zu finden, kann der Gruppenleiter helfen, indem er selbst Vorschläge macht oder entsprechende Vorschläge aus der Gruppe einholt. Günstiger ist jedoch, wenn der Klient sich selbst Formulierungen erarbeitet, die für ihn persönlich glaubhaft sind und passen. Es muss darauf hingewiesen werden, dass es sich hier nicht um eine Form der Autosuggestion handelt, bei der vielleicht gebetsmühlenartig positive Selbstzuschreibungen wiederholt werden *(„Ich bin selbstsicher, ich bin selbstsicher!“)*. Vielmehr ist die Realitätsangemessenheit und Glaubwürdigkeit der Aussagen für den Klienten selbst entscheidend. Eventuell vorhandene dysfunktionale Kognitionen in Form von unangemessen negativen Selbstverbalisationen sollen nicht durch unangemessen positive, d. h. nach wie vor dysfunktionale ersetzt werden. Eine selektive Aufmerksamkeit auf erfahrungsgestützte angemessen positive Erwartungen gilt in mittel- und langfristiger Perspektive als wirksamere Variante. Sollten Schwierigkeiten beim Generieren positiver Selbstverbalisationen für mehrere Gruppenmitglieder erkennbar sein, empfiehlt es sich, eine gesonderte Übungseinheit dazu einzufügen.

In therapeutischen Settings wie auch bei der Arbeit mit Kindern kann ein längerer Lernprozess nötig sein, der beginnend mit expliziten Fremdinstruktionen Schritt für Schritt hinführt zur Einübung von Selbstinstruktionen (vgl. Meichenbaum, 1995).

Welche Verhaltensziele und welchen Aufmerksamkeitsfokus der Klient für das Rollenspiel gewählt hat, gehört später zu den wichtigen Bestandteilen der Nachbesprechung und sollte deshalb dem Gruppenleiter unbedingt präsent sein. Dazu ist es günstig, wenn der Co-Leiter die Verantwortung dafür übernimmt, oder wenn der Gruppenleiter sich schriftliche Notizen macht.

4.3.3.6 Modellvorgabe

Alle bis hierhin unternommenen Schritte der Rollenspielvorbereitung können im Sinne der Theorie des Modelllernens bereits als Modellkonstruktion oder -darbietung gesehen werden (vgl. Bandura, 1994). Auch ein im Gespräch geschaffenes („modelliertes“) Vorstellungsbild eines Gruppenteilnehmers, in dem er sich als in erwünschter Weise handelnd sieht, kann als ein *symbolisches Modell* aufgefasst werden. Fliegel et al. (1994) weisen darauf hin, dass diese Phase der Konstruktion einer Vorstellung auch als Variante eines imaginären oder *verdeckten Modelllernens* verstanden werden kann, bei dem der gesamte Prozess in der Vorstellung des Lernenden stattfindet. Prinzipiell ließen sich also alle für das Modelllernen notwendigen Schritte allein auf der symbolischen, verbalen Ebene konstruieren *(In-sensu-Rollenspiel)*. Allerdings liefe es dem Geist der Methode entgegen, wenn auf die Nutzung von realen Modellen ohne Not verzichtet würde. Die Möglichkeit des Gruppenleiters, ein Verhalten im Rollenspiel zu demonstrieren, statt es womöglich lange und umständlich verbal erläutern zu müssen, ist so naheliegend, dass sie auch häufig genutzt wird.

Vor allem in der Phase der Zielfestlegung und Operationalisierung können externe Modellvorgaben sehr hilfreich sein, wenn die Verhaltensunsicherheit des Klienten so groß ist, dass er Schwierigkeiten hat, ein angemessenes Zielverhalten oder entsprechende Operationalisierungen herauszuarbeiten. Hier kann entweder der Gruppenleiter als Modell fungieren und mögliche Zielvarianten demonstrieren, oder er kann einzelne Gruppenmitglieder bitten, das zu übernehmen. Unter Umständen kann sogar eine ganze Revue von Modellvorgaben Sinn machen, indem mehrere Gruppenteilnehmer nacheinander verschiedene Lösungsvarianten demonstrieren. Das würde unterstreichen, dass es in der Regel nicht nur ein einziges optimales Handeln gibt, sondern dass eine ganze Bandbreite von Handlungsvarianten möglich ist, die alle mehr oder weniger gleichermaßen als angemessen gelten können.

Auf jeden Fall sinnvoll ist, vor der Modelldarbietung das Interesse und die Zustimmung des Klienten zu erfragen. Nur wenn er motiviert und bereit ist, sich Vorschläge machen zu lassen, können diese auch wirksam werden. Für eine möglichst gute Rezeption des Modellverhaltens ist es zudem Voraussetzung, dass der Beobachter die relevanten Verhaltensaspekte wahrnimmt und sie nicht etwa angesichts der Komplexität des beobachteten Verhaltens aus den Augen verliert. Darum sollten zuvor die Verhaltensziele klar herausgearbeitet sein und gegebenenfalls vom Rollenspielleiter vor einer Modellvorgabe noch einmal in Form eines Beobachtungsauftrags unterstrichen werden *(„Achten Sie bitte mal genau darauf, wie ich im folgenden Rollenspiel meinen Ärger ausdrücken werde, ohne aggressiv zu werden.“).*

Abhängig von der Perfektion, mit der ein Modellverhalten demonstriert wird, lässt sich zwischen *meisterhaften* Modellen *(mastery models)* und *Bewältigungs*modellen *(coping models)* unterscheiden. Letztere bewältigen die gestellte Aufgabe zwar auch, sie haben dabei jedoch sichtbare Schwierigkeiten und sind damit dem Klienten ähnlicher als ein meisterhaftes Modell. Bewältigungsmodelle, die den Beobachtern nur einige wenige Schritte voraus sind, gelten als wirksamer in dem Sinne, dass die Lerneffekte beim Beobachter günstiger ausfallen als bei meisterhaften Modellen (Cunningham et al., 1993). Aus diesem Grund kann es zuweilen Sinn machen, dass der Rollenspielleiter ein Zielverhalten nicht selbst demonstriert oder von jemandem, von dem er hohe Kompetenz erwartet, demonstrieren lässt, sondern aus der Gruppe jemanden als Modell wählt, der wahrscheinlich als Bewältigungsmodell fungieren kann. Ersatzweise kann der Gruppenleiter zwar selber das Modellverhalten vormachen, dabei jedoch potenzielle Schwierigkeiten wie Ängste,

Unsicherheiten etc. verbalisieren und somit zeigen, wie diese angemessen bewältigt werden können.

Wenn ein Modellverhalten demonstriert wird, kann es überhaupt sinnvoll sein, die intern ablaufenden Gedanken in Form von *lautem Denken* ebenfalls vorzuführen. Der Beobachter erhält dadurch Informationen über intern ablaufende Prozesse, die sonst nicht sichtbar wären, unter Umständen aber wichtig sind. Verbalisiert werden sollten dabei die oben genannten Selbstinstruktionen aus der Handlungsplanung („*Was habe ich mir vorgenommen?“), der* Absichtsfokussierung („*Worauf werde ich besonders achten bei meinem Verhalten?“*) und der positiven Selbstverbalisation („*Was werde ich mir sagen, um mir Mut zu machen?“).*

Nach der Demonstration des Modellverhaltens sollte sichergestellt werden, dass es vom Beobachter auch angemessen rezipiert wurde und dass er für die eigene Handlungsplanung Gewinn daraus ziehen konnte *(„Haben Sie mitbekommen, mit welchen Worten Herr F. den Schaffner angesprochen hat, um ihm zu sagen, dass er keine Fahrkarte hat? ... Würde die Formulierung auch für Sie so passen? ... Dann sagen Sie es doch bitte gerade einmal zu mir als Schaffner mit Ihren Worten.“).*

Die Möglichkeit, eine Verhaltenssequenz kurz zu demonstrieren, statt sie verbal zu schildern, kann in allen Phasen der Rollenspielvorbereitung, -durchführung und -nachbereitung genutzt werden. Es ist dabei Sache des Rollenspielleiters, darauf zu achten, dass immer überschaubar bleibt, welche Verhaltensaspekte gerade wichtig sind und worauf das Hauptaugenmerk zu richten ist. Die Gefahr, sich in zu vielen, zu langen und/oder nicht zielführenden Modellvorgaben zu verlieren, besteht zuweilen durchaus.

4.3.3.7 Spielphase

Nach den bis hierher genannten Vorbereitungsarbeiten beginnt das eigentliche Rollenspiel, und zwar üblicherweise damit, dass der Gruppenleiter sich noch einmal versichert, dass alle im Spielbereich befindlichen Personen Klarheit darüber haben, wie das Rollenspiel ablaufen soll. Dass es noch genügend Raum für Missverständnisse gibt, wird sich allerdings auch durch allerbeste Vorbereitungsarbeit nicht ganz verhindern lassen. Wenn alle Rollenspielbeteiligten signalisiert haben, dass sie bereit sind anzufangen, gibt der Leiter das Startsignal und das Rollenspiel kann beginnen.

Es sollten vorab einige grundlegende *Signale* verabredet werden, mit denen der Leiter das Rollenspiel starten, unterbrechen, fortsetzen und beenden kann. Anregungen dafür, wie deutliche und unmissverständliche Signalgesten aussehen können, finden sich unter anderem im Sport.

Unter technischen Gesichtspunkten hilfreich ist auch, wenn vor Beginn der ersten Rollenspiele darauf hingewiesen wird, dass die Spielsequenzen nicht allzu lang sein werden, so dass es wichtig ist, relativ bald „auf den Punkt zu kommen“. Hieran kann unmittelbar vor der Spielsequenz eines Rollenspiels noch einmal erinnert werden *(„Sie denken bitte daran: maximal fünf Minuten!“)*.

Während das Rollenspiel läuft, hat der Leiter eine Reihe von *Steuerungsmöglichkeiten.* Diese sollte er sparsam einsetzen und ein Rollenspiel immer, wenn es vertretbar erscheint, ganz durchlaufen lassen. Vieles kann in der anschließenden Rückmeldungsphase besprochen werden und alles, was dem Klienten gut gelungen ist, wird er im Sinne einer Kausalattribution eher sich selbst zuschreiben können, wenn er im Rollenspiel keine Unterstützung von außen erfahren hat. Allerdings sollte der Gruppenleiter auch nicht zu restriktiv mit unterstützenden Eingriffen sein und im Extremfall nicht etwa „das Unglück seinen Lauf nehmen lassen“. Letztendlich muss der Gruppenleiter entscheiden, wann Hilfestellungen benötigt werden und für den Klienten hilfreich sein könnten und wann nicht.

Gefordert ist das Eingreifen des Spielleiters immer dann, wenn das Rollenspiel zu scheitern droht, entscheidend ins Stocken gerät, einzelne Mitspieler „aus der Rolle fallen“ oder ähnliche Dinge passieren, die den Lernerfolg des Klienten entscheidend beeinträchtigen könnten.

Grundsätzlich gibt es zwei Varianten des Eingreifens, nämlich einmal eine *explizite Unterbrechung* des Rollenspiels mit Einschieben einer Reflexions- und Neuinstruktionsphase, zum anderen die Variante von in das laufende Rollenspiel *eingestreuten Hilfestellungen,* die dieses nicht unterbrechen. Erstere stellt natürlich den massiveren Eingriff dar und sollte den Gelegenheiten vorbehalten bleiben, in denen das Rollenspiel durch kleinere Eingriffe nicht mehr zu retten ist.

Unterbricht der Leiter das Rollenspiel, ist als erstes natürlich eine Erklärung dieses Eingriffs angebracht. Meist besteht ein Interesse daran, dass das Rollenspiel möglichst bald wieder aufgenommen werden kann, unter anderem damit Handlungsabsichten und Handlungsfluss nicht verloren gehen. Aus diesem Grund sollte eine Unterbrechung so kurz wie möglich gehalten werden. Dies ist am ehesten sichergestellt, wenn der Rollenspielleiter kurz erklärt, warum er das Rollenspiel unterbrochen hat und dann auch selbst einen Änderungsvorschlag macht *(„Frau K., ich habe den Eindruck, Sie weichen in Ihrem Verhalten als Mitspielerin zu sehr von ihrer Rollenbeschreibung ab. Sie machen es dadurch Herrn F. unnötig schwer, zu realisieren, was er sich vorgenommen hat. Können Sie sich vorstellen, im Folgenden etwas entgegenkommender auf sein Verhalten zu reagieren, indem Sie ihm zum Beispiel erst einmal zuhören, ihn ausreden lassen und signalisieren, dass Sie verstanden haben, was er von Ihnen möchte?").*

Wenn deutlich werden sollte, dass es mit einer kurzen Intervention nicht getan ist, kann das Rollenspiel auch ganz abgebrochen und an einer beliebigen Stelle im Planungsprozess neu begonnen werden *(„Herr F., ich habe den Eindruck, dass Ihre Vorstellung davon, was Sie in der Situation Ihrer Frau gegenüber eigentlich ausdrücken wollen, noch nicht ganz klar ist. Da scheinen noch zu viele Anliegen gleichzeitig wirksam zu sein, die Ihnen eine klare Äußerung schwer machen. Stimmt das? ... Wenn das so ist, würde ich vorschlagen, dass wir noch einmal zu dem Punkt zurückkehren, an dem wir Ihre Ziele für diese Übung herausgearbeitet haben. Sind Sie damit einverstanden?").*

Zu den Hilfestellungen, die im Handlungsverlauf eines Rollenspiels eingestreut werden können, zählen Einflüsterungen in Form hilfreicher Hinweise *(„Lauter sprechen!", „Blickkontakt!"),* praktische Anleitungen oder Führungen („*Unterstreichen Sie Ihren Wunsch, das Gespräch zu beenden, doch dadurch, dass Sie schon mal aufstehen.").* Auch sehr kurze Modellvorgaben, bei denen der Leiter vielleicht nur für einen Satz in die Rolle des Klienten schlüpft, und ihn dann unmittelbar anschließend weiterspielen lässt, sind denkbar.

Eine weitere Steuerungsmöglichkeit ist in positiv verstärkenden verbalen Hinweisen zu sehen, mit denen bestimmte Verhaltensaspekte betont und unterstützt werden *(„Ja, sehr gut, bleiben Sie standhaft an der Stelle.").* Solche Aufmunterungen bieten sich vor allem dann an, wenn komplexere soziale Verhaltensweisen aufgebaut und gelungene Annäherungen daran hervorgehoben und unterstützt werden sollen.

Da allerdings der Grundsatz gilt, dass *Selbstverstärkung* gegenüber Fremdverstärkung der Vorrang einzuräumen ist, sollte von dieser Möglichkeit sparsam Gebrauch gemacht werden, bzw. sollte sie nur in besonders indizierten Fällen angewendet werden. Dazu könnten Teilnehmer zählen, die erfahrungsgemäß Schwierigkeiten haben, in der späteren Nachbesprechung genügend Anknüpfungspunkte für Selbstverstärkung zu erinnern. Ansonsten gilt der lernpsychologische Grundsatz, dass in frühen Lernphasen und bei der Aneignung neuen Verhaltens Fremdverstärkung günstig ist, in späteren Lernphasen sowie bei der Etablierung neu gelernten Verhaltens jedoch Selbstverstärkung günstiger.

Weitere Steuerungsmöglichkeiten für den Rollenspielleiter liegen in der Nachbesprechungsphase. Sie schließt sich unmittelbar an, nachdem der Leiter das Signal zur Beendigung des Rollenspiels gegeben hat bzw. die Rollenspielteilnehmer an einen Punkt gelangt sind, an dem sie ihre Rollenspielaufgabe als erfüllt ansehen.

4.3.3.8 Nachbesprechung

Unmittelbar im Anschluss an das Rollenspiel findet im Spielbereich die Nachbesprechung statt. Sie dient vor allem der Reflexion der Zielerreichung, der Verstärkung positiv beurteilter Verhaltensaspekte und der Planung weiterer Übungsschritte. Damit die Nachbesprechung ihre wichtige verhaltensmodifikatorische Funktion erfüllen kann, ist sie relativ stark strukturiert: Es gibt eine einzuhaltende Rednerreihenfolge, die Äußerungen müssen bestimmten Regeln entsprechen und die Rückmeldung wird vom Rollenspielleiter moderiert.

Im *Idealfall* würde der Klient die Nachbesprechung des Rollenspiels damit beginnen, dass er bezugnehmend auf die von ihm eingangs formulierten Übungsziele benennt, welche er in welchem Ausmaß durch sein Handeln realisiert hat, dazu jeweils auf konkrete Handlungen und Äußerungen verweist und sich dafür selbst verstärkt. Er würde dann erläutern, wo er noch Verbesserungsmöglichkeiten sähe und diese in Form einer konkreten Handlungsabsicht operationalisieren. Diese Selbsteinschätzungen müssten vom Gruppenleiter und den anderen Teilnehmern nur noch bestätigt werden. Allerdings ist dies ein Idealfall, der in der Realität kaum zu beobachten sein wird. Darum ist es Aufgabe des Leiters, dafür zu sorgen, dass sich die Nachbesprechungsrealität dieser „regulativen Zielidee" eines Idealfalls möglichst annähert.

Als *Reihenfolge,* in der die Personen sich zum gerade gelaufenen Rollenspiel äußern, hat sich folgende bewährt: Es beginnt der Spieler, gefolgt vom Rollenspielleiter, den Mitspielern und schließlich den externen Beobachtern. Der Leiter beginnt die Moderation der Nachbesprechung damit, dass er noch einmal an die wichtigsten Übungsziele des Klienten erinnert („*Wissen Sie noch, was Sie sich vorgenommen hatten, worauf Sie besonders achten wollten?"*). Unmittelbar nachdem der Klient diese primären Übungsziele benannt hat, lenkt der Leiter die Aufmerksamkeit auf die gut gelungenen Aspekte der Realisierung im Rollenspiel („*Was ist Ihnen gut gelungen? An welchen Stellen haben Sie sich gemäß Ihrer Ziele verhalten?"*). Zusammen mit einer persönlichen Bewertung dieser erfolgreichen Aspekte, vor allem ihrer Anerkennung als persönlicher Erfolg, machen diese Schritte die *Selbstverstärkung* aus. Die Fähigkeit zur Selbstverstärkung ist bei vielen Klienten anfangs nicht sehr stark ausgeprägt, sie gilt jedoch als zentrales Lernziel, so dass ihrer Förderung viel Aufmerksamkeit geschenkt wird.

Drei *Rückmeldungsregeln* sollten explizit vereinbart werden, und auf ihre Einhaltung muss der Gruppenleiter achten:

- Rückmeldungen sollten auf die *Übungsziele* des Klienten bezogen sein.
- Sie sollten *konkret* formuliert sein, indem sie auf Verhalten und Äußerungen aus dem Rollenspiel verweisen.
- *Gut gelungene Anteile* sollten am Anfang der Rückmeldung stehen und besonderes Gewicht haben.

Wie gesagt ist die anfängliche Fähigkeit zur Realisierung dieser Regeln – zumal in Bezug auf das eigene Verhalten – bei den Teilnehmern oft nicht sehr ausgeprägt.

Es dominiert sehr häufig eine Neigung zur (Selbst-)Kritik. Hier ist es Aufgabe des Leiters, dafür zu sorgen, dass negativ bewertete Aspekte zunächst hintangestellt werden und mit der Fokussierung von positiv bewerteten begonnen wird *(„Ich weiß, es ist schwierig, das was nicht so gut gelaufen ist, nicht als erstes aufzugreifen. Ich würde Sie aber dennoch bitten, sich darauf zu konzentrieren, was Sie gut hinbekommen haben.“).* Die Vertiefung von kritischen Aspekten kann in Aussicht gestellt, sollte zunächst jedoch hinausgeschoben werden *(Was beim nächsten Mal noch besser laufen könnte, werden wir uns später noch anschauen.“).* Die drei genannten Regeln gelten nicht nur für das Feedback, das der Klient sich selbst gibt, sondern auch für die Rückmeldung aller anderen Beteiligten. Auch der Gruppenleiter, der nach dem Klienten als nächster Stellung nimmt, sollte sich daran halten. Seine Rückmeldung nimmt sinnvollerweise zunächst das auf, was der Klient in seiner Selbstverstärkung in adäquater Weise genannt hat, und bestätigt dies. Um die Selbstverstärkung an sich zu fördern, kann auch sie noch einmal lobend hervorgehoben werden *(„Die genannten Handlungen haben Sie für sich ganz richtig als Erfolge gewertet. Dass Sie sich dafür Anerkennung zollen, ist durchaus angebracht.“).* Im Folgenden kann der Leiter dann die Beobachtungen und Einschätzungen des Klienten ergänzen und weitere gelungene Aspekte hinzufügen. Der Gruppenleiter beschränkt sich in seiner Rückmeldung zunächst auf die positiv bewerteten Verhaltensaspekte. Veränderungsideen werden zum Ende der Nachbesprechung bearbeitet.

Als nächstes sind die Mitspieler des Rollenspiels an der Reihe, ihre Rückmeldung zu geben. Außer Äußerungen zum Klientenverhalten liefern sie wichtige Informationen aus der Perspektive der Interaktionspartner. Wie das Klientenverhalten auf sie in der Rolle gewirkt hat, wie es sie beeinflusst hat, welche Gefühle es ausgelöst hat, etc. sind ihr originärer Beitrag zur Nachbesprechung. Da im Rollenspiel bei den Mitspielern, wie beim Klienten auch, zuweilen heftige Emotionen erzeugt werden, sollte der Rollenspielleiter darauf achten, dass sie in der Nachbesprechung die Gelegenheit haben, diese Emotionen anzusprechen und gegebenenfalls abzubauen. Sofern Ideen, Rückmeldung und Beobachtungen der restlichen Gruppenteilnehmer nicht bereits im bisherigen Verlauf der Nachbesprechung eingeholt wurden, bestände an dieser Stelle die Gelegenheit dazu *(„Sind Sie daran interessiert, auch von den anderen Gruppenteilnehmern noch zu hören, was ihnen aufgefallen ist?“).* Wenn zuvor Beobachtungsaufgaben verteilt wurden, dann sollte der Abruf von Feedbackäußerungen natürlich anhand dieser Beobachtungsaufgaben geschehen.

Am Ende der Rückmeldungsphase, nachdem zunächst die verstärkenswerten positiven Anteile des Klientenverhaltens betrachtet wurden, sollte dann das Augenmerk auf *verbesserungswürdige Anteile* gerichtet werden. Meist liegen bis dahin bereits einige kritische Äußerungen vor, so dass es an Ideen normalerweise nicht mangelt. Entscheidend ist allerdings, welchem Aspekt der Klient Beachtung schenken möchte *(„Nachdem wir nun eine Reihe von Punkten gesammelt haben, die Ihnen gut gelungen sind: Gibt es etwas, das Sie in einem nächsten Übungsdurchgang anders machen würden?“).*

Es kann sein, dass der Klient mit Aspekten seines Verhaltens nicht zufrieden war und diese verändern möchte, es kann sein, dass er vielleicht eine alternative Verhaltensweise ausprobieren möchte, oder es kann sein, dass er die Situation verändern, zum Beispiel schwieriger als im ersten Durchgang gestalten möchte.

An dieser Stelle können natürlich auch noch einmal Vorschläge der anderen Gruppenteilnehmer eingeholt werden, was sie als optimierbar bzw. ausprobierenswerte Varianten sehen würden. Dann sollte jedoch darauf geachtet werden, dass dem Klienten nichts aufgedrängt oder übergestülpt wird, sondern dass er selbst ohne Druck entscheidet, was ihn vermutlich weiterbringen würde.

Der Rollenspielleiter greift die vom Klienten geäußerten *Änderungsideen* auf und überführt sie gegebenenfalls in die Vorbereitung zu einem *neuen Rollenspiel.* Für dieses steht zunächst nur der Klient fest, der entscheiden muss, welche alten und neuen Übungsziele er erreichen möchte und ob seine Mitspieler die gleichen bleiben sollen oder ein Auswechseln sinnvoll ist. Das heißt, es beginnt ein neuer Rollenspielzyklus zur gleichen – gegebenenfalls modifizierten – Situation. Für diesen Zyklus gelten die gleichen Hinweise, wie sie bislang für den ersten Durchgang gegeben wurden. Neu hinzu kommt die Möglichkeit, in der Nachbesprechung des zweiten Durchgangs die Unterschiede zum ersten zu thematisieren, also etwa zu fragen, ob die erhoffte Verbesserung des eigenen Verhaltens realisiert wurde, ob der Klient auch mit einer eventuell schwierigeren Situation zurecht gekommen ist, oder ob eine alternative Verhaltensvariante sich vielleicht als günstiger erwiesen hat.

Wie viele Durchgänge zu einer Rollenspielsituation gemacht werden müssen oder können, muss im Einzelfall der Gruppenleiter entscheiden. Bei Hinsch und Pfingsten (2015) findet sich etwa die Empfehlung, generell mindestens zwei Durchgänge vorzusehen. Im einzeltherapeutischen Setting, wo nur Leiter und Klient anwesend sind, wird es üblicherweise mehr Durchgänge geben, als wenn in einem Gruppensetting auch darauf geachtet werden muss, dass möglichst alle Gruppenteilnehmer in die Spielerrolle kommen (wenngleich nicht unbedingt innerhalb einer Sitzung).

Wiederholungen von Rollenspieldurchgängen sind generell nützlich, selbst wenn im vorherigen Durchgang keine gravierenden Mängel mehr aufgetreten sind, denn sie dienen der Festigung und Sicherung des Lernerfolgs ebenso wie der Optimierung. Eine *Festigung* ist insofern nötig, als ein neu gelerntes Verhalten mit zunehmend mehr Ruhe, Gelassenheit, Übersicht und Aufmerksamkeit auch für die Umgebungsbedingungen ausgeführt werden kann. Der *Sicherungsaspekt* beinhaltet das Ziel, dass ein neues Verhalten auch unter einer breiten Variation von Bedingungen ausgeführt werden kann, eventuell sogar unter extremen. Nachdem z. B. jemand zuvor einen Kurzvortrag vor Zuhörern gehalten hat, die alle unaufmerksam waren, sich unterhalten und überhaupt nicht zugehört haben, wird es ihm später vermutlich leichter gelingen, vor einer realen Zuhörerschaft zu reden, in der es einzelne unaufmerksame Anwesende gibt. Hier kommt ein Wirkprinzip der verhaltenstherapeutischen Konfrontationstechnik zum Tragen. Eine *Optimierung* ist von Durchgang zu Durchgang im Sinne eines Verhaltens-Shaping zu erwarten, d. h. die Annäherung an ein optimales Zielverhalten kann zunehmend besser gelingen. Möglicherweise ergibt sich aber auch die Notwendigkeit der Änderung von Zielvorstellungen.

4.3.3.9 Abschluss

Wenn nach einem oder mehreren Rollenspieldurchgängen für den Klienten der Punkt erreicht ist, an dem er so weit zufrieden ist, dass kein neuerlicher Rollenspieldurchgang notwendig erscheint, sollte er vom Leiter die Gelegenheit erhalten, eine abschließende Bewertung abzugeben (*„Herr F., wie zufrieden sind* Sie *jetzt am Ende, was haben* Sie *gelernt und was nehmen Sie mit?“).*

Die ausführliche Reflexion und Diskussion des Rollenspiels kann natürlich auch dafür genutzt werden, mit dem Klienten zusammen Ideen für einen möglichen *Transfer in den Alltag* (Stichwort: *Hausaufgabe)* zu sammeln und zu prüfen. Eine mögliche Transferaufgabe muss an dieser Stelle nicht in extenso durchgesprochen werden – dafür sollte am Ende der Sitzung Zeit eingeräumt sein –, es ist jedoch sinnvoll, „die Gunst der Stunde" zu nutzen, wenn alle Beteiligten an einem Punkt optimal eingedacht und engagiert sind.

Als abschließende Geste bedankt sich der Rollenspielleiter bei den Teilnehmern und entlässt sie damit aus ihren Rollen und aus dem Spielbereich. Die Mitspieler aus ihren Rollen zu entlassen, muss manchmal sehr explizit erfolgen, vor allem wenn im Rollenspiel negative Emotionen entstanden sind, die möglichst nicht mit in die Realität außerhalb des Rollenspiels transportiert werden sollten. Aus einem Rollenspiel mitgenommene Animositäten zwischen den Gruppenteilnehmern können den weiteren Gruppenprozess erheblich belasten und sie sind für die Betroffenen ebenfalls unangenehm. Der Gruppenleiter kann die Mitspieler vor Verlassen des Spielbereichs bitten, sich jeweils die Hand zu reichen, oder er kann anschließend im Sitzkreis die Mitspieler auffordern, ihre „Restgefühle" zu thematisieren.

4.3.3.10 Videoeinsatz

Videoaufnahmen der Rollenspiele können für die Nachbesprechung eine Reihe von Möglichkeiten eröffnen. Zunächst bieten sie eine *objektive Basis* zur Beurteilung der Frage, was im Rollenspiel gelaufen ist. Erinnerungslücken oder Gedächtnisverzerrungen beim Klienten können die Nachbesprechung und damit den Lerneffekt ansonsten u.U. beeinträchtigen. An dieser Stelle sind Videoaufzeichnungen, anhand derer bestimmte Erinnerungen nachprüfbar werden, ausgesprochen nützlich. Allerdings sind manche Wahrnehmungsverzerrungen, etwa derart, dass jemand sich selbst in seiner Wirkung als unsicher beschreibt, auch durch Videobelege nur partiell ausschaltbar. Der Klient erinnert evtl. sein Rollenspielhandeln nicht nur als unsicher, sondern nimmt es anschließend auch in der Videoaufzeichnung als unsicher wahr, obwohl diese Einschätzung vom Gruppenleiter nicht geteilt wird. Allerdings ist zuweilen auch ein in die entgegengesetzte Richtung weisender Effekt beobachtbar, dass nämlich vor allem sozial phobische Rollenspieler, die sich ein erstes Mal im Video sehen, überrascht sind, wie wenig unsicher sie wirken. Bei ihnen war die auf dem Hintergrund der Phobie stark negativ getönte Erwartung ihrer Außenwirkung so unangemessen negativ, dass die Konfrontation mit der Videorealität zu einer Korrektur in positiver Richtung zwingt.

Eine weitere Stärke von Videoeinsatz beim Rollenspiel ist darin zu sehen, dass dadurch *Mikroanalysen* von Interaktionsprozessen möglich werden. Bei genügend gutem Auflösungsgrad und Zeitlupenfunktion der Videoaufnahmen können manchmal einzelne Gesten, kurze mimische Sequenzen, verbale und nonverbale Äußerungen zum einen aufgedeckt und bewusst gemacht werden, zum anderen in Zusammenhang gesetzt werden mit Reaktionen des Interaktionspartners.

Die Nachteile des Videoeinsatzes liegen überwiegend im hohen Aufwand begründet. Videofeedback ist überhaupt nur dann sinnvoll, wenn ein gutes und funktionsfähiges Equipment vorhanden ist und dieses von den beiden Gruppenleitern souverän bedient werden kann. Unterbrechungen des Gruppenprozesses, weil „irgendetwas nicht funktioniert", oder lange Wartezeiten, bis eine gesuchte Handlungssequenz in der Aufzeichnung gefunden ist, können den Gruppenprozess lahm legen. Selbst wenn alles optimal funktioniert, bedeutet es einigen Zeitaufwand, ein Rollenspiel anhand von Videofeedback nachzubesprechen.

Zwar sollte der Einsatz von Videotechnik schon sehr früh innerhalb des Trainingsprogramms eingeführt und erklärt werden, dennoch ist manchmal zu beobachten, dass die Lebendigkeit des Gruppengeschehens auch noch nach längerer Zeit leidet und die Präsenz von Videokameras eine gewisse atmosphärische Fremdheit mit sich bringt.

Letztlich muss der Gruppenleiter entscheiden, ob im konkreten Fall eines Klienten oder einer Gruppe die mit einem Videoeinsatz verbundenen Nachteile durch die Vorteile und sich eröffnenden Möglichkeiten aufgewogen werden.

4.3.3.11 Kommunikationsebenen

Zuweilen sind in Rollenspielgruppen wie auch in der Arbeit mit einzelnen Klienten Missverständnisse zu beobachten, die darauf zurückzuführen sind, dass nicht allen Gesprächsteilnehmern gleichermaßen klar ist, auf welcher Ebene gerade kommuniziert wird. So kann sich etwa die Äußerung einer Mitspielerin in der Nachbesprechung einer Rollenspielübung (*„Ich habe immer richtig Angst vor Dir, wenn Du so laut wirst."*) entweder auf die Situation im gerade abgelaufenen Rollenspiel beziehen, möglicherweise aber auch auf das Verhalten des Mitspielers im sonstigen Gruppengeschehen oder gar auf Interaktionssituationen außerhalb der Gruppe. Um hier nicht in Verwirrung zu geraten bzw. Verwirrung zu stiften, ist es wichtig, dass insbesondere Trainer und Co-Trainer die verschiedenen Kommunikationsebenen, die von Bedeutung sein können, auseinanderhalten. Abbildung 4.4 veranschaulicht, dass mindestens vier Ebenen zu unterscheiden sind.

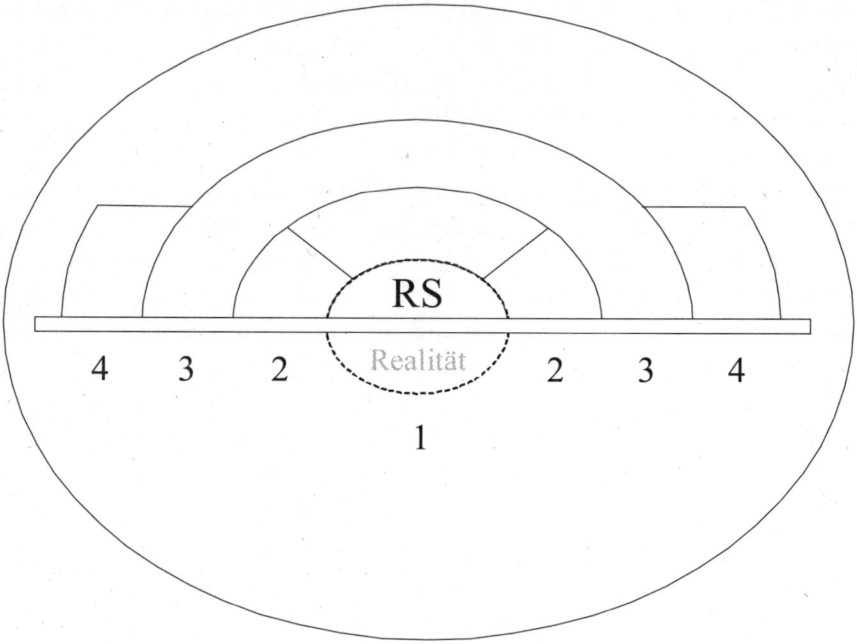

Abb. 4.4: (Meta-) Kommunikationsebenen im Rollenspiel

Die *Ebene* 1 ist die des Handelns bzw. der Kommunikation im Rollenspiel oder in der Realität. Beispiel: Klient zu Mitspieler im Rollenspiel: *„Eigentlich hätte ich gern mein Geld zurück.“*.

Auf der *Kommunikationsebene* 2 liegen alle die Aussagen, die sich auf Handeln der Ebene 1 beziehen, nämlich die Kommunikation über das Rollenspiel, etwa in der Vor- oder Nachbesprechungsphase. Beispiel: Gruppenmitglied zu Klient in der Rückmeldungsphase: *„Deine Bitte war nicht klar genug formuliert.“* Hier sind intern noch einmal die Aussagen zu unterscheiden, die *vor* einer Rollenspielübung gemacht werden, etwa in der Instruktion, und die, die *danach* in der Rückmeldephase liegen. *Während* der Rollenspielsituation zählen die Aussagen, die die Beobachter sich notieren, oder kommentierende Einwürfe, die der Trainer an die Rollenspielenden richtet, zur Ebene 2.

Einführende Erläuterungen zur Methodik des Rollenspiels, die Verabredung von Rückmeldungsregeln, die für die Gruppe gelten sollen, oder auch die Evaluation eines Trainingsprogramms zählen zu (meta-) kommunikativen Äußerungen der *Ebene 3*. Sie kommen typischerweise am Anfang und zum Ende einer Trainingssequenz vor. Beispiele: Trainer zu Gruppenmitglied: *„Beim Feedback immer zuerst das Positive!“* – *„Probleme dieser Art lassen sich im Rollenspiel sehr gut angehen.“*.

Äußerungen, die zur *Ebene* 4 gehören, kommen so gut wie nur vor oder nach Übungseinheiten vor. Hierher gehören Kommunikation über Kommunikation, d. h. zum Beispiel Absprachen zwischen Co-Trainer und Trainer, wer welche Art der Rückmeldung geben wird, oder Feedback zum Trainerverhalten, das dieser von einem Supervisor bekommt. Beispiel: Supervisor zum Trainer: *„Hier war der Hinweis auf die Feedbackregeln sehr gut plaziert.“*.

Grundsätzlich sind natürlich auch weitere, darüber liegende Ebenen denkbar, Stichwort: Supervisorenausbildung. Auch ließen sich unschwer weitere Differenzierungen einfügen, zum Beispiel welche Instanz die Äußerung an welche andere Instanz richtet. Für die Praxis sollte die vorgestellte Struktur jedoch ausreichend differenziert sein.

Immer dann, wenn Missverständnisse sich häufen, wenn Konfusion in der Gruppe herrscht, weil z. B. Rollenspielteilnehmer während einer Spielsituation „aus der Rolle fallen“ und bereits Kommentare zum Geschehen abgeben, ist es Aufgabe der Trainer, für eine klare Trennung der Ebenen zu sorgen. Dies kann durch räumliche oder zeitliche Trennung geschehen. Bei dem gerade angesprochenen Verhalten ließe sich etwa vereinbaren, dass Kommentierungen und Nachbesprechungen, d. h. Äußerungen der Ebene 2, nicht im Spielbereich, sondern anschließend im Sitzkreis stattfinden. Den Übungsprozess störende Grundsatzdiskussionen über Sinn und Wert von Rollenspieltechniken ließen sich eventuell auf die Abschlussphase einer Übungseinheit begrenzen. Angestrebt werden sollte ein regelmäßiger, anfangs vielleicht sogar ritualisierter Wechsel von Vorbesprechung (Ebene 2), Rollenspiel (Ebene 1) und Nachbesprechung (Ebene 2).

4.3.3.12 Schwierigkeiten, Problemfälle

Mit der Komplexität der Methode „Rollenspiel“ und der Vielfalt ihrer Anwendungsvarianten geht natürlich auch eine entsprechende Vielfalt von möglichen Schwierigkeiten und Problemfällen einher. *Disziplinmangel* in Form von Unaufmerksamkeit oder Nebengesprächen sowie eine albern und unernst erscheinende Atmosphäre in der Gruppe wären Beispiele für solche schwierigen Phänomene auf der Gruppenebene. Teilnehmer, die nicht bereit sind, an Rollenspielen mitzuwirken, vielleicht eigene Probleme leugnen, wie auch solche, die lieber immer wieder in die Co-Trainerrolle schlüpfen, als sich als Spieler oder Mitspieler zu engagieren, gehören zu den regelmäßig auftretenden Problemfällen auf der Ebene von Einzelpersonen. Teilnehmer, die in Rollenspielen in intensive emotionale Prozesse geraten, sich daraus nicht wieder befreien können und eventuell in der Gruppensitzung dekompensieren (weinen, verstummen, den Raum verlassen) stellen die Gruppenleiter vor schwierige Herausforderungen.

Eine besondere, für bestimmte Anwendungsfelder – z. B. Abhängigkeitsstörungen – durchaus typische Schwierigkeit, stellen unmotiviert erscheinende Gruppenmitglieder dar. Sie fallen durch eine gleichgültige bis ablehnende oder abwertende Haltung auf und können im ungünstigen Fall auch die Motivation der anderen Gruppenteilnehmer destruieren. Hier erweist es sich oft als vorteilhaft, die Teilnehmer nicht als rundweg unmotiviert, sondern eher als ambivalent in ihren Motiven zu sehen. Das Ansetzen an der Ambivalenz und die Förderung der für das Rollenspiel konstruktiven Motivabschnitte sind dann oft fruchtbare Strategien (vgl. Körkel & Drinkmann, 2002).

Wenn solche, auf einzelne Gruppenteilnehmer gerichtete Interventionen zu umfangreich werden und der Gruppenprozess dadurch entscheidend gebremst wird, kann vom Gruppenleiter erwogen werden, in Form von Einzelberatungen nach der Gruppensitzung oder gegebenenfalls zu gesonderten Terminen die individuell nötigen Interventionsschritte zu realisieren. Bei Schwierigkeiten auf der Gruppenebene ist meist die beste Strategie ein Wechsel auf die Metakommunikationsebene, indem etwa Störungen der Arbeitsatmosphäre durch Unaufmerksamkeit explizit thematisiert werden. Hier erweist es sich oft als günstig, wenn dieser Schritt dadurch abgekürzt werden kann, dass auf die zu Beginn vereinbarten Kommunikationsregeln, die an der Wand hängen, verwiesen werden kann.

4.4 Spezielle Anwendungen des Rollenspiels

Vermutlich ist nahezu jeder Sozialarbeiter im Rahmen seines Studiums schon einmal mit Rollenspielmethoden in Kontakt gekommen. Als Lehr-/Lernmethode sind Rollenspiele sehr beliebt, z. B. wenn im Rahmen der Methodenausbildung Gesprächsführungstechniken vermittelt und eingeübt werden sollen. Rollenspiele sind zur Vorbereitung auf Sozialarbeiter-Klienten-Kontakte eine kaum zu ersetzende Methode. Wie häufig allerdings Rollenspielmethoden von berufstätigen Sozialarbeitern in ihrer Praxis verwendet werden, dafür liegen keine empirischen Befunde vor. Einen indirekten Hinweis darauf, dass es eher selten ist, lässt sich einer Arbeit von Bartmann und Grün (2004) entnehmen. Dort ergab die Befragung von 51 berufstätigen Sozialpädagogen aus verschiedenen Arbeitsfeldern zu deren Verwendung von Methoden der Verhaltensmodifikation, dass rund drei Viertel bereits mit Methoden aus diesem Spektrum gearbeitet hatten. Leider wurde die Häufigkeit der Rollenspielverwendung nicht explizit erfragt, jedoch geben die Zahlen bei „Modelllernen" (29,4%)

und „Selbstsicherheitstraining" (19,6%) (Mehrfachnennungen jeweils möglich) Anhaltspunkte.

4.4.1 Varianten von Rollenspielen

Zu Beginn des Kapitels ist bereits darauf hingewiesen worden, dass sich prinzipiell ein klienten-bezogener Einsatz von Rollenspieltechniken in der Sozialen Arbeit von einem professionell-bezogenen, etwa im Rahmen von Fortbildungen, Supervisionen oder berufsbezogenen Trainings, unterscheiden lässt. Bei der Nutzung als Methode klientenbezogenen Arbeitens kann der Einsatz vor oder nach Eintreten einer Problemsituation für den Klienten erfolgen. Vorher, und das heißt in der Regel zur Prävention, würde man eher von *Trainings* sprechen, z. B. von einem Training zur Prävention von sexuellem Missbrauch (s.u.), danach geht es eher um *Modifikation* oder *Therapie,* d. h. Sekundärprävention oder Bewältigung von Folgeschäden, z. B. in einer Traumatherapie nach erfahrenem Missbrauch. Daneben, jedoch seltener, werden Rollenspieltechniken zur *Selbsterfahrung* (Fengler, 1993; Stein, 2009) als *diagnostische* oder als *Forschungsmethode* (Sader, 1984) eingesetzt.

Je nach Setting-Gegebenheiten lassen sich Verwendungen in der *Einzelarbeit* und solche im *Gruppensetting* unterscheiden, wobei letztere dem Geist der Methode natürlich näher sind. Meistens werden Rollenspiele unter *professioneller Leitung* durchgeführt, es sind jedoch auch *kollegiale* Leitungsformen denkbar, wie sie etwa in Selbsthilfegruppen, Männer- oder Frauengruppen anzutreffen sind. Unterschiede bestehen auch im Grad der *Standardisierung* bzw. in den Freiheitsgraden bei der Wahl von Lernzielen (von vom Klienten frei wählbaren bis hin zu durch das Programm vorgegebenen Instruktionen) und bei der Wahl der jeweiligen Rollenspielinhalte (frei wählbare oder vorgegebene Szenarios).

Die Sonderform von nicht tatsächlich handelnd, sondern in der Vorstellung *(in sensu)* durchgeführten Rollenspielen war bereits oben erwähnt worden. Sie ist vor allem in tiefenpsychologisch oder psychoanalytisch orientierten Kontexten, bei imaginationsorientierten Verfahren sowie in der Traumatherapie anzutreffen.

Ebenfalls mit internen psychischen Prozessen beschäftigt sind kognitive und kognitiv-verhaltenstherapeutische Ansätze. Sie benutzen das Rollenspiel jedoch, um *Kognitionen,* wie automatische Gedanken, innere Bilder, Gefühle bewusst werden zu lassen, zu explizieren und der Kommunikation und Veränderung zugänglich zu machen – z. B. durch die Methode des lauten Denkens, sei es im Prozess der Rollenspielhandlung oder anschließend anhand von Videobetrachtungen. Eine weitere Funktion im Rahmen von kognitiven Verfahren haben Rollenspiele in der Phase des Ausprobierens und Einübens von

„überarbeiteten" Kognitionen, wo es darum geht, als dysfunktional erkannte, bislang typische Kognitionen durch angemessenere und funktionalere zu ersetzen und letztere in alltägliches Handeln zu integrieren (vgl. Wilken, 2015).

Schließlich sei zumindest kurz erwähnt, dass es Berührungspunkte und fließende Übergänge auch zu *theaterpädagogischen* Methoden wie Stegreif-, Improvisations- oder Straßentheater gibt (vgl. Hartung, 1994; Hoffmanns Comic Teater, 1974).

4.4.2 Indikationsbereiche

Weil es sich beim Rollenspiel um eine einerseits im Dienste vielfältiger Ziele einsetzbare und andererseits an eine Vielzahl von Bedingungen flexibel anpassbare Methode handelt, ist sie in grundsätzlich allen Handlungsfeldern der Sozialen Arbeit anwendbar. In der Expertenbefragung von Schiebel (2004) lieferten etwa Praktiker aus zehn verschiedenen Arbeitsfeldern Situationsbeispiele, in denen soziale Kompetenz gefragt ist, und in denen somit Trainingsmöglichkeiten per Rollenspiel beständen.

Im Folgenden sollen einige beispielhafte Arbeitsbereiche und Programme genannt werden, die für die Soziale Arbeit von besonderem Interesse sind. Dabei können drei Klientengruppen unterschieden werden, für die jeweils eine Auswahl an elaborierten Programmen vorliegt, die zumindest in wichtigen Teilen auf Rollenspielmethoden basieren.

Oben bereits erwähnt wurden die Klienten, bei denen *Kommunikationsstörungen, soziale Ängste* oder *soziale Kompetenzdefizite* im Vordergrund stehen, und sich daraus die Indikation zu einem Kompetenztraining ergibt (vgl. Hinsch & Pfingsten, 2015; Stangier & Fydrich, 2002; Ullrich & Ullrich de Muynck, 1995). Sehr viele gut ausgearbeitete und zum Teil erfolgreich evaluierte Programme liegen für die Arbeit mit *Kindern und Jugendlichen* vor. Im Mittelpunkt stehen dabei meistens kindliche Verhaltensauffälligkeiten bzw. deren Prävention, wie etwa in den weit verbreiteten Programmen von Petermann und Petermann (2010, 2012, 2015) für die Arbeit mit aggressiven und sozial unsicheren Kindern und Jugendlichen (vgl. auch Cholemkery & Freitag, 2014; Joormann & Unnewehr, 2002; Jürgens & Lübben, 2014; Malti & Perren, 2015; Schlottke & Wekenmann, 2010). Eine besondere Stellung nehmen innerhalb der Kindertrainings solche ein, die als Konfliktbewältigungsübungen auf Gewaltprävention oder die Einübung von Zivilcourage gerichtet sind (vgl. Jonas, Boos & Brandstätter, 2007; Singer, 2003; Verbeek & Petermann, 1999).

Eine dritte Gruppe schließlich bilden diejenigen Programme verhaltenstherapeutischer Provenienz, die für die *Behandlung umschriebener Störungen* bzw. deren *Prävention* entwickelt wurden (vgl. Fiedler, 2005). Bei diesen sind Rollenspieltechniken sehr häufig innerhalb eines Therapiebausteins zur Kommunikationsverbesserung integriert, wie z. B. in dem verhaltenstherapeutischen *Paartherapiemanual* von Schindler, Hahlweg und Revenstorf (1998) oder in der familienorientierten Rückfallprophylaxe für *schizophrene* Patienten von Hahlweg, Dürr, Dose und Müller (2005), in dem der Risikofaktor „expressed emotions“ beeinflusst wird (vgl. auch Klingberg, Schaub & Conradt, 2003). Mit einer anderen schwerwiegenden psychischen Störung, der *Borderline-Persönlichkeitsstörung,* beschäftigt sich die Dialektisch-behaviorale Therapie (DBT) von Marsha Linehan (1996), wo innerhalb des integrierten Fertigkeitstrainings ebenfalls auf Rollenspieltechniken zurückgegriffen wird (vgl. Bohus & Wolf-Arehult, 2012; Stiglmayr & Gunia, 2016). Ein neueres Tätigkeitsfeld, in dem die Methodenentwicklung noch nicht so weit fortgeschritten ist, stellt die so genannte *Täterarbeit* dar, in der vor allem Männer, die in ihrem sozialen Nahraum wiederholt gewalttätig geworden sind, behandelt werden. Auch hier zeichnet sich ab, dass Rollenspieltechniken sinnvoll einsetzbar sind (vgl. Beckmann & Leopold, 2003; Logar, Roesemann & Zuercher, 2002; Zimmermann et al., 2001).

Ebenfalls relativ jung sind die meisten Programme zur *primären Prävention* psychosozialer Störungen. Beispielhaft erwähnt seien hier Ansätze zur Prävention von *sexuellem Missbrauch* (vgl. Bange, 2002; Kindler, 2015; Marquardt-Mau, 2002) und zur Prävention von *Essstörungen* (Dennhardt, 2013).

Dies seien einige Beispiele für sinnvolle und sozialarbeiterisch relevante Indikationsbereiche und ausgearbeitete Behandlungs und Trainingsprogramme, die sich im methodischen Teil auf Rollenspieltechniken stützen. Hier Vollständigkeit anzustreben, wäre vermessen. Angesichts der weiten Verbreitung der Rollenspielmethodik wird aber auch so schon deutlich, dass sie sich inzwischen im Bereich der psychosozialen Intervention als Standardverfahren fest etabliert hat.

4.4.3 Programme für Professionelle

Während in der bisherigen Darstellung für Klienten Sozialer Arbeit gedachte Programme thematisiert wurden, soll es im Folgenden um die Anwendung innerhalb der professionellen Fort- und Weiterbildung bzw. Supervision und Intervision gehen. Einige der oben für die Arbeit mit Klienten genannten Ansätze sind direkt transferierbar, oder es gibt leichte Modifikationen, die das Programm auch für die Arbeit mit Professionellen anwendbar machen. Bei Hinsch und Pfingsten (2015) findet sich etwa eine Programmadaptation des GSK für Erzieherinnen (vgl. auch Jürgens, 1998). Speziell auf Situationen zugeschnitten, mit denen sich Sozialpädagogen und Sozialarbeiter in ihrem

Berufsalltag konfrontiert sehen und die Herausforderungen an ihre fachliche und soziale Kompetenz stellen, ist das *Soziale Kompetenztraining für die Soziale Arbeit* (SKSA: Drinkmann, 2014; Drinkmann & Schiebel, 2004, 2013; Schiebel & Drinkmann, 2004). Ausgehend von den Problemschilderungen von Praktikern verschiedenster Arbeitsgebiete (Schiebel, 2004) wurde eine Sammlung von typischen Anforderungssituationen zusammengestellt, die Übungsgrundlage in einem strukturierten Trainingsprogramm sind. Neben den gebräuchlichen Situationstypen „Beziehung gestalten“ und „um Sympathie werben“ finden sich hier weitere berufstypische Szenariogruppen, in denen es z. B. um das „Aushandeln von Regeln und Vereinbarungen“, um die „Durchsetzung von Recht, Grenzen setzen, auf die Einhaltung von Regeln und Vereinbarungen achten“ geht, um den „Umgang mit Kritik“ oder den „Umgang mit Krisen und schwierigen Lebenssituationen, um Mutmachen, Stärken und Unterstützen“ (s. Drinkmann & Schiebel, 2013).

4.5 Evaluation

Grenzen der Rollenspielmethodik wurden im Verlauf des Kapitels bereits verschiedentlich benannt. Sie betreffen vor allem den Grad der *emotionalen und kognitiven Beeinträchtigung* von Klienten, wie er etwa durch eine Borderline-Persönlichkeitsstörung, durch eine Traumafolgestörung oder bei akuter Suizidalität gegeben sein kann. In Fällen wie diesen sind Rollenspiele nicht zwangsläufig kontraindiziert – Teil der oben zitierten Dialektisch-behavioralen Therapie für Borderlinestörungen (Linehan, 1996) sind ja z. B. auch Rollenspiele zur Kompetenzförderung. Ihr Einsatz in der Arbeit mit Menschen, die von den oben genannten Störungen betroffen sind, sollte jedoch nur von erfahrenen sowie psychopathologisch und psychotherapeutisch gut ausgebildeten Fachkräften erfolgen (vgl. auch Friedenstab, 2013; Gühne et al., 2012).

Gewisse Grenzen in der Möglichkeit, per Rollenspiel zu arbeiten, setzen auch *intellektuelle, sprachliche und Einschränkungen in der Konzentrationsfähigkeit,* wie sie zum Teil bei Kindern oder alten Menschen zu finden sind. Erfahrungsgemäß ist jedoch die Rollenspielmethodik sehr gut anpassbar und Modelllernen ein so robustes Lernprinzip, dass auch mit Klienten, die deutliche Einschränkungen in den genannten Bereichen zeigen, gute Lernerfolge zu erzielen sind (vgl. etwa Trainingskonzepte, die speziell für retardierte Klienten im psychiatrischen Bereich entwickelt wurden, wie das von Liberman, 1994).

Auch Rollenspieltechniken müssen an ihre Grenzen stoßen, wenn z. B. problematische Verhaltensweisen von *externen problemaufrechterhaltenden*

Faktoren gesteuert werden (vgl. Wendlandt, 2003). Auch dann, wenn die Schwierigkeiten einer Person auf dem Hintergrund einer Problem- oder Verhaltensanalyse (vgl. Kapitel 1) als *situationale Überforderung* gesehen werden müssen, stoßen Rollenspiele zur Kompetenzförderung an ihre Grenzen. Hier ist möglicherweise eher an eine Veränderung von Anforderungssituationen (environmental redesign) zu denken (vgl. Hinsch & Pfingsten, 2015).

Empirische Wirksamkeitsnachweise

Die äußerst breite praktische Verwendung von Rollenspieltechniken kontrastiert mit einer eher weniger differenzierten Befundlage zu ihrer Wirksamkeit. Evaluiert sind in der Regel Programme und Trainings, die Rollenspieltechniken mehr oder weniger zentral benutzen. Isolierte Untersuchungen zu Rollenspieltechniken, direkte Vergleiche mit anderen Interventionsverfahren oder gar Untersuchungen zu einzelnen Wirkkomponenten von Rollenspielen sind kaum zu finden. Bei der *Evaluationsmethodik* lassen sich prinzipiell drei Verfahrensgruppen unterscheiden: Fragebogen, Rollenspielsituationen und Beobachtungen in Realsituationen (vgl. auch Kanning, 2009). In ihrer Aussagekraft für die Bewertung der Nützlichkeit von Rollenspielinterventionen müssen *In vivo-Tests* als Königsweg angesehen werden, denn letztendlich entscheidet sich in der Alltagsrealität der Klienten, ob sie einen Nutzen aus einer Intervention gezogen haben bzw. wie groß dieser Nutzen ist. Wegen der leichteren Durchführbarkeit von *Rollenspieltests,* bei denen Klientenverhalten nicht in der Realität, sondern im Rollenspiel beobachtet und eingeschätzt wird, und der noch leichteren Applizierbarkeit von *Fragebogen* werden diese beiden Zugänge in der Forschung jedoch häufiger gewählt. Vor allem für Supervisionsprozesse nützlich sind die *Therapeutenkompetenz-Skalen,* mit denen das Verhalten von Rollenspielübungsleitern auf fünf Skalen beurteilt werden kann (S1 = didaktische Kompetenz, S2 = Initiierung von Verhaltensübungen, S3 = Steuerung, S4 = positive Rückmeldung geben und fördern, S5 = Umgehen mit unangemessenem Kommunikationsverhalten; Hahlweg et al., 1990; vgl. auch Hahlweg et al., 2005).

Programmevaluationen liegen vor allem für soziale Kompetenztrainings vor, und dort in größerer Zahl für Trainings, die sich an Kinder und Jugendliche richten (vgl. Beelmann, Pfingsten & Lösel, 1994; Joormann & Unnewehr, 2002; Petermann & Bochmann, 1993). Im Erwachsenenbereich sind bei den deutschsprachigen Programmen das *ATP* (Ullrich & Ullrich de Muynck, 1996), das *GSK* (Hinsch & Pfingsten, 2015; Jürgens, 1998) und das *Verhaltenstrainingsprogramm* von Feldhege und Krauthan (1979) wiederholt untersucht und für wirksam befunden worden.

5 Respondente Methoden: Entspannungsverfahren

Georg Jungnitsch

5.1 Allgemeines

Entspannung ist ein für das menschliche Erleben normaler und durch unterschiedliche Vorgehensweisen erreichbarer Zustand. In der Regel ist er mit angenehmen Gefühlszuständen verbunden. Dabei können so globale Verhaltensweisen wie Urlaub machen, Sport treiben, Joggen, Spazierengehen, Skifahren, Gleitschirmfliegen, Sex, die Seele baumeln lassen, ein Buch lesen, einen guten Schluck Wein trinken, gut essen gehen, ein Musikstück hören, sich mit einem Tier beschäftigen o.ä. subjektiv als entspannend beschrieben werden. Das Gefühl der Entspannung kann also sowohl mit aktivierenden Tätigkeiten, die alleine oder mit anderen durchgeführt werden, als auch mit solchen, die auf eine Reduktion von Aktivität ausgerichtet sind, erreicht werden. Die oben genannten Beispiele sollten jedenfalls verdeutlichen, dass Entspannung ein Alltagsphänomen ist und daher auch durch alltägliche Tätigkeiten, die man sich vielleicht erst wieder ins Bewusstsein rufen muss, erreicht werden kann. Außerdem ist darin die subjektive Komponente der Wirksamkeit von Entspannungsmöglichkeiten betont: Des einen Gleitschirmfliegen ist des anderen Schachspiel! Stellt sich daher im Rahmen psychosozialer Tätigkeit die Frage, wie denn wirksame Verfahren der Entspannung gefunden und vermittelt werden können, so sind diese zunächst einmal im persönlichen Erfahrungs- und Erlebensbereich der Person zu suchen, die diese Frage stellt.

Das erste Prinzip ist damit das Auffinden und Ausbauen der „euthymen Ressourcen" (Viehhauser, 2000), die bei einem konkreten Menschen in der gegebenen Lebenssituation vorhanden oder noch auf- und auszubauen sind. Dies kann beinhalten, dass der entsprechenden Person auch strukturierte, standardisierte Entspannungsverfahren im Sinne von lehr- und lernbaren Techniken vorgestellt werden und diese auch konkret eingeübt werden.

Solche standardisierten Vorgehensweisen, die größtenteils einem klinischen Kontext entstammen bieten sich besonders dann an, wenn für sie eine Indikation mit entsprechendem Wirkungsnachweis bei bestimmten Problemstellungen gegeben ist (Petermann & Vaitl, 2009) Aber darüber hinaus können sie in jedem Fall das Verhaltensrepertoire eines Individuums in Bezug auf seine Entspannungsmöglichkeiten erweitern. Als allgemeines Ziel solcher Entspannungsverfahren wird in der Regel die Veränderung physiologischer Reaktionen genannt, und zwar in Richtung einer Senkung des psychophysiologischen Reaktionsniveaus (Derra & Linden, 2015; Vaitl, 2009a). Um diese Form der Entspannungsverfahren soll es im Folgenden gehen.

Entspannung ist das im Kontext von psychosozialen Interventionen wohl am meisten verwendete Verfahren. Kanfer et al. (2012) kommen zu dem Schluss „(…) sodass wir es deshalb als gerechtfertigt halten, Entspannungsverfahren als „Aspirin der Psychotherapie“ zu bezeichnen.“ (S. 377). So lassen sich eine Vielzahl von Indikationen und Anwendungsbereichen, in denen sich Entspannung als wirksam gezeigt hat, auffinden (Derra & Linden, 2015; Petermann & Vaitl, 2009). Insbesondere im Rahmen verhaltensorientierter Vorgehensweisen beispielsweise in der Therapie bei Phobien, Trainings zur Stressbewältigung, Schmerzbewältigung und bei Schlafstörungen haben Entspannungsverfahren ihren selbstverständlichen Platz (Petermann & Vaitl, 2009). Sie werden meist im Zusammenhang mit breiter angelegten Interventionen, seltener als ausschließliches Verfahren eingesetzt (Maerker & Krampen, 2009). Letzteres geschieht eher im Rahmen von Volkshochschulkursen, die sich ohne spezielle Indikation an die „interessierte Bevölkerung“ richten und dort im Rahmen allgemeiner Gesundheitsprogramme angesiedelt sind. Damit wird bereits der allgemein der Entspannung zugesprochene Präventionsaspekt insbesondere in Hinblick auf den meist schon überstrapazierten Begriff „Stress“ deutlich.

Im Folgenden sollen die allgemeinen Grundlagen sowie ein Überblick über die innerhalb von psychosozialen Interventionen am häufigsten eingesetzten Methoden beschrieben und in den Grundzügen ihrer Ausgestaltung dargestellt werden.

Entspannungszustand

Entspannung lässt sich zunächst als ein subjektiv empfundener Zustand beschreiben, der allerdings physiologisch nicht eindeutig ist (Vaitl, 2009a). Dies bedeutet, dass Entspannung sich vornehmlich auf zwei Ebenen manifestiert:

- Kognitiv-emotionale Ebene (ZNS – Modulation)
- Physiologische Ebene (Verminderung sympatho-adrenerger Erregungsbereitschaft) (vgl. Vaitl, 2009a, S.19)

Diese beiden Ebenen sind natürlich nicht als unabhängig voneinander anzusehen, sondern stehen in unabdingbaren Wechselbeziehungen.

Auf der kognitiv-emotionalen Ebene werden Gefühle von Zufriedenheit, Ausgeglichenheit, Lust, Wachheit, Gelöstheit sowie der Kontrollierbarkeit der eigenen Tätigkeiten und Lebensplanungen genannt. Lutz (1985) ordnet diese psychologischen Effekte drei Bereichen zu.

- *Kovariate Effekte:* Darunter ist die allgemeine Verbesserung der Befindlichkeit gemeint, insbesondere die Reduktion von Angst. Allgemein kann hier von einer affektiven Indifferenz gesprochen werden. Dies meint, dass alle Affekte und Emotionen im Zustand der mittels eines Verfahrens herbeigeführten Entspannung kaum noch provozierbar sind (Vaitl, 2009a).
- *Personenbezogene Effekte:* Hierunter ist zu verstehen, dass Personen erleben, dass sie aktiv eine Veränderung der Emotionen herbeiführen können, bis hin zum Auftreten positiver Emotionen.
- *Verfahrensbezogene Effekte:* Hierunter ist zu verstehen, dass eine ruhige Umgebung hergestellt wird, aber auch, dass über die Fokussierung der Aufmerksamkeit auf innere Vorgänge die Wahrnehmungsschwelle für Außenreize erhöht wird. So lösen Reize aus den verschiedenen Sinnesgebieten, seien sie taktil, akustisch oder auch optisch, immer weniger Reaktionen aus. Meist bleiben sie sogar unterhalb der Wahrnehmungsschwelle (Vaitl, 2009a).

In der Folge von Entspannungsübungen werden Gefühle von Ausgeruhtheit sowie körperlicher und geistiger Frische beschrieben. Diese stellen sich jedoch häufig nicht unmittelbar ein, sondern erst mit einer gewissen Latenzzeit.

Auf der physiologischen Ebene zeigen sich Veränderungen in verschiedene Körperfunktionen. Diese sind

- Neuromuskuläre Veränderungen: Abnahme des Tonus der Skelettmuskulatur, Veränderung der Reflextätigkeit
- Kardiovaskuläre Veränderungen: periphere Gefäßerweiterung (Vasodilatation, insbesondere in den Hautarealen), geringfügige Verlangsamung des Pulsschlags, Senkung des arteriellen Blutdrucks
- Respiratorische Veränderungen: Verlangsamung der Atemfrequenz, Gleichmäßigkeit der einzelnen Atemzyklen, Abnahme des Sauerstoffverbrauchs
- Elektrodermale Veränderungen: Zunahme der Hautleitfähigkeit
- Zentralnervöse Veränderungen: Veränderung der hirnelektrischen Aktivität (EEG) (Vaitl, 2009a).

Neuromuskuläre Veränderungen

Unter „Abnahme des Tonus der Skelettmuskulatur“ ist die Entspannung der Muskulatur des ganzen Körpers zu verstehen. Dies ist Ziel jeglichen Entspannungsverfahrens. Dabei wird dieses Ziel durch die unterschiedlichen Verfahren auch in unterschiedlichem Ausmaß erreicht. Besonders hervorzuheben ist hierbei das Biofeedback, während bei den übrigen Verfahren die Effekte entweder erst nach längerer Übungszeit eintreten bzw. die Befunde bei der Erhebung der Muskelspannung uneinheitlich sind (Vaitl, 2009a). Das Ziel, muskuläre Entspannung herbeizuführen, hat aber einige praktische Konsequenzen, was die Durchführung der Entspannungssitzung anbelangt.

Körperposition. Es ist eine solche Position einzunehmen, die dazu führt, dass die Stützmotorik, d. h. die automatischen Regulationsmechanismen, die Gleichgewicht und Körperhaltung aufrecht erhalten, reduziert wird. Dies ist vor allem in liegenden Positionen der Fall, kann aber auch im Sitzen erreicht werden, wenn eine ausreichende Stützung durch Sitz- und Rückenfläche gegeben ist und diese von dem Klienten auch genutzt wird. Die für das autogene Training empfohlene so genannte Droschkenkutscherhaltung ist unter diesem Gesichtspunkt weniger empfehlenswert (Vaitl, 2009a).

Sensorik. Wahrnehmungsleistungen beeinflussen immer auch das motorische System. Es ist daher darauf zu achten, dass die Wahrnehmung möglichst wenig aktiviert wird. Dies lässt sich dadurch erreichen, dass Entspannungsübungen möglichst in einer reizarmen Umgebung stattfinden. Vor allem sollte die Wahrscheinlichkeit dafür, dass solche Reize, wie z. B. unvermutete laute Geräusche, die eine Schreckreaktion auslösen können, reduziert werden. Die Sensorik beschränkt sich jedoch nicht nur auf die Wahrnehmung von Außenreizen. Vielmehr ist auch die Interozeption wirksam, also die Wahrnehmung der Reize aus dem Körperinneren.

Hier kann es gerade bei Entspannungsverfahren durch die Aufmerksamkeitslenkung auf solche inneren Vorgänge auch zu beunruhigenden Wahrnehmungen kommen. Diese führen dann zu unerwünschter muskulärer Anspannung. Das Einbeziehen solcher Möglichkeiten ist daher sowohl in der Vorbereitung auf die Durchführung einer Entspannungssitzung als auch möglicherweise in der direkten Anleitung zur Entspannung zu berücksichtigen. Dies erfordert besondere Kompetenzen des Anleiters.

Vorstellungsprozesse. Bestimmte Vorstellungen, die beispielsweise Bewegung oder Aktivität beinhalten, können motorische Reaktionen bewirken (Vaitl, 2009a). Es ist daher in Entspannungsanleitungen darauf zu achten, dass solche Prozesse möglichst wenig angesprochen werden. Dies lässt sich z. B. durch formelhafte Wiederholung von Anweisungen bewirken oder etwa durch die Konzentration auf einen bestimmten äußeren oder inneren Wahrnehmungsgegenstand, wie dies bei meditativen Techniken üblich ist.

Kardiovaskuläre Veränderungen

Hier geht es um Veränderungen im Herz-Kreislauf-System. Im Vordergrund steht hierbei die Veränderung der Gefäße sowie die des Blutdrucks. Bei Entspannung erweitern sich die Gefäße. Dies wird als Vasodilatation bezeichnet. Diese Gefäßerweiterung kann als Wärmegefühl, das besonders deutlich in Armen und Beinen auftritt, wahrgenommen werden. Dieses Gefühl stellt sich über den vermehrten Blutfluss in den Hautgefäßen ein. Damit diese Veränderung auch deutlich wahrnehmbar wird, sollte bei der Durchführung von Entspannungsinstruktionen darauf geachtet werden, dass sie unter normaler Zimmertemperatur stattfinden.

Die beiden weiteren Punkte betreffen Pulsfrequenz und Blutdruck. Für die Pulsfrequenz ist festzustellen, dass sich hier, und zwar unabhängig vom verwendeten Verfahren, kaum Änderungen ergeben. Beim Blutdruck konnte dagegen in mehreren Studien festgestellt werden, dass dieser gesenkt werden kann (Vaitl, 2009a). Auch dies kann über die verschiedenen Verfahren erreicht werden, wobei allgemein davon auszugehen ist, dass Voraussetzung für diesen Effekt ein länger dauerndes, konsequentes Durchführen des entsprechenden Entspannungsverfahren ist.

Respiratorische Veränderungen

Veränderungen in der Atemtätigkeit sind insgesamt als Dämpfung aller Atemgrößen zu beschreiben. Dies bedeutet, dass die Atmung insgesamt flacher und gleichmäßiger wird. In allen untersuchten Verfahren konnte einheitlich eine Verlangsamung der Atemfrequenz festgestellt werden. Allerdings ist noch offen, ob die beobachteten Effekte über diejenigen hinausgehen, die bei fehlender körperlicher Betätigung festzustellen sind (Vaitl, 2009a).

Elektrodermale Veränderungen

Als elektrodermale Veränderungen bezeichnet man Veränderungen der elektrischen Eigenschaften der Haut. Kennwert ist die Leitfähigkeit der Haut, die sich mit der Veränderung der Schweißdrüsenaktivität wandelt und als Hautwiderstandsreaktion bezeichnet wird. Während bei Hypnose und Meditation eine der postulierten Entspannungswirkung entsprechende Abnahme der Hautleitfähigkeit festgestellt werden konnte, ergab sich beim autogenen Training ein gegenteiliger Effekt, nämlich deren kontinuierliche Zunahme. Gezielt lässt sich die Leitfähigkeit wohl über Biofeedback verändern (Vaitl & Rief, 2009).

Zentralnervöse Veränderungen

Hirnelektrische Veränderung finden sich im Elektroenzephalogramm, kurz EEG. Dieses zeigt ganz allgemein den Zustand der zentralnervösen Aktiviertheit an. Spezifischen Aktiviertheitszuständen entsprechen dabei spezifische so genannte EEG-Muster. So lassen sich Schlaf- und Wachzustände deutlich voneinander unterscheiden. Innerhalb dieser Zustände sind wiederum Differenzierungen möglich, so dass das EEG eine differenzierte Aussage über die Abstufungen der Aktiviertheit zulässt (Vaitl, 2009a). Veränderungen zeigen sich hierbei besonders in den Alpha-Wellen, die für eine vermehrte Phantasietätigkeit stehen, sowie den ThetaWellen, die in der Phase vor dem Einschlafen auftreten, gleichzeitig aber auch eine Fokussierung der Aufmerksamkeit bezeichnen. Interessanterweise zeigt sich gerade beim autogenen Training, dass Klienten sich in einer „Voreinschlafsphase" halten können, was bei der progressiven Muskelentspannung nicht der Fall ist.

Überwiegend finden sich demnach für alle Entspannungsverfahren in die gleiche Richtung gehende Veränderungen physiologischer Parameter. Seine Entsprechung findet dies darin, dass sich verfahrensübergreifend eine einheitliche Grundstruktur beschreiben lässt, die für die Vermittlung aller Verfahren gilt. Zu unterscheiden sind:

- Phase der Einleitung
- Herstellen entspannungsfördernder äußerer Bedingungen
- Spezifische Entspannungsinstruktion
- Ausleiten der Entspannung

Die Beschreibung dieser Phasen wird im Folgenden an den einzelnen Verfahren ausgeführt.

5.2 Entspannungsverfahren und ihre praktische Durchführung

5.2.1 Progressive Muskelentspannung

Das Verfahren der progressiven Muskelentspannung geht auf einen Physiologen, den Amerikaner Edmund Jacobson, zurück. Dieser beschrieb in einem populärwissenschaftlichen Buch mit dem Titel „You must relax" 1923 Zusammenhänge zwischen einer erhöhten muskulären Anspannung und Herzerkrankungen (Zaudig, Trautmann & Pielsticker, 2008). Seine Grundidee war, durch einen Wechsel von Anspannungs- und Lösungsphasen den Muskeltonus insgesamt deutlich zu senken. Dabei steht der Aspekt der willentlichen Entspannung im Vordergrund. Die progressive Muskelentspannung geht damit zwangsläufig mit einer Schulung der Eigenwahrnehmung bezüglich der verschiedenen muskulären Spannungszustände einher, die die Voraussetzung dieser gezielten und nicht durch Suggestionen induzierten Entspannung darstellt (Hamm, 2009). Dieser Hintergrund macht verständlich, dass in dem Grundverfahren sukzessive 30 Muskelgruppen trainiert wurden. Von diesen wurden insgesamt drei pro Übungseinheit intensiv eingeübt. Die Übung bestand darin, die entsprechende Muskelpartie über 1-2 Minuten anzuspannen, wobei es nicht um eine möglichst intensive Anspannung geht, sondern darum, einzelne Anspannungen wahrnehmen zu lernen. Daran schließt sich eine Entspannungsphase dieser Muskelgruppen über 3-4 Minuten an, die möglichst vollständig sein soll. Dieses Vorgehen ist so aufgebaut, dass alle Muskelgruppen des Körpers in der Reihenfolge obere hin zu unteren Gliedmaßen, Rumpf- und Kopfmuskulatur den beschriebenen Zyklus durchlaufen. Daraus ergibt sich eine Gesamtdauer des Trainings über 56 Sitzungen zu je 50 Minuten. Nach drei bis sechs Monaten kann dann ein Klient die Technik vollkommen beherrschen (Hamm, 2009; Seer, 1996). Es ist daher leicht verständlich, dass diese Version zwischenzeitlich einige Veränderungen erfahren hat.

Die Variante, auf die in der Anwendung wohl am häufigsten Bezug genommen wird, ist diejenige von Bernstein und Borkovec (1975). In dieser werden 16 Muskelgruppen geübt. Im Fortschreiten der Entspannungserfahrung werden diese 16 Gruppen dann auf sieben, schließlich auf vier verringert. Schließlich wird die Entspannung nur mehr durch Vergegenwärtigung erreicht. Dies bedeutet, dass sich der Klient darauf konzentriert, an welchen Stellen er noch Spannung wahrnimmt und sich daraufhin den Zustand der Entspannung in diesem Bereich vergegenwärtigt. Als letzter Schritt wird Entspannung über eine Zähltechnik eingeführt. Im entspannten Zustand zählt der Anleiter dabei bis zehn, begleitet von der Anweisung, bei jedem Zählschritt noch etwas tiefer zu entspannen. Die Instruktion kann dabei sowohl im Einzeltraining als auch als Gruppenangebot erfolgen. Nach entsprechender häuslicher Übung durch die Klienten wird das Zählverfahren schließlich als alleinige Instruktion benutzt. Mit einer solchen Verfahrenskombination kommen Bernstein und Borkovec (1975) auf einen Übungsplan, der insgesamt zehn Sitzungen umfasst, wobei dabei das ständige häusliche Üben eine wesentliche Rolle spielt:

Insgesamt wird bei dieser Vorgehensweise von der ausschließlich willentlichen Entspannung abgerückt und suggestiven Elementen ein deutlicher Raum gegeben.

Tab. 5.1: Übungsplan (nach Bernstein & Borkovec; 1975, S. 96)

Sitzung	Anzahl der Muskelgruppen	Vorgehen
Sitzung 1-3	16 Muskelgruppen	anspannen und lockern
Sitzung 4-5	7 Muskelgruppen	anspannen und lockern
Sitzung 6-7	4 Muskelgruppen	anspannen und lockern
Sitzung 8	4 Muskelgruppen	Vergegenwärtigung
Sitzung 9	4 Muskelgruppen	Vergegenwärtigen und Zählen
Sitzung 10		Zählen

5.2.1.1 Indikation und Kontraindikation

Für die progressive Muskelentspannung besteht ein breites Spektrum an Indikationen. An erster Stelle zu nennen sind Erkrankungen, bei denen als eines der Hauptsymptome „Schmerz“ auftritt. Hierzu zählen z. B. Spannungskopfschmerzen, Migräne, rheumatische Schmerzen sowie Rückenschmerzen. Darüber hinaus werden genannt Tinnitus, Hypertonie, Schlafstörungen, Ulcuserkrankungen und im psychotherapeutischen Bereich Stressstörungen und Angststörungen. Auch in der Geburtsvorbereitung lässt sich die progressive Muskelentspannung vorteilhaft einsetzen (zur Übersicht Zaudig, Trautmann & Pielsticker, 2008). Dabei ist allerdings anzuführen, dass diese Indikationen für fast alle Entspannungsverfahren zutreffend sind, da diese in ihrem Ansatz in der Regel symptomunspezifisch sind. Differentielle Indikationen beziehen sich daher eher auf Patienten- als auf Symptommerkmale. So scheinen jüngere und weniger schwer gestörte Patienten besser von der progressiven Muskelentspannung zu profitieren als von anderen Verfahren (Maercker & Krampen; 2009). Bei Patienten mit chronischen Schmerzen erscheint sie als das am Anfang eines umfassenden Schmerzbewältigungsprogramms stehende Verfahren besonders geeignet (Jungnitsch & Köhler, 1992). Wird Entspannung in konkreten Alltagssituationen benötigt, ist ebenfalls die progressive Muskelentspannung vorzuziehen (Weinzierl & Haag, 1992). Insgesamt ist bei der Indikationsstellung der progressiven Muskelentspannung eher pragmatisch vorzugehen (Zaudig, Trautmann & Pielsticker, 2008). Dies bedeutet, dass in die Indikationsüberlegungen auch mit einfließt, welche Erwartungen der Klient hat, welche Vorerfahrungen – positiver oder negativer Art – er mitbringt und welches Verfahren am besten zu ihm zu passen scheint oder welche spezifischen Fähigkeiten er hat. So werden Klienten mit einem zunächst eher mechanistischen Krankheitsverständnis und einer größeren Ferne zu psychologischen Verfahren eher geneigt sein, progressive Muskelentspannung zu erlernen. Auch bei solchen mit eher geringer ausgeprägter Imaginationsfähigkeit sollte diese bevorzugt werden (Doubrawa, 1992). Nicht zuletzt spielt auch eine Rolle, welches Verfahren der Anbieter präferiert und am besten beherrscht.

Als Kontraindikationen sind nur diejenigen zu nennen, die für Entspannungsverfahren allgemein angeführt werden: Angst vor Kontrollverlust, sexueller Missbrauch, akute schizophrene Psychosen, ausgeprägte histrionische Verhaltensweisen, gehemmte Depressionen sowie schwere Zwangssyndrome. Bei körperlichen Erkrankungen werden genannt Gefäß- und Bronchospasmen, Extrasystolen und akute Migräneattacken (Gröninger & Stade-Gröninger, 1996; Zaudig et al., 2008). Spezifische Kontraindikationen bestehen nicht.

5.2.1.2 Durchführung der progressiven Muskelentspannung

Da die progressive Muskelentspannung aufgrund ihrer breiten Indikation und praktisch kaum gegebenen Kontraindikation (Zaudig et al., 2008) für die sozialpädagogische Praxis von besonderer Bedeutung ist, soll das Vorgehen entsprechend der weiter oben erwähnten Grundsystematik ausführlich beschrieben werden. Die hier dargestellte Version entspricht im Wesentlichen dem von Bernstein und Borkovec (1975) vorgeschlagenen Verfahren und wurde für den Einsatz im Kontext stationärer medizinischer Rehabilitation konzipiert (Jungnitsch, 1992).

5.2.1.2.1 Phase der Einleitung

Unter Einleitung ist die Vermittlung des Rationales des Entspannungstrainings zu verstehen. Hierunter sind zum einen die allgemeinen Grundprinzipien zu verstehen, zum anderen die für das gewählte Vorgehen spezifischen Durchführungsprinzipien.

Als allgemeine Grundprinzipien der progressiven Muskelentspannung können angegeben werden:

- Für Entspannung braucht man *keine besonderen Fähigkeiten, Begabungen oder eine besondere Glaubens- oder Überzeugungshaltung.*
- Das Praktizieren von Entspannungstechniken ist *von jeglicher Weltanschauung unabhängig.*
- Entspannung ist eine *Fähigkeit, über die jeder Mensch verfügt* und die nur unterschiedlich intensiv und unterschiedlich schnell erreicht wird.
- Entspannung ist eine *lernbare Technik,* der Erfolg hängt allein von der Übung ab. Wie bei jedem Lernprozess ist das Lerntempo bei verschiedenen Menschen unterschiedlich.
- Entspannung *kann nicht durch Leistung erreicht werden.* Langsames, geduldiges Üben und die Anpassung einer Technik an individuelle Bedingun-

gen führen langfristig zum Erfolg – schnelle, überraschende Erfolge sind die Ausnahme.
- Entspannung ist *keine Therapie bei Problemen und Schwierigkeiten.* Sie ist aber ein wichtiger Baustein zur Unterstützung bei der Bewältigung vieler Probleme. Darüber hinaus dient sie der Verbesserung der Lebensqualität und der Gesunderhaltung.

Die Durchführungsprinzipien sind folgende:
- Entspannungsprinzip ist der *Wechsel von Anspannung und Entspannung.* Über das Herstellen von Anspannung kann im Gegenzug Entspannung hergestellt werden. Dies funktioniert nach dem Pendelprinzip: Zunächst wird das Pendel in die Anspannungsrichtung bewegt, wenn es losgelassen wird, schwingt es bis zum Entspannungszustand.
- Anspannung ist ein Zustand, der *allmählich hergestellt werden soll.* Die kontinuierliche Zunahme der Anspannung mit Wahrnehmung der einzelnen Anspannungsstufen ist das Ziel, nicht das Erreichen einer möglichst hohen Anspannung.
- Während der Entspannungsübung soll immer *ein möglichst positives Körpergefühl aufrechterhalten werden.* Dies bedeutet, dass Störungen sofort beseitigt werden und Anspannung nur soweit gehen soll, dass sie noch als Spannung, nicht als verkrampft oder gar schmerzhaft empfunden wird.
- Anspannung und Entspannung sind *mit der Atmung verbunden:* Einatmen ist Anspannung, Ausatmen Entspannung.
- Der Anspannungs-Entspannungszyklus *kann bildhaft beschrieben werden:* Das Anspannen erfolgt in einem sanften Aufwärtsweg, darauf folgt das Plateau des erwünschten Anspannungsziels und am Ende des Plateaus erfolgt ein steiler Abfall zur Entspannung. Der Beginn des Abfalls wird mit einem bewussten Ausatmen markiert.
- Ziel der einzelnen Übungen ist es, *die unterschiedlichen Körperempfindungen* während der Durchführung *genau wahrzunehmen.*
- Der wichtigste Anteil zum Erlernen der Entspannung ist die *eigene, selbständige Übung.* Diese kann durch eine Instruktion auf Tonträger unterstützt werden, sollte aber zunehmend davon unabhängig werden.

5.2.1.2.2 Herstellen entspannungsfördernder äußerer Bedingungen

Hier ist zwischen der Übungsphase und der Übertragungsphase in den Alltag zu unterscheiden. In der *Übungsphase,* d. h. während des schrittweisen Einübens der Wahrnehmung der Anspannungs-Entspannungszyklen ist es sinnvoll, den Übenden von störenden Reizen abzuschirmen. Dazu sollten mögliche Lärmquellen ausgeschaltet sowie eine leichte Abdunkelung des Raumes vorgenommen werden. Um störende Innenreize zu reduzieren, sollte eine möglichst bequeme Körperposition eingenommen werden, wobei darauf zu achten ist, dass nirgends die Blutzufuhr erschwert wird wie etwa bei übereinander geschlagenen Beinen. Enges Schuhwerk sollte abgelegt, Kleidung und Gürtel gelockert werden. Auch die Brille kann abgelegt werden. Wichtig ist es, die Klienten eingangs betont zu instruieren, dass sie etwaige Störungen sofort beseitigen sollen, also z. B. eine Körperposition ändern oder sich räuspern oder husten. Dies wird bei Übungen in der Gruppe allen Gruppenmitgliedern explizit gestattet mit dem Hinweis, dass nur so dauerhaftere Störungen auch für die Gruppe vermieden werden können, wenn z. B. ein einzelnes Gruppenmitglied aus solchen Störungsgründen keine Entspannungserfahrung machen kann und sich durch die Anwesenheit anderer gestört fühlt. Um Ablenkungen zu vermeiden, wird den Klienten vorgeschlagen, beim Üben die Augen zu schließen. Dies soll allerdings jedem freigestellt werden und ohne Zwang geschehen.

Als Körperhaltungen sind sowohl die Position im Sitzen wie im Liegen möglich, wie dies gestaltet wird, dazu gibt es keine Vorschriften. Es sollten nur ausreichend bequeme Unterlagen und Sitzgelegenheiten vorhanden sein. Auch Keilkissen und Rückenstützen sollten zur Verfügung stehen. Besonders bei älteren Menschen und solchen mit einer motorischen Beeinträchtigung ist darauf zu achten, dass Sitzgelegenheiten nicht zu tief sein dürfen, sondern eine ausreichende Sitzhöhe haben, um sowohl das Hinsetzen als auch das Aufstehen zu erleichtern. Insgesamt ist gerade bei den Sitz- oder Liegegelegenheiten darauf zu achten, mit welcher Klientel die Entspannung durchgeführt wird, um etwaigen besonderen körperlichen Bedürfnissen Rechnung tragen zu können. Hier kann die Rücksprache mit anderen Berufsgruppen, etwa Physiotherapeuten, sehr hilfreich sein, um die besten Bedingungen realisieren zu können.

In der *Übertragungsphase* in den Alltag wird je nach Zielstellung auf das Herstellen solcher Bedingungen explizit verzichtet. Der Klient kann also förderliche Bedingungen schaffen, er sollte aber damit experimentieren, z. B. unter unruhigen Außenbedingungen und in ganz verschiedenen Positionen die Übungen durchzuführen.

5.2.1.2.3 Spezifische Entspannungsinstruktion

Nach dem die Einführung erfolgt ist und entsprechende Rahmenbedingungen hergestellt wurden, sollte in der ersten Übungsstunde anhand einer Muskelgruppe das prinzipielle Vorgehen demonstriert und eingeübt werden. Diese Vorgehensweise wird dann für die weiteren Muskelgruppen beibehalten, wobei die Demonstration sich jeweils nur auf die neu hinzukommenden beschränkt. Begonnen wird zweckmäßigerweise mit dem Anspannungs-Entspannungszyklus der Arme, da dieser in der Regel von fast jedem Klienten nachvollzogen werden kann und sich meist auch eine gute Unterscheidbarkeit von Anspannungs- und Entspannungsphase ergibt.

Der Anleiter demonstriert zunächst die Anspannungsphase, die ca. 5-7 Sekunden betragen sollte, in dem er seine dominante Hand zur Faust ballt und dabei den allmählichen Anstieg der Anspannung verdeutlicht. Dann hält er die Spannung auf dem gewählten Spannungsniveau fest und beendet sie daraufhin ohne Verzögerung zugleich mit einem deutlichen Ausatmen. Nun fordert er die Klienten auf, wenn möglich mit geschlossenen Augen, mit seiner Anleitung diesen Vorgang selbst auszuführen:

„Ballen Sie nun Ihre rechte/linke Hand zur Faust. Lassen Sie die Spannung allmählich stärker werden, ganz sanft ansteigen. Spannen Sie bis zu dem Punkt an, an dem Sie deutlich die Spannung spüren können, ohne zu verkrampfen. Halten Sie die Spannung an diesem Punkt und spüren Sie sie ganz deutlich, ohne den Atem anzuhalten. Spüren Sie deutlich die Spannung und atmen Sie ruhig weiter. Spüren Sie die Spannung und atmen noch einmal ein und aus und mit dem nächsten Atemzug lösen Sie beim Ausatmen die Spannung – ein und aus und lösen! (Pause) Spüren Sie nun den Unterschied. Achten Sie auf den unterschiedlichen Eindruck von der Anspannung vorher und dem jetzigen Zustand – vielleicht können Sie den Zustand der Entspannung spüren. Sie brauchen nichts weiter zu tun, achten Sie nur auf den unterschiedlichen Eindruck von Anspannung und Entspannung. Beobachten Sie alle Empfindungen in ihrem rechten/linken Unterarm – erspüren Sie den Unterschied zwischen der Anspannung vorher und der Entspannung jetzt! „

Diese Phase sollte ca. 30-40 Sekunden andauern. Es hat sich bewährt, dass der Anleitende die Instruktion nicht nur vorgibt, sondern seiner Anleitung selbst folgt.

Dies hilft, zu lange Anspannungsphasen zu vermeiden und die Beobachtung ausreichend lange auf die Entspannungsphasen zu lenken. Die obige Instruktion kann variiert werden, indem noch angefügt wird: „*Vielleicht können Sie eine Veränderung der Empfindungen in Ihrem Unterarm wahrnehmen, vielleicht in seinem Gewicht, vielleicht in seiner Temperatur.*“ Dies erhöht allerdings den suggestiven Charakter der Instruktion.

Anschließend wird der Vorgang mit der gleichen Hand wiederholt, dann mit der Gegenhand ebenfalls zweimal und schließlich mit beiden Händen gemeinsam.

Auf diese Weise werden die Muskelgruppen der Arme – Schultern, Kopf, Hals und Nacken – Brust, Rücken, Bauch – Beine und der gesamte Körper im Anspannungs-Entspannungszyklus eingeübt. Aus den oben dargestellten Blöcken ergibt sich hierfür ein Zeitbedarf von insgesamt vier Gruppenstunden. Ab der zweiten Stunde werden zu den oben gegebenen Instruktionen noch die Instruktionen hinzugefügt: *„Beobachten Sie den Unterschied von Anspannung und Entspannung – Beobachten Sie, wie sich die Empfindung des Körpers verändern kann – Beobachten Sie das angenehme Gefühl der Entspannung. Spüren Sie Ruhe und Entspannung – beobachten Sie das angenehme Gefühl der Entspannung.“* Damit wird dem Ansatz von Bernstein und Borkovec (1975) folgend der suggestive Anteil noch weiter erhöht.

5.2.1.2.4 Ausleiten der Entspannung

Das Ausleiten der Entspannung erfolgt in zwei Phasen. In der ersten Phase wird die Aufmerksamkeit noch einmal auf den gesamten Körper gelenkt und eine Einschätzung der erreichten Entspannung vorgenommen. Daran anschließend erfolgt eine Orientierung auf die Atmung und ihre bewusste Intensivierung und schließlich eine Orientierung auf den gegenwärtigen Raum sowie eine körperliche Aktivierung. Zu Beginn des Trainings werden die Klienten instruiert, dass es durchaus geschehen kann, dass man zum Ende der Übungen einschläft, man beim ganz normalen Erwachen aber keine gesonderte Beendigung der Entspannung mehr braucht. Wird Entspannung in Alltagssituationen angewandt, ist selbstverständlich keine Ausleitung nötig.

Die Rücknahme während der Phase der Einübung einzelner Muskelgruppen, in der hier gewählten Vorgehensweise demnach in den Stunden eins bis vier, lautet einfach: *„Richten Sie nun Ihre Aufmerksamkeit wieder auf Ihre Umgebung um Sie herum. Atmen Sie ein paar Mal kräftig durch, öffnen Sie die Augen, sehen Sie sich um, vielleicht möchten Sie herzhaft gähnen, sich recken und strecken oder verändern Sie wenigstens Ihre Position, bis Sie wieder ganz wach und da und vielleicht auch erfrischt sind.“*

Die Instruktion ab der fünften Sitzung in der Übungssituation lautet: *„Gehen Sie mit Ihrer ganzen Aufmerksamkeit nun noch einmal durch Ihren Körper. Beginnen Sie mit Ihrem rechten/linken Arm, über die Schultern, Hals, Gesicht und Kopf und stellen Sie fest, wie Ihre Entspannung gerade ist. Sie können dazu die Skala von 0-100 benutzen, bei null sind Sie gar nicht entspannt, bei 100 völlig entspannt. Gehen Sie nun weiter über Brust, Rücken, Bauch bis ins Becken, bis in die Beine und Füße und stellen Sie dabei immer fest, wie entspannt Sie in den einzelnen Bereichen sind. Betrachten Sie dann Ihren Körper als Ganzes und versuchen Sie auch hier wieder festzustellen, wie entspannt Sie sich insgesamt fühlen. (Pause). Und nun richten Sie Ihre*

Aufmerksamkeit auf Ihren Atem. Beobachten Sie Ihren Rhythmus. Verstärken Sie nun allmählich das Ein und Aus ihres Atems, die Tiefe Ihrer Atemzüge. Atmen Sie ganz bewusst im Rhythmus Ihres Atems. Und mit einem der nächsten Atemzüge öffnen Sie bei „Ein" Ihre Augen, sehen sich im Raum um, orientieren sich, wo Sie sich gerade befinden und welche Tageszeit es gerade ist. Recken und strecken Sie sich nach Lust und Laune, um dann wieder ganz da und frisch zu sein."

Im Anschluss daran werden die Erfahrungen der Teilnehmer besprochen. Dabei werden zunächst die positiven Aspekte besprochen und anschließend wird auf Schwierigkeiten und Möglichkeiten, diese zu beheben, eingegangen. Gerade der letzte Punkt ist bei Gruppen besonders zu betonen, etwa indem angesprochen wird, dass es unwahrscheinlich ist, dass keine Störungen und Schwierigkeiten aufgetreten sind und diese ganz wichtig dafür sind, bei den Übungen Fortschritte zu machen. Dies ist nötig, da sonst Gruppenmitglieder sich scheuen könnten, negative Eindrücke wiederzugeben oder aus Gefälligkeit dem Gruppenleiter gegenüber diese zurückhalten.

5.2.1.3 Struktur einer Gruppe zur progressiven Muskelentspannung

Nach den konkreten Instruktionen zur progressiven Muskelentspannung soll nun die Struktur einer Gruppe zur progressiven Muskelentspannung dargestellt werden. Die Art und Weise, wie die Anspannung erreicht wird, kann dabei problemlos variiert werden.

Erste Gruppenstunde

Zunächst werden Vorkenntnisse, Voreinstellungen, Erwartungen und etwaige spezifische Ziele der Gruppenteilnehmer thematisiert. Anschließend werden die Grundprinzipien des Entspannungsverfahrens dargelegt. Im Anschluss daran wird die Übung für die Armmuskulatur durchgeführt. Dabei wird jede Übung zunächst demonstriert, dann von den Teilnehmern durchgeführt, ohne dass dabei die Anspannungs-Entspannungszeiten berücksichtigt werden. Es geht hier nur darum, sicherzustellen, dass jeder Teilnehmer zu der entsprechenden Übung in der Lage ist und, wenn dies nicht der Fall ist, eine Alternative vorzuschlagen und auszuprobieren. Dann werden die in Tabelle 5.2 aufgelisteten Übungen entsprechend der oben angeführten Instruktion durchgeführt.

Je nach zur Verfügung stehender Zeit können die einzelnen Übungen auch zweimal durchgeführt werden, dies empfiehlt sich besonders bei den Übungen zu Hand und Unterarm.

Die durchgeführten Übungen sollen als Hausaufgabe zweimal täglich durchgeführt werden.

Tab. 5.2: Progressive Muskelentspannung – Übungen der ersten Gruppenstunde

Dominante Hand und Unterarm (rechte/linke Faust ballen)
Nicht-dominante Hand und Unterarm (rechte/linke Faust ballen)
Beide Hände und Unterarme (beide Fäuste gleichzeitig ballen)
Dominanter Oberarm (Ellenbogen beugen und Bizeps anspannen)
Nicht-dominanter Oberarm (Ellenbogen beugen und Bizeps anspannen)
Beide Oberarme (beide Ellenbogen gleichzeitig beugen und Bizeps anspannen)
Dominanter Armstrecker (bei ausgestrecktem Arm die Handfläche gegen Widerstand von Stuhllehne oder Unterlage nach unten drücken)
Nicht-dominanter Armstrecker (bei ausgestrecktem Arm die Handfläche gegen Widerstand von Stuhllehne oder Unterlage nach unten drücken)
Beide Arme gleichzeitig ausgestreckt und Handfläche nach unten drücken

Zweite Gruppenstunde

Eingangs werden die Erfahrungen der Hausaufgabe besprochen, Erfolge thematisiert, Schwierigkeiten aufgegriffen und Lösungsmöglichkeiten erarbeitet. Besonders wird auf Hindernisse eingegangen, die ein zweimaliges Üben erschwerten oder verhinderten. Betont wird nochmals, dass Übungs- und Anwendungsphase zu unterscheiden sind und anfänglich ein großer Aufwand nötig ist. Es folgen die in Tabelle 5.3 aufgeführten Übungen für Schultern, Gesicht und Nacken:

Tab. 5.3: Progressive Muskelentspannung – Neue Übungen der zweiten Gruppenstunde

Beide Schultern (Hochziehen der Schultern, in hochgezogenem Zustand einmal beide Schultern nach vorne drücken und beide Schultern nach hinten drücken)
Stirn und Kopfhaut (Stirnrunzeln mit Hochziehen der Augenbrauen)
Stirn und Kopfhaut (Augenbrauen zusammenziehen)
Obere Wangenpartie (Augen zusammenkneifen)
Untere Wangenpartie (Lippen zusammenpressen)
Untere Wangenpartie (Lippen spitzen und zusammenpressen)
Untere Wangenpartie und Kiefer (Zähne zusammenbeißen)
Halsmuskulatur (Zungen nach oben gegen den Gaumen und Schneidezähne pressen)
Nacken (Kopf nach vorne auf die Brust pressen, ohne diese zu berühren, Kopf nach hinten drücken gegen Widerstand von Lehne oder Unterlage)

Diese Übungen werden wieder zunächst demonstriert und dann nachgemacht. Schließlich werden zusammenhängend die Übungen der letzten Stunde und die neuen Übungen gemäß der oben dargestellten Instruktion durchgeführt. Als Hausaufgabe ist der gesamte Übungsteil zweimal täglich durchzuführen.

Dritte Gruppenstunde

Der Ablauf der Stunde entspricht dem der zweiten Stunde, daher werden nun nur noch die neu hinzukommenden Übungsteile für Brust, Bauch und Rücken beschrieben (siehe Tabelle 5.4):

Tab. 5.4: Progressive Muskelentspannung – Neue Übungen der dritten Gruppenstunde

Brustmuskulatur (tief einatmen und Luft anhalten, ausatmen, wiederholen)
Bauchmuskulatur (Bauchmuskeln anspannen, dass Bauchdecke hart wird, Bauch einziehen, Bauch nach außen drücken)
Rückenmuskulatur (im Sitzen oder Liegen: Arme anwinkeln, Oberarme flach gegen Widerstand nach hinten drücken)
Rückenmuskulatur (nur im Liegen: auf Fersen und Schultern abstützen, Gesäß vom Boden abheben und ins Hohlkreuz gehen)

Vierte Gruppenstunde

Auch hier ist der Ablauf wieder identisch zur zweiten und dritten Stunde. Als Erweiterung kommt eine zusätzliche Hausaufgabe hinzu und bei der Übungsdurchführung werden in dieser Stunde bereits alle Muskelgruppen durchgenommen. Die neu hinzukommenden Muskeln sind diejenigen der Beine (siehe Tabelle 5.5):

Tab. 5.5: Progressive Muskelentspannung – Neue Übungen der vierten Gruppenstunde

Oberschenkelmuskulatur (Gesäß- und Oberschenkelmuskeln beider Beine anspannen, wiederholen)
Wadenmuskulatur (Fersen anheben, mit den Zehen nach vorne drücken, wiederholen)
Schienbeinmuskulatur (Fersen bleiben auf der Unterlage/Fußboden; Zehen zum Gesicht hin ziehen, wiederholen)

Zur Hausaufgabe wird an die Teilnehmer ein Übungsprotokollblatt ausgeteilt, auf dem diese vermerken sollen, wann sie jeweils geübt haben, wie der subjektive Spannungszustand vor der Übung und nach der Übung war und ob es irgendwelche Besonderheiten bei der Übung gab. Als Hilfe für die Einschätzung der Spannung wird ihnen eine numerische Ratingskala vorgegeben, auf der sie den Spannungszustand zwischen null und hundert einschätzen können

(Jungnitsch, 1992). Zu diesen Skalen gibt es inzwischen handliche, manuell zu betätigende Schiebeskalen, die den Klienten an die Hand gegeben werden können und ihnen die Einschätzung erleichtern.

Fünfte Gruppenstunde

Nach dem Besprechen der Hausaufgabe wird die Gesamtübung mit zusammengefassten Muskelgruppen durchgeführt:

Tab. 5.6: Progressive Muskelentspannung – Gesamtübung der fünften Gruppenstunde

Arme (Fäuste beider Hände ballen, Ellenbogen beugen und Bizeps anspannen)
Gesicht und Nacken (Augen zusammenkneifen, Lippen zusammenpressen, Zähne aufeinander beißen, Zunge gegen den Gaumen pressen)
Schultern, Brust, Rücken und Bauch (Schultern hochziehen, Luft anhalten, Arme anwinkeln und nach hinten/unten drücken, Bauchmuskeln spannen)
Beine (Gesäßmuskeln und Oberschenkelmuskeln spannen, Zehenspitzen in Richtung Gesicht ziehen).

Anschließend wird die Instruktion gegeben, die oben detailliert unter dem Punkt „Ausleiten der Entspannung" beschrieben wurde. Die Betonung liegt dabei darauf, mit der Aufmerksamkeit durch den ganzen Körper zu gehen.

Als Hausaufgabe soll wieder zweimal täglich diese Vorgehensweise geübt werden. Zur Unterstützung kann ab dieser Stunde eine Instruktion auf DVD mitgegeben werden, die den gesamten bisherigen Ablauf enthält. Zusätzlich wird als Hausaufgabe die „Signalpunkttechnik" als Übung zur Übertragung in den Alltag eingeführt. Diese wird im nächsten Abschnitt ausführlich beschrieben.

Sechste Gruppenstunde

Nach der Besprechung der Hausaufgabe, die besonders die Erfahrungen mit der Signalpunkttechnik beinhaltet, wird die Anleitung gegeben, sich den Körper Stück für Stück vorzustellen und dabei Anspannung/Entspannung einzuschätzen und möglichst die Entspannung zu vertiefen. Bei der tiefstmöglich wahrgenommenen Entspannung werden die Teilnehmer aufgefordert, sich zu diesem Zustand ein für sie zutreffendes Signalwort innerlich zu formulieren, wie etwa *„ganz ruhig"* oder *„ganz entspannt"* oder dergleichen. Zur Rücknahme der Entspannung werden die Teilnehmer aufgefordert, innerlich von 5 bis 0 rückwärts zu zählen, dann kräftig durchzuatmen und sich auf die für sie passende Weise körperlich zu aktivieren, bis sie sich wieder ganz wach und munter fühlen.

Als abschließende Hausaufgabe wird den Klienten mitgegeben, die „Signalpunkttechnik" weiterhin durchzuführen, und so lange wenigstens einmal täglich zu üben, bis sie feststellen können, dass sie sich in für sie relevanten Situationen mit Hilfe ihres Signalwortes und vielleicht noch eines Anspannungs-Entspannungszyklus einer Muskelgruppe (meist sind dies die Arme) in einen spürbar reduzierten Spannungszustand bringen können.

Anschließend erfolgt noch ein Auswertungsgespräch über die Erfahrungen aus dem Training sowie den möglichen Einsatzbereichen und den Möglichkeiten, mit etwaigen noch bestehenden Schwierigkeiten umzugehen. Schließlich werden die Mitglieder der Gruppe verabschiedet.

Diese Struktur und dieser Umfang sind auf die Rahmenbedingungen stationärer Rehabilitationsmaßnahmen zugeschnitten. Inhaltlich günstiger erscheint es, gerade die in der letzten Gruppenstunde vermittelten Inhalte auf mindestens drei Stunden zu verteilen, so dass insgesamt acht Stunden resultieren. Auch die Inhalte der fünften Gruppenstunde ließen sich vorteilhaft auf drei Stunden mit entsprechenden Wiederholungen verteilen, was zu einem Gesamtumfang von zehn Stunden führt. Ebenso wäre es gerade im ambulanten Vorgehen vorteilhaft, eine Ausweitung um noch einmal 3-4 Stunden vorzunehmen, die zeitlich gestreckt, beispielsweise in einem Abstand von ca. 3-4 Wochen, angeboten werden. Damit lässt sich die Beständigkeit des häuslichen Übens sowie die Übertragung in den Alltag deutlich fördern.

5.2.1.4 Übertragung in den Alltag

Ein besonderes Anliegen beim Vermitteln von Entspannungstechniken ist es, dass diese nicht nur während des Angebotes eines ambulanten oder stationären Trainings durchgeführt werden, sondern Eingang in die Alltagsroutine der Klienten finden. Als eine Bedingung für die Übertragung in den Alltag ist das Einführen des „Signalwortes“ in der oben beschriebenen sechsten Gruppenstunde zu sehen. Dies entspricht im Wesentlichen dem Übungsschritt „Konditionierte Entspannung“ in der besonders für die Therapie von Ängsten geeigneten Modifikation der progressiven Muskelentspannung nach Öst (1987).

Eine strukturierte Vorgehensweise besteht in der weiter oben bereits angesprochenen *Signalpunkttechnik* (Jungnitsch, 1992):

Die Teilnehmer erhalten hierzu ein Blatt mit sechs roten selbstklebenden Punkten, den Signalpunkten, wie sie normalerweise zu Markierungszwecken verwendet werden, ausgehändigt. Diese sind in der Regel im Schreibwarenhandel erhältlich. Die Klienten werden aufgefordert, für sie relevante Orte zu benennen, an denen es für sie wichtig wäre, auf ihren Spannungszustand zu achten. Dabei kann es sich um Orte aus verschiedenen Lebensbereichen handeln. Dann sollen sie Gegenstände an diesen Orten aufführen, die sie gelegentlich, aber nicht dauernd, ansehen oder in ihr Blickfeld bekommen. Diese Gegenstände sollen so beschaffen sein, dass der Punkt, den sie darauf kleben sollen, nicht einfach Bestandteil des Gegenstands werden kann wie z. B. ein Logo oder ähnliches. Dies lässt sich auch durch eine ungewöhnliche Platzierung des Signalpunktes erreichen. Beispiel für solche Orte und Platzierungen wären: In der Mitte des Ziffernblattes der Armbanduhr, mitten auf dem Umschlag des Terminkalenders, auf dem Spiegel der Flurgarderobe, auf dem Schirm des Nachttischlämpchens, mitten zwischen die Kochfelder oder Herdplatten, auf die Klappe des Briefkastens/Postfaches, auf dem Autoschlüssel usw. Beim Erblicken eines solchen Punktes sollen die Klienten entsprechend folgender Instruktion handeln:

„Inzwischen sind wir daran gewöhnt, daß uns irgendwelche Zeichen in unserem Alltag zu ganz bestimmten Tätigkeiten auffordern. Schaltet z. B. eine Ampel auf Grün, so legen wir den Gang ein, lassen die Kupplung kommen, geben Gas und fahren los. Zeigt die Ampel dagegen Rot, so kuppeln wir aus, treten auf die Bremse und bleiben stehen.

Diese Klebepunkte sollen nun auch Ihnen so ein Zeichen geben. Sie sollen Ihnen sagen „Stop! Anhalten, auskuppeln und innehalten!“ So wie beim roten Licht an der Ampel, die meist auch nur für wenige Sekunden Rot anzeigt, obwohl es uns oft wie eine halbe Ewigkeit vorkommt.

Was sollen Sie nun ganz konkret tun?

Jedes Mal, wenn Sie einen solchen Punkt sehen, halten Sie einen Moment in der Tätigkeit, die Sie gerade ausführen, inne. Richten Sie Ihre Aufmerksamkeit auf Ihren Körper und schätzen Sie so, wie Sie es in dem Protokollbogen zur Entspannung gelernt haben, Ihren augenblicklichen Spannungszustand ein. Atmen Sie durch, vielleicht solange, wie man braucht, um bis drei zu zählen, einatmen, und solange, wie man braucht, um bis fünf zu zählen, ausatmen, und dies ein paar Mal hintereinander. Beobachten Sie sich, wie Sie locker lassen können, jeden Muskel, jedes Glied Ihres Körpers.

Schätzen Sie nun noch einmal ein, wie entspannt Sie jetzt sind, um dann in der unterbrochenen Tätigkeit fortzufahren.“ (Jungnitsch, 1992, S. 126).

Als weitere Möglichkeit, die Entspannung in der Situation noch zu verstärken, kann auch die Vorgehensweise gewählt werden, eine beliebige, dem Klienten geeignet erscheinende Muskelgruppe mit dem Einatmen anzuspannen.

Werden die letzten Stunden in zeitlich gestrecktem Abstand angeboten, sollte als weitere Möglichkeit, Entspannung zu einem Bestandteil des Alltags zu machen, das Weiterführen des Protokolls im Sinne des Selbstmanagementansatzes (Kanfer et al., 2012) obligatorisch sein. Eine letztlich geglückte Übertragung in den Alltag muss aber unbedingt die Möglichkeiten thematisieren, wie Entspannung über vielerlei alltägliche Aktivitäten und das Wahrnehmen entsprechender Gelegenheiten sonst noch erreicht werden kann und wie der Gedanke des Aufbaus „euthymer Ressourcen“ (Viehhauser, 2000) realisiert werden kann.

5.2.1.5 Besonderheiten

Weniger eine Besonderheit als vielmehr ein Grundsatz, auf den beim Angebot eines Entspannungsverfahrens geachtet werden sollte, besteht darin, die progressive Muskelentspannung nicht einfach nur als Beschäftigungsmöglichkeit, die ja keinen Schaden anrichten kann, anzubieten. Dies verringert den Wert des Verfahrens in den Augen der Klienten (Ohm, 1994). Es sollte vielmehr darauf geachtet werden, dass jeder Teilnehmer eine Indikation für die Entspannung und damit auch ein Ziel, dass er mit dieser erreichen will, formulieren kann. Dies ist bei Bestehen offensichtlicher Indikationen wie chronischer Schmerz einfach, aber Indikationen wie „Erweitern der Möglichkeiten, angenehme Zustände herbeizuführen“ oder „Werkzeug finden, den Alltag gelassener meistern zu können“ sollten durchaus Eingang finden und formuliert werden.

Spezifischere Besonderheiten ergeben sich bei Menschen mit körperlichen Erkrankungen. Diese können hier nicht im Einzelnen ausgeführt werden und sollen nur an einem Beispiel verdeutlicht werden: Bei Menschen mit entzündlich-rheumatischen Erkrankungen kann von der Gelenkentzündung auch das Atlantookzipitalgelenk, d. h. das Gelenk zwischen Wirbelsäule und Kopf betroffen sein. Dies führt dazu, dass ruckartige Bewegungen oder starke Belastungen im ungünstigsten Fall zu einer hohen Querschnittslähmung des Betroffenen führen können. Daher verbietet es sich hier aus den Besonderheiten der Erkrankung heraus, die Übung zur Anspannung der Nackenmuskulatur durchzuführen. Ebenso gehen entsprechende Erkrankungen meist mit einer ausgeprägten Atrophie der Muskulatur einher. Dies führt dazu, dass die Betroffenen manche Anspannungsübungen gar nicht wahrnehmen können, weil die Muskulatur zu schwach reagiert. Auch können die Gelenkentzündungen dazu führen, dass z. B. das Ballen der Faust gar nicht möglich ist. In diesen Fällen kann man sich einmal damit behelfen, dass der Klient sich die entsprechende Anspannung nur in der Vorstellung vergegenwärtigt. Eine Hilfe hierzu kann sein, entsprechende Alltagstätigkeiten wie das Heben eines Koffers oder das Zusammendrücken eines Balles als Vorstellung durchzuführen. Auch das Kennenlernen des Bewegungs- und Trainingsprogrammes, das der Klient in der Krankengymnastik durchführt und die Integration entsprechender Übungen in das Entspannungstraining können hier hilfreich sein. Das gleiche gilt für Patienten mit chronischen Schmerzen anderer Ursache, bei denen das

Programm von Physio- und Sporttherapeuten in geeigneten Anteilen integriert werden kann. Auch Hilfsmittel wie etwa Softbälle oder Gummibänder können jederzeit Verwendung finden. Insgesamt ist darauf zu achten, dass die meisten Erkrankungen keine absolute Kontraindikation für die progressive Muskelentspannung darstellen, der Durchführende aber in der Verantwortung steht, sehr sorgfältig auf mögliche schädigende Momente zu achten. Hierzu ist der Anleitende bereits in individueller Vorbereitung und gemeinsam mit dem Klienten, aber auch mit anderen Behandlern wie Ärzten oder Physiotherapeuten, gehalten, Gefahren zu klären und Alternativen zu entwickeln. So kann die progressive Muskelentspannung bei Eingehen auf individuelle Besonderheiten für jeden Betroffenen zu einer wertvollen Hilfe werden.

5.2.1.6 Effektivität

Bezüglich der Effektivität lässt sich feststellen, dass diese insgesamt als gut beurteilt werden kann. Dabei wird ein positiver Zusammenhang von Entspannungserfolg und Häufigkeit der Übung sichtbar. Ebenso spielen Durchführungsbedingungen eine Rolle. Der Erfolg ist gegenüber anderen Basisstrategien als gut zu bezeichnen und nimmt mit der Anzahl der Übung in Alltagssituationen zu (Maercker & Krampen, 2009). Allerdings ist, obwohl die progressive Muskelentspannung zu den mit am besten untersuchten Verfahren zählt, eine zusammenfassende Bewertung ihrer Effektivität schwierig. Dies ergibt sich aus der Vielzahl der untersuchten Variationen des Verfahrens (Hamm, 2009). Insgesamt lassen sich aus den Übersichten bei Hamm (2009) sowie Grawe, Donati und Bernauer (1994) aber überwiegend positive Ergebnisse entnehmen. Diese zeigten sich insbesondere bei Klienten mit Hypertonie, Schlafstörungen und Kopfschmerzen auch über einen Nachbefragungszeitraum stabil (Grawe et al., 1994). Hamm (2009) kommt in seiner Literaturübersicht zu dem Schluss, dass insbesondere solche Klienten, bei denen auch eine klinische Indikation vorliegt, d. h. also mit einer behandlungswürdigen Erkrankung, sich die progressive Muskelentspannung als wirksam erweist. Allerdings berichtet er gerade auch bei der Behandlung von Menschen mit Angststörungen, dass die Entspannung allein keinen Effekt bringt bzw. sogar kontraindiziert erscheint. Bei Patienten mit einer chronischen, entzündlich-rheumatischen Erkrankung konnte in einer eigenen Untersuchung ebenfalls gezeigt werden, dass die progressive Muskelentspannung als unimodaler Ansatz keinen zu einer Kontrollgruppe signifikanten Effekt zeigte, wohl aber über Patientenratings erhobener wichtiger Bestandteil eines multimodalen Schmerzbewältigungsprogrammes ist (Geissner, Jungnitsch & Schmitz, 1994).

Progressive Muskelentspannung nicht als Einzelverfahren, sondern innerhalb eines breiteren Behandlungskonzeptes gerade bei Menschen mit einer klinisch relevanten Störung einzusetzen, scheint demnach eine wichtige Strategie zu sein, bei der allerdings die Bestimmung des jeweiligen Wirkungsanteils bei einer Vielzahl von Erkrankungen zu untersuchen wäre.

5.2.2 Autogenes Training

Das autogene Training wurde in den 20er Jahren aus systematischen Beobachtungen an hypnotisierten Patienten von dem Nervenarzt J. H. Schultz entwickelt. Ihm fiel bei der Sichtung von Forschungsprotokollen zur Hypnose die durchgängige Schilderung der Versuchspersonen zu körperlichen Empfindungsqualitäten auf. Diese bezogen sich auf Schwere- wie Wärmegefühle.

Das grundlegende Werk von J. H. Schultz aus dem Jahre 1932 trägt den Titel „Das autogene Training – Konzentrative Selbstentspannung" und erlebte in Form des „Original Übungsheft" bis zum Jahr 2004 inzwischen 24 Auflagen. Daraus lässt sich die weite Verbreitung und Akzeptanz dieses Verfahrens insbesondere in Europa in Psychiatrie, Psychotherapie, Innerer Medizin und auch als Selbsthilfetechnik bereits ablesen (Vaitl, 2009b). Das Verfahren ist didaktisch klar gegliedert und basiert im Gegensatz zur Hypnose ausschließlich auf Auto-(Selbst-)Suggestionen. Betont wird in dem Verfahren die konzentrative Selbstentspannung, d. h. es sollen Effekte erreicht werden, die über konzentrative Zustände erzielt werden (Zaudig et al., 2008). Dieser Zielzustand wird als so genannte organismische Umschaltung bezeichnet und wird einem Indikationsbereich von der Psychohygiene bis zur gezielten Behandlung einzelner Krankheitsbilder zugeordnet, was auch zu einer Bezeichnung des autogenen Trainings als „Basispsychotherapeutikum" führt (Kraft, 1996).

Unterschieden werden nach Schultz (1979) drei verschiedene Übungskomplexe, wobei der erste die Grundlage der anderen darstellt:

- Unterstufenübungen, bezeichnet als psychophysiologische Standardübungen
- Oberstufenübungen, bezeichnet als meditative Übungen
- Spezielle Übungen

In der Regel wird das autogene Training mit den Unterstufenübungen gleichgesetzt (Kraft, 1996), diese werden daher hier beschrieben.

Innerhalb der Unterstufenübungen werden die Aspekte der Schwere- und Wärmewahrnehmung sowie Atem, Herz, Sonnengeflecht und Stirnkühleübung trainiert. Dies soll nach mehrwöchigem Training eine psychovegetative Gesamtumschaltung erbringen. Die Oberstufe des autogenen Trainings basiert auf Imaginationen und rückt damit in die Nähe des katathymen Bilderlebens.

Sie beinhaltet daher mehr als bloße Entspannung (Kraft, 1996). Die speziellen Übungen thematisieren spezifische Inhalte als persönliche Leitsätze, die auf Symptomreduktion oder Reifung der Persönlichkeit abzielen und gehen damit ebenfalls über Entspannung hinaus.

Autogenes Training wird zumeist in kleinen Gruppen (seltener im Einzeltraining) in 1-2 wöchentlichen Sitzungen während einer Dauer von 6-10 Wochen vermittelt. Jede Übung mit ihren verschiedenen Komponenten (z. B. „Schwere", „Wärme" und „Atemwahrnehmung") dauert insgesamt 3-5 Minuten und wird im Sitzen (ggf. auch im Liegen) bei geschlossenen Augen durchgeführt (Kraft, 1996).

5.2.2.1 Indikation und Kontraindikation

Die Indikationsliste für das autogene Training ist sehr breit. Kraft (1996) systematisiert diese Indikationen in sieben Gruppen:

- Psychohygiene und -prophylaxe
- Funktionelle Störungen
- Psychosomatische Erkrankungen
- Somato-psychische Erkrankungen
- Neurotische Erkrankungen
- Suchterkrankungen
- Schwangerschaft – Geburt

Unter dem Punkt der Psychohygiene und -prophylaxe ist der allgemeine Einsatz zur Erholung, Entspannung und Konzentrationserhöhung zu verstehen. In die funktionellen Störungen sind Schlafstörungen sowie funktionelle Störungen der Muskulatur und Kopfschmerzen einzuordnen. Die psychosomatischen Erkrankungen beziehen sich in dieser Aufstellung unter anderem auf Migräne, Morbus Crohn, Colitis ulcerosa, Asthma bronchiale und essentielle Hypertonie. Bei den somato-psychischen Erkrankungen steht vor allem „Schmerz" im Vordergrund, während bei den bei Kraft (1996) so bezeichneten neurotischen Erkrankungen im Wesentlichen die Angsterkrankung gemeint ist. Die an empirischen Untersuchungen orientierte Indikationsliste von Vaitl (2009b) liefert ein ähnliches Bild. Kontraindikationen sind hier, vergleichbar zur progressiven Muskelverspannung, ebenfalls nur diejenigen, die allgemein für Entspannungsverfahren gelten. Insgesamt gesehen sind beim autogenen Training eher begrenzende Faktoren wie z. B. ein Verlust an Selbstverfügbarkeit in akuten psychotischen Prozessen, starke Anspruchshaltung, sekundärer Krankheitsgewinn oder krankhaft hypochondrische Einstellungen zu nennen (Kraft, 1996). Als relative Kontraindikationen beschreibt Vaitl (2009b) auch in der Anfangsphase auftretende erhebliche physiologische Fehlregulationen wie Herzrasen, Schweißausbrüche, Zittern oder unerklärliche Schmerzsensationen. Schließlich nennt Vaitl (2009b) aufgrund der unklaren physiotropen Wirkung des autogenen Trainings als absolute Kontraindikation das Auftreten von Gefäßspasmen wie bei zerebralen Insulten oder vorwiegend parasympathisch gesteuerte Symptomatiken wie z. B. Bronchospasmus.

5.2.2.2 Durchführung des autogenen Trainings

5.2.2.2.1 Phase der Einleitung

Die Einleitung entspricht in ihren Grundzügen der, die auch für die progressive Muskelrelaxation gegeben wird. Es wird betont, dass für Entspannung keine besonderen Fähigkeiten, Begabungen oder eine besondere Glaubens- oder Überzeugungshaltung notwendig sind, Entspannung eine Fähigkeit ist, über die jeder Mensch verfügt und die nur unterschiedlich intensiv und unterschiedlich schnell erreicht wird und die keiner speziellen Weltanschauung bedarf. Vor allem aber ist das autogene Training eine lernbare Technik, deren Erfolg allein von der Übung abhängt. Es kann nicht durch Leistung erreicht werden, sondern nur durch langsames, geduldiges Üben.

Zur Illustration des Wirkprinzips des autogenen Trainings können in der Einleitung wahlweise zwei sehr einfache Demonstrationen durchgeführt werden.

Besonders geeignet erscheint die „Zitronenübung" (vgl. Jungnitsch, 2003). Den Teilnehmern wird die Vorstellung einer Zitrone suggeriert, mit all den optischen, olfaktorischen und Geschmacksqualitäten. In der Vorstellungsübung führen die Teilnehmer abschließend ein Zitronenstück an den Mund und kosten es. Diese Übung führt in der Regel zur Speichelreaktion bei den Teilnehmern, womit die Verbindung von Vorstellungen und körperlichen Reaktionen eindrucksvoll demonstriert werden kann.

Eine weitere Möglichkeit besteht darin, die Teilnehmer einfach bei geschlossenen Augen für eine kurze Zeit von etwa drei Minuten ihre spontanen körperlichen Vorgänge beobachten zu lassen. Damit werden sie auf zunächst unvermutete Phänomene, die sich ausschließlich aus der Aufmerksamkeitslenkung ableiten lassen, vorbereitet und für kleine Veränderungen während der Übungsphase sensibilisiert.

5.2.2.2.2 Herstellen entspannungsfördernder Bedingungen

Den entspannungsfördernden Bedingungen kommt im autogenen Training eine wichtige Rolle zu. Sie sollen dazu führen, dass sich die Entspannungsreaktion als konditionierte Reaktion etablieren kann (Vaitl, 2009b). Äußere Störeinflüsse sollten daher so weit als möglich reduziert werden. Die Übungen sollten in einem ruhigen, abgedunkelten Raum durchgeführt werden, wobei

Umgebung und auch Zeit möglichst konstant gehalten werden sollten. Ebenso ist die Übungszeit zunächst eher kurz zu halten, etwa in einem Bereich von zwei bis drei Minuten. Erst allmählich wird sie so lange ausgedehnt, wie sie noch als angenehm empfunden wird (Kraft, 1996). Außerdem ist auf eine geeignete Übungsposition zu achten, die gerade beim autogenen Training vielfach diskutiert wurde (Vaitl, 2009b). In Frage kommen drei Haltungen:

- die Droschkenkutscherhaltung
- die Lehnsesselhaltung
- Liegen

Die Droschkenkutscherhaltung ist eine Sitzhaltung, in der man sich in sich selbst zusammensacken lässt. Der Kopf sinkt nach vorn, aber nicht über die Oberschenkel, sondern bleibt über dem Gesäß. Der Rücken wird krumm, es darf aber keine Fallneigung nach vorne eintreten. Die Körperhaltung soll nicht mehr durch die Muskulatur, sondern nur vom Knochen-Gelenkapparat getragen werden. Die Arme werden auf die Oberschenkel aufgelegt, so dass die Unterarme in Ellenbogennähe vom Oberschenkel unterstützt werden (Schultz, 1979). Diese Haltung wird jedoch nicht als erste empfohlen. Auch im Urteil von Teilnehmern (Vaitl, 2009b) erscheint die Haltung im Liegen sowie im Sitzen mit Rücken- und Nackenstütze als günstig. Beim Liegen sollte allerdings darauf geachtet werden, dass die Übenden in der Entspannung bleiben und nicht einschlafen. Zu den Bedingungen gehört auch das unbedingte Einhalten der häuslichen Übungen, die zwei- bis dreimal täglich erfolgen sollen.

5.2.2.2.3 Spezifische Entspannungsinstruktion

In der Unterstufenübung werden in der Regel insgesamt sechs Instruktionen vermittelt. Diese sind

- die Schwereübung
- die Wärmeübung
- die Atmungsübung
- die Herzübung
- die Sonnengeflechtsübung
- die Stirnkühleübung

Diese Übungen werden durch innere, monoton vorgestellte Formeln, die sich jeweils fünf- bis sechsmal vergegenwärtigt werden, durchgeführt. Die Übenden konzentrieren sich anfangs auf die Wahrnehmung ihres Leitarms mit der Vorstellung *„mein rechter/linker Arm ist schwer"*. Dieser Übung vorgeschaltet wird eine allgemeine so genannte Ruhetönung in Form der Formel *„Ich bin ruhig, ganz ruhig"*. Diese Ruhetönung wird ebenfalls zwischen die einzelnen Formeln des Unterstufentrainings eingefügt. Als günstigere Formel im

Sinne des „autogenen“ schlägt Kraft (1996) hierzu die Formel *„Ruhe kommt von selbst“* vor. Unterschiedliche Auffassungen gibt es zum Zeitpunkt dieser Ruheformel (Kraft, 1996; Schultz, 1979; Vaitl, 2009b). Den Argumenten von Vaitl (2009b) bezüglich deren Bedeutung im Sinne eines Hinweisreizes für eine konditionierte Entspannungsreaktion folgend, erscheint das Einführen vor den jeweiligen Formeln entsprechend lernpsychologischer Gesichtspunkte angebracht. Die Inhalte der Formeln folgen dabei einer allgemeinen Struktur (Vaitl, 2009b):

- Es wird ein *direkter physiologischer Effekt* angesprochen (Der rechte Arm ist schwer!).
- Die Formeln beziehen sich nur auf *aktuell mögliche physiologische Effekte.*
- Die Formeln beinhalten keine aktiven, sondern *passive Einstellungen* im Sinne eines „Geschehenlassens“.
- Die Formeln drücken *keine negativen Zustände* aus (z. B. „meine Arme sind warm“, nicht „meine Arme sind nicht mehr kalt“).
- Es ist bei den Formeln immer darauf zu achten, dass auch *der bestehende funktionale Zustand der Person getroffen wird.* Wenn diese beispielsweise bei fortschreitender Entspannung kein Gewichtsempfinden in den Extremitäten mehr hat, soll auch keine Schwereformel mehr verwendet werden.

Während des praktischen Trainings schweigt der Therapeut. Die Übenden konzentrieren sich anfangs auf die Wahrnehmung ihres Gebrauchsarms mit der Leitvorstellung *„mein Arm ist schwer“*. Die Übungsformeln werden vier- bis sechsmal wiederholt; *„Ich bin ganz ruhig“* wird ein- bis zweimal wiederholt. Zwischen den anderen Übungsformeln wird die Ruheformel noch einmal wiederholt.

Beispiele für die einzelnen Formeln wären:

Beginn mit der Autosuggestion *„ich bin ganz ruhig“, „was geschieht, ist gut“*

- *„Mein rechter (linker) Arm ist ganz schwer“* und später *„Meine Arme und Beine sind angenehm schwer“.*
- *„Mein rechter (linker) Arm ist ganz warm“* und später *„Mein Körper ist angenehm warm“* oder *„Die Wärme fließt in meine Arme und Beine“.*
- *„Mein Atem geht ganz ruhig“* und später *„Mein Atem geht von ganz alleine – Es atmet mich“.*
- *„Mein Herz geht regelmäßig und ruhig“* und später *„Mein Herz geht ganz automatisch, von ganz alleine“.*
- *„Mein Sonnengeflecht ist strömend warm“* und später *„Die Wärme meines Sonnengeflechts strahlt direkt z. B. in mein Herz/meinen Bauch“* oder einfach *„Mir wird angenehm warm im Bauch“.*

– *„Meine Stirn ist angenehm kühl“* und später *„Mein Kopf ist frei und klar“*.

5.2.2.2.4 Ausleiten der Entspannung

Da die Übungen zu einer physiologischen Deaktivierung führen, ist ein Zurücknehmen der Entspannung in der Regel Bestandteil der Übung. Diese sollte stets auf dieselbe Weise erfolgen und dabei zunächst die Anspannung der Arm- und Beinmuskulatur, dann einige tiefe Aus- und Einatmungszüge und schließlich das Öffnen der Augen umfassen (Vaitl, 2009b). Dies lässt sich ebenfalls über entsprechende kurze Formeln erreichen.

1. *„Arme fest!“* (Räkeln und Strecken, dann ein paar Mal sehr kräftiges Beugen und Strecken der Arme). „Beine fest!“
2. *„Tief atmen!“* (mehrmals tief ein- und ausatmen)
3. *„Augen auf!“*

Diese Ausleitung erübrigt sich natürlich, wenn das autogene Training als Einschlafhilfe genutzt werden soll, hier genügt das normale Erwachen.

Zur Ausleitung der Entspannung lässt sich die für den Übungszeitraum nach jeder einzelnen Übung obligate Besprechung der Erfahrung der Teilnehmer rechnen. Dieses Rundgespräch ist als die eigentliche Hauptaufgabe des Übungsleiters anzusehen. Hier können Störeinflüsse thematisiert werden wie z. B. Anfangsschwierigkeiten der Teilnehmer, normale physiologische Entspannungsreaktionen (etwa Magenknurren) oder Schwierigkeiten, die Aufmerksamkeit zu halten. Auch störende Bedingungen wie z. B. einen Juckreiz nicht beseitigen oder eine unangenehme Körperposition korrigieren lassen sich hier aufgreifen (Vaitl, 2009b). Diesem Teil kommt für den Erfolg der Übung entscheidende Bedeutung zu. Vor allem sollte der Übungsleiter immer darauf achten anzusprechen, dass störende, unerwartete oder ungenügende Reaktionen auftreten können. Damit kann den Teilnehmern die Scheu genommen werden, etwaige Misserfolge zu berichten, die sie möglicherweise aus sozialer Erwünschtheit oder einem positivem Gefühl dem Gruppenleiter gegenüber sonst hintan gehalten hätten.

5.2.2.3 Besonderheiten

Während der Übungen des autogenen Trainings können eine Reihe von Begleiterscheinungen auftreten. Dies sind Phänomene, die mit den Formeln der einzelnen Übungsteile in keinem Zusammenhang stehen. So kann es zu

– motorischen Begleiterscheinungen
– sensorischen Begleiterscheinungen
– affektbetonten, psychischen Begleiterscheinungen
– mentalen Begleiterscheinungen kommen (Vaitl, 2009b).

Zu den *motorischen Begleiterscheinungen* zählen Zuckungen einzelner Muskelgruppen und unwillkürliche Bewegungen, Husten, Schluck- oder Saugreflexe sowie Veränderungen der Atmung oder verstärktes Schwitzen. Bei den *sensorischen Begleiterscheinungen* finden sich Schwere- und Wärmeempfindungen, Kribbeln und Prickeln an Körperregionen, die nicht durch die Formeln angesprochen sind. Außerdem kann es zu Schläfrigkeit, Gefühlen der Benommenheit oder des Schwindels, Tonwahrnehmungen und Geruchs- oder Geschmacksempfindungen kommen. Auch auf der *Gefühlsebene* können sich Auslenkungen hin zu jeder Gefühlsqualität einstellen, die auch große Schwankungen wie z. B. von Lachen zu Weinen beinhalten können. Als *mentale Begleiterscheinungen* zeigen sich in erster Linie einströmende Gedanken sowie Konzentrationsschwierigkeiten (Vaitl, 2009b).

Diese Begleiterscheinungen treten meist bereits während der ersten Unterstufenübungen auf. Häufig sind sie auf unpassende Körperpositionen, fehlerhafte Voreinstellung gegenüber dem autogenen Training und auf die ungewohnte Aufmerksamkeitslenkung auf physiologische Prozesse zurückzuführen. Sie treten häufiger bei Teilnehmern auf, bei denen bereits klinisch relevante Störungen manifest sind, weniger im nicht-klinischen Bereich (Vaitl, 2009b). Zu den einzelnen Übungen lassen sich besonders hervorstechende Erscheinungen nennen, hier sei jedoch nur auf die Herzübung eingegangen. Gerade psychosomatische Klienten können hier mit Ängsten reagieren, es zeigen sich Beobachtungen über Unregelmäßigkeiten des Herzschlags, Herzfrequenzbeschleunigungen, Schmerzerlebnisse sowie Druckempfindungen in der Brust und auch Gefühle von Atemnot. Bei einem deutlichen Auftreten solcher Begleiterscheinungen sollte auf diese Übung eher verzichtet werden (Vaitl, 2009b).

5.2.2.4 Effektivität

Grawe et al. (1994) fanden für ihre Metaanalyse nur 14 kontrollierte klinische Studien zum autogenen Training. Dabei schnitt das autogene Training schlechter ab als die anderen Entspannungsverfahren. Linden (1994) konnte 24 kontrollierte Studien zum autogenen Training in seine qualitative und quantitative Metaanalyse einbeziehen. Es zeigte sich eine vergleichbar gute klinische Wirksamkeit, wie sie auch mit anderen Entspannungsverfahren erreicht wird. In einer jüngeren, methodisch besonders herausragenden Studie mit 37 Patienten zur Indikation „Depression“ findet sich eine eindeutig positive Wirkung (Krampen, 1997). In die umfangreiche Metaanalyse von Stetter und Kupper (2002) wurden insgesamt 64 kontrollierte Studien aufgenommen. Hier zeigte sich das autogene Training als wirkungsvoll bei milder bis mittelgradiger

Hypertonie, bei Kopfschmerz vom Spannungs- und Migränetyp, koronarer Herzerkrankung, Asthma bronchiale, Morbus Raynaud sowie einem unspezifischen Typ der somatoformen Schmerzstörung. Bei Kopfschmerz- und M. Raynaud-Patienten scheint die progressive Relaxation oder das Biofeedback aber leicht überlegen zu sein. Bezüglich psychischer Störungen zeigte sich das autogene Training bei Angstsymptomen/-störungen sowie Schlafstörungen als wirksam. Neben der positiven Wirkung auf die Hauptsymptomatik kann darüber hinaus von einer angstmindernden und stimmungsverbessernden Wirkung des autogenen Trainings nicht nur bei Patienten mit psychosomatischen Störungen, sondern auch bei leicht bis mittelschwer Depressiven und Angstpatienten ausgegangen werden. Insgesamt bestätigt sich damit die Wirksamkeit des autogenen Trainings auch im Vergleich zu anderen Entspannungsverfahren. Letztlich gilt aber auch hier, dass dieses Verfahren nicht als einzige Therapie eingesetzt werden sollte, sondern seinen Wert als vorbereitende oder zusätzliche Therapie zu umfassenderen psychologischen und/oder medizinischen Maßnahmen hat (Vaitl, 2009b).

5.2.3 Biofeedback

Biofeedback ist ein Verfahren, das in Amerika bereits auf eine mehr als 40-jährige Geschichte zurückblicken kann, in Deutschland inzwischen ebenfalls hohe Akzeptanz aufweisen kann (Rief & Birbaumer, 2006). Für die Verhaltensmedizin bezeichnen Florin, Vögele und Tuschen-Caffier (1999) Biofeedback sogar als einen Ausgangspunkt dieses Ansatzes. Damit ist bereits ausgesagt, dass Biofeedback eigentlich mehr ist als ein Entspannungsverfahren, obwohl es in der Regel im Kontext dieser Verfahren dargestellt wird (Florin et al., 1999; Zaudig et al., 2008). Für die Entspannungsverfahren selbst hat es dabei einen wesentlichen Beitrag zum Verständnis der Entspannungsreaktionen geliefert (Vaitl & Rief, 2009). Rief und Birbaumer (2000) arbeiten heraus, dass es als ein Verfahren zu gelten hat, das als ersten Zielpunkt hat, Körperfunktionen verändern zu helfen, die bei Erkrankungen, die sich auf der körperlichen Ebene manifestieren, wesentliche Bedeutung haben. Dies hat zur Folge, dass man dieses Verfahren besonders im erweiterten Bereich der medizinischen Rehabilitation antrifft. Da dieser Bereich gerade für Sozialpädagoginnen und Sozialpädagogen ein wesentliches Arbeitsfeld darstellt, soll das Verfahren in diesem Kontext auch kurz dargestellt werden. Dabei kann es hier aber nur darum gehen, ein Grundverständnis zu vermitteln, da Biofeedback bislang ausschließlich durch andere Berufsgruppen angeboten wird.

Das Grundprinzip des Biofeedback besteht darin, dass körperliche Funktionen des Menschen, die nicht oder nur sehr schwer der Eigenwahrnehmung zugänglich sind, durch entsprechende medizintechnische Verfahren gemessen und in optische oder akustische Signale umgesetzt werden. Diese Signale werden dem Menschen, dessen Funktionen gemessen werden, zurückgemeldet, d. h. er kann sie mit seiner bewussten Wahrnehmung aufnehmen (Rief & Birbaumer, 2006; Zaudig et al., 2008). Solche Körperfunktionen können sein

- Muskelaktivität
- Herzfrequenz
- Blutdruck
- Aktivität der Schweißdrüsen
- Haut- und Körpertemperatur
- Gehirnaktivität
- Periphere Durchblutung
- Durchmesser von Blutgefäßen
- Atemfunktion
- Darmtätigkeit und viele andere (Rief & Birbaumer, 2006).

Ziel des Verfahrens ist es, dass der Klient lernt, diese Messgrößen in die gewünschte Richtung zu verändern, also beispielsweise eine Senkung des Blutdrucks oder eine Verringerung der Muskelaktivität herbeizuführen. Dies geschieht dadurch, dass die Klienten zur Veränderung des entsprechenden dargebotenen Signals aufgefordert werden. Die Signaldarbietung erfolgt unter Berücksichtigung der Prinzipien des operanten Lernens (vgl. Kapitel 2) sowie der Motivationspsychologie: Die Rückmeldung erfolgt prompt und positive Veränderungen im physiologischen Signal entsprechen positiven Veränderungen im Rückmeldesignal. So steht beispielsweise die Verringerung der Tonhöhe des Rückmeldesignals für die Abnahme der Muskelspannung (Rief & Birbaumer, 2000; Zaudig et al., 2008). Biofeedback wird ausschließlich als Einzelverfahren angeboten. Ausgegangen wird von einem Umfang von mindestens zehn Sitzungen, die nicht länger als 45 Minuten dauern sollten. Dabei werden bis zu zwei Sitzungen pro Woche als sinnvoll angesehen (Zaudig et al., 2008). Spezifische Voraussetzung für die Anwendung sind mindestens die Grundkenntnisse der physiologischen Prozesse, die rückgemeldet werden sollen, die Grundkenntnis der jeweiligen Registriertechnik, eine adäquate Messapparatur sowie die technisch einwandfreie Durchführung der Messung (Rief & Birbaumer, 2000; Vaitl & Rief, 2009).

5.2.3.1 Indikation und Kontraindikation

Bei der Indikation ist die entscheidende Größe die Erkrankung des Patienten. Die Erkrankung muss solche Charakteristika in Entstehung oder Verlauf

zeigen, dass durch spezifische physiologische Veränderungen, die über Biofeedback zu erreichen sind, eine Krankheitsveränderung erzielt werden kann. Solche Erkrankungen können unter anderem sein (Rief & Birbaurner, 2000):
- Chronische Rückenschmerzen
- Spannungskopfschmerz und Migräne
- Essentielle Hypertonie
- Tinnitus
- Inkontinenz
- Epilepsie
- Neurologische Erkrankungen

Daneben ist die Verbesserung der Entspannungsfähigkeit durch eine verbesserte Eigenwahrnehmung der Körpersignale (Interozeption) zu nennen. Auch als Motivation und Basis zur Umattribuierung eines rein somatischen in ein psychosomatisches Krankheitsmodell kann Biofeedback eingesetzt werden (Zaudig et al., 2008). Relative Kontraindikationen sind gegeben, wenn die Symptomatik im Wesentlichen durch verstärkende Faktoren beeinflusst ist sowie bei Klienten mit paranoiden Symptomen, Borderline-Störungen und aktuellen Depressionen (Zaudig et al., 2008).

5.2.3.2 Durchführung des Biofeedback

Die Durchführung entspricht in ihrer Grundstruktur den bereits beschriebenen Verfahren. Allerdings ist als Besonderheit hier gegeben, dass zum Ablauf der einzelnen Sitzungen auch das Anbringen und Entfernen der für die Messung notwendigen Elektroden gehört, d. h., der Biofeedbacktherapeut geht auf einer direkten körperlichen Ebene mit dem Klienten um.

5.2.3.2.1 Phase der Einleitung

Diese Phase beinhaltet zwei Ansatzpunkte:
- Vorbereitungsphase
- Baselineerhebung

In der Vorbereitungsphase geht es um die *Vermittlung eines entsprechenden Störungsmodells.* Dem Klienten wird aufgezeigt, wie seine Symptomatik zu verstehen ist und an welcher Stelle und warum der Einsatz von Biofeedback hilfreich ist. Die Baselineerhebung dient dazu, die *relevanten Ableitungsorte festzulegen* sowie die *Spontanaktivität* des gemessenen *Parameters festzustellen.* Auch können hier sowohl Entspannungs- als auch Stressbedingungen eingeführt werden, um die Variabilität des physiologischen Signals zu erproben. Diese Baselineerhebung erfolgt zunächst ohne Feedback des Signals für den

Klienten. Ein Erprobungsfeedback unter Entspannungsinstruktionen allgemeiner Art lässt sich dazu verwenden, die Empfindlichkeit des Rückmeldesignals einzustellen (Zaudig et al., 2008).

5.2.3.2.2 Herstellen fördernder Bedingungen

Auch für das Biofeedback gibt es eine Reihe von Faktoren, die den Erfolg einer solchen Behandlung fördern können. Rief und Birbaumer (2000) nennen hierzu vier wesentliche Punkte:

Der erste Schritt liegt dabei schon in der Einleitungsphase. In dieser ist es wichtig, dem Klienten eine *positive Behandlungserwartung* zu vermitteln. Dazu muss der Anwender selbst vom Erfolg eines apparategestützten Vorgehens überzeugt sein und gute Kenntnis über die spezifischen Wirkmöglichkeiten besitzen. Auf Seiten des Klienten kann es vorteilhaft sein, wenn dieser eher technisch oder auch traditionell medizinisch orientiert ist. Über den Weg des Biofeedback und das Aufgreifen des Zusammenhangs des gewählten Vorgehens mit psychischen Prozessen kann so die Bereitschaft erhöht werden, sich auf die Bedeutung psychischer Faktoren in seinem Krankheitsgeschehen einzulassen. Ein zweiter Punkt stellt die *Therapeut-Patient-Interaktion* dar. Auch das Biofeedback ist kein rein auf technische Größen zu reduzierendes Verfahren. Eine positive Gestaltung der Interaktion und Beziehung fördert auch hier den Erfolg. Weiter ist es wichtig, dass die Behandlung in einem *angstfreien Behandlungsklima* erfolgt. Es ist wenig förderlich, wenn die Behandlungsumgebung aussieht wie ein elektronisches Labor. Vielmehr sollte darauf geachtet werden, dass so wenig Technik wie möglich in den Vordergrund tritt und eine eher behagliche Atmosphäre geschaffen wird. Nicht zuletzt stellt die *Kompetenz des Therapeuten* hinsichtlich der wesentlichen physiologischen Aspekte der Erkrankung und deren Veränderung sowie die Vermittlungskompetenz dieser Aspekte gegenüber dem Klienten eine wesentliche fördernde Bedingung dar.

5.2.3.2.3 Durchführung

Die Durchführung einer einzelnen Sitzung besteht in der Regel darin, dass bei dem Klienten die entsprechenden Oberflächenelektroden, d. h. solche, die auf der Haut aufliegen, an den relevanten Stellen platziert werden und er die unspezifische Instruktion erhält, die rückgemeldete Größe in die gewünschte Richtung zu verändern. Dies setzt natürlich voraus, dass diese Richtung dem Klienten bekannt ist und sie, wie bereits erwähnt, bereits schon selbst verstärkenden Charakter besitzt. Innerhalb der gesamten Trainingsphase werden entsprechend der Ausführungen von Zaudig et al. (2008) pro Sitzung jeweils 4-5 Feedbackbedingungen von je dreiminütiger Dauer durchgeführt. Am

Anfang und Ende der Sitzung steht dabei jeweils eine Selbstkontrollphase. Diese besteht darin, dass der Klient versucht, ohne Rückmeldung über die Biofeedbackeinrichtung eine Veränderung des entsprechenden Parameters in die gewünschte Richtung herzustellen. Diese Selbstkontrollphase kann auch während des Ablaufs einer Sitzung immer wieder eingeschaltet werden, wie dies beispielhaft an einer Behandlungsstruktur für Spannungskopfschmerz und Migräne aufgezeigt ist (Heuser & Rief, 2000). Dem Klienten sollten neben den direkten Rückmeldungen auch graphische Auswertungen über den Gesamtverlauf zur Verfügung gestellt werden. Unverzichtbar ist auch die verbale Verstärkung der Erfolge. Dabei sollten die positiven Effekte möglichst hervorgehoben, die negativen eher untergeordnet berichtet werden. Abschließend werden die Strategien des Klienten besprochen, mit Hilfe derer er eine Veränderung herbeizuführen versuchte. Die erfolgreichen Strategien sollten dann in Form von Hausaufgaben selbständig in der häuslichen Umgebung durchgeführt werden, um eine Loslösung vom Biofeedbackgerät zu erreichen (Zaudig et al., 2008).

Diese Loslösung vom Gerät und die Übertragung in für die Erkrankung relevante Alltagssituationen stellt einen wesentlichen Aspekt während der gesamten Behandlung dar. In geeigneten Fällen kann diese auch dadurch gefördert werden, dass dem Klienten für den häuslichen Gebrauch ein Gerät zur Verfügung gestellt wird, mit dessen Hilfe er immer wieder seinen tatsächlichen Erfolg überprüfen kann. Die Biofeedbacksitzungen werden durch eine abschließende Evaluation beendet.

5.2.3.3 Effektivität

Zum Biofeedback liegen eine Vielzahl von Studien vor, die sich in der Regel auf bestimmte Störungsbilder beziehen. Wie aus den Ausführungen von Vaitl und Rief (2009) hervorgeht, zeigen sich spezifische Effekte beim Feedback der elektrokortikalen Prozesse (EEG), Effekte bei der Verringerung der Muskelspannung (EMG), bei der Veränderung der Hauttemperatur und des Blutflusses in den Schläfenarterien. Auch bezüglich der Kontrolle des Blutdruckes lassen sich positive Effekte finden. Ungenügend geklärt ist hierbei jedoch der spezifische Anteil, den das Biofeedback zu den jeweiligen Veränderungen leistet sowie der Vergleich zu anderen Entspannungsverfahren. Daher lässt sich an dieser Stelle zusammenfassend die Schlussfolgerung von Rief und Birbaumer (2000) hinsichtlich der wissenschaftlichen Fundierung von Biofeedback zitieren: „Es gibt zahlreiche Studien, die die Effektivität von Biofeedback bei verschiedenen Krankheitsbildern belegen. Biofeedback muss deshalb zu den wissenschaftlich fundierten Behandlungsmethoden gerechnet werden. Trotzdem zeigt sich ein deutlicher Forschungsbedarf, da viele Studien sowohl inhaltliche als auch methodische Schwächen aufwiesen." (S. 5). Insgesamt können Martin und Rief (2008) für eine Vielzahl von Anwendungsbereichen von Angststörungen über Essstörungen bis hin zu somatoformen Störungen, somatischen Krankheiten und hirnorganischen Störungen die Effektivität von Biofeedback berichten.

Abschließend lässt sich feststellen, dass Biofeedback auf eine hohe Akzeptanz bei den Klienten stößt (Rief & Birbaumer, 2006), als Grundlage für seine Anwendung jedoch einer umfassenden und umfangreichen Ausbildung bedarf, die über diejenige für das Erlernen umschriebener Entspannungstechniken wie das autogene Training oder die progressive Muskelrelaxation weit hinausgeht.

5.2.4 Hypnose

Hypnose kann auf eine lange Geschichte zurückblicken. Sie begann nach Kossak (2013) vor über 4000 Jahren in China und galt in Griechenland als Heilschlaf. Bei vielen Naturvölkern bildete die Hypnose als Ritus einen wichtigen Bestandteil für die Heilung von Krankheiten. Besondere Bekanntheit erlangte die Hypnose im Zusammenhang mit der Geschichte der Psychoanalyse, da Freud über ein Stipendium in Paris und die Begegnung mit Charcot den Weg zur Psychotherapie fand und anfänglich Hypnose als Methode einsetzte (Selg, 2002). In der Skizzierung der Entwicklungsgeschichte der Entspannungsverfahren von Zaudig et al. (2008) gilt sie als Ausgangspunkt derselben.

Der Begriff der Hypnose kann unterschiedliche Inhalte bezeichnen, nämlich
- das Einleitungsverfahren (Hypnose – Induktion)
- die Entspannungsphase sowie (Hypnose – Entspannung)
- die Therapiephase (Hypnose – Behandlung) (Kossak, 2009).

Auch beim Hypnosezustand selbst besteht die Diskussion, ob er als besonderer Bewusstseinszustand anzusehen oder eher ein aktiver Prozess ist, der sich aus den Besonderheiten der Situation und der Kommunikation ergibt. Zumindest ist festzuhalten, dass es sich bei Hypnose um kein außergewöhnliches oder mystisches Phänomen handelt, da auch im Alltag ohne gezielte Induktionen Hypnosephänomene geläufig sind (Kossak, 2009). Zudem werden viele Alltagsaktivitäten ohne Beteiligung des Bewusstseins verrichtet. Eine Definition von Hypnose ist daher nur schwer zu finden. In einem Versuch einer solchen Definition beschreibt Kossak (2000) Hypnose als dann vorliegend „(...) wenn bestimmte Einleitungsprozeduren vorgenommen wurden, durch welche eine aktive und komplexe (kognitive, emotionale, physiologische) Wahrnehmungs- und Erlebnisverarbeitung erfolgt" (Kossak, 2000, S. 163). Außerdem hebt derselbe Autor noch darauf ab, dass Hypnose nicht Bewusstlosigkeit bedeutet, sondern dass die Person in ihrer Aufmerksamkeit eingeengt ist, aber auch in ihrer Kritikfähigkeit logischen Abläufen gegenüber. Im hypnotischen Zustand treten auf mehreren Ebenen spontan oder über Suggestion induziert Veränderungen auf. Diese Ebenen sind

- Ebene der *sensorischen Phänomene.* Als Beispiel lassen sich veränderte Körperempfindungen und Schmerzunempfindlichkeit anführen.
- *Kognitive Phänomene.* Dazu sind vor allem eine verstärkte Imagination sowie Veränderungen in der Zeitwahrnehmung zu rechnen.
- *Motorische Phänomene.* Diese sind besonders nach außen eindrucksvoll, da sie solche Erscheinungen wie Hand- und Armlevitation oder eine anhaltende Körperstarre beinhalten.
- *Physiologische Phänomene.* Diese treten sowohl im Kälte- oder Wärmeempfinden auf, beinhalten die Veränderung des Muskeltonus und zeigen sich auch in immunologischen und hormonellen Reaktionen und im Hirnstrombild (Prudlo, Trenkle & Revenstorf, 1996).

Hypnose kann, wenn sie als reines Induktionsverfahren angewandt wird, als eine Entspannungsmethode eingesetzt werden. In diesem Fall werden zur Intensivierung häufig entsprechende Ruhebilder oder Ruheszenen vorgegeben (Kossak, 2009). Wird sie als Hypnosetherapie eingesetzt, wobei dies in der Regel mit anderen therapeutischen Ansätzen wie z. B. der Verhaltenstherapie verknüpft ist (Kossak, 2009; Peter, Kraiker & Revenstorf, 1998; Revenstorf & Peter, 2015), verfolgt sie eine ganze Reihe von verschiedenen Zielen, die je nach Problemlage in den Vordergrund gestellt werden. Hierzu zählen beispielsweise die Aktivierung von Vorstellungen, die Veränderung physiologischer Prozesse, die Unterbrechung gewohnter Denkschemata, Neukonstruktion oder Modifikation von Problemsituationen, Aktivierung von Erinnerungen und Gefühlen sowie Nutzbarmachen von Ressourcen (Kossak, 2009; Revenstorf, 2009). Ihre Durchführung lässt sich in zwei Phasen einteilen, nämlich einmal die Induktion von Trance und daran anknüpfend die therapeutische Phase (Prudlo, Trenkle & Revenstorf, 1996). Da Hypnose in der Regel im Zusammenhang mit weiteren therapeutischen Ansätzen Verwendung findet, lässt sich keine Anzahl von für gewöhnlich stattfindenden Sitzungen angeben. Als Einzelverfahren mit dem Ziel Entspannung ist mit ihr jedoch meist schon innerhalb einer Sitzung nach 15 bis 30 Minuten eine deutliche Wirkung zu erzielen (Kossak, 2013). In der Regel wird Hypnose auch im Einzelkontakt durchgeführt. Im Bereich der psychologischen Therapie chronischer Schmerzen haben sich jedoch auch Gruppenverfahren, die Hypnoseverfahren beinhalten, als wirksam erwiesen (Jungnitsch, 2003).

5.2.4.1 Indikation und Kontraindikation

Hypnose als vermutlich eines der ältesten psychologisch-medizinischen Verfahren ist in fast allen psychiatrischen, psychosomatischen und auch vielen somatischen Bereichen zur Anwendung gekommen (Revenstorf, 2009). Außerdem wird sie in der Zahnheilkunde und im Sport, selten im Gerichtsbereich eingesetzt (Kossak, 2013). So finden sich im Katalog der beschriebenen Anwendungsbereiche bei Revenstorf und Peter (2015) die Anwendung bei

- *Verhaltensstörungen* (z. B. Alkoholmissbrauch; Rauchen; Stress)
- *Neurosen und Psychosen* (z. B. Angststörungen; Depression; posttraumatische Belastungsstörung; Persönlichkeitsstörung)
- *Psychosomatik* (z. B. Chronischer Schmerz; Reizdarmsyndrom; Autoimmunkrankheiten)
- *Somatik* (z. B. chirurgische Eingriffe; Verbrennungen; Zahnärztliche Behandlung; Tinnitus).

Gerade im Bereich der psychischen Störungen sind Hypnosebehandlungen praktisch zu allen im ICD-10 genannten Erkrankungen oder Störungen beschrieben (Kossak, 2013).

Als Kontraindikation wird angeführt, dass Hypnose für diejenigen Personen nicht geeignet ist, die dieser gegenüber eine negative oder unrealistische Einstellung haben, die über Aufklärung nicht verändert werden kann. Hierzu zählen auch die Klienten, die an einer passiven Heilungserwartung durch Hypnose festhalten. Des Weiteren wird das Vorhandensein akuter Psychosen sowie paranoider Zustandsbilder sowie eine abhängige Persönlichkeitsstruktur des Klienten als Kontraindikation benannt. Steht die zu behandelnde Symptomatik sehr stark unter der Kontrolle externer Verstärkung, ist ebenso mit Vorsicht zu verfahren wie bei Personen, die Missbrauchserfahrungen gemacht haben. Letztere könnten die hypnotische Situation als parallel zur Situation von Ohnmacht und Hilflosigkeit erleben, was eher zu einer Vertiefung an Stelle einer Lösung der Symptomatik führen kann (Kossak, 2013; Revenstorf, 2009).

5.2.4.2 Durchführung

Letztlich ist auch bei Durchführung einer Hypnose die Grundstruktur zu erkennen, wie sie bislang für die beschriebenen Verfahren dargestellt wurde. Ich werde mich der Einfachheit halber aber an die Struktur halten, wie sie in der einschlägigen Literatur (vgl. Prudlo, Trenkle & Revenstorf, 1996; Revenstorf, 2009) beschrieben ist:

- *Orientierung und Herstellung eines Rapports:* Einleitend werden sowohl die positiven Erwartungen als auch die Befürchtungen hinsichtlich der Hypnose aufgegriffen. Bezüglich der positiven Erwartungen wird betont, dass Hypnose kein Wundermittel ist, mit der etwas gemacht wird, womit der Klient dann frei von seinen Beschwerden oder Problemen wird, sondern dass sie unterstützen und Eigenkompetenz fördern kann, damit der Klient in der Lage ist, aktiv an seine Problembewältigung heranzugehen oder seine Befindlichkeit bzw. Beschwerden zu beeinflussen. Die Befürchtungen betreffen vielfach die Abhängigkeit vom Therapeuten oder die Sonderstellung des hypnotischen Zustandes. Diesen kann unter anderem dadurch begegnet werden, dass die Alltäglichkeit der Trancephänomene herausgestellt wird („Jeder Student kennt das aus Vorlesungen"). Das Eingehen auf Fragen und Befürchtungen des Klienten, die Offenheit der Gestaltung der Situation – z. B. dass es dem Klienten überlassen wird, ob er die Augen schließen will oder nicht – sowie das Richten der gesamten Aufmerksamkeit auf die Problemschilderung des Klienten sind schließlich alles Möglichkeiten, um einen Rapport herzustellen. Damit ist eine Therapeut-Klient Beziehung bezeichnet, in der sich der Klient geborgen und wohl fühlt. Voraussetzung für diesen Rapport ist gleichermaßen, dass sich auch der Therapeut in der Beziehung wohl fühlt.
- *Fokussieren:* Um die Aufmerksamkeiten des Klienten zu fokussieren, gibt es unterschiedliche Möglichkeiten. So kann der Klient beispielsweise aufgefordert werden, einen Punkt im Raum mit den Augen zu fixieren (Fixationsmethode). Aber auch der Einsatz von Geschichten, in der entspannende Inhalte vorkommen, ist dafür geeignet (Überblick bei Kossak, 2013).
- *Vertiefung:* In dieser Phase wird die Trance intensiviert. Hierzu kann man entsprechende Bilder, z. B. das Hinabschreiten auf einer Treppe benutzen. Ebenso sind eine Reihe von Sprachmustern hier hilfreich. Zu nennen wären beispielsweise die rhythmische Synchronisierung, d. h. die Instruktionen erfolgen im Atemrhythmus des Patienten, wobei vertiefende und entspannende Suggestionen mit dem Ausatmen gegeben werden. Zusätzlich verlangsamt der Therapeut unmerklich das Sprechtempo, so dass der Klient in seinem Atemrhythmus folgen kann und damit die allgemeine Tendenz zur Verlangsamung gefördert wird. Ebenso ist es hilfreich, insbesondere auf Entspannung, Ruhe und Tiefe abzielende Formulierungen häufig zu wiederholen.
- *Ratifikation:* Es findet eine Überprüfung statt, inwieweit der Klient tatsächlich eine Trance erreicht hat. Diese Überprüfung kann aus der Verhal-

tensbeobachtung heraus, z. B. Veränderung der Gesichtszüge, unwillkürliche Bewegungen, Körperspannung erfolgen. Es können aber auch gezielt Trancephänomene suggeriert werden, wie z. B. Armlevitation oder Körperstarre, um die eingetretene Trance zu ratifizieren.

- *Therapeutische Phase oder Nutzung:* Soll Hypnose nicht nur als Entspannung eingesetzt werden, so wird hier der Problembereich des Klienten angesprochen. Dies kann auf vielfaltige Weise, etwa über Geschichten und Metaphern, Stärkesuggestionen, Altersregression, Umdeutungen usw. erfolgen. Dies soll hier aber nicht Gegenstand weiterer Betrachtung sein (vgl. hierzu Erickson & Rossi, 1975; Revenstorf & Peter, 2015).
- *Reorientierung:* Die Aufmerksamkeit wird wieder auf die aktuelle Situation zurück orientiert. Dies kann durch ein Zurückzählen von 10 nach 1 und einer anschließenden Orientierung aller Sinnesqualitäten auf die gegenwärtige Situation erfolgen. Aus eigener Praxis hat sich auch das unvermittelte Erzählen eines kurzen Witzes als sehr erfolgreich erwiesen. Abschließend sollte sich der Klient auch motorisch aktivieren. Ein Auswertegespräch über die Hypnosesitzung sichert schließlich die Reorientierung.

5.2.4.3 Effektivität

Der Überblick von Grawe et al. (1994) umfasste 19 Studien mit insgesamt 1068 Patienten, die sich überwiegend auf Schmerzen, Ängste und Phobien sowie psychosomatische Beschwerden bezogen. Hier konnte insgesamt eine gute Wirksamkeit festgestellt werden. Revenstorf und Prudlo (1994) werteten insgesamt 77 Studien mit über 5800 Patienten aus und stellten eine Wirksamkeit der Hypnotherapie für die Bereiche Warzen, Geburtsschmerz, chronischer Schmerz, Migräne, Überlebensdauer bei Krebs, Verringerung der Übelkeit bei Chemotherapie, Angststörungen und Rauchen fest. Als weniger erfolgreich zeigte sich Hypnose bei Bluthochdruck, Alkoholabhängigkeit und Heroinabhängigkeit. Zusammenfassend stellt Kossak (2009) fest, dass sich in mehreren Metaanalysen die Effektivität von Hypnose in Bereichen der Psychotherapie, Medizin und Zahnmedizin zeigt, die teilweise über konventionelle Therapieverfahren hinausgeht.

Abschließend lässt sich festhalten, dass Hypnose ein effektives Verfahren darstellt, das sich auf viele Störungsbereiche anwenden lässt. Allerdings ist hier in der Regel die Einbettung in eine weitere Therapiestrategie zu beachten. Wesentlich ist, dass Hypnose nicht als Mittel der Krankheitsveränderung von außen angesehen wird, sondern zur Aktivierung der Eigenaktivität, wobei die Anleitung zur Selbsthypnose ein wichtiger Bestandteil sein kann. Des Weiteren ist Hypnose nur auf dem Hintergrund einer fundierten Ausbildung anzuwenden, wie sie von den großen Hypnosegesellschaften angeboten werden. Hierzu haben in der Regel auch Sozialpädagogen Zugang.

5.2.5 Entspannungsverfahren bei Kindern

Entspannung ist nicht nur in der Behandlung von Erwachsenen, sondern auch bei Kindern ein wichtiges Instrument. Ziele sind hier das unmittelbare Einwirken auf ein Symptom oder eine Problemstellung sowie die Vorbereitung der Kinder auf nachfolgende Interventionen, so dass diese erleichtert werden (Petermann & Petermann, 2000). Als Verfahren kommen bevorzugt solche zum Einsatz, die die Übungen des autogenen Trainings mit imaginativen Vorgehensweisen verknüpfen. Beschrieben werden unter spezifischen Indikationsstellungen auch hypnoseorientierte Vorgehensweisen, die progressive Muskelrelaxation sowie Biofeedbackverfahren (Petermann & Petermann, 2000). Aus den speziellen Problembedingungen, die gerade Kinder und Jugendliche mitbringen, wie z. B. motorische Unruhe, Konzentrationsstörungen und kurze Aufmerksamkeitsspanne, ergibt sich die Notwendigkeit, Entspannungsverfahren an die Möglichkeiten und Bedürfnisse von Kindern und Jugendlichen anzupassen. Hierzu finden sich zahlreiche Möglichkeiten (Ohm, 2000; Petermann, 2014).

Je nach gewählter Technik werden die Verfahren im Einzel- oder Gruppensetting angeboten, wobei als allgemeine Regel gilt, dass Gruppenverfahren eher für Kinder als für Jugendliche geeignet sind. Jugendliche sind eher durch einzelne Gruppenmitglieder mit negativer Einstellung zu beeinflussen und haben zudem eine höhere Selbstaufmerksamkeit, die dazu führen kann, dass sich eher Schamgefühle entwickeln können (Petermann & Petermann, 2000). Nach den allgemeinen Angaben zur Indikation sollen im Folgenden zwei Verfahren kurz vorgestellt werden, die als wesentliche Vorgehensweise die Verknüpfung von Inhalten des autogenen Trainings mit Imagination beinhalten.

5.2.5.1 Indikation

Petermann und Petermann (2000) gliedern die Indikationsbereiche in drei Wirkebenen. Diese sind

- *Somatischer Bereich:* hierzu werden Asthma bronchiale, akute und chronische Schmerzen wie Kopf- und Krebsschmerzen und Migräne, funktionelle Bauchschmerzen (Noeker, 2009), Neurodermitis (Petermann, Hartmann & Petermann, 2009), rheumatische Erkrankungen (Rucktäschel, 2000; Süß, 2000) sowie Schmerz bei invasiven Behandlungen gerechnet (Noeker & Petermann, 2009).

- *Motorischer Bereich:* hierin werden Aufmerksamkeits- und Konzentrationsstörungen, Hyperaktivität sowie aggressives Verhalten eingeordnet.
- *Kognitiv-affektiver Bereich:* hierzu zählen Ängste, Phobien und Zwänge.

Weiterhin beschreiben Petermann und Natzke (2009) sowie Hampel und Petermann (2009) Entspannung noch als im Rahmen von Prävention und Schule sowie bei Stress indiziert.

Als Kontraindikation beschreiben Petermann und Petermann (2000) einmal spezifische Formen des Asthmas sowie Ulcus und Collitis sowie das Auftreten von Nebenwirkungen wie unangenehme Empfindungen von Taubheit und Schwere, Anstieg der Herzfrequenz oder Auftreten von Ängsten. Auch bei selbst über sorgfältiges Vorgehen nicht veränderbaren Vorurteilen oder negativen Assoziationen ist der Einsatz von Entspannung kontraindiziert.

5.2.5.2 Durchführung

5.2.5.2.1 Kombiniertes Entspannungsverfahren

Ein Verfahren, das in verschiedenen Bereichen zur Anwendung gekommen ist, kombiniert die Grundübungen des autogenen Trainings mit einer Phantasiegeschichte. Petermann und Petermann (2000) bezeichnen das Vorgehen daher als „Bildgetragene Kurzentspannung“. Als Bild wird dabei die Unterwasserwelt gewählt, da das Medium Wasser verschiedene Qualitäten der Entspannung wie Schwerelosigkeit, gedämpfte Geräusche, fließende Bewegungen und flexible Körperlagen leicht ermöglicht. Als Grundgeschichte, die immer wiederkehrt, ist dabei eine Unterwasserreise mit einem U-Boot und einem zuverlässigen Begleiter, der für Unterstützung und Sicherheit sorgt und verschiedene Ausflüge in die Unterwasserwelt unternimmt, gewählt. Ankerpunkte sind demnach das U-Boot „Nautilus“, der „Kapitän Nemo“ sowie die Unterwasserausflüge (Petermann, 2016). Die Geschichten bestehen immer aus zwei Teilen, nämlich dem Einstiegsbild sowie dem Erlebnisbild. Das Einstiegsbild bleibt dabei immer gleich, während die Erlebnisbilder als Fortsetzungsgeschichten konzipiert sind. In den ersten vier Erlebnisbildern werden die Grundübungen des autogenen Trainings sukzessive eingeführt, die dann in den weiteren Erlebnisbildern beibehalten werden und mit zusätzlichen Verhaltensanregungen kombiniert werden. Insgesamt bestehen die Kapitän Nemo Geschichten aus 14 Motiven wie z. B. die Begegnung mit einer Delfinherde, eine Schatzsuche, die Erkundung einer Unterwasserstadt, eines versunkenen Piratenschiffs oder einer Unterwasserhöhle. Dabei ist jeweils darauf geachtet, dass keine ängstigenden oder beunruhigenden Motive auftauchen. Hierzu als Illustration das regelmäßig wiederkehrende Einstiegsbild:

Tab. 5.7: Einstiegsbild der Kapitän Nemo Geschichten

„Stell Dir vor, Du bist von Kapitän Nemo in sein Unterwasserboot Nautilus eingeladen worden. Ihr fahrt gemeinsam durch alle Weltmeere und seht viele wunderschöne Dinge unter Wasser. Die schönsten Stunden sind immer die, wenn Kapitän Nemo Dich auf seine Unterwasserausflüge mitnimmt.

Dazu ziehst Du einen speziellen Taucheranzug an. Er hat eine besondere Wirkung auf Dich. Du merkst schon beim Anziehen, daß Du vollkommen ruhig wirst.

Zuerst steigst Du mit Deinem rechten Bein in den Taucheranzug. Du merkst und sagst zu Dir: *Mein rechtes Bein ist ganz ruhig.* Dann kommt das linke Bein dran. Auch das linke Bein wird ganz ruhig. Du sagst zu Dir: *Mein linkes Bein ist ganz ruhig.* Du ziehst Deinen Taucheranzug über den Po und den Rücken herauf. Dann schlüpfst Du mit dem rechten Arm in den Taucheranzug, und Du sagst zu Dir: *Mein rechter Arm ist ganz ruhig.* Du ziehst den linken Arm an, und er wird auch vollkommen ruhig. Du sagst zu Dir: *Mein linker Arm ist ganz ruhig.* Du ziehst noch die Kapuze über den Kopf und machst den Reißverschluß vorne zu.

Jetzt bist Du von dem Taucheranzug rundherum eingehüllt und geschützt. Du fühlst Dich in dem weiten und bequemen Taucheranzug wohl, sicher und vollkommen ruhig.

Zum Schluß ziehst Du noch die Schwimmflossen an, setzt die Taucherbrille auf und Kapitän Nemo hilft Dir, das Sauerstoffgerät auf den Rücken zu nehmen. Du nimmst das Mundstück in den Mund, so wie es Dir Kapitän Nemo gezeigt hat, und jetzt bist Du für den Unterwasserausflug mit Kapitän Nemo bereit." (Petermann, 1994, S. 313).

Die Instruktion soll zumindest am Anfang im Einzelsetting gegeben werden. Vorab wird das Kind instruiert, zu dem Zeitpunkt, an dem es sich vorstellt, den Anzug anzuhaben, sich gleichzeitig den Kapitän-Nemo-Spruch: *„Nur ruhig Blut, dann geht alles gut!"* zu sagen. Anschließend wird ein Erlebnisbild vorgegeben. Die Beendigung der Entspannung geschieht je nachdem, ob die Instruktion als Einschlafhilfe oder als Beruhigung beispielsweise vor den Hausaufgaben gegeben wird. In diesem Fall würde die Beendigung lauten: *„Es ist so, als ob Du aus einem schönen Traum erwachen würdest. Du beugst und streckst Deine Arme, atmest tief ein und wieder aus und machst die Augen auf. Langsam setzt Du Dich wieder auf"* (Petermann, 1994, S. 314).

Insgesamt sind die Geschichten so angelegt, dass sie von den Kindern gut verstanden werden, keine zu großen Anforderungen an die Konzentration stellen sowie die Neigung von Kindern zu Phantasien und Tagträumen aufgreifen.

5.2.5.2.2 *Verfahren zur Visualisierung bei chronisch kranken Kindern*

Im Rahmen der Fragestellungen zur Wirksamkeit eines strukturierten Visualisierungsverfahrens bei Menschen mit chronischen Krankheiten (Jungnitsch, 2003) entwickelte Süß (2000) ein Programm für Kinder mit Juveniler chronischer Polyarthritis. Das Alter der Kinder variierte dabei von 6-10 Jahren. Das Programm besteht aus sechs Gruppenstunden, die von einem ausführlichen schriftlichen Material sowie einem Übungsprogramm auf Kassette begleitet werden. In den einzelnen Stunden werden neben krankheitsspezifischen Informationen jeweils Übungen zum autogenen Training in Form von Imaginationen durchgeführt. Zu diesen allgemeinen Entspannungsbildern treten dann ab der Hälfte der Stunden konkret auf körperliche Veränderungen bezogene Imaginationsübungen. Die Stunden werden durch vielfaltige Visualisierungen über Folien sowie eine kindgerechte Videokassette über die Funktion des Immunsystems didaktisch aufbereitet. Die inhaltlichen Schwerpunkte sind im Einzelnen:

- Erste Stunde: Erfahrungsaustausch zur Krankheit; Phantasiereise zur allgemeinen Entspannung
- Zweite Stunde: Video „Das Abwehrsystem“; Einführung autogenes Training über Strandgeschichte zur Ruhe und Schwere
- Dritte Stunde: Vertiefung Autoimmunerkrankungen; autogenes Training über das Bild „Kätzchen“ und Überleitung zur „Thymusschule“
- Vierte Stunde: autogenes Training und Krankheitsbild sowie Veränderung
- Fünfte Stunde: Ausarbeitung des Krankheitsbildes und der Veränderung
- Sechste Stunde: Übertragung in den Alltag und Vertiefung des Veränderungsbildes

Die Kinder erhalten darüber hinaus zu den einzelnen Stunden vielfältiges, kindgerecht aufgearbeitetes Begleitmaterial. Zur beispielhaften Illustration die Übung zum autogenen Training aus der dritten Stunde:

Tab. 5.8: Autogenes Training – Übung aus der dritten Stunde

„Versuche jetzt, Dich nur auf den Körper zu konzentrieren, achte einfach darauf, wie Du daliegst, wie Deine Füße und Beine, Dein Rücken, Dein Kopf und Deine Arme aufliegen und Du bist ganz ruhig und locker und genießt es, dass Du Dich jetzt einfach ausruhen kannst und Dir neue Kräfte holst. Nichts anderes ist für diese paar Minuten jetzt wichtig; nur dass Du Dich erholst und genau aufpasst, was in Deinem Körper geschieht. Packe alle Gedanken, die Dir momentan im Kopf herumgehen in eine Kiste; Du kannst Dich später wieder mit ihnen beschäftigen. Stell Dir doch mal vor, Du bist ein kleines müdes Kätzchen.Das Kätzchen läuft nun schon den ganzen Tag durch das hohe Gras und jagt Schmetterlingen hinterher und spielt mit langen

Grashalmen. Plötzlich hört es herannahende Geräusche und erschrickt - aber es ist nur sein Freund, das Katzenkind vom Nachbargarten. Die beiden freuen sich, dass sie nun zu zweit spielen können und tollen wie wild über die Felder. Die beiden sind auf ihrer Entdeckungsreise bis in den Wald gelaufen und kehren jetzt durstig und hungrig heim. Unser Kätzchen läuft ins Haus und trinkt gleich eine riesengroße Schüssel Milch. Jetzt liegt es müde und satt in seinem Körbchen, ganz weich auf dem Lieblingskissen. Draußen weht ein kühler Wind aber das Kätzchen hat es bequem hier drinnen vor dem Ofen. Im Haus ist es ganz ruhig. Die Beine von dem kleinen Kätzchen sind schwer vom Laufen und Toben, ganz schwer. Es fühlt sich pudelwohl und genießt es, in aller Ruhe und Stille dazuliegen und an nichts Wichtiges denken zu müssen. Beim Ofen ist es schön angenehm. Nicht zu heiß und nicht zu kalt. Und das Kätzchen spürt die angenehme Wärme bis in die Beinchen. Ach ist das schön, so rumzuliegen.
Und Du, Du fühlst Dich gerade ebenso wohl wie das kleine Kätzchen, von dem ich erzähle.
Du bist ruhig.
Deine Arme sind schwer, ganz schwer. Deine Beine sind schwer, ganz schwer. Deine Arme und Beine sind angenehm“ (Süß, 2000, S. 183).

Die Bilder werden jeweils durch eine kurze Reorientierung beendet.

Zu jeder Stunde wird eine Hausaufgabe gegeben, die darin besteht, dass die Teilnehmer das Begleitmaterial bearbeiten sowie die auf Kassetten mitgegebenen Übungen durchführen.

5.2.5.3 Effektivität

Entspannung bei Kindern wurde unter vielfältigen Indikationen und Verfahren durchgeführt. Daher soll hier kein Überblick über die verschiedenen Untersuchungen gegeben werden, sondern nur die allgemeine Tendenz. So zeigt sich in dem Gruppenprogramm von Süß (2000) insgesamt kein spezifischer, aber ein unspezifischer Effekt im Sinne einer allgemeinen Steigerung des Wohlbefindens sowie einer großen Akzeptanz des Trainings. Dies entspricht der allgemeinen Tendenz der Arbeiten zur Entspannung, wie sie im Abschnitt „Anwendungsbereiche bei Kindern und Jugendlichen“ bei Petermann und Vaitl (2009) für die oben genannten unterschiedlichen Indikationsbereiche aufgeführt sind. Insgesamt ist demnach von einem positiven Effekt auszugehen, wobei sicherlich gerade im Kinder- und Jugendbereich noch ein großer Forschungsbedarf besteht.

5.3 Schlussbetrachtung

Entspannung ist in vielfältiger Weise in den unterschiedlichsten Arbeitsbereichen und unter unterschiedlichsten Zielvorstellungen anzutreffen. Dabei nehmen die etablierten Verfahren wie autogenes Training, progressive Muskelrelaxation, Hypnose und zunehmend auch Biofeedback einen besonderen Platz ein. Das Beherrschen von Entspannungsverfahren sollte insbesondere für diejenigen Sozialpädagogen, die im klinischen oder rehabilitativen Kontext tätig sind, zu den Grundfertigkeiten zählen. Gerade in der Arbeit mit Kindern und Jugendlichen, die für Sozialpädagogen ein breites Betätigungsfeld darstellt, gewinnen Entspannungsverfahren zunehmend an Bedeutung. Daher ist es wesentlich, den Stellenwert einer fundierten Ausbildung in jedem einzelnen dieser Verfahren zu betonen. Hier genügt keinesfalls die Teilnahme an einem Volkshochschulkurs oder die einmalige Durchführung eines Entspannungsverfahrens im Rahmen eines Hochschulseminars. Es bedarf hierfür entweder spezialisierter Seminare mit entsprechend qualifizierten Leitern oder Angeboten außerhalb der Hochschule. Diese müssen von entsprechenden Fachgesellschaften oder im Rahmen von Fortbildungsmaßnahmen anerkannter Institute durchgeführt werden. Ohne eine solche Ausbildung kann das Anbieten von Entspannungsverfahren nicht stattfinden. Die durchweg berichteten positiven Effekte setzen eine solche fundierte Ausbildung voraus, ohne sie könnten diese leicht ins Gegenteil verkehrt werden.

Literaturverzeichnis

Adameit, H., Heidrich, W., Möller, Ch. & Sommer, H. (1983). Grundkurs Verhaltensmodifikation. Weinheim: Beltz.

Ameln, F. & Kramer, J. (2014). Psychodrama: Grundlagen. Berlin: Springer.

Baer, D. M., Wolf, M. M. & Risley, T. R. (1968). Some current dimensions of applied behavior analysis. Journal of Applied Behavior Analysis, 1, 91-97.

Baer, D. M., Wolf, M. M. & Risley, T. R. (1987). Some still-current dimensions of applied behavior analysis. Journal of Applied Behavior Analysis, 20, 313-327.

Baldwin, J. D. & Baldwin, J. I. (2001). Behavior principles in everyday life. Upper Saddle River, N.J.: Prentice Hall.

Bandura, A. (1969). Principles of behavior modification. New York: Holt, Rinehart & Winston.

Bandura, A. (1986). Social foundations of thought and action. A social cognitive theory. Englewood Cliffs, N.J.: Prentice Hall.

Bandura, A. (1991). Sozial-kognitive Lerntheorie. Stuttgart: Klett-Cotta.

Bandura, A. (1994). Lernen am Modell: Ansätze zu einer sozial-kognitiven Lerntheorie. Stuttgart: Klett-Cotta.

Bandura, A. & Walters, R. H. (1963). Social learning and personality development. New York: Holt.

Bange, D. (2002). Prävention mit Kindern. In D. Bange & W. Körner (Hrsg.), Handwörterbuch Sexueller Missbrauch (S. 447-455). Göttingen: Hogrefe.

Bartling, G. & Echelmeyer, L. (2009). Verhaltensanalyse und Fallkonzeption im Rahmen des Problemlösemodells. Verhaltenstherapie und Verhaltensmedizin, 30, 35-55.

Bartling, G. Echelmeyer, L., Engberding, M. (2016). Problemanalyse im therapeutischen Prozess: Leitfaden für die Praxis. Stuttgart: Kohlhammer.

Bartling, G., Echelmeyer, L., Engberding, M. & Krause, R. (2007). Problemanalyse im therapeutischen Prozeß. Stuttgart: Kohlhammer.

Bartmann, U. (2005). Verhaltensmodifikation als Methode der Sozialen Arbeit. Ein Leitfaden. Tübingen:dgvt.

Bartmann, U. & Grün, C. (2004). Die Rolle der Verhaltensmodifikation als Methode der Sozialen Arbeit aus der Sicht von Berufspraktikern. Verhaltenstherapie & psychosoziale Praxis, 36, 81-87.

Bastine, R. & Tuschen, B. (1996). Klinisch-psychologische Diagnostik. In A. Ehlers & K. Hahlweg (Hrsg.), Enzyklopädie der Psychologie, Psychologische und biologische Grundlagen der Klinischen Psychologie (S. 195-268), Band 1. Göttingen: Hogrefe.

Baumann, U. & Stieglitz, R.-D. (2011). Klassifikation. In M. Perrez & U. Baumann (Hrsg.), Lehrbuch Klinische Psychologie – Psychotherapie (S. 109-127). Bern: Huber.

Beck, A. T. (1964). Thinking and depression: II. Theory and therapy. Archives of General Psychiatry, 10, 561-571.

Beck, A. T. (1976). Cognitive therapy and the emotional disorders. New York: International Universities Press.

Beck, A. T., Steer, R. A. & Brown, G. K. (2009). BDI-II. Beck Depressions-Inventar Revision. Frankfurt a. M.: Pearson.

Beck, J. S. (1999). Praxis der kognitiven Therapie. Weinheim: Psychologie Verlags Union

Beckmann, S. & Leopold, B. (2004). Vorläufige Ergebnisse der wissenschaftlichen Begleitung sozialer Trainingskurse für häusliche Gewalt. Verfügbar unter: http://www.wibig.uni-osnabrueckde/taetO.htm [15.07.16], Osnabrück.

Beelmann, A., Pfingsten, U. & Lösel, F. (1994). Effects of training social competence in children: A meta-analysis of recent evaluation studies. Journal of Clinical Child Psychology, 23, 260-271.

Bernstein, D. A. & Borkovec, T. D. (1975). Entspannungstraining. Handbuch der progressiven Muskelentspannung. München: Pfeiffer.

Bieker, R, & Floerecke, P. (Hrsg.). (2011). Träger, Arbeitsfelder und Zielgruppen der Sozialen Arbeit. Stuttgart: Kohlhammer.

Blankstein, K. R. & Segal, Z. V. (2001). Cognitive assessment. Issues and methods.In K. S. Dobson (Ed.), Handbook of cognitive-behavioral therapies (pp. 40-85). New York: Guilford.

Blanz, M. (2015). Forschungsmethoden und Statistik für die Soziale Arbeit. Stuttgart: Kohlhammer.

Blanz, M. & Schermer, F. J. (2013). Methoden der Verhaltensorientierten Sozialen Arbeit. In M. Blanz, F. Como-Zipfel & F.J. Schermer (Hrsg.), Verhaltensorientierte Soziale Arbeit. Grundlagen, Methoden, Handlungsfelder (S. 63-102), Stuttgart: Kohlhammer.

Blanz, M., Como-Zipfel, F. & Schermer, F.J. (2013). Verhaltensorientierte Soziale Arbeit. Grundlagen, Methoden, Handlungsfelder. Stuttgart: Kohlhammer.

Blöschl, L. (1970). Belohnung und Bestrafung im Lernexperiment. Weinheim: Beltz.

Blöschl. L., Ederer, E. & Linhart, B. (1979). Grazer Verstärkerfragebogen. Unv. Manuskript. Universität Graz.

Blöschl, L., Ederer, E. & Linhart, B. (1981). Extraversion, Neurotizismus und potentiell verstärkende Aktivitäten – Eine empirische Untersuchung an 10-14jährigen Kindern. In W. Janke (Hrsg.), Beiträge zur Methodik in der differentiellen, diagnostischen und klinischen Psychologie (S. 104-115). Königstein/Ts: Anton Hain.

Bohus, M. & Wolf-Arehult, M. (2012).Interaktives Skillstraining für Borderline-Patienten: Das Therapeutenmanual. Stuttgart: Schattauer.

Bördlein, C. (2015). Einführung in die Verhaltensanlyse (behavior analysis). Aschaffenburg: Alibri

Brack, U. B. (Hrsg.). (1993). Frühdiagnostik und Frühtherapie. Psychologische Behandlung von entwicklungs- und verhaltensgestörten Kindern. Weinheim: Psychologie Verlags Union.

Brack, U. B. (2003). Verhaltenstherapeutische Förderung entwicklungsgestörter Kinder. In F. Petermann (Hrsg.), Kinderverhaltenstherapie. Grundlagen, Anwendungen und manualisierte Trainingsprogramme (S. 98-117). Baltmannsweiler: Schneider.

Braun, P. & Schermer, F. J. (1985). Verhaltenstherapie. In W. Toman & R. Egg (Hrsg.), Psychotherapie – Ein Handbuch, Band 2 (S. 7-40). Stuttgart: Kohlhammer.

Bruch, M. (2000). Fallformulierung in der Verhaltenstherapie. Wien: Springer.

Brunner, V. & Welter-Enderlin, R. (1973). Verhaltenstherapie in der Sozialarbeit. Bern: Schweizer Berufsverband der Sozialarbeiter.

Buchkremer, H. (1995). Handbuch Sozialpädagogik Darmstadt: Wissenschaftliche Buchgesellschaft.

Cahill, S. P., Carrigan, M. H. & Evans, I. M. (1998). The relation between behavior theory and behavior therapy: Challenges and promises. In J. J. Plaud & G. H. Eifert (Eds.), From behavior theory to behavior therapy (pp. 294-319). Boston: Allyn & Bacon.

Carr, E. G. & Lovaas, I. O. (1983). Contingent electric shock as a treatment for severe behavior problems. In S. Axelrod & J. Apsche (Eds.), The effects of punishment on human behavior (pp. 221-245). New York: Academic Press.

Caspar, F. (Hrsg.). (1989). Beziehungen und Probleme verstehen. Eine Einführung in die psychotherapeutische Plananalyse. Bern: Huber.

Caspar, F. (1996). Psychotherapeutische Problemanalyse. Tübingen: dgvt.

Caspar, F. (2009). Plananalyse und Schemaanalyse. Verhaltenstherapie und Verhaltensmedizin, 30, 24-34.

Cautela, J. R. (1967). Covert sensitization. Psychological Reports, 20, 459-468.

Cautela, J. R. & Kastenbaum, R. (1967). A reinforcement survey schedule for use in therapy, training, and research. Psychological Reports, 20, 1115-1130.

Chambless, D. L. & Hollon, S. D. (1998). Defining empirically supported therapies, Journal of Consulting and Clinical Psychology, 66, 7-18.

Chasse, K. A. & von Wensierski, H.-J. (Hrsg.). (2008). Praxisfelder der Sozialen Arbeit. Weinheim: Juventa.

Cholemkery, H. & Freitag, Ch. (2014). Soziales Kompetenztraining für Kinder und Jugendliche mit Autismus-Spektrum-Störungen. Weinheim: Beltz.

Cigno, K. (1998). Epilogue: Education for effective practice. In K. Cigno & D. Bourn (Eds.), Cognitive-behavioural social work in practice (pp. 263-268). Aldershot: Ashgate.

Cigno, K. & Bourn, D. (Eds.). (1998). Cognitive-behavioural social work in practice. Aldershot: Ashgate.

Como-Zipfel, F. (2013). Wissenschaftshistorische und berufsethische Grundlagen der Verhaltensorientierten Sozialen Arbeit. In M. Blanz, F. Como-Zipfel & F. J. Schermer (Hrsg.), Verhaltensorientierte Soziale Arbeit. Grundlagen, Methoden, Handlungsfelder (S. 13-33), Stuttgart: Kohlhammer

Cone, J. D. (1997). Issues in functional analysis in behavioral assessment. Behavior Research and Therapy, 35, 259-275.

Cooper, J. O., Heron, T. E. & Heward, W. L. (2014). Applied behavior analysis. Harlow: Pearson Education Limited.

Cunningham, C. E., Davis, J. R., Bremner, R., Dunn, K. W. & Rzasa, T. (1993). Coping modeling problem solving versus mastery modeling: Effects on adherence, in-session process, and skill acquisition in residential parent-training programs. Journal of Consulting and Clinical Psychology, 61, 871-877.

Dalgleish, T. & Power, M. (1999). Handbook of cognition and emotion. Chichester: Wiley.

de Jong-Meyer, R. (2000). Kognitive Verfahren nach Beck und Ellis. In J. Margraf (Hrsg.), Lehrbuch der Verhaltenstherapie, Band 1 (S. 509-524). Berlin: Springer.

Deitz, D. E. D. & Repp, A. C. (1983). Reducing behavior through reinforcement. Exceptional Education Quarterly, 3, 34-46.

Dennhardt, U. (2013). Prävention von Essstörungen: Präventions- und Therapiemöglichkeiten von Magersucht, Bulimie und Binge-Eating. Vdm-Verlag.

Derra, C. & Linden, M. (2015).Entspannungsverfahren. In M. Linden & M. Hautzinger (Hrsg.), Verhaltenstherapiemanual (S. 117-120). Berlin: Springer.

DeRubeis, R., Tang, T. Z. & Beck, A. T. (2001). Cognitive therapy. In K. S. Dobson (Ed.), Handbook of cognitive-behavioral therapies (pp. 349-392). New York: Guilford.

Dobson, K. S. (Ed.). (2010). Handbook of cognitive-behavioral therapies. New York: Guilford.

Dobson, K. S. & Dozois, D. J. A. (2010). Historical and philosophical bases of the cognitive-behavioral therapies. In K.S. Dobson (Ed.), Handbook of cognitive-behavioral therapies. (pp 3-38). New York: Guilford.

Doubrawa, R. (1992). Das Autogene Training in verhaltenstherapeutischer Sicht. Praxis der Klinischen Verhaltenstherapie und Rehabilitation, 5, 259-267.

Drinkmann, A. (2004). Der Aufbau sozialer Kompetenzen durch strukturiertes Training. Sozialmagazin, 29 (2), 19-26.

Drinkmann, A. (2014). Soziale Kompetenz – nicht nur für KlientInnen! Das Soziale Kompetenztraining für die Soziale Arbeit – SKSA. Unsere Jugend, 66, 313-325.

Drinkmann, A. & Schiebel, A. (2004). Soziale Kompetenzen in Theorie und Praxis der Sozialen Arbeit. Sozialmagazin, 29 (2), 14-18.

Drinkmann, A. & Schiebel, A. (2013). Soziale Kompetenzen für soziale Berufe. Übungsszenarios und Materialien zum SKSA. Heidelberg: Quest.

Dryden, W. (1996). Inquiries in rational emotive behavior therapy. London: Sage.

Dryden, W. (Ed.) (2003). Rational emotive behavior therapy. Theoretical development. Hove: Brummer-Routledge.

Dryden, W. & Walker, J. (1996). REBT self-help form (rev. by A. Ellis). New York: Albert Ellis Institute for REBT.

Ducharme, J. M. & van Houten, R. (1994). Operant extinction in the treatment of severe maladaptive behavior. Behavior Modification, 18, 139-170.

Edelmann, W. (2000). Lernpsychologie. Eine Einführung. Weinheim: Beltz/PVU.

Ehlers, A., Margraf, J. & Chambless, D. (2001). Fragebogen zu körperbezogenen Ängsten, Kognitionen und Vermeidung (AKV). Weinheim: Beltz-Test.

Ellis, A. (1958). Rational psychotherapy. Journal of General Psychology, 59, 245-253.

Ellis, A. (1962). Reason and emotion in psychotherapy. New York: Lyle Stuart.

Ellis, A. (1977). Die rational-emotive Therapie – Das innere Selbstgespräch bei seelischen Problemen und seine Veränderung. München: Pfeiffer.

Ellis, A. (1987). Rational-emotive therapy: Current appraisal and future directions. Journal of Cognitive Psychotherapy, 1, 73-86.

Ellis, A. (1993). Changing rational-emotive therapy (RET) to rational emotive behavior therapy (REBT). Behavior Therapist, 16, 257-258.

Ellis, A. (1996). Die revidierte ABC-Theorie der Rational-emotiven Therapie II. Zeitschrift für Rational-Emotive und Kognitive Verhaltenstherapie, 7, 5-30.

Ellis, A. (1997). Grundlagen und Methoden der Rational-Emotiven Verhaltenstherapie. München: Pfeiffer.

Ellis, A. & Dryden, W. (2007). The practice of rational-emotive behavior therapy. Heidelberg: Springer.

Epiktet (1984). Handbüchlein der Moral und Unterredungen. Stuttgart: Kröner.

Erickson, M. H. & Rossi, E. L. (1975). Hypnotherapie. München: Pfeiffer.

Feldhege, F. J. & Krauthan, G. (1979). Verhaltenstrainingsprogramm zum Aufbau sozialer Kompetenz. Berlin: Springer.

Fengler, J. (1993). Gruppendynamik in einer Landesbehörde. Gruppendynamik, 24, 245-254.

Fiedler, P. (1997). Therapieplanung in der modernen Verhaltenstherapie. Verhaltenstherapie und Verhaltensmedizin, 18, 7-39.

Fiedler, P. (2005). Verhaltenstherapie in und mit Gruppen. Weinheim: Beltz/PVU.

Fiedler, P. & Hörmann, G. (Hrsg.). (1976). Therapeutische Sozialarbeit. Diskussionsbeiträge zu Grundlagen, zur Methodenintegration und zu Ausbildungsfragen am Beispiel der Verhaltenstherapie. Münster: Gesellschaft zur Förderung der Verhaltenstherapie.

Fischer, J. (1978). Effective casework practice an eclectic approach. New York: McGraw-Hill.

Fischer, J. & Gochros, H. L. (1975). Planned behavior change. Behavior modification in social work. New York: The Free Press.

Fisseni, H.-I. (1997). Lehrbuch der psychologischen Diagnostik. Gottingen: Hogrefe.

Fliegel, S. (2000). Rollenspiele. In J. Margraf (Hrsg.), Lehrbuch der Verhaltenstherapie, Band 1 (S. 465-471). Berlin: Springer.

Fliegel, S., Groeger, W. M., Künzel, R., Schulte, D. & Sorgatz, H. (1994). Verhaltenstherapeutische Standardmethoden. Weinheim: Beltz/PVU.

Florin, I., Vögele, C. & Tuschen-Caffier, B. (1999). Verhaltensmedizin. Eine Einführung. In H. Flor, N. Birbaumer & K. Hahlweg (Hrsg.), Grundlagen der Verhaltensmedizin. Enzyklopädie der Psychologie, Klinische Psychologie, Band 3 (S. 1-28). Göttingen: Hogrefe.

Friedenstab, T. (2013). Soziales und emotionales Kompetenztraining (SEKT) für psychisch kranke Straftäter mit Erkrankungen aus dem schizophrenen Formenkreis und komorbiden Störungen wie Substanzmissbrauch und Persönlichkeitsstörungen. Lengerich: Pabst.

Fröhlich, W. D. (1997). Wörterbuch Psychologie. München: Deutscher Taschenbuch Verlag.

Fürntratt, E. & Möller, Ch. (1982). Lernprinzip Erfolg: Entwurf einer pädagogischen Psychologie auf verhaltenstheoretischer Grundlage, Band I. Frankfurt am Main: Lang.

Galbicka, G. (1994).Verhaltenskontrolle durch aversive Reize. In W. F. Angermeier, P. Bednorz & S. R. Hush (Hrsg.), Operantes Lernen: Methoden, Ergebnisse, Anwendung (S. 90-111). München: Reinhardt.

Galuske, M. (2011). Methoden der Sozialen Arbeit. Eine Einführung. Weinheim: Juventa.

Gambrill, E. (1994). What's in a name? Task-centered, empirical, and behavioral practice. Social Service Review, 68, 578-599.

Gambrill, E. (1995). Behavioral social work: Past, present and future. Research on Social Work Practice, 54, 460-484.

Geiser, F., Imbierowicz, K, Conrad, R., Wermter, F. & Liedtke, R. (2004). Verbessert die zusätzliche Durchführung einer verhaltenstherapeutischen Intervention die Ergebnisse stationärer psychodynamischer Therapie bei Panikstörung/Agoraphobie? Zeitschrift für Psychosomatische Medizin und Psychotherapie, 50, 53-69.

Geissler, K A. & Hege, M. (1988). Konzepte sozialpädagogischen Handelns. Weinheim: Beltz.

Geissner, E., Jungnitsch, G. & Schmitz, J. (1994). Psychologische Behandlungsansätze bei Schmerz. Zeitschrift für Klinische Psychologie, Psychopathologie und Psychotherapie, 42, 319-338.

Gelfand, D. M. & Hartmann, D. P. (1975). Child behavior analysis and therapy. New York: Pergamon.

Gerull, P. (2003). Qualitätsmanagement sozialer Dienstleistungen. Grundlagen, Konzepte und Instrumente im Überblick. Hessisch-Oldendorf: Eigenverlag.

Goldfried, M. R. (1973). Reduction of generalized anxiety through a variant of systematic desensitization. In M. R. Goldfried & M. Merbaurn (Eds.), Behavior change through self-control (pp. 297-304). New York: Holt, Rinehart & Winston.

Goldiamond, I. (1974). Toward a constructional approach to social problems: Ethical and constitutional issues raised by applied behavioral analysis. Behaviorism, 2, 1-85.

Grant, L. & Evans, A. (1994). Principles of behavior analysis. New York: Harper Collins College Publishers.

Grawe, K, Donati, R. & Bernauer, F. (1994). Psychotherapie im Wandel. Von der Konfession zur Profession. Göttingen: Hogrefe.

Grawe, K, Grawe-Gerber, M., Heiniger, B., Ambühl. H. & Caspar, F. (1996). Schematheoretische Fallkonzeption und Therapieplanung. Eine Anleitung für Therapeuten. In F. Caspar (Hrsg.), Psychotherapeutische Problemanalyse (S. 189-224). Tübingen: dgvt.

Gröninger, S. & Stade-Gröninger, J. (1996). Progressive Relaxation. München: Pfeiffer.

Gühne, U. & Weinmann, S., Arnold, K., Becker, T. & Riedel-Heller, S. (2012). Das Training sozialer Fertigkeiten bei schweren psychischen Erkrankungen – ist es wirksam? Psychiatrische Praxis, 39, 371-380.

Hahlweg, K., Dürr, H., Dose, M. & Müller, U. (2005). Familienbetreuung schizophrener Patienten. Ein verhaltenstherapeutischer Ansatz zur Rückfallprophylaxe. Göttingen: Hogrefe.

Hahlweg, K., Hemmati-Weber, M., Heusser, A., Lober, H., Winkler, H., Müller, U., Feinstein, E. & Dose, M. (1990). Process analysis in behavioral family therapy. Behavior Modification, 14, 441-456.

Hall, R. V. & Hall, M. L. (1998a). How to select reinforcers. Austin, TX: pro-ed.

Hall, R. V. & Hall, M. L. (1998b). How to use time-out. Austin, TX: pro-ed,

Hall, R. V. & Hall, M. L. (1998c). How to negotiate a behavioral contract. Austin, TX: pro-ed.

Hamm, A. (2004). Progressive Muskelentspannung. In D. Vaitl & F. Petermann (Hrsg.), Entspannungsverfahren. Das Praxishandbuch (S. 189-210). Weinheim: Psychologie Verlags Union.

Hamm, A. (2009). Progressive Muskelentspannung. In F. Petermann & D. Vaitl (Hrsg.), Entspannungsverfahren. Das Praxishandbuch (S. 143-164). Weinheim: Beltz/PVU.

Hampel, P. & Petermann, F. (2009). Stress. In F. Petermann & D. Vaitl (Hrsg.), Entspannungsverfahren. Das Praxishandbuch (S. 464-477). Weinheim: Beltz/PVU.

Hartung, J. (1994). Verhaltensänderung durch Rollenspiel. Berlin: Cornelsen.

Hautzinger, M. (Hrsg.). (1998). Kognitive Verhaltenstherapie bei psychischen Störungen. Weinheim: Psychologie Verlags Union.

Hautzinger, M. (Hrsg.). (2010). Kognitive Therapie der Depression. Weinheim: Beltz.

Hautzinger, M: (2013). Kognitive Verhaltenstherapie bei Depressionen. Weinheim: Beltz.

Hautzinger, M., Joormann, J. & Keller,F. (2005). Skala dysfunktionaler Einstellungen. Göttingen: Hogrefe.

Hautzinger, M., Keller, F. & Kühner, Ch. (2009). Beck Depressions-Inventar Revision. Pearson.

Hautzinger, M., Stark, W. & Treiber, S. (1994). Kognitive Verhaltenstherapie bei Depressionen. Behandlungsanleitungen und Materialien. Weinheim: Psychologie Verlags Union.

Hautzinger, M. ,Beck, A. T., Rush, A. J., Shaw, B. F. & Emery, G. (2010). Kognitive Therapie der Depression. Weinheim: Beltz.

Hautzinger, M., de Jong-Meyer, R., Treiber, R, Rudolf, G. A. E. & Thien, U. (1996). Wirksamkeit Kognitiver Verhaltenstherapie, Pharmakotherapie und deren Kombination bei nicht-endogenen, unipolaren Depressionen. Zeitschrift für Klinische Psychologie, 25, 130-145.

Haynes, S. N. (1986). The design of intervention programs. In R. O. Nelson & S. C. Hayes (Eds.), Conceptual foundations of behavioral assessment (pp. 386-429). New York: Guilford.

Haynes, S. N. (1992). Models of causality in psychopathology. New York: Macmillan.

Haynes, S. N. & O'Brien, W. H. (1990). Functional analysis in behavior therapy. Clinical Psychology Review, 10, 649 668.

Haynes, S. N. & O'Brien, W. H. (2000). Principles and practice of behavioral assessment. New York: Kluwer.

Heiner, M. (1998). Evaluation zwischen Qualifizierung, Qualitätsentwicklung und Qualitätssicherung. In M. Heiner (Hrsg.), Qualitätsentwicklung durch Evaluation (S. 20-47). Freiburg: Lambertus.

Hempel, C. G. & Oppenheim, P. (1948). Studies in the logic of explanation. Philosophy of Science, 15, 135-175.

Hersen, M. & Turner, S. M. (Eds.). (1994). Diagnostic interviewing. New York: Plenum.

Heuser, J. & Rief, W. (2000). Biofeedback bei Spannungskopfschmerz und Migräne. In W. Rief & N. Bierbaumer (Hrsg.), Biofeedback-Therapie (S. 26-41). Stuttgart: Schattauer.

Hinsch, R. & Pfingsten, U. (2015). Gruppentraining sozialer Kompetenzen (GSK): Grundlagen, Durchführung, Anwendungsbeispiele. Weinheim: Beltz.

Hinsch, R. & Wittmann, S. (2010). Soziale Kompetenz kann man lernen. Weinheim: Beltz/PVU.

Hoffmann, N. & Frese, M. (1975). Verhaltenstherapie in der Sozialarbeit. Salzburg: Otto-Müller.

Hoffmanns Comic Theater. (1974). Will dein Chef von dir mal Feuer. Rollenspiele und was man damit machen kann. Berlin: Rotbuch.

Hollon, S. D. & Evans, M. (1978). Self-monitoring of mood in depression: When is what you saw what you got? University of Minnesota, unpublished manuscript.

Hörmann, G. (1982). Verhaltenstherapie und soziale Arbeit. In S. Müller, H.-U. Otto, H. Peter & H. Sünker (Hrsg.), Handlungskompetenz in der Sozialarbeit/Sozialpädagogik I, Interventionsmuster und Praxisanalysen (S. 79-94). Bielefeld: AJZ.

Horner, R. D. & Keilitz, I. (1975). Training mentally retarded adolescents to brush their teeth. Journal of Applied Behavior Analysis, 8, 301-309.

Hudson, B. L. & Macdonald, G. M. (1986). Behavioural social work. An introduction. Houndmills: Macmillan Education.

Hull, C. L. (1943). Principles of behavior. New York: Appleton-Century-Crofts.

Ingram, R. E. & Siegle, G. J. (2001). Cognition and clinical science. In K. S. Dobson (Ed.), Handbook of cognitive-behavioral therapies (pp. 111-137). New York: Guilford.

Innerhofer, P. (1977). Das Münchner Trainingsmodell. Berlin: Springer.

Jacobson, N. S. & Margolin, G. (1979). Marital therapy: Strategies based on social learning and behavior exchange principles. New York: Brunner/Mazel.

Jehu, D., Hardiker, P., Yelloly, M. & Shaw, M. (1972). Behaviour modification in social work. London: Wiley.

Johnston, J. M. & Pennypacker, H. S. (1980). Strategies and tactics of human behavioral research. Hillsdale, N.J.: Erlbaum.

Jonas, K. J., Boos, M. & Brandstätter, V. (Hrsg.) (2007). Zivilcourage trainieren! Theorie und Praxis. Göttingen: Hogrefe.

Joormann, J. & Unnewehr, S. (2002). Behandlung der sozialen Phobie bei Kindern und Jugendlichen. Ein kognitiv-verhaltenstherapeutisches Gruppenprogramm. Göttingen: Hogrefe.

Jungnitsch, G. (1992). Schmerz- und Krankheitsbewältigung bei rheumatischen Erkrankungen. München: Quintessenz.

Jungnitsch, G. (2003). Rheumatische Erkrankungen. Fortschritte der Psychotherapie, Band 18. Göttingen: Hogrefe.

Jungnitsch, G. (2009). Klinische Psychologie. Psychologie in der Sozialen Arbeit, Band 2. Stuttgart: Kohlhammer.

Jungnitsch, G. & Köhler, H. (1992). Entspannungstherapie bei Schmerz. Praxis der Klinischen Verhaltenstherapie und Rehabilitation, 5, 294-300.

Jürgens, B. (1998). Trainingskonzepte und alltagsnahe Handlungsstrategien. In G. Krampen & H. Zeyer (Hrsg.), Psychologiedidaktik und Evaluation (S. 197-213). Bonn: Deutscher Psychologen Verlag.

Jürgens, B. & Lübben, K. (2014). Gruppentraining sozialer Kompetenzen für Kinder und Jugendliche (GSK-KJ). Weinheim: Beltz.

Kaiser, A. & Hahlweg, K. (2009). Kommunikations- und Problemlösetraining. In J. Margraf & S. Schneider (Hrsg.) Lehrbuch der Verhaltenstherapie, Band 1, (S. 597-610). Berlin: Springer.

Kanfer, F. H. (1979). Self-management. Strategies and tactics. In A. P. Goldstein & F. H. Kanfer (Eds.), Maximizing treatment gains: Transfer enhancement in psychotherapy (pp. 185-224). New York: Academic Press.

Kanfer, F. H. & Grimm, L. G. (1977). Behavioral analysis: Selecting target behaviors in the interview. Behavior Modification, 1, 7-28.

Kanfer, F. H. & Phillips, J. (1970). Learning foundations of behavior therapy. New York: Wiley.

Kanfer, F. H., Reinecker, H. & Schmelzer, D. (2014). Selbstmanagement Therapie. Berlin: Springer.

Kanfer, F. H. & Saslow, G. (1965). Behavioral analysis. An alternative to diagnostic classification. Archives of General Psychiatry, 12, 529-538.

Kannig, U. P. (2009). Diagnostik Sozialer Kompetenzen. Göttingen: Hogrefe.

Kazdin, A. E. (1980). Acceptability of time out from positive reinforcement procedures for disruptive child behavior. Behavior Therapy, 11, 329-344.

Kazdin, A. E. (2001). Behavior modification in applied settings. Belmont, CA.: Wadsworth/Thompson Learning.

Kendall, P. C. (1981). Assessment and cognitive-behavioral interventions: Purposes, proposals, and problems. In P. C. Kendall & S. D. Hollon, Assessment strategies for cognitive-behavioral interventions (pp. 1-11). New York: Academic Press.

Kendall, P. C. (Ed.). (2000). Child and adolescent therapy: Cognitive-behavioral procedures. New York: Guilford.

Kindler, H. (2015). Prävention von sexuellem Missbrauch – Möglichkeiten und Grenzen. In J. Fegert et al. (Hrsg.) Sexueller Missbrauch von Kindern und Jugendlichen: Ein Handbuch zur Prävention und Intervention für Fachkräfte im medizinischen, psychotherapeutischen und pädagogischen Bereich (S. 351-362). Berlin Springer.

Kiresuk, T. J., Smith, A. & Cardillo, J. E. (Eds.). (1994). Goal attainment scaling: Applications, theory, and measurement. Hillsdale, N.J.: Erlbaum.

Klages, U. (1989). Fragebogen zum Schmerzverhalten (FSV). Diagnostica, 35, 351-353.

Klages, U. (l989a). Fragebogen irrationaler Einstellungen. Göttingen: Hogrefe.

Klingberg, S., Schaub, A. & Conradt, B. (2003). Rezidivprophylaxe bei schizophrenen Störungen. Weinheim: Beltz/PVU.

Körkel, J. & Drinkmann, A. (2002). Wie motiviert man „unmotivierte“ Klienten? Sozialmagazin, 27 (10), 26-34.

Kossak, H.-C. (2000). Hypnose. In D. Vaitl & F. Petermann (Hrsg.), Handbuch der Entspannungsverfahren, Band I, Grundlagen und Methoden (S. 159-205). Weinheim: Psychologie Verlags Union.

Kossak, H.-C. (2009). Hypnose. In D. F. Petermann & D. Vaitl (Hrsg.), Entspannungsverfahren. Das Praxishandbuch (S. 99-115). Weinheim: Beltz/PVU.

Kossak, H.-C. (2013). Hypnose. Lehrbuch für Psychotherapeuten und Ärzte. Weinheim: Beltz.

Kraft, H. (1996). Autogenes Training. In W. Senf & M. Broda (Hrsg.), Praxis der Psychotherapie (S. 221-225). Stuttgart: Thieme.

Krampen, G. (1997). Autogenes Training bei depressiven Störungen vor und begleitend zur methodenübergreifenden Einzelpsychotherapie. Zeitschrift für Klinische Psychologie, Psychiatrie und Psychotherapie, 45, 214-232.

Kriz, J. (2014). Grundkonzepte der Psychotherapie. Weinheim: Beltz.

Krohne, H. W., Rösch, W. & Kürsten, F. (1989). Die Erfassung von Angstbewältigung in psychisch bedrohlichen Situationen. Zeitschrift für Klinische Psychologie, 18, 230-242.

Kromrey, H. (2000). Die Bewertung von Humandienstleistungen. Fallstricke bei der Implementations- und Wirkungsforschung sowie methodische Alternativen. In H. Müller-Kohlenberg (Hrsg.), Evaluation und Qualitätsmanagement in Sozialer Arbeit und Gesundheitswesen (S. 19-58). Opladen: Leske+Budrich.

Kromrey, H. (2001). Evaluation – ein vielschichtiges Konzept. Begriff und Methodik von Evaluierung und Evaluationsforschung. Empfehlungen für die Praxis. Sozialwissenschaften und Berufspraxis, 2, 105-131.

Lakatos, A. & Reinecker, H. (2016). Kognitive Verhaltenstherapie bei Zwangsstörungen: Ein Therapiemanual. Göttingen: Hogrefe.

Lammers, C.-H. & Eismann, G. (2015). Emotionsfokussierte Methoden: Techniken der Verhaltenstherapie. Weinheim: Beltz.

Lang, P. J. (1985). The cognitive psychophysiology of emotion: Fear and anxiety. In A. H. Tuma & J. Maser (Eds.), Anxiety and the anxiety disorders (pp. 131-170). Hillsdale, N.J.: Erlbaum.

Lauth, G., Brack, U. B. & Linderkamp, F. (Hrsg.). (2001). Praxishandbuch. Verhaltenstherapie mit Kindern und Jugendlichen. Weinheim: Psychologie Verlags Union.

Lazarus, A. A. (1976). Multimodal behavior therapy. New York: Springer.

Lazarus, R. S. (1991). Emotion and adaptation. New York: Oxford University Press.

Lazarus, R. S. (1999). Stress and emotion: A new synthesis. New York: Springer.

Lazarus, R. S. & Folkman, S. (1987). Transactional theory and research on emotions and coping. European Journal of Personality, 1, 141-169.

Leventhal, H. & Scherer, K. (1987). The relationship of emotion and cognition: A functional approach to a semantic controversy. Cognition and Emotion, 1, 3-8.

Lewinsohn, P. M., Munoz, R. F., Youngren, M. A. & Zeiss, A. M. (1982). Der Weg zum seelischen Gleichgewicht. Salzburg: Otto Müller.

Liberman, R. P. (1994). Das Training sozialer Fertigkeiten. In R. P. Liberman, U. Giebeler & H. D. Brenner (Hrsg.), Die Rehabilitation chronisch seelisch Kranker in der Psychiatrie (S. 107-156). Bern: Huber.

Lieb, H. (2009). Teleologisch-funktionale Analyse: Der systemisch-interaktionelle Ansatz in Diagnostik und Therapie. Verhaltenstherapie und Verhaltensmedizin, 30, 69-88.

Linden, W. (1994). Autogenic training: A narrative and quantitative review of clinical outcome. Biofeedback and Self-Regulation, 19, 227-264.

Linehan, M. M. (1996). Dialektisch-behaviorale Therapie der Borderline Persönlichkeitsstörung. München: CIP-Medien.

Logar, R., Roesemann, U. & Zuercher,U. (2002). Gewalttätige Männer ändern (sich): Rahmenbedingungen und Handbuch für ein soziales Trainingsprogramm. Bern: Haupt.

Lundh, L.-G. (1987). Placebo, belief, and health. A cognitive-emotional model. Scandinavian Journal of Psychology, 28, 128-143.

Lurija, A. R. (1961). The role of speech in the regulation of normal and abnormal behavior. New York: Liveright.

Lutz, R. (1978). Das verhaltensdiagnostische Interview. Stuttgart: Kohlhammer.

Lutz, R. (1985). Wirkmechanismen und differentielle Effekte unterschiedlicher Entspannungstechniken. In F-J. Hehl, V. Ebel & W. Ruch (Hrsg.), Diagnostik psychischer und psychophysiologischer Störungen (S. 217-230). Bonn: Deutscher Psychologen Verlag.

MacPhillamy, D. J. & Lewinsohn, P. M. (1971). The pleasant event schedule. Unpublished manuscript. Eugene: University of Oregon.

Maercker, A. & Krampen, G. (2009). Entspannungsverfahren. In J. Margraf & S. Schneider (Hrsg.), Lehrbuch der Verhaltenstherapie, Band 1, Grundlagen, Diagnostik, Verfahren, Rahmenbedingungen (S. 499-506). Berlin: Springer.

Mahoney, M. J. (1974). Cognition and behavior modification. Cambridge, MA: Ballinger.

Mahoney, M. J. (1977). Personal science: A cognitive learning therapy. In A. Ellis & R. Grieger (Eds.), Handbook of rational psychotherapy (pp. 352-368). NewYork: Springer.

Malti, T. & Perren, S. (Hrsg.). (2015). Soziale Kompetenz bei Kindern und Jugendlichen. Entwicklungsprozesse und Förderungsmöglichkeiten. Stuttgart: Kohlhammer.

Margraf, J. & Schneider, S. (2013). Panik. Angstanfälle und ihre Behandlung. Berlin: Springer.

Marquardt-Mau, B. (2002). Prävention in der Schule. In D. Bange & W. Körner (Hrsg.), Handwörterbuch Sexueller Missbrauch (S. 438-446). Göttingen: Hogrefe.

Martin, A. & Rief, W. (Hrsg.). (2008). Wie wirksam ist Biofeedback? Eine therapeutische Methode. Bern: Huber.

Martin, G. & Pear, J. (2003). Behavior modification. What it is and how to do it. New York: Routledge Taylor and Francis Group.

Mattaini, M. A. (1993). Behavior analysis and community practice: A review. Research on Social Work Practice, 3, 420-447.

Maultsby, M. C. Jr. (1984). Rational behavior therapy. Englewood Cliffs, N.J.: Prentice Hall.

Mazur, J. E. (2004). Lernen und Gedächtnis. München: Pearson Education.

McCabe, M. M., Mallon-Wenzel, C., Reid, W. J. & Pinkston, E. M. (1982). Social-skills training for a depressed woman. In E. M. Pinkston, J. L. Levitt, G. R. Green, N. L. Linsk & T. L. Rzepnicki, Effective social work practice (pp. 139-157). San Francisco: Jossey-Bass.

Meichenbaum, D. H. (1977). Cognitive-behavior modification. An integrative approach. New York: Plenum.

Meichenbaum, D. H. (1995). Kognitive Verhaltensmodifikation.Weinheim:Beltz.

Meichenbaum, D. H. (1991). Intervention bei Streß. Anwendung und Wirkung des Streßimpfungstrainings. Bern: Huber.

Meichenbaum, D. H. (1995). Kognitive Verhaltenstherapie. Weinheim: Beltz/PVU.

Meichenbaum, D. H. & Schattenburg, L. (2012). Intervention bei Stress: Anwendung und Wirkung des Stressimpfungstrainings. Bern: Huber.

Merluzzi, T. V. & Glass, C. R. (2000). Kognitive Diagnosemethoden. In J. Margraf (Hrsg.), Lehrbuch der Verhaltenstherapie, Band 1, Grundlagen, Diagnostik, Verfahren, Rahmenbedingungen (S. 313-327). Berlin: Springer.

Merten, R., Sommerfeld, P. & Koditek, T. (Hrsg.). (1996). Sozialarbeitswissenschaft – Kontroversen und Perspektiven. Neuwied: Luchterhand.

Miltenberger, R. G. (2012). Behavior modification: Principles and procedures. Belmont, CA: Wadsworth/Cengage Learning.

Mitmansgruber, H. (2003). Kognition und Emotion. Bern: Huber.

Moreno, J. L. (1959). Gruppenpsychotherapie und Psychodrama. Stuttgart: Thieme.

Nelson, R. O. & Hayes, S. C. (1986). The nature of behavioral assessment. In R. O. Nelson & S. C. Hayes (Eds.), Conceptual foundations of behavioral assessment (pp. 3-41). New York: Guilford.

Nezu, A. M. & Nezu, C. M. (1989). Clinical decision making in the practice of behavior therapy. In A. M. Nezu & C. M. Nezu (Eds.), Clinical decision making in behavior therapy. A problem-solving perspective (pp. 57-113). Champaign, Ill: Research Press.

Nezu, A. M. & Nezu, C. M. (1993). Identifying and selecting target problems for clinical interventions: A problem-solving model. Psychological Assessment, 5, 254-263.

Nezu, A. M., Nezu, C. M., Friedman, S. H. & Haynes, S. N. (1997). Case formulation in behavior therapy: Problem-solving and functional analytic strategies. In T. D. Eells (Ed.), Handbook of psychotherapy case formulation (pp. 368-401). New York: Guilford.

Niemeyer, C. (1982). Zur Kritik an der Verwendung verhaltenstherapeutischer Konzepte in der Sozialarbeit/Sozialpädagogik. In S. Müller, H.-U. Otto, H. Peter & H. Sünker (Hrsg.), Handlungskompetenz in der Sozialarbeit/Sozialpädagogik I, Interventionsmuster und Praxisanalysen (S. 95-129). Bielefeld: AJZ.

Noeker, M. (2009). Funktioneller Bauchschmerz. In F. Petermann & D. Vaitl (Hrsg.), Entspannungsverfahren. Das Praxishandbuch (S. 394-411). Weinheim: Beltz/PVU.

Noeker, M. & Petermann, F. (2009). Schmerz bei invasiven Behandlungen. In F. Petermann & D. Vaitl (Hrsg.), Entspannungsverfahren. Das Praxishandbuch (S. 448-463). Weinheim: Beltz/PVU.

O'Donohue, W. (Ed.). (1998a). Learning and behavior therapy. Boston: Allyn & Bacon.

O'Donohue, W. (1998b). Conditioning and third-generation behavior therapy. In W. O'Donohue (Ed.), Learning and behavior therapy (pp. 1-14). Boston: Allyn & Bacon.

O'Donohue, W. & Kitchener, R. F. (Eds.). (1999). The handbook of behaviorism. San Diego, CA: Academic Press.

O'Neill, R. E., Horner, R. H., Albin, R. W., Sprague, J. R. & Newton, J. S. (1999). Functional assessment and program development for problem behavior. A practical handbook. Pacific Grove, CA: Brooks/Cole.

Ohm, D. (1994). Entspannungstraining. Forschungsergebnisse und praktische Erfahrungen zu Autogenem Training, Progressiver Relaxation und Anwendungskombinationen. In M. Zielke & J. Sturm (Hrsg.), Handbuch stationäre Verhaltenstherapie (S. 378-394). Weinheim: Psychologie Verlags Union.

Ohm, D. (2000). Progressive Relaxation für Kinder. Stuttgart: Thieme.

Öst, L. G. (1987). Applied relaxation: Description of a coping technique and review of controlled studies. Behavioral Research and Therapy, 25, 397-409.

Pawlik, K. (Hrsg.). (1976). Diagnose der Diagnostik. Beiträge zur Diskussion der psychologischen Diagnostik in der Verhaltensmodifikation. Stuttgart: Klett.

Perrez, M. & Reicherts, M. (1989). Belastungsverarbeitung: Computerunterstützte Selbstbeobachtung. Zeitschrift für Differentielle und Diagnostische Psychologie, 10, 129-139.

Peter, B., Kraiker, Ch. & Revenstorf, D. (Hrsg.). (1998). Hypnose und Verhaltenstherapie. Bern: Huber.

Peter, B., Kraiker, Ch. & Revenstorf, D. (Hrsg). (2015). Hypnose in Psychotherapie, Psychosomatik und Medizin. Berlin: Springer.

Petermann, F. (1996). Einzelfalldiagnostik in der Klinischen Praxis. Weinheim: Psychologie Verlags Union.

Petermann, F. (Hrsg.). (2003). Kinderverhaltenstherapie. Grundlagen, Anwendungen und manualisierte Trainingsprogramme. Baltmannsweiler: Schneider.

Petermann, F. & Bochmann, F. (1993). Metaanalyse von Kinderverhaltenstrainings: Eine erste Bilanz. Zeitschrift für Klinische Psychologie, 22, 137-152.

Petermann, F. & Natzke, H. (2009). Prävention und Schule. In F. Petermann & D. Vaitl (Hrsg.), Entspannungsverfahren. Das Praxishandbuch (S. 436-447).Weinheim: Beltz/PVU.

Petermann, F. & Petermann, U. (2010). Training mit Jugendlichen: Aufbau von Arbeits- und Sozialverhalten. Göttingen: Hogrefe.

Petermann, F. & Petermann, U. (2012). Training mit aggressiven Kindern. Weinheim: Beltz.

Petermann, F. & Vaitl, D. (2009). Entspannungsverfahren – eine Einführung. In F. Petermann & D. Vaitl (Hrsg,), Entspannungsverfahren. Das Praxishandbuch (S. 1-17). Weinheim: Beltz/PVU:

Petermann, F. & Vaitl, D. (Hrsg). (2009). Entspannungsverfahen. Das Praxishandbuch. Weinheim: Beltz/PVU.

Petermann, F. & Vaitl, D. (2014). Entspannungsverfahren. Weinheim: Beltz.

Petermann, U. (1994). Die Kapitän-Nemo-Geschichten. In F. Petermann & D. Vaitl (Hrsg.), Handbuch der Entspannungsverfahren, Band 2, Anwendungen (S. 311-345). Weinheim: Psychologie Verlags Union.

Petermann, U. (2014). Entspannungstechniken für Kinder und Jugendliche. Ein Praxisbuch. Weinheim: Beltz.

Petermann, U. (2016). Die Kapitän-Nemo-Geschichten. Geschichten gegen Angst und Stress. Göttingen: Hogrefe.

Petermann, U. & Petermann, F. (2000). Entspannungsverfahren bei Kindern und Jugendlichen. In: D. Vaitl & F. Petermann (Hrsg.), Handbuch der Entspannungsverfahren, Band 1, Grundlagen und Methoden (S. 392-415). Weinheim: Psychologie Verlags Union.

Petermann, U. & Petermann, F. (2015). Training mit sozial unsicheren Kindern. Weinheim: Beltz/PVU.

Petermann, U., Hartmann, B. & Petermann, F. (2009). Neurodermitis. In F. Petermann & D. Vaitl (Hrsg.), Entspannungsverfahren. Das Praxishandbuch (S. 423-435). Weinheim: Beltz/PVU.

Pfingsten, U. (2000). Soziale Ängste, Unsicherheiten und Defizite. In M. Hautzinger (Hrsg.), Kognitive Verhaltenstherapie bei psychischen Störungen (S. 115-146). Weinheim: Beltz/PVU.

Pfingsten, U. (2009). Training sozialer Kompetenz. In J. Margraf (Hrsg.), Lehrbuch der Verhaltenstherapie, Band 1 (S. 587-596). Berlin: Springer.

Piaget, J. (1969). Nachahmung, Spiel und Traum. Stuttgart: Klett.

Pinkston, E. M., Levitt, J. L., Green, G. R., Linsk, N. L. & Rzepnicki, T. L. (1982). Effective social work practice. San Francisco: Jossey-Bass.
Plaud, J. J. & Eifert, G. H. (Eds.). (1998). From behavior theory to behavior therapy. Boston: Allyn & Bacon.
Premack, D. (1959). Toward empirical behavior laws: I. Positive reinforcement. Psychological Review, 66, 219-233.
Prudlo, U., Trenkle, B. & Revenstorf, D. (1996). Hypnosetherapie und Hypnose. In W. Senf & M. Broda (Hrsg.), Praxis der Psychotherapie (S. 201-210). Stuttgart: Thieme.
Reid, W. J. (1992). Task strategies: An empirical approach to clinical social work. New York: Columbia University Press.
Reinecker, H. (1980). Bestrafung. Salzburg: Otto Müller.
Reinecker, H. (1986a). Grundlagen verhaltenstherapeutischer Methoden. In Deutsche Gesellschaft für Verhaltenstherapie (Hrsg.), Verhaltenstherapie. Theorien und Methoden (S. 43-63). Tübingen: dgvt.
Reinecker, H. (1986b). Methoden der Verhaltenstherapie. In Deutsche Gesellschaft für Verhaltenstherapie (Hrsg.), Verhaltenstherapie. Theorien und Methoden (S. 64-178). Tübingen: dgvt.
Reinecker, H. (Hrsg.). (1999). Lehrbuch der Verhaltenstherapie. Tübingen: dgvt.
Reinecker, H. (2005). Grundlagen der Verhaltenstherapie. Weinheim: Beltz.
Reinecker, H. (2010). Lerntheoretische Grundlagen der Kognitiven Verhaltenstherapie. Psychiatrie und Psychotherapie, 4, 177-195.
Reinecker, H. (2015). Verhaltensanalyse. Ein Praxisleitfaden. Göttingen: Hogrefe.
Reinecker, H. & Gmelch, M. (2009). Modelle von Verhaltensanalysen: Vom S-R zum System-Modell menschlichen Verhaltens. Verhaltenstherapie und Verhaltensmedizin, 30, 7-23.
Reiss, M. (1976). Behandlung einer Patientin mit Dunkelangst. In M. Reiss, P. Fiedler, R. Krause & D. Zimmer, Verhaltenstherapie in der Praxis (S. 31-62). Stuttgart: Kohlhammer.
Revenstorf, D. (2009). Klinische Hypnose. In J. Margraf & S. Schneider (Hrsg.), Lehrbuch der Verhaltenstherapie, Band 1, Grundlagen, Diagnostik, Verfahren, Rahmenbedingungen (S. 531-550). Berlin: Springer.
Revenstorf, D. & Peter, B. (Hrsg.). (2001). Hypnose in Psychotherapie, Psychosomatik und Medizin. Berlin: Springer.
Revenstorf, D. & Prudlo, U. (1994). Zu den wissenschaftlichen Grundlagen der Klinischen Hypnose unter besonderer Berücksichtigung der Hypnotherapie nach M. H. Erickson. Hypnose und Kognition, 11, 190-224.
Rief, W. & Birbaumer, N. (Hrsg.). (2000). Biofeedback- Therapie. Stuttgart: Schattauer.
Rief, W. & Bierbaumer, N. (Hrsg.) (2006). Biofeedback. Grundlagen, Indikationen, Kommunikation, praktisches Vorgehen in der Therapie. Stuttgart: Schattauer.
Ritschl, C., Mongrella, J. & Presbie, R. L. (1972). Group time out from rock and roll music and out-of-seat behavior of handicapped children while riding a school bus. Psychological Reports, 31, 967-973.
Rose, S. D. (1973). Treating children in groups. A behavioral approach. San Francisco: Jossey Bass.
Rose, S. D. (1977). Group therapy: A behavioral approach. Englewood Cliffs, N.J.: Prentice Hall.

Rost, D. H. & Schermer, F. J. (2007). Differentielles Leistungsangst Inventar (DAI). Frankfurt: Harcourt Test Services.

Rothermund, K. (2011). Selbstregulation statt Selbstkontrolle: Intentionalität, Affekt und Kognition als Teamgefährten im Dienste der Handlungssteuerung. Psychologische Rundschau, 62, 167-173.

Rotter, J. B. (1954). Social learning and clinical psychology. Englewood Cliffs, N.J.: Prentice Hall.

Rucktäschel, P. (2000). Der Einsatz von immunspezifischer Visualisierung bei Jugendlichen mit juveniler chronischer Arthritis im Alter von 12 bis 16 Jahren. Eine vergleichende Therapiestudie. Unv. Diplomarbeit. Universität Regensburg.

Sader, M. (1984). Rollenspiel als diagnostische Methode. In G. Jüttemann (Hrsg.), Neue Aspekte klinisch-psychologischer Diagnostik (S. 124-148). Göttingen: Hogrefe.

Sanavio, E. (1997). Psicoterapia comportamentale e cognitiva: intruduzione al tema. In P. Moderato & S. Sirigatti (Eds.), L'uomo ehe cambia. Nuovi percorsi di intervento psicologico (S. 267-268). Milano: Franco-Angeli.

Sarwer, D. B. & Sayers, S. L. (1998). Behavioral interviewing. In A. S. Bellack & M. Hersen (Eds.), Behavioral assessment. A practical handbook (pp. 63-78). Boston: Allyn & Bacon.

Schachter, S. & Singer, J. E. (1962). Cognitive, social and physiological determinants of emotional state. Psychological Review, 69, 379-399.

Schaller, S. & Schmidtke, A. (1983). Verhaltensdiagnostik. In K.-J. Groffmann & L. Michel (Hrsg.), Verhaltensdiagnostik. Enzyklopädie der Psychologie, Psychologische Diagnostik, Band 4 (S. 489-701). Göttingen: Hogrefe.

Scheerer, E. (1983). Die Verhaltensanalyse. Berlin: Springer.

Scheithauer, H. & Petermann, F. (2003). Wirksame und effektive psychotherapeutische Interventionen im Kindes- und Jugendalter. In F. Petermann (Hrsg.), Kinderverhaltenstherapie. Grundlagen, Anwendungen und manualisierte Trainingsprogramme (S. 328-357). Baltmannsweiler: Schneider.

Schermer, F. J. (1982). Michael geht nicht mehr zur Schule. In D. H. Rost (Hrsg.), Erziehungspsychologie für die Grundschule (S. 285-301). Bad Heilbrunn: Klinkhardt.

Schermer, F. J. (2001). Operantes Lernen. In D. H. Rost (Hrsg.), Handwörterbuch Pädagogische Psychologie (S. 507-512). Weinheim: Psychologie Verlags Union.

Schermer, F. J. (2011). Grundlagen der Psychologie. Psychologie in der Sozialen Arbeit, Band 1. Stuttgart: Kohlhammer.

Schermer, F. J. (2014). Lernen und Gedächtnis. Grundriss der Psychologie, Band 10. Stuttgart: Kohlhammer.

Schiebel, A. (2004). Der Bedarf an sozialer Kompetenz in Handlungsfeldern der Sozialen Arbeit. Ergebnisse einer Expertenbefragung. Sozialmagazin, 29 (2), 27-31.

Schiebel, A. & Drinkmann, A. (2004). Das Soziale Kompetenztraining für die Soziale Arbeit (SKSA). Sozialmagazin, 29 (2), 32-39.

Schindler, L., Hahlweg, K. & Revenstorf, D. (1998). Partnerschaftsprobleme: Diagnose und Therapie. Therapiemanual. Berlin: Springer.

Scholz, W.-U. (1991). Eine neue Systematik irrationaler Ideen in der RET. Zeitschrift für Rational-Emotive Therapie und Kognitive Verhaltenstherapie, 2, 37-46.

Scholz, W.-V. (2001). Weiterentwicklungen in der Kognitiven Verhaltenstherapie. Stuttgart: Klett Cotta.

Schulte, D. (Hrsg.). (1974a). Diagnostik in der Verhaltenstherapie. München: Urban & Schwarzenberg.

Schulte, D. (1974b). Ein Schema für Diagnose und Therapieplanung in der Verhaltenstherapie. In D. Schulte (Hrsg.), Diagnostik in der Verhaltenstherapie (S. 75-104). München: Urban & Schwarzenberg.

Schulte, D. (1986). Verhaltenstherapeutische Diagnostik. In Deutsche Gesellschaft für Verhaltenstherapie (Hrsg.), Verhaltenstherapie – Theorien und Methoden (S. 16-42). Tübingen: dgvt.

Schulte, D. (1993). Lohnt sich eine Verhaltensanalyse? Verhaltenstherapie, 3, 5-13.

Schulte, D. (1996). Therapieplanung. Göttingen: Hogrefe.

Schulte, D. (1999). Verhaltenstherapeutische Diagnostik. In H. Reinecker (Hrsg.), Lehrbuch der Verhaltenstherapie (S. 45-85). Tübingen: dgvt.

Schultz, J. H. (1979). Das Autogene Training – konzentrative Selbstentspannung. Stuttgart: Thieme.

Schwartz, R. M. (1986). The internal dialogue: On the asymmetry between positive and negative coping thoughts. Cognitive Therapy and Research, 10, 591-605.

Seer, P. (1996). Übende und entspannende Verfahren. In W. Senf & M. Broda (Hrsg.), Praxis der Psychotherapie (S. 211-215). Stuttgart: Thieme.

Selg, H. (2002). Sigmund Freud – Genie oder Scharlatan? Stuttgart: Kohlhammer.

Seligman, M. E. P. (1975). Helplessness. On depression, development, and death. San Francisco: Freeman.

Seligman, M. E. P. (2016). Erlernte Hilflosigkeit. Weinheim: Beltz.

Semmer, N. & Frese, M. (1978). Handlungstheoretische Implikationen für die kognitive Therapie. In N. Hoffmann (Hrsg.), Grundlagen kognitiver Therapie (S. 115-155). Bern: Huber.

Singer, K. (2003). Zivilcourage wagen: Wie man lernt, sich einzumischen. München: Reinhardt.

Skinner, B. F. (1953). Science and human behavior. New York: The Free Press.

Staats, A. W. (1995). Paradigmatic behaviorism and paradigmatic behavior therapy. In W. O'Donohue & L. Krasner (Eds.), Theories of behavior therapy: Exploring behavior change (pp. 659-693). Washington, DC: American Psychological Association.

Staats, A. W. (1996). Behavior and personality: Psychological behaviorism. New York: Springer.

Stangier, U. & Fydrich, T. (2002). Soziale Phobie und Soziale Angststörung. Psychologische Grundlagen, Diagnostik und Therapie. Göttingen: Hogrefe.

Stavemann, H. H. (2015). Sokratische Gesprächsführung in Therapie und Beratung. Weinheim: Beltz.

Stegmüller, W. (1983). Probleme und Resultate der Wissenschaftstheorie und Analytischen Philosophie, Band 1, Erklärung – Begründung – Kausalität. Berlin: Springer.

Stein, A. (2009). Sozialtherapeutisches Rollenspiel. München: Ernst Reinhardt.

Steinhausen, H.-C. & von Aster, M. (Hrsg.). (1999). Verhaltenstherapie und Verhaltensmedizin bei Kindern und Jugendlichen. Weinheim: Beltz/PVU.

Stetter, F. & Kupper, S. (2002). Autogenic training: A meta-analysis of clinical outcomes studies. Applied Psychophysiology and Biofeedback, 27, 45-98.

Stiglmayr, Ch. & Gunia, H. (2016). Dialektisch-Behaviorale Therapie (DBT) zur Behandlung der Borderline-Persönlichkeitsstörung: Ein Manual für die ambulante Therapie. Göttingen Hogrefe.

Stimmer, F. (2000). Grundlagen des Methodischen Handelns in der Sozialen Arbeit. Stuttgart: Kohlhammer.

Sulzer-Azaroff, B. & Mayer, G. R. (1977). Applying behavior-analysis procedures with children and youth. New York: Holt, Rinehart and Winston.

Süß, G. (2000). Einsatz von immunspezifischer Visualisierung im Rahmen eines psychologischen Interventionsprogramms für Kinder mit juveniler chronischer Arthritis. Eine vergleichende Therapiestudie. Unv. Diplomarbeit, Universität Regensburg.

Sutton-Simon, K. (1981). Assessing belief systems: Concepts and strategies. In P. C. Kendall & S. D. Hollon (Eds.), Assessment strategies for cognitive-behavioral interventions (pp. 59-84). New York: Academic Press.

Thibadeau, S. F. (1998). How to use response cost. Austin, TX: pro-ed.

Thiersch, H. (2000). Lebensweltorientierte Soziale Arbeit. Weinheim: Juventa.

Thomas, E. J. (Ed.). (1967). The socio-behavioral approach and applications to social work. New York: Council on Social Work Education.

Thomlison, B. & Thomlison, R. (1996). Behavior theory and social work treatment. In F. J. Turner (Ed.), Social work treatment: Interlocking theoretical approaches (pp. 39-68). New York: The Free Press.

Thyer, B. A. (1983). Behavior modification in social work practice. In M. Hersen, P. Miller & R. Eisler (Eds.), Progress in behavior modification, Volume 15, (pp. 173-216). New York: Academic Press.

Thyer, B. A. (1987). Contingency analysis: Toward a unified theory for social work practice. Social Work, 32, 150-157.

Tunner, W. (1980). Die therapeutische Anwendung lerngeschichtlicher Analyse. In J. C. Brengelmann (Hrsg.), Entwicklung der Verhaltenstherapie in der Praxis. Vorträge der vierten Verhaltenstherapiewoche, Riva 1980 (S. 435-445). München: Röttger.

Tunner, W. (1994). Analyse und Interpretation der Lerngeschichte in der Verhaltenstherapie. Verhaltensmodifikation und Verhaltensmedizin, 15,5-15.

Tunner, W., Büttermann, M., Münzel, K. & Wildgruber, Ch. (1978). Kausale Attribution und Probehandlung   Eine Therapie-Studie zur Kombination der Methoden. Zeitschrift für Klinische Psychologie, 7, 207-229.

Turkat, I. D. (1979). The behavior analysis matrix. Scandinavian Journal of Behaviour Therapy, 8, 187-189.

Tuschen, B. & Fiegenbaum, W. (2000). Systemimmanente kognitive Therapie. In J. Margraf (Hrsg.), Lehrbuch der Verhaltenstherapie, Band I, Grundlagen, Diagnostik, Verfahren, Rahmenbedingungen (S. 499-507). Berlin: Springer.

Ullrich de Muynck, R. & Ullrich, R. (1976). Das Assertiveness-Trainings-Programm ATP. Einübung von Selbstvertrauen und sozialer Kompetenz (3 Bde.). München: Pfeiffer.

Ullrich de Muynck, R. & Ullrich, R. (1979). Der Unsicherheitsfragebogen. Testmanual und Anleitung für den Therapeuten. München: Pfeiffer.

Ullrich, R. & Ullrich de Muynck, R. (1995). Selbstwertstörung und soziale Phobie – 25 Jahre Assertiveness-Trainings-Programm (ATP) Therapie. In J. Margraf & K. Rudolf

(Hrsg.), Training sozialer Kompetenz: Anwendungsfelder, Entwicklungslinien, Erfolgsaussichten (S. 75-107). Baltmannsweiler: Schneider.

Ullrich, R. & Ullrich de Muynck, R. (1996). Selbstregulationsprozesse im Assertiveness Trainings Programm (ATP): Anspruch und Wirklichkeit. In H. S. Reinecker & D. Schmelzer (Hrsg.), Verhaltenstherapie, Selbstregulation, Selbst management (S. 235-254). Göttingen: Hogrefe.

Vaitl, D. (2000). Psychophysiologie der Entspannung. In D. Vaitl & F. Petermann (Hrsg.), Handbuch der Entspannungsverfahren, Band 1, Grundlagen und Methoden (S. 29-76). Weinheim: Psychologie Verlags Union.

Vaitl, D. (2009a). Neurobiologische Grundlagen der Entspannungsverfahren. In F. Petermann & D. Vaitl (Hrsg), Entspannungsverfahren. Das Praxishandbuch (S. 18-35). Weinheim: Beltz/PVU.

Vaitl, D. (2009b). Autogenes Training. In F. Petermann & D. Vaitl (Hrsg.), Entspannungsverfahren. Das Praxishandbuch (S. 62-80). Weinheim: Beltz/PVU.

Vaitl, D. & Petermann, F. (2000). Einleitung. In D. Vaitl & F. Petermann (Hrsg.), Handbuch der Entspannungsverfahren, Band 1, Grundlagen und Methoden (S. 17-25). Weinheim: Psychologie Verlags Union.

Vaitl, D. & Petermann, F. (Hrsg.). (2004). Entspannungsverfahren. Das Praxishandbuch. Weinheim: Psychologie Verlags Union.

Vaitl, D. & Rief, W. (2009). Biofeedback. In F. Petermann & D. Vaitl (Hrsg), Entspannungsverfahren. Das Praxishandbuch (S. 81-98). Weinheim: Beltz/PVU.

van Houten, R. (1998). How to use prompts to initiate behavior. Austin, TX: pro-ed.

Verbeek, D. & Petermann, F. (1999). Gewaltprävention in der Schule: Ein Überblick. Zeitschrift für Gesundheitspsychologie, 7, 133-146.

Viehhauser, R. (2000). Förderung salutogener Ressourcen. Entwicklung und Evaluation eines gesundheitspsychologischen Trainingsprogramms. Regensburg: Roderer.

von Ameln, F., Gerstmann, R. & Kramer, J. (2004). Psychodrama. Berlin: Springer.

Vormbrock, F. & Neuser, J. (1983). Konstruktion zweier spezifischer Trait-Fragebogen zur Erfassung von Angst in sozialen Situationen. Diagnostica, 29, 165-182.

Vygotsky, L. S. (1962). Thought and language. New York: Wiley.

Weinzierl, R. & Haag, G. (1992) Die muskuläre Relaxation nach Jacobson. Praxis der Klinischen Verhaltenstherapie und Rehabilitation, 5, 281-285.

Wells, A. (1997). Cognitive therapy of anxiety disorders. Chichester: Wiley.

Wekenmann, S. B. & Schlottke, P.F. (2011). Soziale Situationen meistern: Ein störungsübergreifendes Gruppentraining für Kinder (SGK). Göttingen: Hogrefe.

Wendlandt, W. (1977). Verhaltensmodifikation durch Rollenspiele. In W. Wendlandt (Hrsg.). Rollenspiel in Erziehung und Unterricht (S. 15-49). München: Reinhardt.

Wendlandt, W. (2003). Veränderungstraining im Alltag. Eine Anleitung zur In-vivo-Arbeit in Therapie, Beratung und Selbsthilfe. Stuttgart: Thieme.

Wessier, R. L. (1986). Varieties of cognitions in the cognitively oriented psychotherapies. In A. Ellis & R. M. Grieger (Eds.), Handbook of rational-emotive therapy, Vol. 2 (pp. 46-58). New York: Springer.

Westmeyer, H. (2011). Wissenschaftstheoretische Grundlagen der Klassifikation, Ätiologie und Diagnostik. In M. Perrez & U. Baumann (Hrsg.), Lehrbuch Klinische Psychologie – Psychotherapie (S. 54-67). Bern: Huber.

Wilken, B. (2015). Methoden der kognitiven Umstrukturierung. Ein Leitfaden für die psychotherapeutische Praxis. Stuttgart: Kohlhammer.

Willutzki, U. (2000). Modelle und Strategien der Diagnostik in der Verhaltenstherapie. In A.-R. Laireiter (Hrsg.), Diagnostik in der Psychotherapie (S. 107-127). Wien: Springer.

Wolpe, J. (1973). The practice of behavior therapy. New York: Pergamon.

Wolpe, J. (1986). Individualization: The categorical imperative of behaviour therapy practice. Journal of Behavior Therapy and Experimental Psychiatry, 17, 145-153.

Zajonc, R. B. (1980). Thinking and feeling: Preferences need no inferences. American Psychologist, 35, 151-175.

Zaudig, M, Trautmann-Sponsel, R. D. & Pielsticker, A. (2008). Entspannungsverfahren. In H.-I. Möller, G. Laux & H.-P. Kapfhammer (Hrsg.), Psychiatrie und Psychotherapie, Band 1, Allgemeine Psychiatrie (S. 777-814). Berlin: Springer.

Zimmer, D. (1995). Verhaltenstherapie: Äußerer Rahmen und Rollenerwartungen in der therapeutischen Beziehung. In P. Buchheim, M. Cierpka & Th. Seifer (Hrsg.), Lindauer Texte (S. 261-272). Berlin: Springer.

Zimmermann, S., Hinz, W., Frommel, M., Eggerding, K., Dubberke, M. & David, K. P. (2001). Täterarbeit. Programm zur Arbeit mit gewalttätigen Männern. Berlin: Wissenschaftlicher Verlag Berlin.